设计类研究生设计理论参考丛书

设计管理学

杨先艺　编著

中国建筑工业出版社

图书在版编目（CIP）数据

设计管理学／杨先艺编著. —北京：中国建筑工业出
版社，2014.1
（设计类研究生设计理论参考丛书）
ISBN 978-7-112-16248-2

Ⅰ.①设…　Ⅱ.①杨…　Ⅲ.①管理学　Ⅳ.①C93

中国版本图书馆 CIP 数据核字（2013）第 306578 号

责任编辑：吴　佳　李东禧
责任设计：陈　旭
责任校对：王雪竹　刘　钰

设计类研究生设计理论参考丛书
设计管理学
杨先艺　编著

*

中国建筑工业出版社出版、发行(北京西郊百万庄)

各地新华书店、建筑书店经销
北京嘉泰利德公司制版
北京建筑工业印刷厂印刷

*

开本：787×1092毫米　1/16　印张：19¾　插页：4　字数：430千字
2014年7月第一版　2014年7月第一次印刷
定价：63.00元
ISBN 978-7-112-16248-2
（24661）

序 言

美国洛杉矶艺术中心设计学院终身教授　王受之

中国的现代设计教育应该是从 20 世纪 70 年代末就开始了，到 20 世纪 80 年代初期，出现了比较有声有色的局面。我自己是 1982 年开始投身设计史论工作的，应该说是刚刚赶上需要史论研究的好机会，在需要的时候做了需要的工作，算是国内比较早把西方现代设计史理清楚的人之一。我当时的工作，仅仅是两方面：第一是大声疾呼设计对国民经济发展的重要作用，美术学院里的工艺美术教育体制应该朝符合经济发展的设计教育转化；第二是用比较通俗的方法（包括在全国各个院校讲学和出版史论著作两方面），给国内设计界讲清楚现代设计是怎么一回事。因此我一直认为，自己其实并没有真正达到"史论研究"的层面，仅仅是做了史论普及的工作。

特别是在 20 世纪 90 年代末期以来，在制造业迅速发展后对设计人才需求大增的就业市场驱动下，高等艺术设计教育迅速扩张。在进入 21 世纪后的今天，中国已经成为全球规模最大的高等艺术设计教育大国。据初步统计：中国目前设有设计专业（包括艺术设计、工业设计、建筑设计、服装设计等）的高校（包括高职高专）超过 1000 所，保守一点估计每年招生人数已达数十万人，设计类专业已经成为中国高校发展最热门的专业之一。单从数字上看，中国设计教育在近 10 多年来的发展真够迅猛的。在中国的高等教育体系中，目前几乎所有的高校（无论是综合性大学、理工大学、农林大学、师范大学，甚至包括地质与财经大学）都纷纷开设了艺术设计专业，艺术设计一时突然成为国内的最热门专业之一。但是，与西方发达国家同类学院不同的是，中国的设计教育是在社会经济高速发展与转型的历史背景下发展起来的，面临的问题与困难非常具有中国特色。无论是生源、师资，还是教学设施或教学体系，中国的设计教育至今还是处于发展的初级阶段，远未真正成型与成熟。正如有的国外学者批评的那样："刚出校门就已无法适应全球化经济浪潮对现代设计人员的要求，更遑论去担当设计教学之重任。"可见问题的严重性。

还有一些令人担忧的问题，教育质量亟待提高，许多研究生和本科生一样愿意做设计项目赚钱，而不愿意做设计历史和理论研究。一些设计院校居然没有设置必要的现代艺术史、现代设计史课程，甚至不开设设计理论课程，有些省份就基本没有现代设计史论方面合格的老师。现代设计体系进入中国刚刚30年，这之前，设计仅仅基于工艺美术理论。到目前为止只有少数院校刚刚建立了现代概念的设计史论系。另外，设计行业浮躁，导致极少有人愿意从事设计史论研究，致使目前还没有系统的针对设计类研究生的设计史论丛书。

现代设计理论是在研究设计竞争规律和资源分布环境的设计活动中发展起来的，方便信息传递和分布资源继承利用以提高竞争力是研究的核心。设计理论的研究不是设计方法的研究，也不是设计方法的汇总研究，而是统帅整个设计过程基本规律的研究。另外，设计是一个由诸多要素构成的复杂过程，不能仅仅从某一个片段或方面去研究，因此设计理论体系要求系统性、完整性。

先后毕业于清华大学美术学院和中国美术学院建筑学院的江滨博士是我的学生，曾跟随我系统学习设计史论和研究方法，现任国家211重点大学华南师范大学教授、硕士研究生导师，环境艺术设计系主任。最近他跟我联系商讨，由他担任主编，组织国内主要设计院校设计教育专家编写，并由中国建筑工业出版社出版的一套设计丛书：《设计类研究生设计理论参考丛书》。当时我在美国，看了他提供的资料，我首先表示支持并给予指导。

研究生终极教学方向是跟着导师研究项目走的，没有规定的"制式教材"，但是，研究生一、二年级的研究基础课教学是有参考教材的，而且必须提供大量的专业研究必读书目和专业研究参考书目给学生。这正是《设计类研究生设计理论参考丛书》策划推出的现实基础。另外，我们在策划设计本套丛书时，就考虑到它的研究型和普适性或资料性，也就是说，既要有研究深度，又要起码适合本专业的所有研究生阅读，比如《中国当代室内设计史》就适合所有环境艺术设计专业的研究生使用；《设计经济学》是属于最新研究成果，目前，还没有这方面的专著，但是它适合所有设计类专业的研究生使用；有些属于资料性工具书，比如《中外设计文献导读》，适合所有设计类研究生使用。

设计丛书在过去30多年中，曾经有多次的尝试，但是都不尽理想，也尚没有针对研究生的设计理论丛书。江滨这一次给我提供了一整套设计理论丛书的计划，并表示会在以后修订时不断补充、丰富其内容和种类。对于作者们的这个努力和尝试，我认为很有创意。国内设计教育存在很多问题，但是总要有人一点一滴地去做工作以图改善，这对国家的设计教育工作起到一个正面的促进。

我有幸参与了我国早期的现代设计教育改革，数数都快 30 年了。对国内的设计教育，我始终是有感情的，也有一种责任和义务。这套丛书里面，有几个作者是我曾经教授过的学生，看到他们不断进步并对社会有所担当，深感欣慰，并有责任和义务继续对他们鼎力支持，也祝愿他们成功。真心希望我们的设计教育能够真正的进步，走上正轨。为国家的经济发展、文化发展服务。

目　录

第1章 绪 论

1.1 设计与设计管理

1.1.1 设计的定义

"设计"（Design）最初的含义是艺术家通过草图并借助熟练的技艺，把想象中的事物具体化，使之成形，来表达心中的创作意念。1980 年在巴黎召开的国际工业设计协会联合会（ICSID）年会以及 2001 年在首尔（原汉城）召开的年会上发表的对"设计"定义的研究结论是：就批量生产的工业产品而言，凭借训练、技术知识、经验及视觉感受而赋予材料、结构、构造、形态、色彩、表面加工及装饰以新的品质和规格，叫做工业设计。当需要设计师对包装、宣传、展示、市场开发等问题的解决付出自己的技术知识和经验以及视觉评价能力时，也属于设计的范畴。之后，在 1986 年版的《大不列颠百科词典》中将设计解释为："设计是指立体、色彩、结构、轮廓等诸艺术作品中的线条、形状，在比例、动态和审美等方面的协调。"

随着设计学科的发展，诸多的学者从不同的视角对"设计"一词进行了自己的定义。在我国，王受之在其著作《世界现代设计史》的开篇就指出："所谓设计，指的是把一种设计、规划、设想、问题解决的方法，通过视觉的方式传达出来的活动过程。它的核心内容包括三个方面：①计划、构思的形成；②视觉传达方式，即把计划、构思、设想、解决问题的方法利用视觉的方式传达出来；③计划通过传达之后的具体应用。"①

从以上对"设计"的定义不难看出，"设计"是一种创造性行为，它包含两方面内容：其一，"设计"是一个有目的、有针对性的创造性活动，它是人解决问题的思维过程；其二，"设计"是一个将思想、方案或计划以一定表现手段物化的过程（图 1-1）。回顾设计的历史，我们发现，不同时期的设计产品表现出所属时代的文化信息，承载着设计师的设计文化与理念精神，因此，对于设计，可以从以下几个方面来理解：

首先，从广义上来说，人类的所有自然性和社会性的创造性活动都可以称之为"设计"，包括对家庭环境的布置、花卉植物的栽培管理以及体育比赛场

---

① 王受之.世界现代设计史 [M].北京：中国青年出版社，2002：12.

图1-1 设计的流程（上）
图1-2 构思的概念草图
（下）

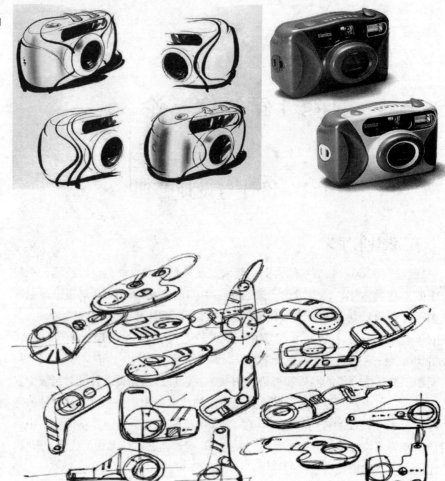

地的选择等；而从狭义上来说，"设计"是为了实现某种特定的目的并按照某种特定的标准而进行的一种具有科学性的创造活动。这种活动要满足人类的需求（包括生理需求、心理需求等），里面包含有设计行为主体——设计师的主观意识（包括人生观、价值观、世界观、对设计的理解、对材料的把握、对色彩的运用等），从一定程度上反映出设计师所处时代的文化特征。

其次，"设计"就是创新。设计师凭借其自身的设计感悟去观察世界，去发现新的价值，通过自己的创造性的活动，借助一定的表达方式，来将其头脑中的思想表现出来（图1-2）。"设计"所具有的创新不仅仅是针对现有需求进行的，从某种意义上说，"设计"的创新更需要设计师具有前瞻性的眼光来察觉潜在的、未来的需求。

最后，"设计"的本质是创造新的价值。设计者将各种资源（包括技术、知识、人力、资金等）转化为新的产品（包括有形的产品和无形的产品），让其活动有意义、有价值。例如设计师为落后国家学生学习所设计的经济型教学设备，为残障人所设计的医疗设备，为改善人与自然环境关系所设计的节能零排放房屋、汽车等，无不反映出"设计"中所具有的社会性、人文性、伦理道德以及新价值的创造的特征（图1-3）。

图1-3　电动车设计

1.1.2　设计管理学的定义

对于"设计管理学"一词，始终没有一个公认的确切定义。而国内外学者根据自己所属领域都对"设计管理学"进行过相关的含义界定。在欧美范围来看，首先提出"设计管理"定义的是英国设计师米歇尔·法尔（Michael Farry），他在1966年从设计的角度出发将其定义为："设计管理是在界定设计问题，寻找合适设计师，且尽可能地使设计师在既定的预算内及时地解决问题。"[①]他同时指出设计管理的主要工作在于：①以设计的观点调查新产品的需求；②分配设计发展阶段的时间和预算；③寻找设计师，并对设计师的设计进行介绍；④为介入设计的不同团队建立和保持良好的沟通；⑤负责项目协调直到产品上市。[②]

而在十年之后，伦敦商学院的Peter教授又从管理学的角度对设计管理下了这样一个定义："设计是一种合作性的为使产品达到某种目标的计划过程，因此，设计管理是这个计划过程中一个重要的也是最为核心的方面。"它通过计划、组织、统筹、规划及监督设计的全过程，协调各种资源，最终使设计达到预期的结果。[③]

在日本对设计管理的定义是："设计管理是为图谋设计部门活动的效率化而将设计部门的业务进行体系化、组织化、制度化等方面的管理"。

2004年，上海桥中设计咨询管理公司经理黄蔚，在《设计管理欧美经典案例》一书中，汇集欧美国家一些著名学者对"设计管理"的定义[④]，具体有：世界著名的设计管理杂志（Design Management Jourary）编辑托马斯·沃尔顿（Thomas Walton）对设计管理的研究归纳如下："设计管理就是有策略地管理设计，好的设计管理能了解组织的特性并传达看法，它从对公司有利的建议入手，如任务、目标、战略和行为计划，完成设计合作计划的核心部分，它包括设计计划、组织系统、设计师、评估机构等。"

Timothy Bachman作为Bachman Miller公司集团总裁，他对设计管理的研

① 邓连成.论设计管理[J].工业设计，1997（1）：6-11.

② 王效杰，金海.设计管理[M].北京：中国轻工业出版社，2008：6.

③ 邓成连.设计管理：产品设计之组织、沟通与运作[M].台北：亚太图书出版社，1999.

④ 黄蔚，等.设计管理欧美经典案例[M].北京理工大学出版社，2004：6-9.

究归纳如下：“设计管理的真正价值在于持之以恒地协调各种价值观念，推广这些价值观念，并组织好设计活动，因此，为了能够适应不断变化的消费需求和业务需求，我们需要掌握企业内部资源。设计管理要清楚地传达能反映企业价值观念的信息，并说明企业经营目标的主题。”

米兰达·莫斯（Miranda Moss）作为 Yamamoto Moss 公司总裁，她认为：“设计管理就是要保证品牌策略被始终如一地贯彻到各种传播媒介的设计中去，用于成功地传达品牌形象。成功的设计管理需要规范化，并需要通过各种媒体来阐述设计策略，以尽量避免投资上的失败，并保证设计能够真正符合消费群的需要。”

芬尼米耶克（Fennemiek）是 Gommer Scan 管理咨询公司的设计师，她认为：“设计管理可以说是对视觉感受的管理，当设计管理能确保一个企业的视觉语言统一协调、清楚明确，并且涉及了所有内部和外部的相关因素时，它才能有助于战略目标的实现。设计管理负责设计、执行、维护和评价，这些持续不断的对所有项目进行的评估（从企业的单页宣传品到服务人员的制服）是品牌整体体验的组成部件之一，为了把感觉到的和理解到的变成现实存在的，设计管理必须参与到创造活动中去。”

杰雷·莱戴维斯（Jeremy Rewsedavies）是伦敦交通设计总监，他对设计管理的研究是：“设计管理对于客户及其企业的构想、任务、目标、策略以及行动计划，是一种目标明确的组织过程。”

彼德·特鲁斯勒（Peter Trussler）是 Nortel 集团设计公司总监，他对设计管理的研究归纳如下：“设计管理就是要确保将企业的精力花在重要的和有战略意义的计划上。目标、策略、计划和流程要建立联系，而且这种联系被设计管理所掌握和采用，同时设计管理提出了明确的实施步骤，并且与其他部门共同参与到这个实践步骤。最终，企业的全体员工看到，他们的工作与企业的最高战略目标是紧密联系在一起的，设计公司的价值观念与创新思想紧密结合。”

帕特里克·弗里克（Patrck Fricke）是柯达公司设计资源中心图形与视觉界面设计经理，他认为：“能干的设计管理者既密切关注具有战略意义的市场营销又非常重视工程技术，有效的设计管理能为企业创造令人瞩目的价值——是有形的和无形的价值。无形价值方面，设计管理（通过产品）在产品和消费者之间建立情感联系，提升消费者对企业的描述和评价；有形价值方面，指的是设计方法，优秀的设计方法会影响企业的形象，并能够与企业的战略目标相协调，有效的设计方法能在产品开发过程中避免错综复杂情况的出现，将设计和实用联系在一起。”

戈瑞·凡·德森（Gary Van Deursen）是 STANLEY 工作室工业设计总监，他认为：“设计管理是改善用户对产品的印象，设计管理通过提出产品的策略、目标和远期规划来制定标准，并通过选择和任命合适的员工和管理者来完成工作，设计管理者需要具备出色的设计技能，这一点在设计管理中十分重要。”

布莱恩·沃戈尔（Brian Vogel）是 GENESIS 产品公司副总监，他认为：“成功的设计管理需要组织模式和纪律章程。组织模式为设计者提供了可以遵循的基本模式，使你集中精力设计方案，不折不扣地完成计划，完成预想目标；而纪律章程则是确保工作中坚定不移地执行以上流程所必不可少的约束，好的设计管理可以在团队中保持高涨的工作热情而且树立规范，使雇员的生活保持和谐。"①

从亚洲范围来看，日本将"设计管理"看作"是为图谋设计部门活动的效率化而将设计部门的业务进行体系化、组织化、制度化等方面的管理"。在韩国，国家产业设计振兴院院长郑庆源对设计管理的研究归纳如下"设计管理是一个研究领域，通过研究管理者、设计师和专家的知识结构，用以实现组织目标并创造有生命力的产品。设计管理旨在有组织地去完成战略，并最终为促进环境文化做出贡献，设计管理是联系客户、市场、设计师等的桥梁。"②

相对国外，我国对设计管理的研究起步较晚，目前仍然处于探索发展阶段。

1998 年出版的由韩岫岚主编的《MBA 管理学方法与艺术》中对设计管理的研究是："设计管理，是由计划、组织、指挥、协调及控制等职能和要素组成的活动过程，其基本职能包括决策、领导、调控几个方面，使设计更好地为企业的战略目标服务。"③

在 2001 年，康文科等人在"浅谈设计管理对企业的重要性"一文中提出："设计管理是指将企业各种活动组织化、统一化，以实现各种资源的最佳利用。设计管理是一个过程，在这个过程中，对企业的各种设计活动（包括产品设计、环境设计、视觉传达设计等）进行合理化和组织化，充分发挥企业设计资源的作用，表现出同一企业理念，并且使二度空间的平面设计与三度空间的造型形式完整统一，避免产生相互矛盾、含混不清的现象，创造富有竞争力的产品，树立企业形象。"④

2002 年，曾山、胡天璇、江建民等人在"浅谈设计管理"一文中将设计的定义为："设计，指的是一种计划、规划、设想、问题解决的方法，通过视觉的方式传达出来的活动过程。它的核心内容包括 3 个方面，即计划、构思的形成；视觉传达方式；计划通过传达之后的具体应用。"⑤

2003 年，陈汗青、尹定邦、邵宏在《设计的营销与管理》中对设计管理进行定义："设计管理就是设计企业、设计部门借助创新和高技术的营销与管理，开拓设计市场，并将各种类型的设计活动，包括产品设计、视觉传达设计等合理化、组织化、系统化，充分有效地发挥设计资源，使设计成果更富有竞争性，企业形象更鲜明，不断推动设计业的质量和生产力的提高，从而走向成功发展。"⑥

① 黄蔚，等．设计管理欧美经典案例 [M].北京理工大学出版社，2004：6-9.
② 胡俊红．设计策划与管理 [M].合肥工业大学出版社，2005：225.
③ 韩岫岚．MBA 管理学方法与艺术（上）[M].北京：中央党校出版社，1998：4-7.
④ 康文科，崔新．浅谈设计管理对企业的重要性 [J].西北工业大学学报，2001，21（1）：52-53.
⑤ 曾山，胡天璇，江建民，等．浅谈设计管理 [J].江南大学学报（人文社会科学版），2002（1）：103.
⑥ 陈汗青，尹定邦，邵宏，等．设计的营销与管理 [M].长沙：湖南科学技术出版社，2003：36.

2004 年，吴晓莉等在对飞利浦个案研究分析之后，发表"从飞利浦设计思想到企业战略"一文，文章中对提出其设计管理的研究结论，他们认为："设计管理是以设计师为核心并协调其与设计、客户、文化和市场关系的行为系统，正是不同的文化影响着不同的市场和客户，进而影响与之相适应的设计，包括设计师本身，设计人员和设计小组的管理是设计管理的重要一环，因为设计是通过设计师们来完成的。设计管理在企业的创造性、革新性活动与企业经营工作如制造、采购、销售等方面准备阶段的控制之间，起着关键的作用，也就是说设计管理是新产品开发与企业经营之间的一种协调机制，设计管理也就成了企业的一项中心的、决定成败的活动。"①

2005 年，杨君顺、王肖烨发表的"在企业中充分发挥设计管理的作用"一文对设计管理的定义是："设计管理，是一种计划、规划、设想、解决问题的方法，是通过视觉的方式传达出来的活动过程。这个过程包括设计概念化、设计视觉化和设计商品化等，设计管理是从最初的产品概念到最终实现产品，再转化为产品。"

杨君顺等对设计管理进行研究的结论是："在当今这样一个信息化、敏捷化的时代，设计管理比任何时候更具挑战性，设计管理的几大特点是：①设计管理要合理运用社团的各方面资源，充分调动社团内外一切有利因素去完成公司的任务，并将这些直观的行动方案实施贯彻到底；②设计管理的目的是创造一个清晰的、有独特个性的、有凝聚力的社团形象，集中地反映出一个具有持续发展前景的、有巨大创造财富潜力的、在前进发展中的公司面貌；③一个符合逻辑的有创造性的灵活的设计管理计划，激发了持续不断的设计发展和创造性的产品开发，以及经济方面的可行性；④设计管理充分协调公司内部以及社会团体之间的沟通交往，帮助公司去对付商业界千变万化的市场现实，并激励公司向未来的成功冲击。"②

杨君顺认为："设计管理的基本出发点是提高产品开发设计的效率，设计管理就是根据使用者的要求，有计划、有组织地进行研究与开发管理的活动，有效地积极调动设计师的开发创造性思维，把市场与消费者的认识转换在新产品中，以新的、更合理的、更科学的方式影响和改变人们的生活，并为企业获得最大限度的利润而进行的一系列设计策略与设计活动的管理。设计管理是管理与设计理念的融合，设计管理的形式是设计，实质是管理，设计管理的核心是开发新产品。"③

2005 年，陈艳利、刘子建在"设计管理——社会工业化发展的必然"一文中认为："设计管理就是根据使用者的需求，有计划有组织地进行研究与开发管理活动，有效地积极调动设计师的开发创造性思维，把市场与消费者的认识转换在新产品中，以更新的，更合理的、更科学的方式影响和改变人们的生

① 吴晓莉，刘子建. 从飞利浦设计思想到企业战略 [J]. 轻工机械，2004 (4)：146-148.
② 杨君顺，唐波，等. 设计管理理念的提出及应用 [J]. 机械，2003，1：168.
③ 杨君顺，王肖烨. 在企业中充分发挥设计管理的作用 [J]. 包装工程，2005，26 (2)：110-112.

活,并为企业获得最大限度的利润而进行的一系列设计策略与设计活动的管理。因此,设计管理者必须要求具有管理方面的协调能力和经验,又能熟悉设计及有关程序上的诸多问题,并具备设计意识,能掌握与设计师交流的方法,能对设计进行评价和引导等。"[1]

综合以上的国内外诸多学者的观点,我们可以将"设计管理"的定义概括为:"设计管理是运用计划、组织、监督及控制等管理手段,充分调动设计师的潜能,整合、协调或沟通设计所需的各类资源,寻求最合适的解决方法,并通过对设计战略、策略与设计活动的管理,有效地解决问题,实现预定目标。它是企业发展策略和经营思想的实现,以开发、设计为龙头,对产品设计、品牌设计、广告设计、企业文化策划、市场营销策划、人力资源策划等活动合理化、组织化、系统化,从而形成企业的文化形象。"

设计管理学研究是设计学与管理学的交叉学科研究,设计管理学将综合系统论、广告定位理论、整合营销传播理论、品牌延伸理论、CI整合设计理论、市场营销理论、人力资源理论等的原理与方法,为制定企业的创新设计策略和产品的个性化设计策略,提出一种具有文化价值的产品设计、品牌策划、广告策划、企业形象设计的系统实施机制,为企业的宏伟战略目标,建立一个系统的设计策划与管理新模式。为企业开拓市场提供设计决策,使市场调研、品牌规划、设计流程、营销策划及售后服务等过程系统化,使设计策划和设计管理、设计技术和设计市场有效地融合起来,使设计管理成为企业占领市场的利器,给消费者带来更高的附加值和更优质的产品,不断推动设计走向成功和发展。

根据以上对设计管理内容范围的划分,我们可以把设计管理的内容分为几个层面进行理解:其一,设计的组织与管理为其核心部分;其二,围绕企业管理开展的活动,也是设计管理的基本任务,其具体内容如下:

1)设计目标管理

目标是一切行动的指南,没有目标就容易失去前进的方向。设计管理最重要的任务是目标管理。设计管理本身并不是目的,而是对设计进行管理。任何企业都必须具备明确的设计战略,并围绕战略加以管理。设计战略通常包括产品设计战略、企业形象战略、营销战略、组织战略等。企业通过设计管理所要实现的是将各层次的战略目标协调一致,围绕统一的战略,制定出相应的设计目标。例如产品设计,要明确产品使用的对象、职业、年龄等;而视觉传达设计,在设计前必须明确你要传达的内容、对象、手段等。因此,企业只有明确目标,其设计才有方向,从而避免盲目及资源浪费。

2)设计流程管理

设计流程管理又称设计程序管理,其目的是对设计实施过程的各个环节加以监督和有效的控制,确保设计的进度并协调商品开发与各部门的关系。一般较为普遍的程序安排可分为以下阶段:①设计的准备阶段;②设计的构思阶段;

---

① 陈艳利,刘子建.设计管理——社会工业化发展的必然 [J].机械设计与制造,2005(7):174-175.

图1-4　设计流程管理

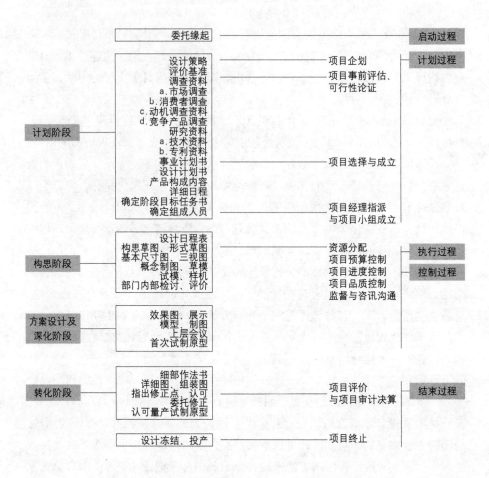

③设计的定案阶段；④设计的审核阶段（图1-4）。当产品投放市场以后，设计师要协同销售部门进行深入的跟踪调查，并将反馈的信息加以整理、分析，从中找出原有设计方案存在的问题，同时，还应当发现具有潜在价值的新需求内容，一方面，作为总结和反思，将存在的问题凝练成为各种形式的观点，建立系统档案，为以后的改进、调整奠定基础，另一方面，新的需求信息必将引发新设计目标和方向，这表明新设计程序又将开始。设计就是一个系统工程，在设计中必须要按一定的程序来进行。英国学者 L·B·Archer 总结出一套设计程序：①提出问题；②目标定位；③情报收集；④现状分析；⑤综合构思；⑥展开设计；⑦方案选定和评价；⑧制造监督；⑨导入市场。

3）企业人力资源管理

为使企业的设计活动能正常进行、设计效率的最大发挥，必须对设计部门进行良好的人力资源管理。它不仅指设计组织的设置管理，还包括协调各部门的关系。由于企业与企业之间在规模、性质、人员等方面的差异性较大，导致不同的企业对于设计部门的重视程度也存在着较大的差异。从设计部门的设置情况来看，常见的有领导直属型、矩阵型、分散融合型、直属矩阵型、卫星型等形式。这些形式所反映出的是设计部门与上层以及其他部门之间在权力、性质、地位方面的差别。这也决定设计部门在企业运作中作用的大小。因此，企

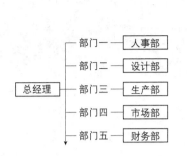

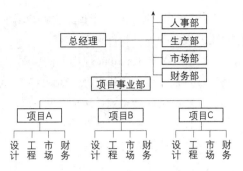

图1-5 平行式组织结构（左）

图1-6 垂直式组织结构（右）

业需要根据自身的情况来设置设计部门，选择恰当的设计管理模式（图1-5，图1-6）。对于设计部门的人力资源的管理还包括对设计师的奖励政策、竞争机制等的制定，用以提高设计人员的工作效率以及积极性，同时管理者还需要有效协调好设计人员与其他部门人员之间的管理，使企业整体的运作更为顺畅。

4）设计质量管理

一个好的设计必须要有优质的质量。设计成果转入生产以后的管理对确保设计的实现至关重要。在生产过程中，设计部门应当与生产部门紧密合作，通过一定的方法对生产过程及最终产品实施监督。因此，对设计质量的管理是必要的，它能确保提出的设计方案能够在预定的时间内达到预期的实施目标，并最终呈现出方案中所设定的产品品质。在质量管理中，管理者需要依靠一套完整而严密的管理体系对设计、生产的各个阶段进行检查与评估，以确保稳定的设计质量。

5）知识产权的管理

随着知识经济时代的到来，知识产权的价值对企业经营有着特殊的意义。当今，一方面人们对于知识产权的保护意识越来越强，相关的政策法规的制定与实施也日益完善与成熟。而另一方面，对于知识产权的所属性问题也日渐增多，模仿、山寨、抄袭等现象屡见不鲜，并有日趋增加的势头。因此，企业在做到原创的基础上需要及时对自身的设计创造进行专利的申请，以保护自身的利益不受侵犯。

6）市场管理

设计市场管理是设计管理中不可忽略的要素之一。对于市场的管理包括两个方面：一方面是对设计资源、信息、报酬等进行规范；另一方面是对市场的规模和定价、企业形象设计、包装、广告、销售等进行全面合理的安排与制约。

7）经济管理

设计的经济性，使得企业应加强设计的经济管理。企业通过对经济方面的管理，不仅能够在最大程度上节省设计的开发成本和科研成本，还能够有效地预算出能源消耗，以减少浪费，做到环保，达到低投入、高回报。

随着企业对设计的重视，以及设计活动内容的不断扩展，设计管理学的内

容也随之不断地充实、发展。学者刘国余教授在《设计管理》一书中列出了几种较为典型的设计层次管理内容：[①]

1) 1984 年 Topalian 提出的两级层次的设计管理范围与内容

（1）企业设计管理层次（At the corporate level）

a. 推动设计技术对企业利润的贡献作用；

b. 制定设计政策与设计战略；

c. 对设计的领导与负责；

d. 决定设计在企业中的定位；

e. 组建企业设计管理系统；

f. 负责对企业的设计与设计管理的检查；

g. 负责对设计项目的投资；

h. 确保设计的合法化；

i. 对主要设计投资的评估；

j. 制定设计管理发展计划；

k. 企业形象计划的设计与实施决策。

（2）设计项目管理层次（At the project level）

a. 执行不同性质的设计项目和设计程序；

b. 制定设计规划与程序；

c. 选聘设计师；

d. 组建与管理设计队伍；

e. 计划和管理设计项目；

f. 设计项目成本预算；

g. 建立设计项目的文档和控制系统；

h. 进行设计研究；

i. 展示与提交设计方案；

j. 完成设计全过程；

k. 设计评估。

2) 1984 年 Oakley 提出的两级层次的设计管理范围与内容

（1）设计政策管理层次

a. 建立设计目标、制订设计策略；

b. 界定和建立、维持设计标准；

c. 进行设计检查；

d. 组织设计活动；

e. 评价设计结果。

（2）设计项目管理层次

a. 计划、预算和管理设计项目；

---

① 刘国余 . 设计管理 [M]. 上海交通大学出版社，2003：27.

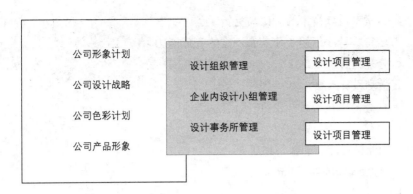

图 1-7 Chung 提出的三级层次管理理念

b. 招聘设计师及其他相关专家；

c. 管理设计项目小组；

d. 参与设计涉及法律的有关活动；

e. 评估每个完成的设计项目。

3）1989 年 Chung 提出的三级层次的设计管理内容与范围（图 1-7）

4）1989 年英国国家标准（BSI）对设计管理提出的三级层次的管理范围与内容

（1）公司层次的产品设计管理（由公司管理层负责）

a. 界定、预测及确认公司目标；

b. 促使所有参与设计活动者了解公司目标；

c. 确认所选定的产品开发计划能符合公司目标；

d. 提供各种资源，以确保产品计划的实施；

e. 确保具有适切的设计政策与程序；

f. 管理设计项目经理；

g. 监督设计结果、时间与成本；

h. 监督和维护设计标准；

i. 评估设计结果。

（2）项目层次的产品设计管理（由项目经理负责）

a. 确认产品概念的界定能吻合公司计划；

b. 制订与修正设计标准；

c. 进行设计预算和成本控制；

d. 监督与控制设计质量；

e. 确认设计资源与设计的适切配合；

f. 组建设计项目组；

g. 展开设计组织内部及外部之间的沟通；

h. 组织对设计项目及项目管理方面的评估。

（3）在设计活动方面的管理（由设计经理负责）

a. 参与设计标准的制订；

b. 提供设计所需的有关资源；

c. 负责对设计技术的确认与更新；

d. 培训设计小组组长使其有一定的管理能力；

e. 分配设计师工作；

f. 激励设计人员；

g. 检查与审核设计是否符合设计标准；

h. 追踪检查设计的工时、结果及成本；

i. 确保设计活动的执行与展开；

j. 对设计作出专业评价；

k. 评估设计程序与设计质量。

1.1.3 设计管理学的发展趋势

在国外，设计管理学从萌芽到发展已有较长的历史，1840 年，随着英国工业革命的基本完成，生产力水平极大提升，机器大生产基本取代手工劳动，英国成为世界上第一个工业国家。工业革命的发展为设计领域注入了新的活力。在 19 世纪末 20 世纪初，世界上最大的电器制造商之一的德国 AEG 公司，在设计师彼得·贝伦斯（Peter Behrens）的管理下，对企业形象进行了系统化的设计。贝伦斯的这一次对企业视觉形象设计的尝试，被认为是最早的企业形象设计，也是当代 CIS（Corporate Identity System）的雏形（图 1-8）。在此之后，奥利维蒂（Olivetti）以及 IBM 等公司也开始进行企业的形象设计。他们在设计管理方面的实践性探索为设计管理学的理论发展打下了基础。

有着舞台设计背景的美国著名设计师亨利·德雷福斯（Henry Dreyfuss）在设计中始终坚持设计应该服务于人的设计理念。1955 年出版了《为人设计》，在书中他展现出大量的人体工程学的研究资料，探讨设计与人之间的关系，之后在 1961 年又出版了《人体度量》一书，进一步对人体工程学进行探讨。1965 年，英国皇家艺术、制造和商业协会（Royal Society of Arts, Manufactures and Commerce）首次使用了"设计管理"一词。1966 年，英国设计师米歇尔·法尔（Michael Farry）出版《设计管理》一书，较为全面地、系统地从理论方面对设计管理进行论述。

从设计管理的发展过程中，能够看出其总是和外部的社会经济条件息息相关。新技术的发展和运用，总伴随着社会产业结构的变化和生活方式的巨大转变：产业革命带来了工业社会，数字技术革命带来了信息技术社会。信息化、网络化、全球经济一体化是现代社会的三大特征。伴随着数字高速公路延伸至地球的每一个角落，信息的架构和流通成为商品生产的一大要素，各类信息可以实现超越时间与空间的流动。在这样的技术背景下，使得设计管理不可避免地烙印上了数字信息时代的特征，概括来说，有以下几点[①]：

图 1-8　AEG 标志设计

---

① 黄蔚，等 . 设计管理欧美经典案例：通过设计管理实现商业成功 [M]. 北京理工大学出版社，2004：2.

1) "以人为本"的设计理念多年来一直是工业设计师崇尚的设计基本法则之一，而伴随着对全球生态系统和人类可再利用资源的关注，"以人为本"的设计理念上升到可持续发展的高度，出现了强调"低成本、高可靠性、零缺陷设计。"①

2) 经济全球化加速国际间设计的交流与合作。我国国内企业同样面临着与国际设计项目中所涉及的技术和商务问题的合作，例如发展新的设计框架、专业设计知识与文化沟通和国际商务合作等问题。国内的企业有部分的先行者，如海高和 inno 公司的合作，TCL 和阿尔卡特的合作，东风汽车与法国雪铁龙的合作，都是在世界范围内优化配置资源的典型代表。②

3) 以多变的市场作为设计管理的导向。技术的飞跃进步以及日益变化的市场要求企业具有灵活的生产能力，从相对稳定的生产线、工艺流程、管理机制转换到相对变化的产品策略、创新工艺上来。以产品创新为中心，使产品创新不再处于企业运行链的低端，是企业决策的一部分。

4) 体验经济时代中的企业产品系统。市场导向中的消费者对产品的评价不仅在于功能与外形，公众企业形象、企业特征、视觉传达已成为消费者评价产品的一部分。这也是企业区别于其他竞争者的竞争优势的表现。"传统的管理内容如财务、人事、固定资产、生产技术等，已不能满足时代发展的要求。"③新时代的设计管理将工业设计、企业形象设计与企业管理和品牌战略结合在一起，为企业产品创新和品牌形象的差异化、特殊化竞争，建立了强有力的基础，使设计成为企业占领市场的有利视觉武器。④

5) 信息网络化。这一挑战来自"数字化革命"。信息网络技术的蓬勃发展极大地增强了个人信息处理的能力。设计信息的交流与通信交易成本下降，设计信息的交流密度上升。设计合作如何以一种全新的形式展开？也就是我们通常说的"知识经济"、"网络经济"、"虚拟经济"的来临，使管理层面对许多传统管理中不曾出现的新事物，如电子商务、网络电视、电话会议等。网络跨越时空地域的限制，使得企业利用设计师资源的人力整合上取得很大的优势。

6) 知本经济。知本经济的核心就是"创新"，新的时代带来了人们生活方式的改变，如何使设计适应人们的新的生活形态，引导人们的生活，是设计管理需要思考的问题。"创新"所带来的成果需要人们以"创新"的精神将它转换到可用的产品中。设计将科学技术的新发现与人们的现实生活联系起来，设计管理如何迎接技术创新与工业产品更新换代的结合，这也是设计管理学需要思考的问题。

7) 功能主义的设计：当代设计以功能为卖点，产品的价格忠实于创新的

① 文放怀.六西格玛设计实战 [M].广州：广东经济出版社，2003.

② www.shcbi.com.

③ www.shcbi.com.

④《工业设计与设计管理》为何人可教授的课程发言稿

价值或本身的价值，较少的寓意，更多的实用性。强调诚实、谦虚、中性、简朴、少装饰，不需要与产品无关的细节点缀，是奢华、虚荣、炫耀的反对者。

8）模块化设计：模块化设计是基于后工业时代生产、消费的需要，以可组装性、可移动性、模块化生产为基本特点。模块化设计的重点是建立合理的产品系统，通过对一组产品的设计开发来达到化解小批量生产与大批量生产之间的矛盾，并通过低投入、低成本来实现材料向商品的转化。它从客户需求直接转变到可变性产品的模型，通过快速设计方法，缩短产品的开发时间，获得满足客户需求的产品。

9）基于人类可持续性发展的绿色设计和生态设计。随着环保和节能问题的日益突出，减少能耗、可回收、可循环利用的产品设计将成为设计发展的又一大趋势。在欧洲联盟，环保指标是产品进入市场的一大壁垒。绿色设计的实施是从材料的使用加工到制作生产过程，再到废弃产品的回收利用整个过程。

1.2　设计管理学的基本理论

1.2.1　系统论

所谓系统论，即从系统的观点出发，始终着重于整体与部分之间，整体与外部环境之间的相互联系、相互作用、相互制约的关系，达到最佳处理问题的一种理论和方法。整体性是系统论思想的基本出发点，它是一个合乎规律的、由各种要素组成的有机整体，即把事物整体作为研究对象，它们彼此分工协作，实现系统整体功能和目标。构成整体的所有要素都是有机整体的一部分，它们不能脱离整体而独立存在。

现代设计之所以能在一个世纪内使得整个人类社会发生翻天覆地的变化，使人们以前梦寐以求的事物成为现实，其中有一个重要原因就是工业革命后，设计、生产、制造、销售等过程出现了更为明细的社会分工，设计通过一定的管理模式将多个结构系统协调起来，设计策划的严密性与系统性、设计创意的全面性与周密性、设计表现的实施性与规范性将形成了一种系统效应。[①]

设计管理模式从表面看起来是企业产品设计、制造、销售的流程，但其实质上是一个复杂管理系统，设计管理最重要的职能表现在决策、组织、领导、控制和创新，它以产品设计为核心，包括市场调研、产品设计、生产、宣传、销售、回收利用的各个阶段。

在激烈的市场竞争条件下，设计管理已经包括了从生产到销售，从实体到形象，从组织管理、市场开发到企业形象设计等各个领域，在产品开发设计的同时，设计不仅要满足人类物质上的需求，也要满足精神上的审美需求，产品

---

① 胡俊红.设计策划与管理 [M].合肥工业大学出版社，2005：5-6.

的包装设计、企业宣传、市场销售要齐头并进，在形形色色的功能、造型、风格、装饰等诸方面，企业要将企业的销售活动、公共活动、服务活动以及企业的视觉形象等各个方面结合起来，使二度空间与三度空间的造型形式完整统一，表现出统一的企业理念。

现代设计的系统论原理，是由若干要素以一定结构形式连接成的具有某种功能的有机整体。系统论的核心思想是整体观念，现代产品设计系统是以科学的系统思想为基础，强调相关产品与相关因素的系统性和有机整体性，无论产品和技术、环境和需求等要素之间，都要以一定结构形式、规律相联系并构成能实现功能目的的有机整体。现代产品设计系统注重对产品及相关系统概念和层次的关系研究，以及对系统整体特征的把握，包括相关系统之间表现出的制约、交叉、并存、融合等多样性的关系。

认识系统论原理首先要认识系统设计的特征，对目标系统概念、内容等进行分析和定位。设计往往不是孤立的个体，而是基于某种概念形成的一个相互关联的系统，并且和其他产品设计或非产品设计系统形成一个更大的系统集合，系统论还要对与产品系统相关的技术、环境、传播或文化、市场等系统进行分析和评价，这样才能更好地理解设计系统论的实质、准确界定产品系统内容范畴，从而完成系统定位。

过去，设计目标注重对某个单一元素进行概念描述，以产品个体的特征和目的为中心展开设计活动，而现代产品设计系统最突出的特征就是设计目标。例如"产品品牌"的概念，则体现出品牌系统概念的特征，包括构成品牌实质的产品系统、构成品牌形象的识别系统以及实现品牌传播的媒体营销系统等。

现代设计的系统论是对设计的整体把握和宏观管理，例如设计部门与情报部门、生产部门、销售部门、财务部门、技术开发部门等部门之间关系的协调；设计系统内部设计师的设计理念、设计风格及设计方式的统一以及设计部门提供的辅助设计手段与设计所需的设备、环境、条件等各方面的和谐等，都必须通过科学的、全面的、系统的管理，才能发挥出整体效益，使各设计部门高效运转，即使在设计部门的职能上，也不只有本身的技术设计，还包括设计程序管理、设计战略管理等多项内容。

系统论的设计思想，其核心是把与设计对象有关的设计问题，用系统论的方法加以处理和解决，系统是一系列有序要素的集合，各要素之间具有一定的层次关系和逻辑联系，其显著特点是整体性、综合性、最优化。设计师在产品开发设计的过程中，需充分掌握其全盘性和相互联系的细部等问题，通过辩证分析和高度综合，使各种要素之间相互渗透、协调而达到整个系统的最优化。

1.2.2 广告定位理论

定位（Positioning），是个外来词，顾名思义，就是确定位置、找准品味的意思。作为从市场营销理论中派生出来的定位理论，就是通过广告宣传，准确树立企业及其产品的良好形象，使之在消费者心中占有一定位置的一种广告理论，它包括商品定位、服务定位、市场定位三个方面。广告定位主要是指"找出竞争者的优点和缺点或市场上任何有利于市场切入的机会并加以利用，为企业争得生存空间"。

而把定位之说引入广告界，最早出现在 20 世纪 60 年代末期美国的产业营销杂志上，它是继 20 世纪 50 年代 R·雷斯所提出的"独特的销售主张"（USP）、20 世纪 60 年代大卫·奥格威所倡导的"任一广告都应该是对品牌的长期投资"之后，对广告策略最具划时代意义的理论。可以说，定位理论是一个心理接受范围的理论，是在承认公众心目中已有的对商品的知觉和印象的基础上，寻求广告商品品牌的位置。①

根据市场营销的演变，可以将设计营销划分为"产品功能导向"、"产品品质趋同"、"产品品牌形象趋同"三个发展阶段，与此相对应，产生了"独特销售主张"、"品牌形象"和"广告定位"三种创意策略理论。

1）产品功能导向阶段

著名的"USP"（独特销售主张）理论是 R·雷斯在 20 世纪 50 年代提出的广告创意策略理论，其包含三个方面的内容：①广告强调的主张必须是强而有力的，必须聚焦在一个点上，集中吸引、打动和促成消费者购买产品；②广告所强调的主张应该是竞争对手做不到的或无法提供的，在品牌的说辞方面做到独一无二，影像、音响效果与文案等必须表达出其独特之处；③每一则广告必须向消费者提供一个主张，让消费者明白，购买广告中的产品可以获得哪些具体的利益。

2）产品品质趋同阶段

大卫·奥格威在 20 世纪 60 年代提出了著名的广告创意策略理论——"品牌形象论"。奥格威认为，从长远的观点看，任何一个广告都是对品牌的长期投资，广告的职责是建立和维护一个好的品牌形象。而随着同类产品的差异性减小，品牌之间的同质性增大，消费者选择品牌时所运用的理性就越少，因此，描绘品牌的形象要比强调产品的具体功能特征重要得多。广告要力图突出品牌，塑造品牌服务是广告最主要的目标，并使之具有和维持一个高知名度的品牌形象。在产品品质趋同的情况下，如何拥有更多的消费者，使广告创意策略从功能层次诉求上升到精神层次诉求，对某些消费群体来说，广告尤其应该重视运用形象来满足其心理的需求，是广告理论的一个重要延伸。

3）产品品牌形象趋同阶段

该理论的基本主张是：广告的目标是使某一品牌在消费者心目中获得一个巅峰状态和一个认定的既有区域。广告应将焦点投在一个相对"小"的目标上，在消费者的感性知觉上获得眷顾。运用广告创造出独有的位置，特别是"第一说法、第一事件、第一位置"。因为创造第一，才能在消费者心中造成难以忘怀的优势效果。

---

① 张显萍.谈广告创意的文化定位 [J].安徽职业技术学院学报，2005，4（1）：55-56.

此外，广告应表现出的差异性，并不要指出产品的具体的特殊的功能利益，而是要显示和同类品牌之间的区别。这样的定位一旦建立，无论何时何地，只要消费者产生了相关的需求就会自动地想到广告中的这种品牌，达到"先入为主"的效果。这一理论是前两个理论的进一步延伸，它提出不仅是要树立良好的品牌形象，更重要的是要在消费者的心里创造不同的感觉。①

广告定位理论由美国广告界权威李斯和楚劳特在 1972 年正式确立，成为广告传播史上的里程碑。李斯和楚劳特提出的"定位论"，主张在广告策略中运用一种新的沟通方法，创造更有效的传播效果，在这之前的广告设计都是从产品或企业自身的角度来考虑问题，是一种"由里向外"的方式。随着世界经济的不断发展，它们逐渐显现出局限性和不适应性。李斯和楚劳特在他们合著的《广告攻心战略——品牌定位》一书中提出："今天广告已进入了一个以广告定位策略为主的时代。在定位时代，你一定要把进入潜在顾客的心智作为首要之图。"这种观点把广告定位理论完全放在对消费心理的研究上，这种从产品出发转向从消费者出发的理论研究，的确是非常大的进步。

美国著名广告专家罗曼（Kenneth Roman）曾说："广告里首先在设计上要决定的事，也是最重要的事，就是如何确定产品在市场上的位置。"由于广告定位是以市场为导向来建立广告和消费者的沟通，并以此制定创作的目标，因此它就能够克服广告设计上华而不实、不着边际的现象，使广告真正成为现代企业推动产品销售的有力手段。② 百事可乐在与可口可乐的竞争中就有效地运用了这一定位理论，为自己定位为"新一代的选择"，从而取得了巨大的成功，占领了年轻人市场。

广告定位既是对产品独特个性的塑造，在指向目标消费者的同时，也是对市场细分和目标市场的一种认定。广告定位对消费者来说，它从消费者的心理需求出发，满足消费者心理，深挖产品的特殊价值，帮助消费者做出选择，从而使产品获得相对稳定的消费群。广告定位理论对产品品牌来说，代表了特定用途、特定市场、特定风格、特定顾客，它提供的是一个与众不同的具有竞争优势的位置，它准确地确立了某种产品的特殊观念，最终令产品从模仿性和同质化中脱颖而出，广告定位理论规定了广告设计的方向性，避免了广告设计上的盲目性，使之成为更加有效的信息传达理论。

1.2.3 整合营销传播理论

整合营销传播理论是在 20 世纪 80 年代中期提出来的，许多学者预感到具有战略意义的"传播合作效应时代即将到来"，他们从各自的理论出发提出了整合营销传播的理论。

美国广告公司协会认为："整合营销传播是一个营销传播计划概念，要求

---

① 于波涛 . 营销环境变迁下的广告创意策略分析 [J]. 学术交流，2005，134（5）：173-176.
② 王昕宇，李红超 . 论广告定位策略 [J]. 河北师范大学学报，2002，25（2）：101-103.

充分认识用来制定综合计划时所使用的各种带来附加值的传播手段——广告、销售促进和公共关系，并将其结合，提供具有良好清晰度、连贯性的信息，使传播影响力最大化。"

美国西北大学梅迪尔新闻学院的研究组把整合营销传播定义为："整合营销传播是把品牌等与企业的所有接触点作为信息传达渠道，以直接影响消费者的购买行为为目标，从消费者出发，运用所有手段进行有力的传播过程。"[①]

汤姆·邓肯认为："整合营销传播指企业或品牌通过发展与协调战略传播活动，借助各种媒介或其他接触方式与员工、顾客、投资者、普通公众等利益相关者建立建设性的关系，从而建立和加强他们之间的互利关系的过程。"

整合营销传播理论的先驱舒尔茨教授认为："整合营销传播策略之一是与消费者双向沟通，强调从与消费者沟通的本质意义上展开促销与营销活动；策略之二就是营销是将一切传播活动一元化，把广告、促销、公关、CI 等活动纳入到整合营销传播范围之内，将统一的信息传达给消费者，以符合消费者在与品牌接触的各种阶段上的不同需求。"

许多企业把整合营销传播理论当作战术运用，因为整合营销传播可以让广告、促销、直销、公共关系等所有的传播程序具有一致感，通过整合使企业的人员产生对品牌统一的认知，使品牌形象的整合传播各要素在传播中始终保持一致。

在竞争性市场中，整合营销传播理论通过有效的方式在业务、需求等方面与顾客建立关联。这种关联形成一种互助、互求、互需的关系，把顾客与企业联系在一起，利用系统的模式为用户服务，为用户提供一体化、系统化的解决方案，然后在更大范围内系统集成和优化组合，这样可以保证传播各方案和各个集成部分都是最好的，从而形成整体最优，与用户建立起有机联系，形成互相需求、利益共享的长期稳定的关系。该理论指出产品分核心产品、外在产品和附加产品三个层次，相应的需求分为使用需求、心理需求和潜在需求三个层次，企业必须把产品和需求的层次对应起来。[②] 可以说，整合营销传播理论是结合当今营销传播发展的新趋势。

在 21 世纪经济飞速发展的今天，中国的企业已经告别了以"生产为主导的时代"，开始跨入"顾客导向的时代"，消费者的需求也不仅仅满足于物质需求的现状，开始产生物质和精神的多元需求。因此，在"顾客导向的时代"，营销传播转变为借助广告、公关、促销、CI 设计等不同手段，传达一致的产品信息，形成整合优势，实现全方位推广产品的策略。[③]

1.2.4　品牌延伸理论

品牌延伸理论的系统研究起源于 20 世纪 70 年代末，1979 年 Tauber 发表

---

① 汪燕霞，马瑞，范林芳.整合营销传播探析 [J].经济与管理，2005，19（9）：45.
② 汪燕霞，马瑞，范林芳.整合营销传播探析 [J].经济与管理，2005，19（9）：46.
③ 汪燕霞，马瑞，范林芳.整合营销传播探析 [J].经济与管理，2005，19（9）：45.

了"品牌授权延伸，新产品得益于老品牌"的论文，首次系统地提出了品牌延伸的理论。20 世纪 80 年代，许多学者根据大量的案例，从不同的角度分析了品牌延伸的效果和价值，并对影响品牌延伸的各种要素、品牌延伸对原有品牌资产的影响、品牌定位等理论作了深入的研究，大大丰富了品牌延伸的理论体系。①

所谓品牌延伸理论，就是指一个品牌从原有的产品或服务延伸到新的产品或服务上，多项产品或服务共享同一品牌，也就是指借用现有品牌在某一行业的市场上已经形成的知名度和美誉度，向相关行业或跨行业的产品或服务进行品牌移植，目的是借用现有品牌的良好形象和广大消费者对该品牌的认可，带动同一品牌下的其他类产品的销售。

从理论上来看，品牌延伸的应用类型可以分为两种，即品牌的线内延伸与品牌的跨类延伸。品牌的线内延伸，就是所谓的产品线扩展，是指针对新细分市场开发新产品的品牌。品牌的跨类延伸，它是指品牌向不同于原产品类别的领域展开延伸。

首先，品牌延伸理论的关键是品牌核心价值及产品市场定位与需求分析。品牌延伸首先必须注意品牌的核心价值，一个成功的品牌有其独特的核心价值，因此，品牌延伸必须符合原品牌的核心价值，企业要在品牌延伸时确保原有品牌市场形象和核心利益，充分认知新旧产品之间的关联度，两者在功能、技术、渠道、服务以及目标客户等物质层面上最好能有一定的关联，至少在产品所表现的核心理念和价值等精神层面上要能产生消费者的联想和共鸣。

其次，必须注意产品市场定位的一致性。品牌延伸必须通过准确的市场细分，使产品有清晰的市场定位，使延伸品牌产品与原有品牌产品能保持一致性和兼容性。

最后，企业在进行品牌延伸时，应考虑市场的需求量，在企业决定进行品牌延伸之前，要对目标市场做一番周密细致的市场调研，要计算出市场的总容量，并尽可能细分市场，结合准备推出的产品设计性能和特色，来决定是否进行品牌延伸。②

1.2.5　人力资源管理理论

人力资源管理，作为一门独立的学科，是随着企业管理理论的发展而逐步形成的，在人类发展的每一个历史时期，人力资源管理的理论思想、形式和方法，总是与当时当地的政治、经济、文化、人口、管理等紧密联系的。人力资源管理形成于 20 世纪初美国科学管理兴起的时期，迄今已有 80 多年的历史，它是企业职工福利的传统与泰罗科学管理原理相结合的产物，随后心理学与行为科学的兴起，对这门学科产生了重大的影响，并使之趋于成熟。

---

① 何明光，骆革新．企业品牌延伸的理论研究与应用策略 [J]．茂名学院学报，2004，14（2）：50．
② 何明光，骆革新．企业品牌延伸的理论研究与应用策略 [J]．茂名学院学报，2004，14（2）：51．

1916 年现代管理理论的创始人法国实业家 Henri Foyol 提出："管理是由企划、组织、领导、协调及控制等职能要素组成的活动过程，其基本职能包括决策、领导、组织、调控几个方面，管理是指将企业各种活动组织化、统一化，以实现各种资源的最佳利用，这是管理定义的基础。"

随着资本主义从自由竞争到垄断的发展，美国科学管理之父泰罗和德国社会学家韦伯等提出了一套符合当下所需要的"科学管理"理论和方法。在古典管理理论时期，泰罗所建立的科学管理理论，以组织为基本视点，以提高工作效率为主题，提出了一系列科学管理方法：为了提高组织的劳动生产率，挑选和培训第一流的工人；采取刺激性的工资报酬制度激励工人努力工作；使工人掌握标准化的操作方法；劳资双方变对立为合作；共同提高组织的劳动生产率等。科学管理理论提出的"劳动定额"、"工时定额"、"计件工资制"以及"工作流程图"等，奠定了人事管理学科的基础，解决了以下实际问题：①明确划分了管理职能和作业职能；②开始根据工人的特点进行分工；③实行工作方法的标准化；④开始按科学办法制订了劳动定额和劳动定时工作制，首次科学地、合理地对劳动效果进行考核和计算；⑤开始建立起各级指挥体系，各种职务和职位按照职权的等级原则加以组织；⑥实行有差别的、有刺激性的计件工资制度。

随着人们对精神生活的要求日渐提高，如何在新的形势下，满足工人的心理需求，调动其工作积极性，就成为一个新的课题，行为科学的人事管理由此应运而生。

行为科学学派强调从心理学、社会学的角度去研究管理问题，它基于梅奥的"社会人"假设，梅奥提出"人际关系学说"，开辟了行为科学研究的道路。该理论重视人际关系协调，重视社会环境，重视人们之间的相互关系对提高工作效率的影响。行为科学学派认为，不能只重视物理、技术因素而忽视社会因素、心理因素对生产效率的影响。简单地说，行为科学学派重视人的因素，重视企业中人与人之间的关系，主张用各种方法去调动人的工作积极性。行为科学学派研究内容包括领导人的培训、群体动力、动机与满意、参与管理、个人与群体关系、社会技术系统、组织变革、目标管理以及提高工作生活质量等。

行为科学学派极大地丰富了现代人事管理学的内容，它除了对员工的选用、调遣、待遇、考评等进行研究之外，还注意对人的动机、行为目的加以研究，以求了解员工的心理，激发他们的工作意愿，充分发挥他们的潜力。

在当代人力资源管理时期，管理学中形成了许多新的理论流派，如管理过程流派、管理科学流派、组织管理流派、行为科学流派、经验管理流派等，所有这些理论流派，无一不是以组织作为基本视点的。所以，基于组织的研究和理论，是所有管理学研究和理论的特征。现在的管理学理论，以组织为基本视点，以计划、组织、领导和控制四大功能所构成的体系为基本框架，对管理的各种问题进行广泛而深入的理论探索和研究，从传统的人事管理转变成人力资源管理。

随着经济的市场化、多元化、全球化进程的加速，特别是 WTO 体系的不断扩展以及知识经济时代的到来，人力资源逐渐成为管理的核心问题。组织的生成和发展、组织间的激烈竞争，最终演化成为人力资源的开发与管理、人力资源的竞争，人力资源开发与管理，成为组织获得竞争优势的核心要素。[①]

1.2.6 CI 整合设计理论

进入 20 世纪 90 年代，CI 整合设计理论在欧美得到长足发展，形成了独特的理论体系，许多学者从不同的角度，如战略管理、公共关系、平面设计、心理学等对 CI 理论进行研究。近几年来，市场学和组织行为学派认为对 CI 的研究应属于一门综合性学科，1994 年英国学者 Balmer 和 Wilson 认为要从整合信息传达的角度和交叉学科的角度研究 CI 理论。

从整合信息传达的角度来看，企业必须考虑信息的整合问题，防止信息传达混乱的产生，应该深入地贯彻到企业信息传达的每一条渠道中去，企业在各种正式或非正式场合，通过各式各样的媒介与外界进行整合的信息传达。这种传达是企业识别与企业形象、企业信誉之间一条至关重要的联接纽带，CI 是为了达到整合信息而做的信息传达活动。

从交叉学科的角度来看，集中表现在 1995 年 ICIG（The International Corporate Identity Group）上发表的宣言，从四个方面论述了 CI 理论的多种学科交叉特性：① CI 能成为整合企业经营规划和活动的强有力的手段，这种规划活动是导致企业成功与否的关键；②每个企业或组织都有自己的识别性，它确定企业的伦理、目标、价值观并借此得以在自身的竞争环境中树立独特的形象；③ CI 形成的视觉力量保证企业所有信息交流的一贯性，以塑造与企业伦理、个性相呼应的企业形象；④有效的 CI 可以增进企业与各个关系者之间的理解与信任，保证企业战略联合的成功。[②]

CI 理论是一种沟通企业文化、传达企业理念的战略策划，是一种以视觉设计为出发点的整合企业信息的系统理论，CI 涉及企业的企业文化、企业行为、产品服务、信息交流设计、市场战略等，应该具有综合性学科的特质。

1.2.7 市场整合营销理论

1964 年，美国学者鲍敦教授提出了市场整合营销的概念，把市场营销理论向前推进了一步。后来，美国著名营销学者麦卡锡教授将营销组合的众多变量归为四大类：①产品（Product），它是满足消费者各种不同需求的物质承担者，是企业提供给目标消费者的有用物品和服务，包括产品质量、特色、式样、规格、材料、品牌、包装、服务、保证等；②价格（Price），指顾客为了

① 廖昌荫 . 人力资源管理研究视点分析 [J]. 广西师范大学学报，2004，40（2）：75-76.
② 张岱 . 浅谈欧美的企业识别（CI）设计 [J]. 湖南大学学报，1998，25（5）：177-179.

取得产品而必须支付的货币数量，包括目标价格、折扣、信用条件等；③地点（Place），是指分销渠道（指产品从生产领域转移到消费者手中所经过的通道）、储存、运输、位置等；④促销（Promotion），指把有关产品和服务的信息传递给消费者，鼓励目标消费者购买产品，包括广告、推销、营业推广、公共关系等。这就是著名的 4P 整合理论。1990 年，美国的罗德朋和舒尔兹提出了与传统营销的 4P 相对应的整合营销的 4C 理论，即 Consumers（消费者）、Cost（成本）、Convenience（便利性）、Communication（沟通），其主要理论是研究消费者的欲望和需求、消费者满足需求所付出的成本、消费者方便与消费者沟通 4 个因素。

整合营销理论是一切营销活动以顾客的需求作为出发点，并让企业在最大程度上实现企业目标的双赢营销模式。20 世纪 90 年代以后，企业生产出来的产品逐渐增多，同行的同类产品挤上同一货架，营销中的服务更是如出一辙。在这种情况下，传统的营销策略越来越不适合现代市场经济发展的客观要求，以美国西北大学教授舒尔兹等为代表的专家学者提出了整合营销理论，整合营销理论就是整合各种资源，达到既满足社会需求，又获得股东财富最大化目标的双赢理论。[①]

1.3 研究设计管理学的意义

设计管理学研究是一门新兴的交叉学科研究，是一项涉及面很广的系统工程，现代设计管理是一种有组织的创造性活动，即群体化的活动，设计管理学研究是以使用者为中心对特定的产品、界面和环境资源进行有计划、组织、指挥、开发、协调及控制的研究，它所研究的范围有：产品设计、广告设计、品牌设计、CI 设计、人力资源、市场营销等方面。设计管理学研究将各种类型的设计活动系统化、组织化、合理化，把整个企业或其设计组织作为设计对象进行统一策划，充分发挥企业设计资源的作用，创造富有竞争力的产品。

设计是企业的生命，是企业占领市场的利器，是社会经济的主要来源。我国加入 WTO 以后，企业的产品设计面对激烈的市场竞争，急需研究和建立设计创新和管理创新的共同开发体制。设计管理学研究遵循以人为本的设计理念，将艺术设计、经济管理等构成产品诸要素通过系统策划，使技术与经济相结合、结构与形态相结合、功能与使用相结合、美学与人机工程相结合、环保与可持续发展相结合，形成完善的企业设计管理新体系。

针对企业中设计风格的混乱、设计原则的缺失、设计资源缺乏统一管理的情况，为保证企业各方面协调一致，整个形象的统一，形成产品设计策划、广告设计策划、品牌设计策划的系统化研究管理特色，有必要对设

---

① 金安 . 试论市场整合营销 [J]. 宁波大学学报，2001，14（2）：111.

计进行系统的策划与管理研究，以实现各种资源的最佳利用，其目的是将设计策划、品牌战略、企业形象设计和企业管理战略结合起来，为企业制定设计策略，开拓设计市场，树立企业的整体形象，使设计更好地为企业的战略目标服务。

设计管理学研究是设计学与管理学两学科的有机结合，它为企业产品的创新和品牌形象的差异化、独特化以及竞争产生了强有力的基础和体系，给消费者带来高的附加值和更优质的产品，为企业带来了丰厚的利润。

设计是工业革命的产物，20 世纪 60 年代在世界范围内兴起，对世界经济的发展、社会的进步、人们生活质量的提高做出了历史性的贡献。然而，当今社会科技突飞猛进，市场瞬息万变，竞争日益激烈，传统意义上的设计已经渐渐不能满足企业及社会的发展，由于企业对设计管理不理解，造成了设计上的无序化，在这些企业中，设计通常被认为是一种为产品、包装、展示或宣传品所进行的零散性工作，企业内部不同领域的设计人员缺乏沟通。

一方面在今天物质产品极大丰富，市场竞争越来越激烈的情况下，企业缺乏系统、科学、有效的管理，必然造成盲目、低效的设计和没有生命力的产品，从而浪费大量的宝贵资源，给企业带来致命的打击，同时设计师的思想意图也得不到充分的贯彻实施；而另一方面，随着经济全球化的加剧，如何合理利用全球的设计资源摆到了设计人员的面前，设计管理作为一门边缘性学科，它与科研、生产、营销等行为的关系越来越紧密，在现代经济生产中发挥着越来越重要的作用。[①] 随着设计深入到企业的各个方面，设计与管理间的结合成为了必然，只有抓好设计管理研究，企业才能真正在日益激烈的市场竞争中发展，传统的设计由此进入了一个崭新的设计管理时代。

设计管理学综合了设计学与管理学的知识，对一系列设计策略与设计活动进行管理，研究如何在各个层次整合、协调设计所需的资源，寻求最合适的解决方法，有利于对设计行为进行合理的规划，有利于达成企业的目标和创造出有效的产品，为企业的设计战略和设计目标服务，为企业建立完善的设计管理体系，制定设计策略。

研究设计管理学的意义与作用主要表现在以下几个方面：

1）有利于提高企业竞争力

设计管理能制定准确的设计目标，能及时获取市场信息，使之更符合顾客需求，不断为企业注入新的活力，不断创新从而赢得新的市场。

2）有利于企业合理配置，并优化资源

在企业管理中，设计管理是重心，它可以使企业各方面资源得以充分利用，增强各部门之间的合作，并促进技术的不断突破，从而实现设计制造的敏捷化，以较小的投入获得更大的成果。

---

① 曾山，胡天璇，江建民.浅谈设计管理 [J].江南大学学报：人文社会科学版，2002，1（1）：103-105.

图1-9 多学科的专业构成

3）有利于对设计师及管理人才的培养

在激烈的市场竞争中，任何一项设计活动都需要设计师与管理者以及其他领域人员合作共同完成。在产品由构想变成商品的过程中，设计师必须与市场、管理、营销等各部分相互沟通、合作才成完成。

4）有利于促进学科的整合与交叉

设计管理学使设计学和管理学在原有学科的基础上充实和发展，加强了不同领域的合作。在组织内部，设计管理主要体现在每个企业的品牌传播、产品设计和服务设计、公司建筑与零售环境、网页、广告活动当中。通过设计管理，不仅能够帮助企业实现商业目标，而且能够实现文化价值与社会价值（图1-9）。

5）设计管理有利于设计成为企业产品的市场保护壁垒，成为企业竞争力的一部分，永远使设计显得新颖和个性化。现在企业在技术上的差异性越来越小，产品趋于同质化。面对"竞争激烈"、"生产供应多"、"市场处于停滞化状态"的现实市场环境，企业要想继续处于领导地位，不得不使自己的产品设计具有差异性，创造产品的差异性是企业实施设计管理的一个重要方面，使之成为阻止仿冒者企图进入市场的壁垒。

自20世纪70年代以来，设计管理作为一门新兴学科有了较大发展，特别是在欧美日等发达资本主义国家，他们把设计管理作为企业发展战略的一部分，并成为企业区别其他同类企业强有力的竞争手段，越来越多的企业及学者认识到设计管理的重要性，并积极投入设计管理的研究中，在我国台湾地区、韩国、日本，设计管理已成为企业开发管理的核心之一，在英、美等国，设计管理不仅被列入博士学位课程，还成为许多跨国企业主管的职能和工作核心。[①]

从教育与学科建设角度来看，设计学是一门一级学科，设计管理作为交叉学科，包括具有自然属性和社会属性的双重性质，这应该决定了管理理论同样具有双重性质。设计管理学伴随设计管理的产生而形成，它是设计管理活动逐步发展到一定阶段的产物。设计管理学突破管理学的内涵和外延，使得设计学和管理学在原有学科的基础上充实和发展，为培养复合型人才提供了基础，并加强了不同领域合作，降低了人力物力的消耗，提高了科学技术的商品转化率和成果转化率。

从设计管理教育与企业发展的角度看，设计管理综合了设计学与管理学的知识，对一系列设计策略与设计活动进行管理，研究如何在各个层次整合、协调设计所需的资源，寻求最合适的解决方法，有利于对设计行为进行合理的规划，有利于达成企业的目标和创造出有效的产品，为企业的设计战略和设计目

---

① 胡俊红．设计策划与管理 [M]．合肥工业大学出版社，2005：224.

标服务，为企业建立完善的设计管理体系，制定设计策略。

将设计管理教育与企业的发展相结合，有利于企业合理配置，有利于对设计师及管理人才的培养，实现资源的优化。在企业管理中，设计管理是重心，它可以使企业各方面资源得以充分利用，增强各部门之间的合作，并促进技术的不断突破，从而实现设计制造的敏捷化，以较小的投入获得更大的成果。而在激烈的市场竞争中，任何一项设计活动都需要设计师与管理者以及其他领域人员合作共同完成。在产品由构想变成商品的过程中，设计师必须与市场、管理、营销等各部分相互沟通、合作才成完成。因此，设计管理学为设计师及管理者提供了一个相互交流学习的工作平台，有利于建立稳定的设计小组及高层管理人才。

1.4 设计管理学研究的内容和方法

1.4.1 设计管理研究的内容

近些年来，社会和市场发生了巨大的变化，以前企业家不注重提升设计而专注于其他更有利可图的事情的现象已不复存在，今天商业所处的复杂环境已促使他们欣然地接受设计并把它当作在市场中获得竞争力或至少是生存力的有力武器。目前，设计师不能提供任何的公式来准确地计算企业在设计上投入的一笔资金所收到的效益，解决上述问题的技巧是让事情变得简单，即以一种清晰有序的方式来管理商业中的设计，是一种确保盈利的有效途径。设计带来的效益无论有形的还是无形的，都可以用某种方式来检测和评估。最终，设计不论以什么方式出现，它是可以被管理的，也就是能经历分析、计划、实施和最后评估的过程。

每个公司都必须根据自己的设计团队和硬件条件制定出自己的设计管理决策，一项精心制定、正确地融入公司的发展战略的设计管理决策会使实施过程更加容易和有效，因为它和公司的各方面政策和计划都是互相吻合的。

设计管理学研究的内容总结为如下方面：
- 公司的发展战略
- 公司对设计的界定
- 设计方向
- 设计功能的组织
- 设计资源
- 设计纲要
- 设计评估
- 项目管理

1) 公司发展战略：公司和企业在市场中所打造的形象由三个因素决定：产品（商品和服务）、信息传播（广告等方面）、企业文化（包括网络）。这三

图1-10 设计梯

方面必须体现出公司为自己设定的价值和目标，这意味着在商讨设计议题之前确立公司的发展战略极其重要，而战略分析的深度和细节则取决于公司自身的发展状况。首要的是，公司应该找出能在市场中脱颖而出的战略资源，为了帮助鉴别出这些战略资源，公司所有潜在资源的简单模式即满足四个条件的资源：能增加价值的、与众不同的、难以模仿的、花费大的。对该模式的执行必须非常严格，才能使公司的核心价值更加牢固，尽管实现它存在一定的困难，但对其他环节是非常有益的。

2）公司对设计的界定："设计梯"（图1-10），它是由丹麦设计中心构想的，非常直观明了地界定了设计在组织过程中从无到熟练地运用程度——无设计、款式设计、程序设计、创新设计等，如战略设计、设计思维等。

3）设计的方向：公司里主管设计的人士要合理规划公司设计发展的蓝图并实现它：设计将要发挥怎样的作用？将怎样组织设计？将配给什么资源？在此想强调三个很值得投入的方面：

（1）设计支持：在设计管理的研究中，设计支持所发挥的作用已经得到足够的论述。年轻的一代在接管公司时在设计支持上经常发挥重要作用，他们对设计的投入成为他们开创新文化中的一部分。

（2）设计信息：如今大多公司都熟悉或至少听说过市场信息或技术信息的词汇，几乎每个与设计行业相关的人都清楚设计方面的大事、新闻和趋势，甚至仅仅通过非正式渠道。把这些信息和知识搜集起来并系统化以供人们借鉴和参考，这样才能使这些信息之间互相产生联系并发挥作用。

（3）设计名气的管理：很多公司在设计上投入了很多，但他们从未与重要的设计人士交流，在杂志上也从未看到他们的名字，产生的影响很小，因此付出的努力没有得到应有的回报。设计管理名气就意味着要在获得什么奖项、归属什么设计组织、参加什么设计会议、要发送信息到什么媒体、要关注什么设计事件等方面做出积极的决定。这些活动的范围和参加的频率取决于公司的发展规模等因素。

4）设计功能的组织：在决定是否请设计公司或是聘请自己的设计队伍制作之前，公司应该考虑自己具体的设计需求，最终的要求当然取决于公司对设计的界定和总的发展战略。

除了一些预知的方面，公司还应发掘一些潜在的能运用设计产生价值的层面，另一种管理方法——价值分析，在这里可以起到很好的作用。生产商需要产品设计，然而通过价值分析，他们也可能需要包装设计和广告设计以使产品卖得更好。更进一步说，公司内部的沟通交流也许可以获益于在平面设计上合理的投入，例如公司良好的视觉识别系统有助于提高本公司的凝聚力和向心力。从设计的角度来纵览整个产生价值的各环节可以帮助我们用一种全局的方式来管理设计功能，也可以更确切地决定用什么组织形式来进行管理（图1-11）。

把一些传统或新的管理方法应用于设计管理并检验它们是否能发挥作用是很有意义的尝试。这个方法是由作家布里吉特·博尔哈（Brigitte Borja）发展

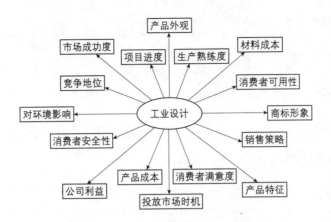

图1-11　工业设计管理模式

起来的，他专注于平衡的计分卡工具的研究，这个模式是由哈佛商学院的罗伯特·卡普兰（Robert Kaplan）发展起来的。博尔哈把这个工具描述为"由设计创造的系统价值观和设计如何为公司持股者创造价值的体现"。

5）设计所要求的资源：在很多小公司里，设计师对工具和设备的特殊要求经常遭到不解，甚至取笑，例如有些人不明白设计师为什么需要配置很高的电脑。设计像其他的行业一样，有自己的工具和设备要求，这些工具和设备帮助设计师用一种独特的方式寻找到灵感，公司最终知道这些特殊工具的重要作用。思维导图、设计原型、头脑风暴的集思都是积极的设计灵感的涌现，它们是设计过程中极其重要的内容。

设计必须像生产中的其他环节一样被同等看待。为什么公司管理者对律师费用从来不犹豫，而对设计费用却经常讨价还价？设计师的工作调动了他们所有的经验、知识背景、专业素养和技术，这样的付出应该得到相应的回报。

6）设计纲要：公司的设计纲要经常受到质疑，有人认为它们很有局限性，抑制了设计师的想象力和创造力。而在大多数的小公司里（尤其是对设计不熟悉的小公司），合理的设计纲要能发挥很好的作用。设计纲要可理解为各部门之间协调的准则，它会发挥更积极的作用：设计纲要越合理，项目进展得越好；设计纲要越简洁，与顾客合作的关系会越久。

7）设计评估：Roxx的优点是拥有一个即时的评估系统来评估设计项目、团队、条件，以优化设计程序和方法。Roxx就是用来评估一个设计项目在以下两方面所达到的状况：①符合顾客明确提出的要求；②满足顾客一些感性的要求（图1-12）。

8）项目管理：管理者都很清楚，任何项目管理的前期投入非常关键。研发一个新产品的各个阶段所需要的费用很重要，其中前期阶段的投入很低而生产和投入市场阶段费用却急剧增加。需要明示的是：在研发新产品的过程中，包括设计在内的初始阶段是日后其他阶段投入资金的基础，因此切忌在设计上节省费用而应对其进行系统投资，才能对后面各阶段带来切实效益（图1-13、图1-14）。

图 1-12　来自英国标准协会 Roxx 评估图（上）
图 1-13　产品生命周期与发展阶段的对比（中）
图 1-14　产品设计与成本分配的关系：初期设计工作对财务的深远影响（下）

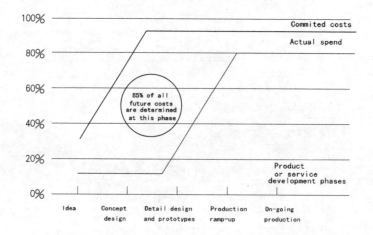

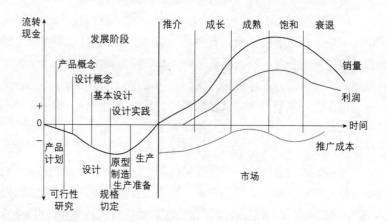

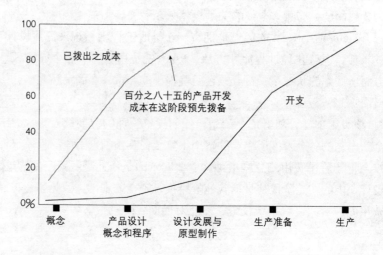

1.4.2 设计管理研究的方法

对研究方法的研究是任何学科必须直面的问题，基本方法有归纳和演绎、实证和思辨、科学主义的方法、人本主义的方法。来自新兴学科的研究方法，如系统论、控制论、符号学、心理学以及有关设计艺术本身的研究方法。设计管理的交叉性和综合性，要求设计管理的研究采用多元化的方法，借鉴自然科学和社会科学的理论成果运用到设计管理的研究领域中去，结合不同研究方法的适用性，获得对设计管理学科全面的认识。

1）系统性：设计管理以设计部门内部和外部的活动，以及参与设计过程的人员作为其主要的研究对象。它与针对单纯设计过程的管理活动的不同是，不仅要对设计的流程、设计活动进行管理，还要将设计管理放在企业管理的背景下进行考察，考虑到设计管理活动对企业的战略意义，用系统性、综合性的思维全面认识设计管理学科。

2）实践与理论相结合：设计管理是有关企业二维视觉形象、三维产品形态设计活动的管理，这个基本的属性决定了设计管理具有很强的实践性，"实践是检验真理的唯一标准"，市场效益就是实践检验的手段。设计管理要在科学方法论的指导下进行，设计管理的性质是一种管理活动，是和设计活动相关的管理活动。它是随着时代社会的发展而发展的，这种发展是有规律可循的，实践和理论的互动是正确认识设计管理活动的前提。

3）比较归纳法：采用此种方法是基于设计管理学科的边缘性与交叉性并存这一独特性制定的。对于设计管理的研究不仅需要具备设计学的专业知识，同时也需要具备管理学的相关知识，而最为重要的是需要通过比较、归纳和分析来发现设计管理的学科价值。在比较归纳法中，对学术内容的研究通常是将同一类型的不同事物放在特定的环境下进行比较分析，来发现其间的相同性与差异性。在不断地比较分析中，能够较为深入地发现研究问题所在，找到矛盾的普遍性与特殊性，找到矛盾的主要方面和次要方面。而从比较程序上讲，需要明确比较的主题、找出两者间的异同、提出规律性假设、分析原因、探讨规律。

图 1-15 马斯洛需求层次理论模型

4）心理分析方法：著名心理学家马斯洛的人类动机理论，把人的需要分为五大基本需要：生理需要，安全需要，爱的需要，自尊的需要以及自我实现的需要。之后，世界各国的心理学家也对人的心理动机进行了相关的研究，其目的都是在于揭示人的行为内在动机发生的原因。在设计管理学的研究中，通过心理分析法能够让管理者合理地使用激励手段，把握员工的工作情绪，调整好设计管理活动中各个成员之间的关系与心理状态，对于管理者制定行之有效的政策、促进政策的顺利实施具有极为重要的作用与意义（图1-15）。

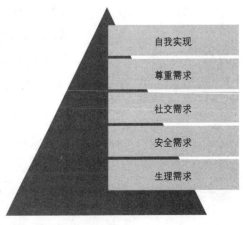

自我实现

尊重需求

社交需求

安全需求

生理需求

第 2 章　产品设计策划与管理

2.1　设计策划与管理

设计策划行为可以追溯到人类早期的活动。在当时，为了生存的需要或抵御风、雨、兽等外界环境的威胁，人类就开始通过思考，同时利用天然材料制成了各种工具，想尽各种方法来保护自己，这就是最原始的设计策划。而设计管理是视觉形象与管理科学的高度统一载体，它通过有形的视觉来传递无形的东西，使产品设计成为具有独创性和个性的战略手段。以人为本的策划，是设计的基本出发点。①

设计与管理相结合既是设计发展的需要，也是时代发展的需要。设计管理是一项重要资源的整合活动，它以产品开发为核心，以第一生产力的合理调配为主题，对设计进行规范管理。设计管理从企业生产、企业人事、社会宏观调控等不同的层面对设计统筹策划，其作用是促进新产品的开发，促进企业经营结构的全方位优化，带动企业技术的改造与进步，使企业的竞争力不断加强，并在市场竞争中占据优势。

好的设计不仅是一项设计工作，同时也是一项管理工作。随着企业设计工作的系统化和复杂化，设计活动本身需要进行系统的管理。在现代的经济生活中，设计管理越来越成为一项有目的、有计划、与各学科、各部门相互整合的行为：①设计需要建立在企业的经济基础、工艺水平、生产条件的基础之上；②设计必须符合企业发展战略的要求；③设计需要市场营销部门的支持；④设计必须符合社会化大生产、市场规律及相应的设计准则的要求。⑤设计理念、程序、方法都有必要结合企业自身的特点进行管理。②

设计管理的基本出发点是提高产品设计开发的效率，设计管理研究的是如何在各个层次整合，协调设计所需的资源和活动，并对一系列设计策略与设计活动进行管理，寻找最适合的解决方法，以达成企业目标和创造出高质量的产品。③

设计管理的关键是企业内部各层次、各部门间设计的协调一致，企业对设计管理的引进，无疑是对新产品开发高效的运作，并对企业整体发展战略的一

① 胡俊红.设计策划与管理 [M].合肥：合肥工业大学出版社，2005：4-9.
② 曾山，胡天璇，江建民，等.浅谈设计管理 [J].江南大学学报：人文社会科学版，2002（1）：103.
③ 周红惠.企业形象设计管理中的文化性 [J].株洲工学院学报，2004，18（1）：81-82.

种宏观调控，是企业整体文化形象的升华。[①]

在设计管理中最为重要的内容之一是有效的管理客户关系。今天的顾客不仅期望设计资源能够带给他们好的质量与有利可图的项目，更希望建立可信赖的合作关系。为此，我们可以通过有效的管理，运用恰当的工具、技术、技能来帮助管理客户的关系，促进公司与顾客之间友好关系的建立，如：设计经理或者项目经理需要经常通知他们的客户告知整个项目发展过程中的最新情况，以保持与客户之间的良好合作关系。在设计团队日常交流活动中举行常规的状态会议，可以让所有人都了解项目进程，并且为要解决的问题提供讨论，这样大家可以一起做出决策，明确自己的角色与责任，以帮助所有决策者弄清楚他们负责的领域。此外，撰写常规报告可以使设计团队与客户交谈时能很快跟上项目进度。

优秀的设计管理者或者项目管理者会通过"设计能够帮助商业竞争，为他们的产品与服务增加价值"的方式来教育他们的客户。来指导客户了解设计、解释项目的结构与项目团队，而这是引导设计决策最有用的方式。

20 世纪 90 年代以后，市场环境出现了新的变化，从产品生产的角度来看，竞争者在产品及技术方面表现为同质化，生产成本几乎相近，使得无论是产品，还是价格都相差无异。面对激烈的全球竞争，面对企业制造手段自动化、制造的速度快捷化的发展趋势，设计管理作为一门新的研究领域愈来愈受到企业的关注。厄尔·N·鲍威尔（Earl N.Powell）认为，成功的设计管理者必须掌握关于知识、技能和态度的六类基本核心内容，包括"目标"、"人"和"状态"，以及"流程"、"项目"和"实践"。这六个领域互相交叉并且具有很多共性，它们是通往广阔的信息领域和行动领域的钥匙。[②]

设计管理者开拓自身在项目不同阶段扮演不同角色的能力，包括外部（客户相关的部分），和内部（设计团队相关的部分）以及教练（鼓励客户并发展关于设计的商业利益的设计团队），指导者（教育并支持客户与设计团队）和助理（辅助并帮助客户与设计团队）等等，来维护企业内部与外部的关系，能达到资源、人力等各方面的优化配置，从而为企业赢得成功。

2.2　产品开发战略

产品是能够满足人们需要，借助一定的开发技术而生产出来的物品。产品有三种不同的层次，即核心产品、有形产品和附加产品。核心产品是消费者真正所需要的东西；有形产品是将核心产品以功能、式样、质量、包装及品牌等形式体现出来的产品；附加产品是指伴随核心产品及有形产品所提供的附加服务或功用。

① 吴晓莉，刘子建.从飞利浦设计思想到企业战略——设计管理模式的提出 [J].轻工机械，2004（4）：146-148.
② 王效杰，金海.设计管理 [M].北京：中国轻工业出版社，2008：21.

依据产品概念来看，它是指能满足顾客需求和欲望的有形产品和无形的服务的总和。从这个角度理解，产品设计要满足消费者心理，情感和审美等方面需求，其中顾客所得到不仅包括外在的、物质化的利益，还包含内在的、精神上的、情感上的利益。产品的含义不仅包括传统观念的有形产品，还包含观念、思想等无形产品，而无形产品包括的后期产品服务、产品升级、产品形象等，是产品产生识别性的重要方面之一，因此被看作是整个产品战略的一部分。

而设计开发战略是企业经营战略的组成部分之一，是企业有效利用设计这一经营资源，增强市场竞争力，提高新产品开发能力，提升企业形象的有效途径。它渗透到企业的事业设计、组织设计、营销设计、经营设计等方面，设计管理的开发战略是使各个层次的设计协调一致，相互统一。

而对于设计开发战略，多位学者对产品战略进行了定义。"产品开发战略是企业在市场条件下，根据企业环境及可取得资源的情况，为求得企业生存和长期稳定地发展，是对企业新产品开发目标、达成目标的途径和手段，它是企业新产品开发思想的集中体现，是一系列战略决策的结果，同时又是制订企业产品开发规划和计划的基础。"[1] "产品战略是使企业的技术能力和市场需求相匹配，开发出价格上具有竞争力的产品和服务的策略。"[2] 美国著名管理学者帕西米尔（Edgan A.Pessemier）教授的定义更为精炼，他认为产品开发战略："是一种发现确凿的新产品市场机会并能最有效地利用企业资源的指南。"

因此，产品开发策略可以避免我们盲目地去开发一些没有市场价值的产品，它可以让我们从现在的市场来设计一些能够提升市场竞争力的新产品。[3] 这就是要求企业进行"新产品开发"，而"新产品的开发"就是在合理的控制系统的管理下，特定的技术、方法、思维过程以一种特定的方式设计，能够在更高层次上对人的需求产生满足。[4]

企业对新产品开发且制定的战略是"企业在市场条件下，根据企业环境及可取得资源的情况，为求得企业生存和长期稳定地发展，对企业新产品开发目标、达成目标的途径和手段的总体谋划，它是企业新产品开发思想的集中体现，是一系列战略决策的结果，同时又是制订企业新产品开发规划和计划的基础。"[5]

对产品开发的战略管理实际上是对新产品开发战略的具体展开与实施，其管理工作既具有宏观统筹性，又具有微观指导性；既要指导整个新产品开发活动的进行，又要配合企业总体战略管理工作的开展；既要保证管理的稳定性，

① 甘华鸣 . 哈佛商学院 MBA 课程：新产品开发 [M]. 北京：中国国际广播出版社，2002：56-57.
② 周志文 . 生产与运作管理 [M]. 北京：石油工业出版社，2002：30-32.
③ 胡俊红 . 设计策划与管理 [M]. 合肥：合肥工业大学出版社，2005：229-230.
④ 甘华鸣 . 哈佛商学院 MBA 课程：新产品开发 [M]. 北京：中国国际广播出版社，2002：17.
⑤ 甘华鸣 . 哈佛商学院 MBA 课程：新产品开发 [M]. 北京：中国国际广播出版社，2002：57.

又必须要实现管理的灵活性。概括来说，新产品开发的成功与否，关键在于其战略管理工作是否真正围绕新产品开发战略具体展开并真正实施到位，因而新产品开发的战略管理工作至关重要。[①]

设计管理系统中的产品战略是针对产品战略决策，决定企业新产品或新服务项目的开发和引进、产品的改良或改组的总体谋划。在技术进步、市场需求不断变化的今天，新产品和新技术层出不穷，产品的寿命周期正在缩短，更新换代的速度加快，市场细分、模仿竞争使得新产品开发面临着越来越多的压力，企业必须不断地、及时地开发能够满足市场需求的产品。

产品开发战略主要解决以下几个问题：①根据外部环境和内部条件选择经营的范围和领域，即从事什么业务；②在特定的产品市场领域中选择相对于竞争者的某种竞争优势，即如何形成企业优势。[②]

通常来说，产品开发战略包含五个方面的内容：①产品类型和目标市场定位，产品开发策略首先要决定开发产品的类型，产品的销售市场，针对不同目标市场的用户的不同文化习俗、消费观念和生活背景，设计出具有不同功能的产品，从而避免盲目地进行产品开发，降低新产品开发的风险；②产品开发的目标制定，产品开发目标主要是填补和开发出市场中所空缺的产品或者是在现有产品的基础上，对其进行材料、功能等方面的改良；③产品开发创新，产品的创新主要在于产品的外观创新、产品的原理创新、产品的功能创新以及产品的环保创新；④产品创新程度的选择，新产品开发不仅仅是一个新产品的发明，也可以是对已有产品的改良创新或模仿，创新的程度越高，那么这个企业越需要更多的创新资源（如人才、资金、市场推广能力等），也越容易形成核心竞争力，因此，企业需要根据主客观的条件来选择符合自身发展的产品创新程度；⑤产品上市时机的选择，企业需要根据自身的实力以及产品的预计销售和广告投放等情况来合理安排产品的上市时期，以规避同类产品生产企业的产品集中上市期间以及上市时间过早或过晚等情况的发生，企业通过设计管理能够对产品的最佳上市时间有宏观上的定位。

在产品开发中，防御战略、跟随战略、进取战略以及冒险战略是几种常见的战略，如下：

1）防御战略

防御战略又叫保持地位战略，制定这种战略的基础是依据市场的反映要求，对产品进行改良再设计，以弥补现有产品的不足给企业带来的负面影响。它的基本思路是，有选择性地开发一些风险较小、属于该企业基本产品结构类型的新产品，保持企业现有的市场地位和竞争能力。该战略目标是维持或适当扩大市场占有率和利润额，以保持企业的持续竞争力，开发出更新换代的新产品。这种战略源于企业原有产品系列的改良，对资源要求不高，风险小，可以委托

① 王永贵. 产品开发与管理 [M]. 北京：清华大学出版社，2007：49.
② 蔡树堂. 企业战略管理 [M]. 北京：石油工业出版社，2002：16-17.

开发或自主开发。防御战略适用于实力一般、资源要求不高且处于成熟产业的企业采用。这种战略是企业在新产品开发中常采用的战略，风险系数较小，比较适用于各种企业进行新产品开发。

2）跟随战略

制定此种战略的基础是根据市场上对领先企业推出的新产品、新功能、新用途或外形的良好反映，或是市场上对某种潮流或使用趋势的信息来决定。跟随战略的基本思路是要求企业跟随同行中实力雄厚的领先者，仿制他们不断推出的成功新产品，以保持企业的市场份额。这种战略常从两方面入手，一方面准确掌握竞争对手的研发动态和研究成果，另一方面，基于竞争对手推出的新产品，对其进行改良改进，在功能、外形、材质、使用方式上寻求新的突破，使新产品既领先市场，但同时又具有自身的特色。该战略要求企业对市场信息反应灵敏，并能及时推出市场反应良好的产品。跟随战略的风险小、见效快、投资目标明确，跟随战略一般适用于具有一定规模，自主开发能力不强但具有一定技术和人力资源的企业，要求企业的市场营销能力比较强。

3）进取战略

进取战略可以说是源于企业自身的危机意识，它的基本思路是要求企业在产品开发方面以较强的创新精神，跨越企业现有的产品结构和资源状况，向不同的产品领域进行研究开发，制定这种战略的来源是潜在市场的需求和企业自身扩大规模的愿望和企业资源实力。进取战略的竞争往往限定在产品的功能和技术两方面，战略目标是通过创新产品的推出，迅速发展和提高新产品的市场占有率，迅速扩大企业规模，增强其竞争能力和发展潜力。该战略的风险系数很大，创新水平较高。开发方式一般以自主开发居多也有部分技术引进，进取战略研究开发的新产品和现有产品相比，有较大的技术、使用功能、材质上的变化。

4）冒险战略

如果企业现有的市场日益缩小或严重地受到替代产品的威胁，危及企业的生存，限制了企业发展，企业应采取冒险战略。冒险战略又叫创业战略，它是指企业以巨大的风险，不惜以巨大的人力、物力、财力投入到无法确定市场结果的新产品的开发中去。企业认为凭借自身资金、技术方面的优势有可能在未涉及过的新产品项目的开发上取得成功，就选择冒险战略。该战略的竞争是产品功能和技术的组合，企业力求在技术上有较大的发展甚至产生革命性的影响。冒险战略的目标是快速发展和大幅度提高市场占有率，开发的方式一般是自主开发、联合开发或技术引进，所选择的投放市场的时机是率先打入市场，创新高，这种战略要求企业在技术、资金、营销等方面实力很强，对新产品有很大的投入，风险很高，但高风险也带来高回报，一旦成功能获得很大的市场收益，并在一段时间内保持领先地位，该战略一般只适宜于大型的、实力雄厚的公司或大企业集团。

企业总体战略决定了企业的发展方向和发展步伐，决定了企业的组织结构和资源分配，决定了企业的发展领域和发展方式。新产品开发战略作为职能战略的一部分，必须有效地支持企业的总体战略，如果企业的总体战略是快速发展或多样化，新产品开发战略就可能选择比较进取的战略模式，比如进取战略或冒险战略；如果企业的总体战略是稳健经营，新产品开发战略就可能选择比较保守的战略模式，如防御战略或紧随战略。

新产品开发过程是一个综合性、创新性、动态性、循环往复的复杂过程，参与开发活动的人员来自不同的部门，有不同的背景和利益，所以为了保证新产品开发的成功和提高新产品开发的效率，必须对新产品开发进行设计管理。

2.3 产品策划的模型建构与设计

2.3.1 产品策划的模型建构

新产品的开发过程，是在企业战略指导下，将新产品创意通过一系列开发、预测和控制程序转化为最终的作为营销计划的一系列流程，是在新产品概念成功的转化为市场上的产品的过程中，企业所必须展开的全部活动（图 2-1）。按照起源于 20 世纪 50 年代的技术推动模型，产品开发过程是线性的，受到科学发展、研究与开发、工程与制造的推动，最终成为市场上的产品。

产品设计表现在产品功能、视觉、感知、表达等方面的影响，需要设计师对消费者、市场、技术全方位理解，并迅速将知识转化为高价值的产品。设计通过点、线、面、体、材质、色彩等视觉语言，把企业中最真挚的文化、最感人和友好的人机交互界面表达出来，使消费者体验到了持久的美和舒适，体验到企业对消费者无微不至的关怀。例如，在设计过程中，企业对产品生产材料以及对产品的操控性和人性化等方面的细心考虑能够在消费者心中树立起良好的企业形象，感受到企业对人类生存和发展以及环境的可持续发展所做出的贡献和承担的社会责任。产品设计策划管理新模式的建构是"产品设计"、"产品制造"、"产品销售"的整个过程。

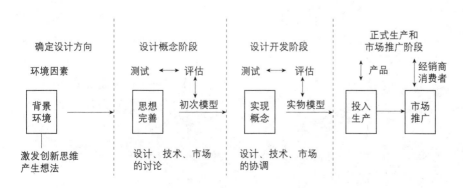

图 2-1 新产品开发的过程模型

"产品设计"是指从市场调查到确定产品设计方案，最后到出设计图的整个过程，确定新产品或改良产品时，既要进行市场调查、成本核算，还要考虑企业的现有设备及其他技术条件。"产品制造"是指从产品设计图到制作产品模型到最后制造出合格产品的整个过程。在产品制造过程中，不仅需要考虑到产品的设计、制作的工艺、使用的材料等方面，还需要对生产出来的产品品质对今后销售以及企业形象等所带来的影响。"产品销售"是指从企业制造出合格产品到企业产品的广告宣传、企业的自身形象设计、产品销售后产生经济效益的整个过程。在保证产品质量的前提下，产品销售的好坏是与企业自身的形象、产品在各种媒体的宣传、产品的信息反馈以及产品销售的价格密切相关。

管理最重要的职能表现在决策、组织、领导、控制和创新，产品设计策划管理模式从表面看起来是企业产品设计、制造、销售的流程，但其实质上是一个复杂管理系统。产品设计不仅需要设计师的创新，而且也需要企业领导根据设计部门提供的市场信息和成本核算来做最后的决策，并根据企业各职能部门的具体情况来控制产品从设计、制造到销售的整个过程。[①]

图 2-2 产品结构模型(上)
图 2-3 产品展示模型(下)

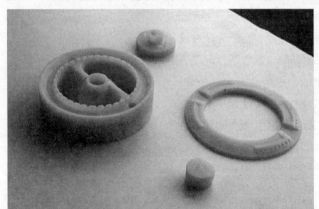

新产品策划模式受需求驱动、竞争驱动和技术驱动的影响而采取下列几个步骤：首先是产品概念的形成与测试，透过信息收集与市场调查的方法，去探询市场上同类产品的竞争态势，销售状况及消费者使用的情形以企划出新产品的整体"概念"，针对要设计的产品作全盘性的了解；然后进行商业分析与产品分析，在产品概念经过市场调查后，下一步的任务是由产品研究开发部、设计部或工程部将产品概念转化成实体形式，即产品原型，这个环节的工作主要由设计师来完成，通过绘制产品效果图，将产品概念具体化，并制作成产品模型；最后进行产品的原型测试、使用测试以及市场测试，其中产品的原型测试包括展示模型、操作模型、功能结构模型和真实模型等多种（图 2-2，图 2-3），模型制作出来，就得进入测试。而使用测试是用来判断新产品是否适合于消费者。产品的市场测试可以让企业或设计

---

① 杨君顺，沈浩，李雪静．设计管理模式的探讨——工业设计管理新模式的研究 [J]．陕西科技大学学报，2003，21（2）：98-100.

策划者了解到消费者购买与再购买的实际状况，了解销售商或中间商，了解对新产品的营销愿望，是新产品正式进入市场前的最后一道程序，从而更准确地预测市场规律。在经过以上几个步骤后，产品就能够投放到市场，在入市中，企业还要对产品进行商业包装、广告宣传以及营销活动，以树立产品的品牌形象以及文化内涵的塑造，在消费者心中形成良好的印象（图 2-4）。

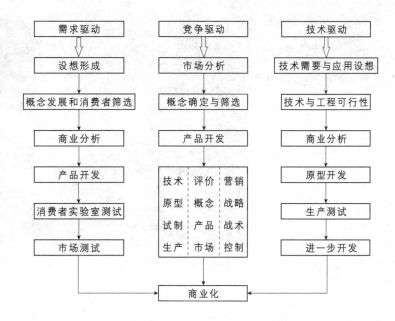

图 2-4 新产品开发与策划的三种模式

2.3.2 产品设计的原则

在进行产品设计过程中，企业应该遵循以下几个方面的原则，以确保产品能够让企业形成较好的经济效益以及企业形象。

1）以人为本的原则。设计应满足人的生理和心理的需要、物质和精神的需要。产品设计应融入人文精神的原理，其本质在于对人格的尊重，对人情感的呼应，对人理想的追求[①]。设计的使用者是人，它既包括人的生理因素，又包括人的心理因素，而心理因素的满足是通过设计人性化得以实现的，因此人是设计的中心（图 2-5）。从这个意义上来说，建立于人文基础上的产品设计原理，是以人为本的设计美学的综合体现。

2）注重价值性原则。产品的价值，一方面在于使用价值，一方面在于附加价值。提升产品的使用价值，关键在于及时正确地把握需求。因此，企业在生产产品之前，应该对市场进行充分的调研，了解把握市场的新信息、市场的新动态以及消费者的消费需求、趋势以及心理状态等。

3）科技创新原则。产品设计应以科技成果为先导，通过设计实现从知识创新、技术创新到设计创新，是加快设计向产品的适时转化的有效途径，产品设计使有形的物资转化为设计成果，扩大了科技成果的市场优势（图 2-6）。富士通公司在设计笔记本 Lifebook 2013 时创新地将多个数码设备进行整合，最终让笔记本电脑以及数码设备之间的携带、使用更为便捷（图 2-7）。

4）生态可持续发展原则。产品设计的宗旨在于创造一种合理和谐的生活方式，而生态环境是这种生活方式最基本的前提。在环境污染、能源危机、生态危机的今天，在产品的创新过程中，必须有强烈的社会责任感，力求产品设

① 何晓佑，谢云峰 . 人性化设计 [M]. 南京：江苏美术出版社，2001：22.

图 2-5 人性化的药品包装盒
设计（上）
图 2-6 飞利浦 Moda 摩登显
示器底座设计（中）
图 2-7 Lifebook 2013 创新
设计（下）

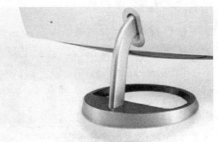

计引导新的生活方式，在设计中避免对环境和生态的破坏，达到与生态环境和谐共生（图2-8）。

5）满足需求原则。美国心理学家马斯洛将人类的需求分为生理、安全、社交、尊重和自我实现五个层次，企业了解这些需求层次，能动态地预测消费者的需求变化，以便准确地规划新产品的开发构思，做到使新产品的开发无论是从技术水平上还是从经济水平上，都能与人们的需求相吻合（图2-9）。

2.3.3 产品创新的要素及意义

在产品创新过程中主要有三种要素。
（1）多样性，由于产品要素差异及不同程度的组合，使产品在结构、材料、功能、造型、包装、图案、安装、销售、运输、服务等方面多种多样；（2）开放性与自组织性，产品创新是对产品设计、制造、使用的综合创新和全面创新，产品的开放性主要表现在面向技术进步，积极利用新材料、新工艺、新技术，面向市场需求，广泛收集用户、中间商、推销商、

图2-8 环保灯具设计（上）
图2-9 手表简约设计（下）

图 2-10 产品创新设计

供应商的信息；（3）生命的阶段性，每一个产品都有其特定的市场定位功能，从产品到产品线，产品创新既有严密的配套协作又有广泛的市场分工。[①]

通过产品的创新要素做到产品的设计创新，其意义是重大的。从企业方面来看，产品的创新设计从企业的战略高度充分合理利用企业的所有设计资源，协调企业各部门，为企业管理注入新的元素。能够帮助企业在市场定位中进行创新，重新进行市场细分并做出正确预测未来流行趋势和消费者的生活方式的变化，引导社会潮流。还能通过产品创新设计使企业在销售终端上形成新的差异性和独特性风格，为企业提供新的完美销售终端。对于消费者和社会来说，产品的创新设计能够使市场上的产品更具符合人的需求，便利丰富人们的物质生活，从而有助于提高整个产品设计行业的设计水准。此外，新的创新产品的出现，还能在某种程度上形成一种新的文化氛围，助推社会文化朝多样性方向发展（图 2-10）。

2.4 产品开发与产品设计的步骤

2.4.1 产品开发步骤

1）确定设计方向

在设计产品之前，企业组成由市场部门、技术部门、设计师汇集在一起，讨论市场分析、开发模式、成本估计、开发时间、产品特色、开发目标、进入市场的途径等，探讨研发项目的可行性。企业将其中部分具有发展潜力的想法展示给顾客和零售商，了解他们的反馈，这样有助于设计师了解现有产品设计的可行性和一些问题。之后，设计师与工程师、研发或市场营销人员，通过头脑风暴法群体讨论，产生设计想法，供设计部门进行筛选。最后，设计师以及

---

① 胡俊红 . 设计策划与管理 [M]. 合肥：合肥工业大学出版社，2005：31-32.

管理者针对用户提出的问题，对可能出现的风险反复分析例证，考察设计方向的可行性。

2）设计阶段

在设计方向确定之后，设计师进入正式设计阶段，这个阶段主要是设计师用绘画、平面、电脑设计的手段，将头脑中的预想通过有形的图形语言表现出来，将设计图做成初步的产品模型。设计师还需要对不同的设计方案进行测试、设计、再测试，整个过程反复进行，测试的结果将有助于设计师了解产品设计方案的可行性，确定具体开发的目标方向。通过测试后，有发展可行性的设计方案正式进入产品设计阶段，随着设计方案的深入，设计师对许多设计细节作具体的研究，如材料选择、人的身体姿势、操作习惯步骤、产品的空间放置、产品尺寸等。做成较完整的模型后，还需要反复的测试、改进，进入实物模型制作阶段，最后，进入真实产品制作阶段。

3）市场推广

在产品的设计完成后，面临着推向市场，主要有新产品的广告包装宣传、市场销售等体系，公司通过广告传达产品视觉形象，体现新产品的使用特点和创新所在。

2.4.2 产品设计步骤

现代产品设计是有计划、有步骤、有目标、有方向的创造活动，设计步骤是依照一定的科学和创造性规律对设计活动的工作安排和策划。设计步骤包括设计准备阶段、设计初步阶段、设计深入阶段、设计完善阶段、设计完成阶段等五个阶段，产品设计是将各阶段的目的结合起来，实现整体目标（图2-11）。

1）设计的准备阶段

产品设计任务是根据实际需求决定的，设计准备阶段需解决的第一个问题是：接受设计任务，领会设计意图，明确设计目的，确定设计方向。

调研是有效把握设计需求的一条重要途径，在设计准备阶段进行广泛的调查研究，包括对该产品有影响的各种社会因素、人文因素的调研，同时还要进行关于产品本身的调研，即产品调研。通过调研应掌握：市场对新产品的要求以及同类产品市场销售情况、流行情况；同类产品存在的相关问题；不同地区消费者的购买力，不同年龄层次对产品

图2-11 设计程序的基本内容与模式

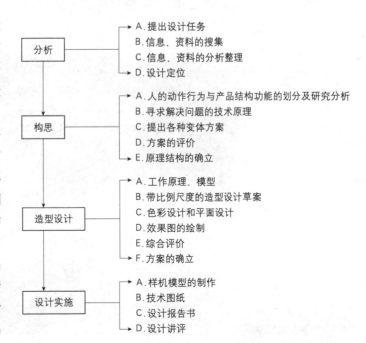

形态的喜好程度；竞争对手的产品策略和设计方向，如产品的规格品种、价格策略、技术升级、质量目标、售后服务等；国内外的相关期刊资料上，对同类产品的报道，包括产品的最新发展动向，使用者对产品的期望，相关厂家的生产销售情况等。

2）设计的初步阶段

在掌握和分析了相关资料的基础上，针对设计概念进行设计构思，这一过程注重的是将头脑中较为模糊的、尚不具体的形象加以明确和具体化。设计构思通常是在发现了某一个有价值的创意点后，通过各种各样思维过程的草图具体化和明朗化（图2-12）。多个构思相互综合、相互启发、在初步阶段中逐步建立起关联，从而使设计的概念借助图形化的表达成为轮廓分明的构思方案，实现从思维到形象的过渡，不断地从图纸上得到反思和深入思考。

图2-12　构思的概念草图

3）设计的深入阶段

设计深入阶段的工作就是围绕着"创新"这一目的进行。要让设计能全面而深入地进行，不但需要设计师广泛地收集资料，更需要从不同的层次、不同的维度提出各种构思方案，充分展开思路。从人文因素、技术可行性、审美要求等多方面进行分析、比较、调整、筛选出有发展前途的方案，设计人员在这些选出的方案基础上再展开,这次提出的新方案应比前一次更为理性(图 2-13)。

4）设计的完善阶段

在设计完善阶段，着重对产品整体进行协调统一，进行局部完善和各部分之间的协调，设计完善阶段所做的工作重点是放在创新上，设计方案可通过立体的模型表达出来，立体模型能够将产品从总体到细节全方位地展现，这时，许多在平面上发现不了的问题，都通过立体的模型显现出来。因此，模型制作不仅检验设计图纸，也为最后的定型设计提供依据（图 2-14）。

5）设计的完成阶段

设计完成阶段需完成的主要工作是：为进一步的结构设计提供依据，将设计转变为具体的工程图纸（图 2-15）。在样品的试制过程中，根据材料、工艺

图 2-13 产品效果图深入表达（上）
图 2-14 相机草图及立体模型（中）
图 2-15 设计最后定稿（下）

图 2-16　新产品开发系统
流程图

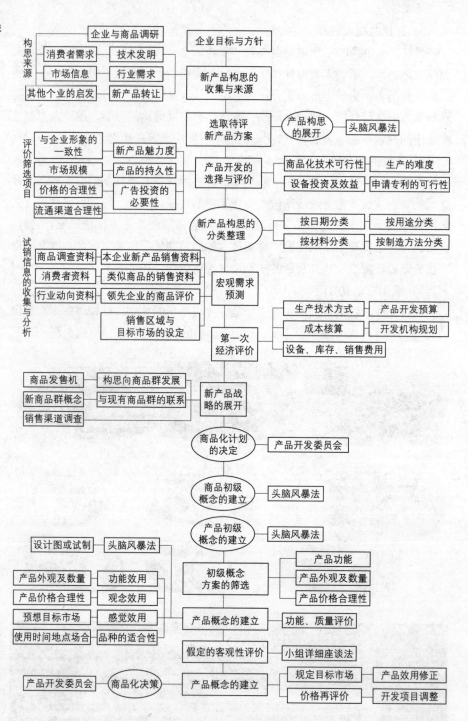

等具体条件进一步修改、调整设计，使之适应实际需要，直到完成样品制造。

与此同时，还应制作出简洁而全面的设计报告书，供决策者评价。

　　附：新产品开发系统流程图（图 2-16）①

① 胡俊红 . 设计策划与管理 [M]. 合肥：合肥工业大学出版社，2005：23.

2.5 产品的生命周期原理评价

任何一种产品在市场上的销售和获利能力都处在变动之中。随着时间的推移和市场环境的变化，产品最终会被市场所淘汰，被迫退出市场。产品在市场中的演化过程同生物的生命过程一样，有诞生、成长、成熟和衰退的过程。产品生命周期就是指产品进入市场到最后被淘汰的全过程。产品设计跟产品整个生命周期都有着极密切的关系，设计竞争的一个策略就是设计师提早参与早期的产品开发程序，设计师配合适当的时机把产品推出市场，对产品生命周期的延续都有重要的影响（图2-17）。

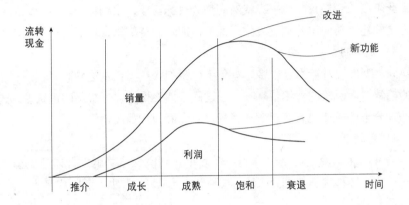

图2-17 产品生命周期

产品生命周期有两重含义：一是以某个产品自身而言的，也就是一个新产品从它被设计、制造出来一直到它被人们丢弃、遗忘的这段时间，是一个产品的使用生命周期；二是以某一类产品的品种而言的，也就是说某一个新产品从它被投入市场开始销售这一刻起，一直到这一类产品被新产品所代替从而退出销售市场的这一段时间，是这个产品的市场生命周期。

在图2-17中，伴随着产品生命周期的发展规律，将新一代产品的进化分为婴儿期、成长期、成熟期和退出期，对于企业来讲，具有战略意义的是，找到每个时期的转折点，制定相应的对策。如在成长期，需要对产品设计加大投资力度，提高产品的性能，获取更多的投资效益。在退出期，就要积极的准备展开下一轮替代产品的设计开发。一个公司或企业，其最终的目的是争取较大的销售额，以获得最多的利润，因此，如何让产品尽快开发、导入市场，使产品完善、成熟，延长成熟期，推迟衰退期，就成了产品设计策划的关键所在。[①]

产品生命周期通常都受很多因素影响，如新功能、新型号等。以推出新型号为例，新型号在生命周期的后段（如成熟期或衰退期）的时候推出市场，旨在把产品生命周期延伸下去（图2-18）。

---

① 胡俊红.设计策划与管理[M].合肥：合肥工业大学出版社，2005：19.

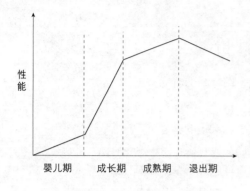

图2-18 产品的进化规律

产品生命周期，指的是从产品投入市场到最后被淘汰的全过程，根据产品生命周期规律制定以下策略：

1）导入期（婴儿期）

导入期是设计刚推向市场阶段，同类型的设计不多，竞争不激烈。消费者对此设计不太熟悉，设计并不确定，广告宣传、促销等方面费用比较高，此阶段的营销策略——应采用进攻的营销策略，抢占市场份额，注重营销量的增加，使设计品牌形象逐步树立起来。

2）成长期

随着销量迅速增加，竞争者加入，市场竞争开始激烈，消费者对设计熟悉了，此阶段的营销策略——寻找新的细分目标市场，增加市场竞争力，从品牌知名度的建立转向培养消费者的忠诚度，适时调整价格，从而吸引消费者。

3）成熟期

同类型的设计产品已很多，竞争十分激烈。产品销量达到高峰，并有了下降的趋势，此阶段的营销策略——通过修改调整设计，寻求新的消费者，进入新的细分市场或使现有客户增加消费，或降价、加强促销等。

4）衰退期（退出期）

销量迅速下降，价格已降到很低水平，利润急剧降低，此阶段的营销策略——企业转移到新的细分市场，或降低支出费用，增加利润，或者立即放弃，转向新的设计领域。

2.6 产品设计的个性化竞争手段

2.6.1 产品设计个性和差异性

美国哈佛大学教授罗伯特曾经说过："企业以前是价格的竞争，现在是质量的竞争，今后是工业设计的竞争。"企业在产品市场要想有竞争力，要想创造自己的品牌，其唯一途径就是设计，只有设计才能使产品有差异性，才能使产品有特色，只有设计才能创造自己的品牌。

所谓"设计个性"是指在买方市场、市场细分以及目标受众细分化的情况下，针对细分市场的个性化产品设计。个性化的产品设计在市场上要将自己独特的外部形态和内部结构展示给消费者，用独特的使用价值和用途引起消费者的兴趣和注意，从而激发消费者的情感喜爱和购买动机，以多样化的风格提供给不同喜好的消费者。[1]

如今一个重视个性与差异性的时代，以均质、单一的消费群体为基础的工

---

[1] 臧勇. 论包装设计的个性化 [J]. 中国包装工业，2002，12：52-54.

图 2-19 产品个性设计

业社会已经开始被以多样、变化的消费个体为基础的信息社会所取代，个性和差异性越来越受到重视。激烈的市场竞争是产品设计个性化的直接动力。因此，产品设计必须以个体需求为导向，这就要求：一方面设计者与消费者建立一对一的设计关系，完成相互协作、相互激励的设计过程；另一方面，在多样、变化市场的压力下，也迫使设计者更加主动地了解消费个体，从而使相互信赖的关系得以重新确立。同样，现代企业也越来越广泛地使用了市场个性化的设计策略，其同样源自于市场需求的变化以及现有消费的模式受到了前所未有的冲击和挑战，导致统一的市场已不复存在，取而代之的是市场细分化日益加剧，个性化市场已经形成（图 2-19）。

从产品生产技术方面来看，现代企业在技术上的差异性越来越小，面对"生产供应多"、"市场处于停滞化状态"、"竞争激烈"、"消费者突出个性"的现实市场环境，现在绝大多数企业都有产品趋于同质化的现象，如手机、电视机、电冰箱、汽车、MP3、饮料、电脑、化妆品等行业同质化都特别严重。技术进步不仅促进企业提高新产品开发能力，同时也加快了产品更新换代的步伐。如手机开发，从彩屏手机、摄像手机、手写输入手机、触屏手机等，其功能增多，新款目不暇接，新产品的生命周期也以同样的速度缩短。

在科技普及的今天，出于利益、成本等方面的考虑，企业会不可避免地引进或使用相同的技术，从而不可避免地提供了具有相同功能的产品，产品的发展进入同质化时代，即产品的发展会变得越来越相似，在这一前提下，个性化的设计要求设计师创造灵活开放的设计格局，建立与多样、变化的市场相适应的设计机制，不断提升设计的应变能力。经过产品个性设计，就会变得不同起来，并由此区分开了产品的档次和发展方向，因此产品设计个性的引入是企业极为有效的市场竞争手段。

而随着企业获得技术的手段不断加强，任何新产品都可能很快被竞争对手模仿出来，并迅速投放到市场参与竞争，这使得新产品持续获利的时间缩短、市场份额也面临减少的危险。从我国国内手机、小灵通业务、DVD、空调的竞争就可以发现，某种获得较大利润的新产品出现市场后，短短几年，就会有数百计的企业涌入竞争的行列，企业要想继续存活或仍想处于领导地位，不得不使自己的产品设计具有差异性。

从消费者使用产品的角度看，消费者不仅需要丰富的物质享受，而且还需要与之相匹配的精神享受，这些都为设计师提出了新的课题、新的挑战。设计个性化风格的多样化，其实正好符合市场对产品多样化的要求，人们需要自己的个性得到尊重，因此，新产品的个性化设计是开拓市场必不可少的一个重要环节。设计要满足人心理的需要，要在设计中赋予更多审美的、情感的、文化的、精神的含义，用心去关注人，用设计去打动人。

产品的个性特征是消费者对于产品的综合感受形象，它来源于多个方面：如使用过程中的安全、舒适，视觉感受中的和谐、优美、刺激等，在对产品开发时要重视产品新颖性、独特性的个性设计，这样才能在众多同类产品中脱颖而出。以手机为例，目前所生产出来的手机在操作方式上都大同小异，但却有几十种款式。一个国内手机生产商一年要生产三四十款手机，其实功能基本相同，而产品设计通过多种交互界面、色彩、造型的变化，推出一系列满足消费者个性化需要的产品。所以，设计是企业打破产品同质化，建立品牌差异性的必要手段。

如今产品的概念与功用在延展，消费者对产品设计语言要求越来越细分化，个性化因素在设计中越来越重要。使得产品不再单纯地是一个使用品，而且注入了民族特色、地域文化等因素。在众多产品中，要吸引消费者的注意力，产品就应当具有鲜明的个性，就必须在设计中发挥设计语言的作用，它包括产品的形体、结构、色彩、材料等方面，设计师要充分考虑在设计语言上的表达方式，塑造自我个性。个性化设计除了对产品外观、色彩、图案、质地与功能等的完美结合外，还要体现人们内心的理想与追求，为不同的生活方式提供有特色的消费导向，展示不同的意境，将社会信息、审美意愿、情感、技术等诸多因素综合在一起，力求创造出既有独特的艺术风格，又能表现艺术个性的优美设计。

从企业发展的角度来看，设计师根据企业的产品战略和独特文化，运用点、线、面、色彩、材质等视觉要素，甚至嗅觉、听觉、触觉要素来与顾客沟通交流，将企业中最深层的东西从产品中展现出来，使产品品牌在销售终端上形成差异性，增加产品的附加值，给消费者提供一个理解企业产品和企业文化的舞台，为品牌的推广、企业文化的传播提供有效途径。

因此，在企业之间的竞争中，个性化产品设计的竞争占有相当重要的地位，消费者对个性化产品设计的"偏好"，已成为选择商品的重要因素。产品个性化设计将成为一种审美风格，促进人的心理变化与发展。人们对产品的要求，已经从原来的只顾质量，转变为兼顾质量与个性设计，因此，设计师应极力寻求具有特点的产品设计来表达他们的个性，强调产品的个性化风格，只有这样，消费者对那些具有创新设计思想的产品才会表现

图 2-20 悬浮台灯设计
（左）
图 2-21 可弯曲的屏幕设
计（右）

图 2-22 福特 Taurus

出强烈兴趣（图 2-20，图 2-21）。[1] 此外，社会构成的基本成分是个体与群体，因民族、地域、文化、教育因素使个体与群体形成各种层次，不同的个体与群体层次的人有不同的消费需求、消费方式，所以在新产品个性设计中要考察他们相互之间的异同以增加产品的适应范围，使产品成为个体身份和群体成员的共同标志，使个性产品成为事业或成就的象征。

可以说，产品差异化是企业创新的重要手段之一，设计是企业中最活跃的因子。著名的福特汽车公司和苹果电脑公司都非常重视产品设计中随消费者心理和市场变化，不断运用个性化创新，运用设计语言向消费者昭示其品牌的新个性。

美国福特公司是世界上最为著名的汽车供应商之一，公司有着悠久的历史以及深厚的企业文化，品牌知名度在美国甚高。而福特在 20 世纪 80 年代中期，其销售额和品牌价值明显下滑，趋势不容乐观。福特公司通过对市场消费者的深入调查研究，重新进行个性化定位，利用大胆的设计，在汽车中注入新的设计元素，运用新的设计语言，成功地完成了"Taurus"的设计，在市场上引起轰动，使福特成功漂亮地从低迷中走出来（图 2-22）。

---

① 蔡伟.包装设计的个性化风格 [J].中国包装工业，2004，12：57.

　　苹果电脑公司也是这方面的典范，在苹果公司处于市场低迷的时候，企业运用设计这一"武器"使其在市场上重新站起来。20 世纪 90 年代早期，由于苹果电脑公司只注意产品的技术和质量，而忽略了市场和消费者，在设计上沉闷、单调，使得苹果公司丧失了许多忠实的消费者，市场份额下滑，品牌价值萎缩。苹果公司认识到问题后，高薪聘请了英国著名设计师为其设计，设计一改以前苹果沉闷、单调的外观设计，大胆运用新材料、新色彩、新视觉语言；利用社会心理学、人机工程学、认知心理学等创造了新的产品，1998 年推出的 iMac 电脑（图 2-23）使苹果电脑公司走出面临倒闭的绝境。

　　苹果公司经过对消费者和市场的重新细分和定位后，推出了 iMac 系列计算机终端，其大胆的个性化色彩给设计师带来了灵感。iMac 在世界上掀起了半透明塑料运用于设计的狂潮，2000 年继续推出 PowerMac G4 Cube 电脑（图 2-24），该设计沿用了 iMac 电脑的成功经验，将主机装在一个白色的透明塑料方盒子里，其光滑流畅的表面在制造工艺上达到了完美的效果，这款电脑的推出，又掀起新一轮对苹果电脑的购买热，苹果电脑公司的成功也是设计个性化的成功。

　　图 2-25 和图 2-26 是苹果电脑公司运用品牌延伸战略成功的案例，苹果的

图 2-23　iMac 电脑（左）
图 2-24　PowerMac G4 Cube（右）

图 2-25　ibook 与 iMac 电脑

图 2-26 苹果的半透明材
质系列产品

　　手提电脑和 PC 电脑在形态、色彩与材质上具有品牌符号的延续性，一方面当其中一种产品被消费者接受后则该类产品都容易被消费者接受，另一方面也通过相对统一的符号传播出企业的个性特征。而图 2-26 所示是苹果公司的半透明材质系列产品，曾经引导半透明产品个性化外观设计的潮流。[①]

　　因此，一个成功的产品设计，要引起消费者的注意和喜爱，除了注意功能、结构和外形等因素外，还应具有独特的个性，才能使它从许多同类产品中脱颖而出。随着时代的进步，人们早已不满足于享受流水线生产的批量产品，对产品的个性追求越来越注重。制造商们已认识到消费者追求的不仅是产品的功能，一件产品应该体现出使有者的个性，设计的过程也不仅仅是设计师借助技术和发挥想象力的过程，还要设计师与使用者不断对话，表达使用者愿望的过程。

　　而在产品的价格、质量和功能都类似的情况下，消费者对那些具有创新设计思想并与他们的想法有关的产品表现出强烈的兴趣，设计成了唯一影响消费者选择的因素，个性化的设计越来越受到消费者的欢迎。

　　例如手机设计在产品的外观和质地上为消费者的品味留有余地，就像摩托罗拉的 V70 系列手机那样（图 2-27），轻巧的机身、磨光金属色外壳、充满强烈视觉冲击力的外形线条以及极富创意的旋转屏设计，让摩托罗拉 V70 系列手机极度满足了人们的个性化需求，形成无人不知、无人不晓的销售业绩。

　　同样，台湾明基公司旗下品牌——BenQ 针对个人品味，设计出创新的扫描仪，为需要电子影像处理的消费者推出了 SCANNER 7350 CT（图 2-28），该产品以"隐形"为诉求，让扫描仪依扫描物品的厚度以直立、横躺或壁挂等三种方式操作，符合了现代人的个性化需求。

　　所以，设计的最终服务市场是产品流向消费者的中转站，产品设计的个性化是市场销售的细分化趋势所致。为了适应市场发展的需要，产品设计应具有个性，才能适销于各种消费层次，满足消费者的多种需求，个性化的产品设计将是现在与未来的设计趋势。

① 雷华平．品牌战略中导入工业设计的必要性 [EB/OL].http：// www.dolcn.com.

图 2-27 摩托罗拉 V70 手机（上）
图 2-28 SCANNER 7350 CT（下）

2.6.2 产品设计竞争因素

企业竞争力就是"在市场竞争过程中，通过自身要素的优化与外部环境的交互作用，在优先的市场资源配置中占有相对优势，进而处于良性循环的可持续发展状态的能力。"[1] "设计竞争"是企业成败的关键，它作为技术革新、提高劳动生产率的一种推动力，刺激了人们的追求，以获得更大的成就。而竞争战略是产业的市场吸引力和企业的相对竞争地位，它由以下因素构成："①由产业长期盈利能力及其影响因素所决定的产业的吸引力；②决定产业内相对竞争地位的因素。"[2]

---

① 胡大立 . 企业竞争力论 [M]. 北京：经济管理出版社，2001：10-12.
② （美）迈克尔·波特 . 竞争优势 [M]. 陈小悦译 . 北京：华夏出版社，1997：1-3.

现代的设计管理将设计作为企业战略决策必不可少的一部分，可将设计竞争重点放在以下方面：

首先是市场环境，新产品必须要有较大的市场潜力，并能够帮助企业以较快的速度争夺市场，这包含了两个方面：一是企业需要预测到未来可能出现的市场需求，如人们对音乐更方便、更快捷、更便于携带的需求导致了 MP3 的出现；对食品绿色环保的需求导致了可降解合成碗的出现；对安全、省力、节省能源的交通工具的需求导致了电瓶车、电动自行车的出现等。二是企业需要对处于市场上升期的现有产品预测，比如便携式笔记本电脑、数码摄像机、网络购物、网络商店等等，这类需求总是伴随着社会上流行的某些行为而产生发展的，其具有相对固定的模式以及产生的原因。

其次是对产品的定位。在设计活动中，定位实际上就是指设计师赋予设计诸要素以准确的位置，定位涉及向顾客头脑中灌输一种品牌的特殊利益，以及该产品服务和其他产品服务的区别。一般说来，市场定位可按照以下五个方面进行：产品、服务、渠道、人员、形象。设计定位的准确性将直接影响到产品设计与开发的成败，在竞争激烈的市场环境下，要想以最小的风险开发新产品，就必须用定位的方法来强调开发产品的特征（图 2-29）。[①]

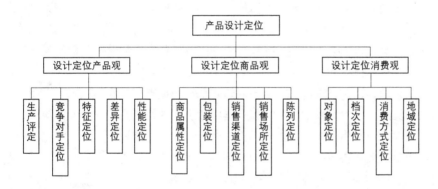

图 2-29 产品设计定位组合图

最后，还需要对设计成本以及设计的个性化和视觉识别性进行分析定位。设计成本领先是企业基本竞争战略之一，设计管理部门有必要将降低设计成本作为增加产品竞争力的一个重要方面。[②] 而个性化如上文所述，它作用于消费者接触产品的视觉因素，反映了企业产品在消费者眼中的形象。同时，产品设计的视觉识别性也反映了企业的设计文化，在很大程度上反映了企业对市场的重视程度和对产品的责任感。

2.7 产品设计的文化因素

文化是人类知识、信仰和行为的整体。其含义非常广泛，它是指人类创造

① 胡俊红. 设计策划与管理 [M]. 合肥：合肥工业大学出版社，2005；30.
② （美）迈克尔·波特. 竞争优势 [M]. 陈小悦译. 北京：华夏出版社，1997；12-13.

的一切物质产品与精神产品的总和，在这一定义下，文化包括思想、信仰、语言、风俗习惯、法规、制度、礼仪以及其他有关成分。[①] 它也可以看成是由一个社会或社会集团的精神、物质、理智和感情等方面构成的综合整体。从而文化可分为物质文化、社会文化和精神文化三种，文化是决定人类欲望和行为的最基本的因素。[②]

意大利的设计从文化意义上讲，它体现一种深层次、让人觉得凝重可依托的文化内涵。意大利的设计一直走在世界设计的前沿，它既不同于商业味极浓的美国设计也不同于传统味极重的斯堪的那维亚设计。意大利的设计是集传统工艺、现代思维、个人才能、自然材料、现代工艺、新材料等为一体的。意大利的设计师倾向于把现代设计作为一种文化艺术来看待与创作，在意大利设计师的作品中，我们不难看出其中所蕴涵的设计思想和创作意图。著名的意大利设计师埃托·索托萨斯（Ettore Sottsass）说过："设计对我而言，是一种探讨生活的方式，它是一种探讨社会、政治、爱情、食物，甚至设计本身的一种方式。"归根结底，它是一种象征生活完美的乌托邦方式，他本人在设计中即把美学、技术和对社会的兴趣融为一体。

索特萨斯于 1981 年设计的书架色彩艳丽、造型奇特（图 2-30），倍受战后成长起来的青年一代的喜爱。这件作品集中体现了"孟菲斯"开放的设计观，即力图破除设计中的一切固有模式，以表达丰富美好的情趣。它的选材以物美价廉的木质材料为主，色彩上喜用明快、亮丽的色彩，如明黄、粉绿、桃红等夸张对比性强的颜色。因此，"孟菲斯"的设计常以艳俗、娱乐、戏谑、玩笑的方法，来表达与正统设计完全不同的效果，表达丰裕时代的艳俗和平庸。

丹麦的设计在世界上独树一帜，其中最主要的因素是丹麦的设计深深根植于丹麦的传统文化之中，设计作品充分展示了其文化的魅力，当工业化潮流对设计产生巨大冲击力时，丹麦的设计师并不抛弃传统的文化和手工技艺，而是将传统文化与现代主义融合起来。保罗·汉宁森设计的 PH 灯就是理性与人性的结合（图 2-31），PH 灯具有照明的科学原理，又有极高的美学质量，灯具有着光线柔和、亮度适中的特点，给人带来温暖、舒适。

斯堪的纳维亚的设计表达了另一种文化内涵，使之成为特定文化原理的隐喻，它将时代的文化特色与社会现实融于设计中。20 世纪 30 年代斯堪的纳维亚的设计获得了国际声誉，并取得巨大成功。怀着创造美好生活的社会想，斯堪的纳维亚的设计试图从家用产品着手，设计不仅提供美观实用的生活用品，更要有力地引导消费者选择健康的生活方式。斯堪的纳维亚设计将德国严谨的功能主义与手工艺传统相结合，使其在 1930 年的斯德哥尔摩的博览会上大放异彩。20 世纪 50 年代，斯堪的纳维亚设计因其朴素而有机的形态及自然的色彩和质感产生了新的飞跃，并深受大众欢迎，斯堪的纳维亚的设计风格体现了

① 彭吉象 . 艺术学概论 [M]. 北京：北京大学出版社，1994：77-78.
② 杨善民，韩锋 . 文化哲学 [M]. 济南：山东大学出版社，2000：187-188.

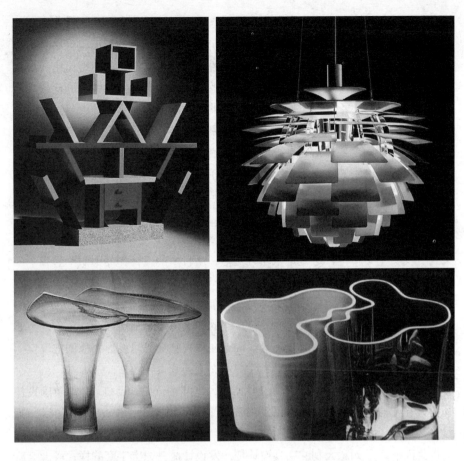

图2-30 书架设计（左）
图2-31 PH灯（右）

图2-32 坎塔瑞丽花瓶
（左）
图2-33 玻璃杯设计（右）

斯堪的纳维亚国家多样化的语言文化、政治传统的融合。

威卡拉（Tapio Wirkkala，1915-1985）是芬兰著名设计师，出生于芬兰赫尔辛基。他的成名作是1946年设计的"坎塔瑞丽"（Kantarelli）花瓶，以液体般流动的优美线条构成一个蘑菇形的造型，抽象地体现了大自然本质，是斯堪的纳维亚现代主义的典范（图2-32）。1940年到1960年间，他设计了一系列的花瓶，体现了他的设计在继承发扬传统玻璃工艺基础上取得了一种全新的视觉效果。威卡拉赫赫有名的抽象设计，无论是玻璃器皿、家具、珠宝，还是餐具，都反映了拉普兰岛动人的美丽风景和传统拉普兰岛文化的精髓，是战后最杰出的国际设计家之一。

斯堪的纳维亚设计就是对生活的设计，本着功能实用、美感创新和以人为本的设计风格，其设计已融进了人们生活的每一个角落。斯堪的纳维亚风格是一种现代风格，它将现代主义设计思想与传统的设计文化相结合，既注重人文因素，又强调实用，他们视设计为一种物质文化，一种生活方式，一种生活情调，漫长而寒冷的北欧严冬使斯堪的纳维亚人民偏爱自然的色彩与质感，有一种"人情味"，因而受到人们的欢迎和喜爱（图2-33）。①

① 何人可.工业设计史[M].北京：北京理工大学出版社，2004：135.

世界上每一个民族，由于不同的自然条件和社会条件的制约，都形成与其他民族不同的语言、习惯、道德、思维、价值和审美观念，因而也就必然形成与众不同的民族文化。如德国设计的科学性、逻辑性和严谨的造型风格，日本的新颖、灵巧、轻薄玲珑而有充满人情味的特点，以及意大利设计的优雅与浪漫情调等，这些无不诞生于他们不同民族的文化观念的氛围中。[①]

日本设计发展与西欧各国有很大的区别，其特点是日本设计作品的民族性和本土文化性，这也是由它自身的社会特点所决定的。日本设计一类是民间工艺品，如漆器、陶瓷、木制屏风等，充满了清新自然的东方文化特色；另一类则是高科技产品，尤其是电子产品，如汽车、摩托车、音响、照相机、手机等。日本的设计在保留日本传统的基础上，同时结合西方影响，使日本的设计走向世界，并能立足世界。日本的艺术既严肃又怪诞，既有楚楚动人抽象的一面，又具有现实主义精神，这就是东西方交融。从日本的设计作品中似乎看到了一种静、虚、空灵的境界，更深深地感受到了一种东方式的抽象（图2-34，图2-35）。

波普设计出现于20世纪50年代，又称通俗艺术、流行艺术、新达达主义。波普设计代表着流行与大众化的品味，它的鼎盛时期是20世纪60年代，主要活动中心在英国和美国，波普艺术的设计在现实社会寻求发展，他们把现实生活中最常见的东西搬入艺术，以大众商业文化为基本特色。

波普风格在不同国家有不同的形式。到20世纪60年代初，一些英国设计师为开拓年轻人的市场，探索设计中的象征性与趣味性，1964年英国设计师穆多什设计了一种"用后即弃"的儿童椅，十分新奇，它表面饰以字母，用纸板折叠而成。[②] 如意大利的家具设计把沙发设计成一只大手套的样式或者嘴唇状（图2-36），在体形上模糊抽象，体现出软雕塑的特点。美国电话公司就采用了美国最流行的米老鼠形象来设计电话机。[③]

波普艺术是基于年轻人的设计，并在大众传媒的助长下茁壮成长。波普艺术从新艺术、装饰艺术、未来主义、超现实主义、光效应艺术、幻觉艺术、东方神秘主义、太空时代中汲取营养，开始向日用产品的领域进军，20世纪50年代的社会环境鼓励"今天用、明天扔"，明显地体现了当时文化的短暂性。

"后现代主义"源于20世纪60年代，在70~80年代的设计界掀起了浪潮，而后迅速波及其他设计领域。后现代主义鼓吹一种含混的、折中的、杂乱的、复杂的、象征主义和历史主义的风格，后现代主义的主要特征归结为三点："文脉主义、引喻主义和装饰主义"[④]

产品设计会帮助我们理解这个时代的文化，理解这个时代人们的理想、愿望、梦想以及失望和隐藏于内心深处的希望。随着知识经济时代的到来，文化的力量愈加突出，文化与企业、文化与经济的互动关系更加密切，设计不仅仅

① 柳冠中.设计文化论[M].哈尔滨：黑龙江科学技术出版社，1999：52-55.
② 李砚祖.造物之美[M].北京：中国人民大学出版社，2002：288-290.
③ 何人可.工业设计史[M].北京：北京理工大学出版社，2004：209.
④ 何人可.工业设计史[M].北京：北京理工大学出版社，2004：211.

图 2-34 日本长崎县美术
馆标识设计（上）
图 2-35 日本长崎县美术
馆建筑设计（中）
图 2-36 波普沙发（下左）
图 2-37 电视墙设计
（下右）

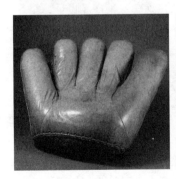

是为了满足人们的物质生活需要，还越来越多地考虑人们的精神生活需要，千
方百计地为人们提供情感的、心理的多方面的享受，越来越重视产品文化附加
值的开发，努力把文化价值、使用价值和审美价值融为一体，突出产品中的人
性化含量，并反映出一种深层次的文化内容。设计从过去对功能的满足进一步
上升到了对人的精神关怀，这就是在设计中融入文化原理，增加产品的文化附
加值的根本所在，这也是设计师的责任（图 2-37）。

2.8 产品设计资源的整合开发

2.8.1 产品设计资源化

在企业新产品开发设计中，设计管理的一个重要作用是实现企业现有资源的有效配置，并整合资源。在当代科学技术发展日新月异的今天，网络技术、信息技术、快速成型技术等在设计管理体系中的应用，使得设计管理这一运行模式得到了新的发展，也使得设计管理无可避免地烙上了数字信息时代的特征。设计管理体系应该与信息化、网络化的管理相结合，企业可以把各种资源放在网络中共享，这使得企业内部的沟通、协调管理成为可能，企业内部的各部门联系更加紧密。

设计管理的核心是使用者，手段是进行资源的整合开发。设计管理资源应该包括：人力、财力、物力、智力，具体到企业的各个部门就是：生产、设计、销售、财务等方面。设计管理以使用者为着眼点，进行资源的规划、组织、开发、控制，以创制出有效的产品、沟通环境，它能合理地、最大可能地开发和整合本企业的一切资源，以低成本、快速度、好质量地开发出新产品、以最好的服务满足消费者；以最准确的统计和最快的速度进行资本核算，让企业领导更好的决策和掌握市场脉搏。

现代网络技术的发展，为企业管理提供了更为快捷、系统的手段，在网上实现设计管理，更能增强企业的竞争力；使企业能更快地收集市场信息、客户意见；为企业的管理、决策提供更快捷、准确的依据。

网络交互技术是指在网上实现实时浏览、实时对话、实时控制的技术，通过网络交互技术使领导者实时浏览设计部门的二维、三维产品设计，企业的领导者能与设计师实现对话、设计师及时向主管报告工作的进度、困难等，让客户更方便地与企业沟通。

网络交互技术具体流程是：设计师根据市场调查、用户反馈意见、生产成本、制造技术设计出产品，同时做成产品的计算机三维模型，再由生产部门验证工艺、财务部门核算成本等过程，在 Internet 网上通过企业网站发布，征求市场意见和预销售。[①]

设计管理通过合理整合，便于企业决策者了解企业运行状况。例如：设计部门可以根据销售部门的销售数据，调整设计重心；设计部门把设计的产品交给生产部门后，生产部门应用各种制造技术进行生产，同时，向设计部门提供工艺支持；设计主管能实时实地了解设计进度，控制设计进程，合理安排人员；财务部门向管理者汇报营销情况，给设计部门提供可参考性意见。销售采购部门负责产品的销售，零部件、原料的采购，采集市场信息，反馈用户意见，策

---

① 杨君顺，胡志刚. 设计管理在网络上的实现 [J]. 机械研究与应用，2003，16（4）：13-14.

划广告宣传、CI 设计等。设计管理协调整合企业内部各部门的工作，保证企业以最佳状态运行（图 2-38）。[①]

2.8.2 产品设计新技术化

CAID 是设计管理在高新技术条件下的计算机产品设计系统，这一系统的形成主要得益于计算机及其相关技术的飞速发展。CAID 充分利用高新技术达到产品设计制造的高效化、网络化、最终实现以人为核心，设计与工程的一致性，人机一体化的智能化、集成化的设计管理体系。[②]

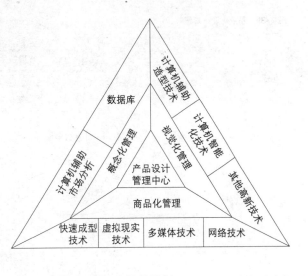

图 2-38 设计管理资源化

CAID 系统的中心环节是计算机产品设计，在设计中最主要的手段是设计制造的计算机化，目标是通过合理利用计算机技术实现产品设计高效率。产品设计的过程包括了设计概念化、设计视觉化和设计商品化，当产品项目提出后，设计人员通过大型设计数据库进行决策和定型，再利用计算机辅助市场分析得到产品的预期市场效应，接下来就是设计的视觉化，设计的概念才得以实现。CAID 系统主要实现的目标是合理整合各方面的设计资源，实现标新立异的设计创新；充分利用各种新技术、新材料、新能源；改进传统的产品设计制造过程。

在这样一个统一网络条件下，在产品设计管理中心的统一调度下，传统设计中的各部门的独立性才得以完全打破，CAID 形成一个复杂而又有序的有机整体，各方面因素通过网络相互关联，整个设计制造体系完全处在统一调度、协同工作的有序状况下，在各部门的协同工作之下，企业才能对市场迅速做出反应，顺应客户需求的变化，尽快开发出新产品。例如，设计师在设计初步完成之后，使用计算机建立数据三维 CAD 模型，在快速成型机制造出后，企业以及各个部门能够对其进行直观的评价。设计师根据评价对设计方案进行进一步的修改，然后再次生成三维 CAD 模型，再次进行评价。最后，企业根据最新的设计方案进行快速制模，并由生产部门进行小批量地生产。当部分产品投放到市场后，企业的市场销售部门根据销售情况以及使用者的反馈把意见整合给设计师，设计师据此进行修改，重新生成三维 CAD 模型。只有当设计师的方案通过决策者的认可后，方能进行批量化生产，投放到更大范围的市场（图 2-39）。

采用了 CAID 设计系统使企业能够在最短的时间内设计制造出最优秀的产品，使得产品设计从概念提出到最终商品定型较传统设计过程有了质的飞跃，在激烈的市场竞争面前为企业赢得市场。产品设计新技术主要有虚拟现实技术、

① 杨君顺，胡志刚.设计管理在网络上的实现 [J].机械研究与应用，2003，16（4）：13-14.

② 杨君顺，唐波，等.设计管理理念的提出及应用 [J].机械：增刊，2003，30：169.

图 2-39 系统化设计管理

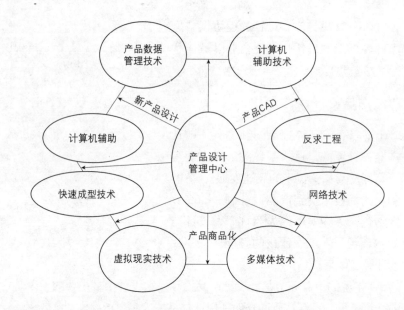

图 2-40 汽车设计效果图

快速成型技术等。[①] 虚拟现实技术即"虚拟产品开发",即采用计算机仿真与虚拟技术,在计算机上群组协同工作,通过三维模型及动画,实现产品设计开发的过程(图 2-40)。

计算机仿真与虚拟现实技术,是产品开发的新阶段,是一种通过计算机虚拟模型来模拟和预测产品功能,提高产品预测水平的协同环境和技术交流手段。由于 Internet 的普及,以及网络技术的飞速发展,虚拟产品设计开发及产品设计网络化、敏捷化近年来得到了各方面的广泛重视,使得各个制造企业通过 Internet 这个全球网络环境进行技术合作,共享彼此的核心资源。基于建立的网络技术综合电子交换系统,使生产从单一阶段监控向设计生产全过程监控方向发展,使设计管理系统的发展趋势从单一产品设计朝总体识别设计方向发展,最终达到建立虚拟设计管理的核心。

虚拟现实技术(Virtual Reality)充分利用计算机硬件与软件资源的集成

---

① 杨君顺,等.设计管理模式的探讨 [J].陕西科技大学学报,2003(2):100.

技术，为设计师提供一种三维的、实时的虚拟环境（Virtual Environment），是一种可以创建和体验虚拟世界的系统设计技术，使用者进入虚拟环境中，听到逼真的声音，观看计算机产生的虚拟世界，在虚拟环境中交互操作，有真实感。虚拟现实技术具有以下三个基本特征：沉浸（Immersion）、交互（Interaction）和构想（Imagination）。

此外，快速成型技术（Rapid Prototyping & Manufacturing）综合了 CAD、机械工程、激光技术、数控技术及材料科学技术，可以快速、精确地将设计思想物化为具有一定功能的原型或制造零件，从而可以对产品进行快速评价、修改或试验，有效地缩短产品开发周期（图 2-41）。

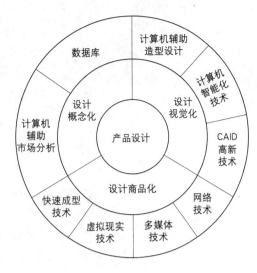

图 2-41　CAID 系统

第3章 品牌策划与管理

3.1 品牌的起源和背景

对于品牌的起源，英国英特品牌公司董事保罗·斯图伯特曾经写道："品牌被用来区分不同生产者的产品已由来已久。实际上，英语'品牌'（brand）一词源于古挪威语的'brandr'，意思是'打上烙印'。"[①] 确实，在诸多著述中，均记述了古代人们在牲畜身上打上烙印以表明主人；在未干的陶器底部按上指印以表明制陶者；在斧头、镰刀、木桶等工具上烙上印记以表明生产者等，都是品牌的雏形。[②]

第一个商标法案诞生于1803年的法国，之后在英、德、美等诸国，也均在19世纪70年代制定了商标法。值得思考的是，品牌催生了商标，而商标又反过来促进了品牌的发展（图3-1）。正如美国广告专家约翰·菲利普·琼斯所说："品牌由商标发展而来，长期以来，商标一直是向发明者的专利提供法律保护的工具。但是，对一百多年前出现的最早的品牌而言，品牌开发过程所衍生出的目的和重要意义超出了法律保护的单一职能。品牌向它的购买者隐含着产品质量和同一性的保证，购买者除此之外，对该产品的生产商一无所知。更重要的是，品牌可以准确无误地把一个生产商的产品同另一生产商的产品区分开来。"[③] 也就是说，品牌比起商标单一的法律保护功能来说，多出了丰富的内

图3-1 品牌标志

---

① （英）保罗·斯图伯特. 品牌的力量 [M]. 北京：中信出版社，2000：2.
② 朱莉莉. 品牌传播之设计观 [D]. 武汉：武汉理工大学，2005.
③ （美）约翰·菲力普·琼斯. 广告与品牌策划 [M]. 北京：机械工业出版社，1999：22.

涵以及相应的促销功能与经营功能。如此也就引出了关于"品牌"多种多样的理解与定义。如著名的广告大师大卫·奥格威（David Ogilvy）所认为的"品牌是错综复杂的象征"与著名的营销专家菲利普·科特勒（Philip Kotler）所认为的包含"用户"（User）在内的多方面内容组合，就不尽相同。而我国学者何佳讯则在剖析了现代品牌经营的种种现象之后，认为："消费者对产品如何感受的总和，才称品牌。"[①] 他的观点在以消费者取向的经营时代，无疑是正确的。

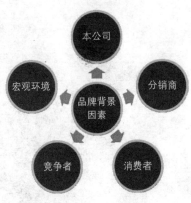

图3-2 品牌背景的五个因素

对品牌背景分析是规划品牌战略的基础。企业通过一个知名品牌的背景环境分析，可以从中发现这一品牌当时成功所遇到的机会和挑战，认识到影响一个知名品牌成功的关键性因素，为战略规划中的各种决策提供依据，包括：本公司、竞争者、消费者、分销商以及宏观环境（图3-2）。

1）本公司。公司的企业文化、员工的价值观、企业所占的市场份额、企业所生产的商品的质量以及产品售出后的售后服务质量等都与企业息息相关。企业自身还要定期开展内部的组织会议，其目的是分析本企业品牌在市场上的优势和劣势，从而能客观地面对自己，扬长补短，以便制定长久的发展战略。

2）竞争者。公司除了要了解对方企业的新产品及新技术，还需要在商品质量和服务态度与本企业之间做比较。同时还要分析竞争者在同时期同产品的销售价格调整，以及对品牌的定位策略和未来的推广规模情况等。

3）消费者。对于一个品牌来说，消费者是最重要的一部分。在对品牌做出定位之前，要了解产品所面向的消费人群的情况，包括经济、文化、消费心理等。这样才能更好地对市场进行细分，对市场规模大小进行确定，以及公司规划、开拓新市场的前景。

4）分销商。分销商的主要任务是替企业打开销售渠道，建立起销售网络。他们直接与消费者进行沟通，因此在控制销售终端上具有较大的优势。同时，分销商能够促进消费者对该公司品牌意识的建立。

5）宏观环境。宏观环境包括了国家政策、国内国际格局、经济环境以及社会舆论等。对于宏观环境的分析有助于制定企业的长远发展目标、方向，对未来品牌发展进行定位以及促进品牌价值的形成。

3.1.1 品牌认识的发展

在早期，人们对品牌的认识和定义侧重品牌的构成及其最基本的标识功能。如菲利普·科特勒对品牌所下的定义是："品牌是一种名称、名词、标记、符号或设计，或是它们的组合运用，其目的是借以辨认某个销售者或某群销售者

---

① 何佳讯. 品牌形象策划 [M]. 上海：复旦大学出版社，2000：10.

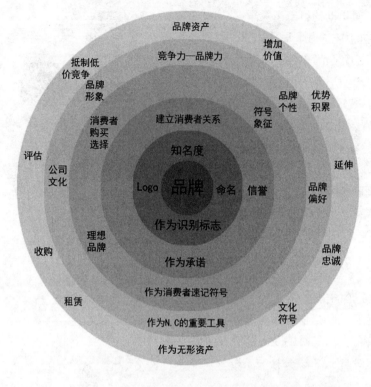

图 3-3 品牌丰富的外延

的产品或劳务，并使之同竞争对手区别开来。"[1] 同时，他还认为品牌还需要包括：价值、文化、个性以及用户等方面。美国市场营销学会对品牌的定义与科特勒下的定义十分类似："品牌是一种名称、术语、标记、符号或设计，或是它们的组合运用，其目的是借以辨认某个销售者或某群销售者的产品或服务，并使之与竞争对手的产品和服务区别开来。"

广告大师大卫·奥格威对品牌的定义更为全面，他认为："品牌是一种错综复杂的象征，它是品牌属性、名称、包装、价格、历史、声誉、广告方式的无形综合。品牌同时因消费者对其使用者的印象，以及自身的经验有所界定。"[2] 美国市场营销学会对品牌的定义是："品牌是一个名称、术语、标志、象征、设计或是它们的合而为一，旨在鉴定一个卖主或一群卖主的商品或服务，并将它们与竞争者的商品与服务区别开来。"

近年来由于品牌对于企业营销的影响日益重要，企业界和理论界对于品牌定义的看法有了很大发展（图 3-3）[3]。例如：彼得·杜拉克在《新产品开发》一书中指出："品牌是用来识别卖主的产品的某一名词、词句、符号、设计或它们的组合。品牌能够把不同企业的同类产品区别开来，它包括品牌、品牌名称、品牌标记和商标。"[4] 在 1993 年广告专家哈金森（Hankison）和柯金（Kowking）从下述几大方面阐述了品牌的含义："可感知性、市场定位、附加价值、形象、个性化。"

国内经济学家东方赢对于品牌的定义是："品牌是顾客及有关群体对产品的认识与印象。"并且认为"一个品牌有没有市场竞争力，有没有竞争优势和投资价值，一方面要看品牌的认同深度（包括优先的记忆位置、信任、良好的感情以及能否与顾客的购买动机建立排他性），另一方面要看品牌的认同广度（即有多少顾客认同品牌）。"[5]

① （美）菲利普·科特勒. 营销管理——分析、计划和控制 [M]. 上海：上海人民出版社，2004：607-608.
② 胡晓芸，李一峰. 品牌归于运动——16 种国际品牌的运动模式 [M]. 杭州：浙江大学出版社，2003：2-3.
③ 卢泰宏，邝丹妮. 整体品牌设计 [M]. 广州：广东人民出版社，1998：12.
④ （美）彼得·杜拉克. 新产品开发 [M]. 北京：中国国际广播出版社，2002：520.
⑤ 于欢. 解析品牌背后的视觉效应 [D]. 长春：东北师范大学，2007.

Amazon 公司创始人及首席执行官 Jeff Bezos 先生的说法："品牌就是你与客户的关系……对于我们来说，口碑极其重要，简而言之，品牌就是人们私下对你的评价。"香港润迅集团高级品牌经理乔远生认为："承诺就是品牌。"安盛咨询（中国）公司策略部经理朱农飞博士认为："成功品牌建立的基础是企业业务的长期战略规划。"上海杰信营销咨询公司

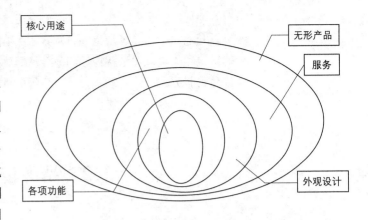

图 3-4　洋葱图[①]

总经理翁向东认为："要创造强势品牌，关键是定位并维护品牌的核心价值。"

如今，品牌所包含的不仅仅是企业的形象，而且还包含着企业所处的文化环境与文化底蕴。消费者选择某种品牌，也就代表着对某种企业的认可，对某种文化的理解与赞同。所以，品牌是一种无形的资产，其代表的是该品牌能够与同类型产品相区别的所有元素，包括名称、图形、色彩、服务等方面。它是一种文化的综合体。此外，消费者选择品牌也是展现消费者特性的象征。如图 3-4 所示，产品所包含的各个方面，就好比是洋葱，其核心部分是产品的"核心用途"，也是品牌生存之所在，也是一品牌区别于其他品牌，形成品牌形象差异化的核心方面；而其外围包括有无形产品、服务等方面，这是企业品牌发展、树立形象、增加产品附加价值之所在。从企业管理角度来说，企业在创立品牌之后，如何在激烈的市场竞争中脱颖而出，对于一个品牌来说是至关重要的。管理者不仅需要对产品进行有效地监管，在提高产品品质同时，更需要具有对品牌的使用、管理维护以及创新的意识。

除此之外，品牌也是企业的无形资产。就无形资产而言，绝大多数的情况下是指企业开发的技术、专利，拥有的商标、版权等知识产权或工业产权。事实上，品牌确实能够为企业带来收益。所以，按照财会原理和资产评估的一段法则，品牌则确实是能够为其所有者带来利润的无形资产。[②] 关于品牌资产，学者一直没有在定义上达成共识。具有代表性的是唐·舒尔茨的观点，他认为品牌资产是从金融学中借用来的术语："'资产'这个术语暗示了某种所有权。它不但包括公司享有的所有权，即公司拥有对品牌名称、符号及其他属性的法定所有权，也包括顾客和消费者'拥有'的关于品牌的各种念头和知觉。"[③] 这从一定意义上确定了品牌资产的范畴以及品牌所有权问题。

综合以上，可以看出，早期的品牌重视的是标志以及差异性，在消费者感受方面较为欠缺，而当今的品牌更注重于品牌价值的形成，将品牌变成消费者心中的"烙印"。"烙印"的形成也是消费者对品牌忠诚度的形成过程，它能够

---

① （英）贝思·罗杰斯 . 产品创新战略 [M]. 王琳琳译 . 大连：东北财经大学出版社，2003.

② 张世贤 . 现代品牌战略 [M]. 北京：经济管理出版社，2007：203.

③ （美）唐·舒尔茨 . 论品牌 [M]. 北京：人民邮电出版社，2005：194.

有效地促进消费者对该品牌产品做出更多的购买行动。所以，现代品牌的定义可以归纳如下：品牌是指买方及其相关群体对于某种标志所代表的产品或企业的认识和印象，这种认识和印象会从总体上直接地、长期地影响买方对于相应产品或服务的评价和购买。[①] 而品牌至少要包含三个方面的内容：品牌是以一定的产品和服务的功能质量为基础的；品牌能带来额外的感情上的满足；品牌具有特定的名称、文字、符号、图案和语音等特征。[②]

3.2 品牌传播与策划

3.2.1 品牌传播

整合营销传播的理论思想是以消费者为对象，通过统一的传播目标，运用和协调各种不同的传播手段，使不同的传播工具发挥出最佳的、统一的、集中的作用，最终建立品牌整体的一致性，建立与消费者长期、双向、忠诚的关系。整合营销传播理论是营销传播手段相互整合、营销与传播彼此交融的新型传播学理论。它的最高指导原则是一切活动以品牌精髓为中心，即在所有传播过程中，都要演绎出品牌的核心价值与灵魂，成功的品牌传播应引入整合营销传播理论。

品牌传播其核心是向消费者传达一种整合的"符号意义"，其在于"整合"二字上，它要求企业在品牌传播过程中，不论信息来自何种传播途径，如广播、电视或互联网，还是语言、文字、图片等不同的传播形式，都要进行媒体信息的整合。

整合营销传播理论认为，成功的营销沟通要求在品牌和消费者之间建立一种关系，这种关系是品牌与消费者之间的一种持久联系，意味着品牌忠诚，整合营销传播是建立关系的关键，就企业而言，建立与保持关系比寻找新客户更有利可图。在市场中，品牌至关重要，品牌是营销组织最重要的财富，因为品牌可以向消费者提供瞬间的信任和知识，发生作用极为迅速和有效，整合营销传播向消费者传播有助于品牌识别信息，尤其在消费者面对多种选择或营销传播信息时，品牌能让消费者轻易地与竞争品牌区别开来，如果企业试图为品牌建立信任，那么每一形式的传播工具：广告、标签必须发出一致的信息，只有这样，才能增强消费者的信任感，更好的传播品牌。[③]

一个企业、产品、服务的品牌对消费者的购买行为影响是决定性的，为此在整个营销传播的过程中应该把品牌的塑造、品牌印象的强化作为重中之重。通过对品牌整合营销传播的一些基本理论分析，我们可以得出结论，整合营销传播是一切从消费者出发，对消费者进行系统的分析，然后整合各种传播手段

① 金敏. 企业品牌延伸战略决策研究 [M]. 长沙：湖南大学出版社，2002.
② 岳文厚. 品牌魅力 [M]. 北京：中国财政经济出版社，2002：24-25.
③ 钟传优. 整合营销传播应以品牌为中心 [J]. 经济论坛，2004，21（2）：78-79.

来达到企业的销售目的。

鉴于消费者地位的重要性，企业若要在强手如林的竞争中占有一席之地，不仅要建立一套卓有成效的品牌营销策略，而更应该建立一套面向消费者的整合传播策略。整合营销传播学对消费者进行了深入研究，包括对消费者的购物动机以及消费者的行为研究，其目的在于覆盖目标市场。在研究整合营销传播学的学者看来，消费者的购买动机包括生理与心理两方面。[①]

在研究品牌营销传播这一过程中，企业和消费者构成信息的传播者和接受者两大系统，两大系统的沟通者，就是品牌形象（Brand Image）。一般来说，品牌形象具有两方面内容：其一，品牌代表着企业的产品或服务，是与之相联系的象征，即视觉或听觉上的有形的方面；其二，品牌还包含企业所具有的独特文化性、产品所象征的权利以及地位等多方面的无形内容，也是品牌持久发展以及魅力之所在。而需要注意的是，企业的品牌形象与企业形象是不可混为一谈的，前者是专门针对消费者而言，后者是针对企业的公关领域。品牌作为产品个性化的符号系统，起着唤起消费者认知并使之建立品牌忠诚的独特作用。

而对于品牌来说，其传播具有以下几方面的特点：

首先，传播信息的聚合性。聚合性主要体现了在品牌传播动态的特点，从学者对品牌的描述看出大多集中在对品牌的名称、品牌的标志、包装的构成、色彩的搭配以及图案纹理等方面，而这些信息都是一些表面的因素。对于一个知名品牌的深层因素是"产品的质量、特点"、"消费者的利益与产品售后的服务质量"、"消费者对品牌的认知程度及品牌在消费者心里的定位"等。它们构成了品牌传播的信息源，也决定了品牌传播本身信息的聚合性。因此，信息的聚合性启发品牌传播者，在进行经营决策、组织调整、产品开发、市场开拓、广告发布、公关活动等时，需辩证地进行信息取舍，做到所传播的品牌信息"合"则有基础，"聚"则能传神。

其次，传播受众的目标性。品牌的传播者需要关注的是目标消费者。精确定位传播的受众，对于品牌的传播效果的实现具有直接的影响。从设计管理者来看，对于目标受众的准确定位很重要，因为能够设计出具有极强针对性的品牌策划以及预测传播的效果，可以减少不必要的传播资源的浪费。因此，只有确立了明确的目标消费群，良好的传播效果才能顺利得以实现，而其受众对信息的接受效果也会增强，相应的品牌传播才会卓有成效。

最后，传播媒介的多元性。在传播技术日益更新变换的时代，新媒介的传播技术与传统媒介的传播技术共同打造出了一个传播媒介多元化的格局。这为"品牌传播"提供了机遇，也对媒介运用的多元化整合提出了新挑战。

例如，苹果公司在进行品牌传播的过程中，就具有鲜明而独特的商业策略。苹果公司在充分考虑到消费者体验自己优质的产品以及特殊的服务的同时，也让设计、品牌成为增加企业商品附加价值的有力武器。苹果生产的

---

① 杨维霞.战略管理视角中的品牌延伸过程分析 [D].太原：山西财经大学，2004.

图 3-5 iPod 及苹果实体店

iPod 是由设计师 Jonathan Ives 在企业内部设计完成的，推出不久，iPod 就成为数字音乐时代的标志。为了进一步深化品牌传播的效果，苹果公司还推出了一系列针对苹果产品所使用的配套软件，实现了消费者轻松、便捷、个性化掌控自己设备的梦想。不仅如此，苹果公司在实体店面的设计以及人员服务商，也贯穿着苹果公司特有的企业文化。店面内，用体验式的方式让消费者零距离感受到最新的产品设计、功能，并同时收集消费者对产品提出的建议。从装饰方面看，店面白色、灰色、黑色的使用以及玻璃、不锈钢材质的搭配，无不流露出苹果公司对于设计的理解，以及对美的解读。从苹果公司的标志设计到其产品、店面等的设计，都向人们展现出传播对品牌建立的巨大作用（图3-5）。

3.2.2　品牌策划

品牌的多少是衡量一个国家经济、一个地区发展水平的重要标志，是推动国家、地区、产业、企业发展的重要力量，其最终目标实现的基础就是强势品牌企业、强势品牌产品、强势品牌战略。名牌产品和名牌企业是城市的"名片"，我们要实现经济强市的目标，离不开众多名牌产品和名牌企业的支撑。

一个成功的企业背后，都有一个著名的品牌，世界上任何一个成功的企业，都有一种代表性的品牌形象，可以说商品市场就是产品品牌争夺的市场。同时，品牌又是企业进入国际市场，参与国际竞争的"通行证"。事实上，世界许多知名企业都把品牌发展战略看成是企业开拓国际市场的战略方针。日本在"二战"惨败后，在不到三十年时间内，以惊人的速度从战争废墟上异军突起，一跃成为世界第三大经济强国，其成功的秘密就在于品牌战略的实施，如"索尼"、"松下"、"日立"、"本田"、"丰田"等企业。美国企业的成功更是如此，可口可乐、百事可乐、麦当劳等企业无一不是先从抓品牌战略开始的，并把它作为一种开拓市场的手段，最终占领市场。

图 3-6　Acer 标志（上左）
图 3-7　百威啤酒（下左）
图 3-8　苹果公司标志（右）

品牌精神是质量的象征，是企业与社会、企业与市场进行信息传递的桥梁，是企业占领市场的旗帜，是一个企业区别于其他企业的标志，是企业形象的具体体现，也是企业巨大的无形资产（图 3-6，图 3-7，图 3-8）。菲利普·科特勒将品牌划分为五个层次："精神产品、核心产品、有形产品、增值产品、潜在产品。精神产品：强调产品的文化内涵；核心产品：强调产品的利益点、差异点或品牌所具有的人格特征；有形产品：包括品牌的名称、包装、样式、质量等；增值产品：售后服务、增值产品、利益价值；潜在产品：品牌延伸。"①

企业的品牌战略与企业营销战略、产品设计战略关系密切，通过品牌建设，将不同的产品区分开来，可以使消费者形成对该企业产品的印象，帮助消费者识别产品的厂家与相应的服务，让消费者能够迅速在心理上认可产品的质量与服务，好的品牌可以加强消费者对企业的记忆。对于企业来说，构筑自己产品的品牌资产能够通过五大元素进行，即："品牌知名度（Brand Awareness）、品牌认识度（Perceived Brand Quality）、品牌联想度（Brand Association）、品牌忠诚度（Brand Loyalty）和其他独有资产"②，最终实现成功的品牌策划。

此外，品牌识别可以迅速提升品牌价值，不断积累品牌资产。产品是品牌识别的主要载体，树立世界一流品牌形象的识别是高附加值产品识别，正如三星全球市场营运部经理 Eric Kim 所说的"我们取得成功的最重要一点，就是我们的产品设计比你们更酷"。三星在产品功能、设计品位、精神体验、满足消费者对时尚的需求上煞费苦心。三星卓越的品牌识别，无一不体现出"功能强大先进、设计时尚简约、气质尊贵高雅、操作简单方便"的特色，无论是数字电视、三星手机、笔记本电脑、投影仪、显示器还是 MP3，都展现出三星年轻、时尚、引领潮流、事业有成的品牌形象（图 3-9，图 3-10，图 3-11）。

① 余明阳，陈先红.广告策划创意学 [M].上海：复旦大学出版社，2008：108.
② 余明阳，陈先红.广告策划创意学 [M].上海：复旦大学出版社，2008：109.

图 3-9 三星电视设计
（上左）
图 3-10 三星笔记本设计
（上右）
图 3-11 三星平板电脑设计（下）

因此，对于品牌策划来说，其具有增值功能、识别功能以及促销功能。品牌是一种无形资产，是一个取之不尽、用之不竭的宝藏。品牌满足了消费者的心理需求，迎合了消费者的追求名牌偏好，为企业带来了丰厚的收益。[①] 其主要体现在具有高知名度的品牌产品，其售价更高，消费者所购买的不仅是一件商品，更多的是商品背后所具有的文化以及精神象征，而这种无形的象征正是品牌策划增值功能的效果所在。

美国营销专家约翰·墨菲（John MurPhy）在其著作《品牌策略》中写道："品牌就是一种无形的识别器，它的主要功能是减少顾客在选购商品时所花费的精力和时间。高品质的品牌策划能够有效地将本品牌与其他同类型产品品牌区别开来，从而形成差异性，做到突出本品牌的特性，便于消费者识别。"

[①] 韩光军. 品牌设计与发展 [M]. 北京：经济管理出版社，2002：6-8.

而品牌的促销功能主要表现在两方面：第一，对于经营者而言，只有不断开发产品品牌，加强质量管理，树立良好的企业形象和品牌美誉度，才能从根本上促进销售；第二，对于消费者而言，品牌是产品品质的标志，因此好的品牌满足消费者的欲求，有利于引起消费者的注意（图3-12）。

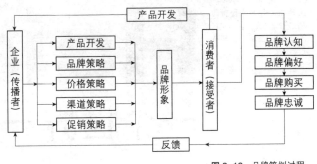

图3-12 品牌策划过程

3.3 企业品牌策略

所谓品牌策略是企业在面临产品、技术、服务日趋同质化的形式下，在日趋激烈的竞争环境中，企业建立强势品牌来开拓市场，谋求以品牌创造差异化，扩大市场占有率，取得丰厚利润回报，吸引顾客并培养品牌忠诚消费者的一种战略抉择，品牌策略是现代企业市场营销的核心。品牌不仅仅是一个产品的标志，更多的是产品的质量、性能、满足消费者使用的可靠程度的综合体现。

在当今的市场中，企业面临的未来市场竞争将越来越多地体现为企业间品牌文化的竞争，企业品牌文化竞争是经济竞争中的最高形式。现代商业竞争已从单纯的商品竞争转化为具有精神符号内涵的文化竞争，企业之间的竞争更多的体现为所塑造品牌的文化较量。因此，企业要创造具有文化底蕴的品牌，让品牌获得精神和物质的双重发展，使品牌更具活力和生命力，才能使企业立于不败之地。

具体说来，品牌文化竞争促进品牌人性化策略以及品牌文化性策略的产生。品牌人性化是消费者对品牌产生情感的最大理由，人性化的产品品牌最能触动人的心灵，产生共鸣。现代社会的节奏不断加快，导致人的精神生活贫乏、心理压力增大、情感失重，因而人们对精神情感的需求日趋强烈，往往借助购买和消费人性化品牌来实现自我价值。

塑造人性化品牌是保持品牌具有强大的忠诚度和生命力，并得以健康发展的有效策略。品牌的人性化策略必须遵循如下几个要求：注重内涵，观念创新，定位明确，个性化与人性化并重。海尔集团提出的"您来设计我来实现"的新口号，体现的正是一种人性化的品牌经营策略，由消费者提出对海尔产品的需求模式，由海尔集团来实现（图3-13）。

而品牌文化性就是利用各种内外部传播途径，建立一种清晰的品牌定位，形成受众对品牌在文化精神上的高度认同。

我们知道品牌中最重要的是品牌文化，而品牌文化中最重要的是企业文化，品牌设计把企业文化整合到企业的产品设计中，把企业中最深层的东西根植于消费者心中，让消费者通过视觉体验理解企业文化，从而宣传了企业文化（图3-14）。

图 3-13 海尔集团标志
和广告语（左）
图 3-14 凤凰卫视标志
（右）

图 3-15 金六福酒（左）
图 3-16 李锦记产品系列
（右）

　　文化是企业品牌的一笔巨大的资产，任何强势品牌的背后都有坚实的文化基础。品牌的灵魂是文化，成功的品牌是富有情感的文化精灵。企业通过品牌文化传播来创立品牌形象，赢得消费者对企业文化内涵的认同，获得受众对该企业产品的好感，从而树立企业良好的品牌形象。品牌文化从某种意义上来说就是品牌的价值观、审美观、经营观等思想形态的总和。在品牌策划中，只有充分整合文化资源，才会使品牌充满生命力，只有将企业丰富的文化内涵渗透到企业的管理、营销、广告、宣传等各个环节，才能开辟出一条具有文化特色的品牌之路。

　　品牌文化与民族文化和品牌精神是紧密相联的，它凝聚着本民族深刻而丰富的文化内涵，展现出企业的精神文化传统。例如：麦当劳和肯德基品牌在全球经营的不是简单的快餐，而是在倡导一种主流的餐饮文化；德国的奔驰品牌，体现了德国人严谨理性的文化；可口可乐品牌的成功归根结底是通过品牌传播文化象征。而企业在创立品牌时必须广泛吸收各种文化要素，弘扬企业中的民族优秀文化传统，例如：国酒茅台通过一系列品牌整合，以自身蕴藏的丰富文化资源，通过名人的诗词、伟人的书法等载体挖掘新时代下的茅台品牌精神[1]；此外，"金六福酒"通过品牌整合，传播中国"福文化"的内涵，这就是"金六福酒"品牌文化与民族文化结合的成功（图 3-15）；香港李锦记集团的品牌整合概念是"一流的品质，正宗的口味"，它的品牌文化定位是"传播中华民族优秀的饮食文化"（图 3-16）。

---

① 魏玉祺. 品牌的"文化行销" [EB/OL].2004.http：//www.emkt.com.cn.

图 3-17　品牌传播中全球化策略与本土化策略

全球经济一体化的发展并不能消除不同国家之间文化、宗教、语言等方面的巨大差异，不同的国家、不同的民族、不同的地区都有着属于自己的文化，企业只有根据不同的风俗习惯和价值观念制定相应的品牌策略，让品牌与当地的文化有机的整合起来，才能赢得当地消费者的认同，产生强烈的品牌亲和力，赢得当地市场。

面对这种文化差异造成的不同消费行为，国际品牌在进入一个国家和地区进行传播时，其广告策略、品牌个性策略、表现方式等要迎合当地的审美品味和文化传统特性，而采取差别化策略，使品牌与当地的社会文化环境有机地融合起来，品牌传播既要考虑独特的品牌形象，又要考虑多样化的文化需求，在"品牌全球化"和"品牌本地化"之间找到平衡点（图 3-17）。[①]

3.4　品牌的整合设计

3.4.1　品牌的整合设计原则

品牌价值是品牌竞争力的直观表现。价值越高，竞争力越强；价值越低，竞争力越弱。一个品牌的竞争力可以用品牌的价值来直接表现。

品牌的设计原则以市场和消费群体为主导，企业以加强产品的品牌建设为重点，建立知识产权战略，最终实现企业品牌竞争力的提升。从我国的企业来看，已经有许多企业开始注重品牌的经营。企业作为市场系统中的一个必不可少的环节，与市场有着密切的联系，企业只有在市场竞争中保持合理投入，才能求得持久的生存和发展。而市场是企业生产经营活动成功与失败最好的评判者，一个企业是否成功，关键就看他是否能够长久地立足于市场。因此，企业的成功就必须要求管理者具有强烈的市场意识，不仅要认识市场，还要适应市场，以市场为导向开展生产经营活动。

企业的生产需以市场为导向，结合市场需求、时代技术、社会文化等因素，同时针对竞争对手的同类产品，建立知识产权战略产品设计的重要发展方向，这是实现品牌战略成功与否的关键。

品牌战略是一种品质的承诺，是一种服务的体验，它赋予产品更多的价值。

---

① 尹春兰.品牌传播的全球化与本土化策略 [J].经济问题，2004：7.

图 3-18 TCL 的品牌整合设计

图 3-19 香港国际机场标志设计

制定品牌设计战略，需要根据企业文化、企业的产品定位、产品未来发展等综合因素决定。企业进行品牌设计的目的是将个性化品牌转为品牌形象。企业品牌战略是企业市场战略的一部分，那么设计战略应该与市场战略相协调、互相促进、共同发展，为了更好地实现这一目标，在进行品牌方案整合设计时，应遵循下列原则：①

1）整合原则：品牌战略涉及企业的方方面面，品牌设计必须从企业内外环境、内容结构、组织实施、传播媒介等各方面综合考虑，以利于全面地贯彻落实。也就是说品牌设计要符合企业的长远发展战略，适应企业内外环境。

2）以消费者为中心的原则：品牌展现了品牌的内涵、灵魂和精神，品牌承诺就是要体现提供给顾客的独特利益，与竞争品牌区别开来。消费者的需要是企业一切活动包括品牌设计的出发点和归宿，TCL 的成功在于它制定的一切以顾客为中心的企业理念（图 3-18）。以消费者为中心就要做到：进行准确的市场定位、努力满足消费者的需要、尽量尊重消费者的习俗三个方面。

3）求异创新原则：品牌的识别性确定了品牌设计的个性化，就是要塑造独特的企业文化和个性鲜明的企业形象。只有塑造独特的企业文化和个性鲜明的企业形象，品牌视觉识别才能在众多品牌中脱颖而出，这就要求品牌反映自身的特点。下图（图 3-19）是设计师陈幼坚为香港国际机场设计的标志，反映了他对香港国际机场个性特征的认识与表现。

4）接受原则：要使品牌易于传播与接受，这就要求品牌策划有内涵，富有哲理和人文气息，品牌在相当长的时间内，是通过传播积累来完成认知的，容易与目标受众产生共鸣，极具亲和力。因而，产品的品牌设计要符合人们的心理习惯和风俗习惯，颜色、风格、标志语言的选择要考虑到人们的生活习惯和风俗爱好，尽量要避免人们的禁忌。易接受还意味着品牌视觉形象和文字符号的组合设计能够引发人们的联想，对美好事物如温情、亲情、爱、友好等概念的联想与想象。人们对温情的、代表协助友爱的事物总是非常渴望的，接受时无障碍感，因此品牌设计要分析人们的心理特点，运用移情、联想、象征的

---

① 陈放. 品牌学 [M]. 北京：时事出版社，2002：5.

图 3-20 中国移动品牌宣传（上）
图 3-21 中国网通品牌宣传（下）

表现手法，让人们接触到产品的品牌时，产生正面的、积极的想象空间。比如海尔的"真诚到永远"，网通的"中国网，宽天下"，中国移动的"沟通从心开始"，美的"原来生活可以更美的"等（图 3-20，图 3-21）。

5）识别记忆原则：品牌商标、图案的设计要能够与同类企业产品区分开来，则需要设计师在图案组合、色彩搭配、图案风格等方面下功夫。基本的原则是美观大方、和谐，针对不同性质的企业产品，具体的要求又有区别，比如有的需要带来温馨的感觉，有的需要活泼可爱的造型，有的需要运动感，有的需要安全感，有的又需要舒适感。但品牌视觉识别要在众多企业中脱颖而出，还需要品牌商标的设计具有创新性、新颖性、独特性、鲜明性，能够让消费者面临众多选择的时候，可以马上识别出企业的产品。同时，品牌要长久的影响消费者，成为消费者购买习惯中的重要组成部分，还需要在消费者心中留下品牌的视觉和听觉的印迹。这要求品牌形象设计简单、醒目、清晰可辨，商标文字符号词、句、短语、口号的发音朗朗上口，简短、易于阅读、传诵，甚至到脱口而出的程度。

3.4.2　品牌的整合设计程序

品牌设计一般按照品牌调查、制定品牌计划、品牌定位、品牌设计效果评估等具体步骤进行（图 3-22）。

图 3-22　品牌设计程序

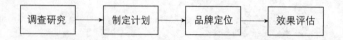

1）品牌调查

进行品牌调查研究主要是把握企业现状，了解消费者、竞争者、品牌本身以及产业环境状况，首先要从调查的类型、宗旨和主题等方面进行调查，其次确定调查范围，确定公众的调查对象。品牌的公众处于不断变化之中，不同调查主题应该确定不同的调查对象和调查范围。[①] 制定一个完整的传播策略要针对不同消费群的购买诱因进行调研，必须调查所有可能影响销售的消费者资料，从中了解不同的消费者对该类品牌的看法以及看法形成的原因。

2）制定品牌计划

在调研的基础上，就可以进行品牌战略目标的制定，指导品牌的发展方向。品牌战略的最终目的是品牌资产的最大化，它有 4 个方面：品牌美誉度、品牌知名度、品牌忠诚度、品牌联想。通过品牌调查研究工作，掌握了大量的情报资料，确定了品牌发展过程中存在的问题之后，下一步的工作就是制定品牌设计定位（图 3-23）[②]。

图 3-23　设计计划的制定

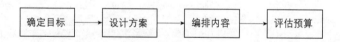

3）品牌定位

所谓品牌定位，是指品牌设计区别于竞争者，让消费者明确、清晰地识别并记住品牌的利益点与个性，让消费者感受更加鲜明立体的品牌形象，促使消费者认同、喜欢乃至爱上这个品牌。设计人员在全面进行调查的基础上，在选准目标市场和确定品牌经营战略的同时，应对该品牌的经营状况及其优劣势进行具体分析，进行合理的品牌设计和规划。品牌与竞争品牌区别开来的同时，还要找到定位点。例如，可口可乐就将自己定位为"正宗的可乐"；英国航空（British Airways）将自己定位为"世界上最受欢迎的航空公司"等（图3-24）。

---

① 韩光军．品牌设计与发展 [M]．北京：经济管理出版社，2002：29.
② 朱莉莉．品牌传播之设计观 [D]．武汉：武汉理工大学，2005：05.

BRITISH AIRWAYS

图 3-24 英国航空标志设计

4）品牌设计效果评估

为了实施品牌设计计划，要从品牌整体效果、品牌识别设计效果、品牌名称效果等进行全方位的评估，评估主要从品牌广告的阅读率；品牌认知与评价等几个方面进行。

3.4.3 品牌的包装整合设计

1961 年 J·彼尔蒂史在《沉默的推销员》一书中指出："品牌包装作为推销员，这是一种崭新的角色，它是沟通企业和消费者的桥梁，是售货枢纽。产品通过调研、宣传和分销而被摆上货架，最后一个步骤，则依赖于包装

图 3-25 包装设计四要素

的好坏。"① 因此，品牌的包装设计也非常重要。品牌包装设计通常包含四个要素：包装材料设计、包装装潢设计、包装造型设计、包装结构设计，这四个要素共同组成一个有机的包装系统。包装所蕴含的信息，则通过这四个要素整体表现出来（图 3-25）②。

包装是品牌的直接载体，包装在品牌的传播中起了重要的作用，是一种强有力的品牌竞争手段。包装有利于企业在市场竞争中树立整体品牌形象，顾客在选购商品的时候看中的不仅仅是包装，而且是包装上醒目、知名度较高的品牌，产品给顾客的第一印象是外观包装，优秀的包装在品牌的整体形象中占有相当重要的位置，品牌形象在很大程度上是借助包装直接传播的。因此，品牌包装设计可以直接影响品牌的形象，反映产品的品质和档次，从而影响消费者的购买行为。它是一种有效的营销沟通工具，是多种因素集合的结果(图 3-26)。而理想的品牌包装有助于顾客迅速辨识出产品属于哪个企业或什么品牌，因为它的传播效果直接影响着品牌形象的整合传播效果，包装的整合设计表达出品牌的整体形象（图 3-27）。

---

① 卢泰宏，邝丹妮. 整体品牌设计 [M]. 广州：广东人民出版社，1998：7.
② 朱莉莉. 品牌传播之设计观 [D]. 武汉：武汉理工大学，2005.

图 3-26 可口可乐包装整合设计（上）

图 3-27 Absolut Vodkad 的品牌整合设计（下）

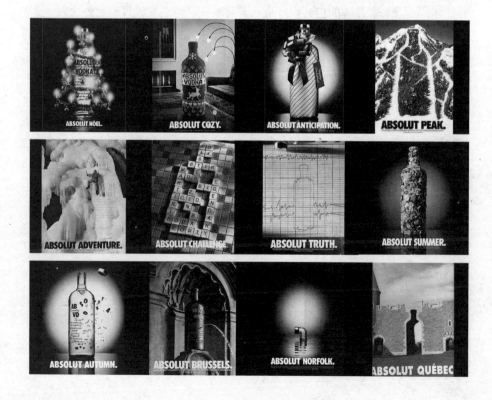

3.5 品牌的可持续发展

3.5.1 品牌延伸策略

品牌延伸 (Brand Extension) 是企业应对市场竞争加剧，产品生命周期缩短，消费者需求多样化等问题的应对策略，是企业扩大规模，进入新领域，获得更大利润，求得进一步发展的有效途径。品牌延伸将某著名品牌或某一具有市场影响力的成功品牌使用到与成名产品或原产品完全不同的产品上，借以现有品牌产生的辐射力，事半功倍地形成系列名牌产品的策略，也称为"搭品牌列车"策略。[①]

而品牌延伸策略就是指一个品牌从原有的产品或业务延伸到新产品或业务上，多项产品或业务共享同一品牌。企业将已有较高美誉度的品牌名称用于产品扩张或推出新的产品类别，从而期望减少新产品进入市场的风险，以更少的成本获得更大的市场回报。品牌延伸策略的制定，将有助于企业综合品牌的树立，是对品牌资源的深度开发和利用，企业将已有品牌的范围扩大，丰富品牌形象，从而使企业获得更大利益。比如，海尔集团将"海尔"品牌从电冰箱，延伸至电脑、微波炉、热水器、洗衣机等众多产品。

品牌延伸策略在企业推出新产品过程中经常采用，其目的是利用已取得成功的品牌来推出新产品，使新产品投放市场伊始即获得原有的品牌优势的支持，尽快为市场所接受，从而节省新产品市场推广的营销成本，并尽快获得高起点的销售和好的市场地位。[②]

当新的品牌或重新定位的品牌有消费者已熟悉的成分时，消费者对新定位所传达的产品信息有一种熟悉的感觉，这种感觉是通过对原有品牌的认知和品牌联想延伸而获得的。企业用某一强劲的品牌来使新产品快速获得识别，企业经营者因此节省了使消费者熟悉新品牌的所有广告费。

从品牌延伸设计来说，企业的设计风格没有变，设计师在现有企业设计风格的基础上进行创新设计，同样根植于企业文化，由于视觉语言基本没改变，这样原品牌的消费者看到新产品时会有熟悉、自豪的感觉，引起消费者的购买欲望，这是一种不用标志而单靠产品的视觉语言便可识别的品牌延伸方法，这种优势归功于名牌的辐射力。

"视觉识别"要素是品牌设计在延伸过程中的重要因素。品牌延伸离不开品牌设计，企业不但要追求品牌形象，也应形成设计风格，假如形不成设计风格，在消费者心中，风格形象混乱，很难形成品牌的核心形象，这样会给品牌延伸带来危险，同时消费者对企业变换设计风格会产生怀疑，使新品牌无法推广。

---

① 雷华平. 品牌战略中导入工业设计的必要性 [EB/OL].http：// www.dolcn.com.
② 金敏. 企业品牌延伸战略决策研究 [M]. 长沙：湖南大学出版社，2002：6.

成功的品牌延伸能为现存的品牌或产品线带来新的感受。如，可口可乐推出的延伸品牌"健怡可口可乐"，就获得了极大的成功。"健怡可口可乐"迅速成为美国销售第一的低糖含量饮料，受此鼓舞，可口可乐公司开展了一项重大的品牌延伸计划，在一系列延伸性品牌陆续推出之后，消费者可以选择的"可口可乐"系列产品，包括"不含咖啡因可乐"、"健怡可口可乐"、"不含咖啡因健怡可口可乐"、"樱桃可口可乐"，以及不属可乐系列的产品包括"雪碧"（Sprit）、"芬达"汽水（Fanta）等，这些延伸品牌的推出极大地丰富了消费者的选择对象，为可口可乐家族注入了新的活力，提高了品牌的竞争力（图 3-28）[①]。

图3-28　可口可乐延伸产品

3.5.2　多品牌创新发展策略

由于产品的生命周期以及企业品牌的不断老化的趋势，要求企业对品牌进行创新及延伸。

品牌创新的实质就是积极制定企业的创新品牌战略，根据现有的市场，并正确预测未来市场的变化。品牌的创新是建立在企业文化的基础之上，实施的企业未来新形象的设计。品牌创新表现在许多方面，如品牌功能性变化、企业服务方式的改变等。而优秀的品牌创新设计能够帮助企业转变现有观念，确定新的发展趋势，使产品永葆青春。

企业采用多品牌策略的好处是通过细分市场，强化每一品牌的特色，能够让企业同时经营两种或两种以上相互竞争的品牌。这种多品牌的策略是宝洁公司的首创，在第二次世界大战以前，该公司拥有极为畅销的"汰渍"牌洗涤剂；1950 年公司又推出"快乐"牌洗涤剂。两种品牌的销售总额大于只经营"汰渍"一个品牌的销售额。到目前为止，宝洁公司已经拥有 10 余种不同的品牌（图3-29）。

一个品牌不可能适用于所有的市场，而市场细分可以把众多的消费者分成不同需求的细分群体，针对每一个市场细分群体的不同特性来创建不同的品牌，以占领市场。例如，美国的"派克"笔定位于高贵体面的上流社会，如果派克公司想进入低中档市场，则只能运用多品牌战略，另建立一个低中档品牌，用来开拓低中档市场。

---

① 朱莉莉. 品牌传播之设计观 [D]. 武汉：武汉理工大学，2005.

图 3-29　宝洁公司的多品牌战略

　　品牌的生命力在于其鲜明的个性特征，多品牌战略的目的在于创造企业及产品的个性化特征，如果以一个品牌去包含各档次的产品而进行市场销售，其后果可想而知。[①]

---

① 朱伟明，郭建南. 品牌延伸与多品牌战略 [J]. 浙江工程学院学报，2002，19（1）：3.

第 4 章 广告策划与管理

4.1 广告策划

4.1.1 广告策划的概念

对于"策划"的概念,有许多种理解和解释。"策划"的"策"在中文词源来看同"册",最早值得是一种文字载体;而"划"同"画",有规划、计划的含义。在《辞源》中,"策划"作"策书、筹谋、计划、谋划"解。在英语中近似"Strategy"加"Plan"(战略、策略);在日本"策划"称作"企划";在美国称作"plan"。而"策划"从其本质上是一种运用脑力的理性行为,其包含有两个层面的含义:一是计谋、谋划;二是策略规划。基本上所有的策划都是关于未来的事物,也就是说,策划是针对未来要发生的事物作当前的决策。

在英文中"广告"是"advertising","是指宣告、通知、引人注意、引导人们的观念和使人们表示赞同等意义,广告主要宣传商品信息和生产、生活服务信息"[①]。目前国内外的关于广告定义主要有以下几种:①美国市场营销协会(AMA)对广告的定义是——广告是由广告主在付费的基础上,采用传播形式对商品观念、服务进行介绍、宣传的活动。②我国广告界对广告的定义是——广告是一种宣传方式,它通过一定的媒体,把有关商品、服务、知识或情报有计划地传递给人们,其目的在于扩大销售,影响舆论。③《辞海》中对广告的定义是——广告是向公众介绍商品,报道服务内容或文娱节目等的一种宣传方式。

广告设计,是设计学中的一个重要分支学科,它作为人们日常生活中的"艺术调味品",集合科学与艺术的精华于一体,既具有实用价值又具有审美价值。它同时是"现代广告活动中的重要组成部分,它既体现设计领域中审美、实用的特质,同时又承担信息传播的独特使命"。[②] 广告设计的成功与否与广告策划活动息息相关,可以说,成功的广告策划为成功的广告设计奠定坚实的基础。

而"广告策划"就是现代社会商品经济发展中,广告主为了产品市场推广

---

① 陈瑃生,黄吉淳.广告艺术设计 [M].重庆:重庆大学出版社,2002:3.
② 赵红.广告设计 [M].北京:清华大学出版社,2010:5.

而委托广告公司为广告主的企业、销售队伍、市场调研和开发、媒介的选择与传播策略以及市场促销而提供的广告策划活动。因此，我们可以把广告策划定义为：广告是在符合广告主营销策略的基础上，在充分获取市场信息的前提下，预测市场的发展规律，科学地制订广告整合战略，以追求最优化的广告效果的活动过程。[①]

广告活动需要策划犹如设计需要管理，说服性和诱导性是广告最主要的特点，甚至是适当的夸大产品的优点，从而吸引消费者的注意力，让他们自愿拿出腰包进行消费，广告就达到提高了销售的目的。每个广告从广告公司接单再到最后展现在各位面前，都经历了各种决策。广告决策形成的过程包括提出广告决策、广告计划、广告决策的实施、广告决策的检验。在一个广告公司内，一般由广告策划人和设计师们一起提出广告决策。在这个过程中，广告策划体现出来的特征是明确的目的性，这是广告策划应该首要考虑的问题。每一个广告必须是有针对性的，它要达到目的，针对什么样的公司，什么样的产品和什么样的消费者，这些问题都必须在这个阶段做出明确的解答。当广告决策被提出后，一个广告计划应该被挂在工作日程表上了，然后再实施广告策划并对其进行检验。

4.1.2 广告策划的特点

对于广告策划来说，可以从不同的角度加以理解。广告策划是指了为了适应社会政治、经济、文化及广告业发展的需要，对广告活动进行规划、组织、协调、规范的一种有目的的策划管理活动。[②] 广告策划是一个整体，必须将每一个部分紧密地结合协调起来，把市场调查、市场需求、设计和信息反馈有机统一起来。在广告策划形成的过程中体现出最主要的三个特点是：针对性、科学性与前瞻性。虽然在每一个阶段强调的侧重点不一样，但这三个特点贯穿着整个过程。

首先，广告策划具有明确的目的性，它的主要任务在于树立良好的品牌和企业形象，有效地传递商品和服务信息，激发消费者的购买欲望，说服消费者改变态度进行购买，并从精神上给人以美的享受，最后达到促销的目的。针对性是广告活动成功与否的最重要、最基础的依据，是广告策划活动能否顺利实施的关键所在。

其次，广告策划的科学性体现在策划活动的系统性与可操作性上。从广告实施的角度上看，策划活动是一项庞大而系统的工程，广告的策划者、策划对象、策划依据、策划方案以及最后的策划效果评估等一系列的要素都必须在科学而系统的理论下指导进行。广告策划是一项实践性非常强的实践性科学，其最根本的目的就是能够投入到真实的环境中并发挥广告应有的效果。因此，在

① 魏群. 商业广告策划与设计系统研究 [D]. 武汉：武汉理工大学, 2005.
② 甘忠泽. 现代广告管理 [M]. 上海：复旦大学出版社, 1999：8.

广告策划中，可操作性最终决定广告策划活动的实施。

再次，广告策划是一项需要充分运用智谋的思维活动，所以，广告策划者必须充分使用心理学、创造学、社会学等多方面的知识来综合进行策划活动。策划者需要具备极高的综合素养，能够提出新思路、新构想、新观念，能够在发现问题、解决问题中处理好各方面的关系，包括设计团队内部以及团队与外部之间的人际关系、组织关系等。广告策划活动中的一系列举措都需要策划者进行巧妙而完美地计划，实现多方共赢、协同一致，最终使广告活动顺利进行。

最后，广告策划应当具备前瞻性。策划就是要对未来进行一种策谋与规划。一项广告策划活动脱颖而出的关键之处就在于其前瞻性，也就是合理的创新性。在进行广告策划活动之时，策划者应根据策划的对象以及环境进行评估，需要站在新的高度或以新的视角来运筹整个策划活动，用科学的、系统的、理性的、战略的、创新的方式来把握市场的发展变化趋势，以降低策划活动的风险，提升整体的效益，保证最终的策划活动的成功。

4.1.3 广告策划的作用

广告是企业市场信息的重要来源之一，已经成为商品生产和商品流通发展的不可缺少重要环节，是推动整个市场经济发展的重要因素。广告对提高企业知名度，增强企业的竞争力，维持和扩大市场占有率，加强消费者对企业产品的了解程度，推销企业产品等方面都起着重要作用。广告策划是以营销策划为轴心，以市场经济为舞台，它是塑造产品形象为目标的现代经济运作形式。广告在指导生产和经营、沟通市场经济信息、促进商业营销繁荣、培养科学的消费方式、发展社会大众文化和商业文化等方面具有重要作用。

从广告活动的运作方面看，广告策划具有多方面的作用。

首先，优秀的广告策划能够有效地传递服务和商品信息。在现代社会里，从某种意义上说，市场竞争就是策划的竞争，产品和服务信息的传递已成为现代企业营销的一项重要工作，谁的策划更高明，谁就能赢得市场，在市场竞争中立于不败之地。[①] 如图4-1中的李宁公司针对圣诞节所设计的产品促销广告，以其简洁的广告语和鲜明动人的色彩，把握住吸引消费者的注意力，传达出广告讯息，让消费者接受，最终实现广告计划。

其次，企业能够树立良好的企业形象和品牌形象。树立良好的品牌和企业形象是现代广告策划的重要任务之一，它使企业及其产品获得很高的认知度、忠诚度和美誉度，影响消费大众对企业的信心，从而大大提高产品和服务在市场上的竞争力。在电脑市场中，诸多品牌的电脑生产厂家使得电脑市场的竞争性日趋激烈，如何展现品牌的价值，树立良好的品牌形象以及在消费者心中如何建立良好的印象，成为各个厂家最为关注的问题之一。在图4-2中的联想公司的电脑广告以"国际品质，贴身服务"的广告语传达出联想电脑的卓越的质

---

① 陈培爱.广告策划原理与实务 [M].北京：中央广播电视大学出版社，2001：10.

图 4-1　广告活动的计划
性（左）
图 4-2　广告活动的竞争
性（右）

量以及优质的服务，同时用"服务站覆盖全国 2000 个县市，一小时服务响应，
联想电脑英特尔的芯"对主标题进行简明扼要地阐述，让消费者能够在较短的
时间内迅速地了解并记住广告的信息，从而增强广告的宣传效果，增强联想电
脑在市场中的竞争性的目的。

最后，成功的广告策划活动能够让广告说服消费者改变态度。广告最终的
目的是"推销"产品和服务，并说服消费者进行购买。广告要传递产品和服务
信息，就必须刺激人们的欲求，从而达到促销的目的。

从企业的角度来说，广告策划也具有重要的作用。广告现在已经成为市场
竞争中的一个重要的方式，在企业中越来越受到重视，对广告策划进行全视角
重新认识后，制定正确的广告策略是极为重要的。创意一直都是广告创意公司
极其重视的部分，结合实际的情况进行广告设计。把握市场需求，把握消费者
的需要是成功的基础。广告策划的指导性，将市场调查、广告创意、广告策略、
以及广告效果测定等各个环节融合成一个整体。而广告策划的针对性，是根据
企业提出的要求，把广告的重点放在企业想达到的效果上面，从而更有针对性
的开展工作。另外，广告策划的系统性和科学性，能够让企业以科学的认识论
和方法论为基础，进行系统的广告战略的实施。

4.1.4　广告策划的原则

广告经历了长期的发展，有它的历史与传统。

首先，对广告策划的文化解读。文化一直以来都是人们所引以为自豪并且
不断追求的部分，它通过各种方式渗透并且影响着人们生活的方方面面，而不
同的国家或者地域的文化差异是极大的，这种差异不仅体现在人们的生活习惯
中，更影响着人们的审美心理与文化认同感（图 4-3）。

其次，从全视角的角度分析消费者的需求。一个好的广告策划和创意应当
要结合消费者的心理特点来进行分析和创作。在全视角的广告理念里，消费者
的需求是其中的很大一部分的原因。通常来讲，很多消费者具有猎奇的心理，
广告当中就要采用新奇的媒体和新颖的形式，从独特的角度来解读，广告的创

图 4-3　广告中的文化
（上左）
图 4-4　三星手机广告
（上右）
图 4-5　诺基亚 LUMIA 非
凡系列手机广告（下）

意也要满足消费者的这种心理。一旦消费者产生了强烈的好奇感，就容易引发他们的购买欲望（图 4-4）。

再次，关注广告市场的细分进行创新。随着广告的不断发展成熟，广告的策划和创意不断地超越技巧的作用，成为了广告的生命。其中广告策划和创意的独创性和新颖性是首要考虑的因素，这样才能够展现出一种新的理念和设想。广告的策划和创意最终的效果如何，需要通过市场的检验来完成，一个好的广告作品应该能够在广告市场上给人一种全新的感觉。

广告主要是对产品的宣传，是针对一定的人群而进行的。广告活动不是一个漫无边际的宣传过程，广告策划一定要求采用市场细分的策略对于不同的客户群，讲究从产业的功能、形状、色彩和价格等方面，全面地考虑到不同的消费者特点，以达到最大限度地满足市场需求，从而在激烈的市场竞争当中获胜（图 4-5）。

最后，应采用全视角的广告策划和创意。全视角的广告策划和创意更多的是强调从策划、设计、制作和发布的综合运用。它要求综合各方面的因素，最终强化广告的深度和广度，实现商品的宣传，完成商品的销售。因而，全视角的广告策划将会越来越受到人们的关注。

4.1.5 广告策划效果评估

AIDMA 法则也叫汤逊广告评价法，是使用最为广泛的评估方式。消费者购买产品的过程通常使用 AIDMA 来表示，A——Attention，即注意；I——Interest，即兴趣；D——Desire，即购买欲望；M——Memory，即记忆；A——Action，即采取行动。

广告策略的实施是否成功，引起消费者的注意是关键。注意分为有意识的注意和无意识的注意。而一般来说，广告的目的以及对消费者的吸引力都是无意识的注意。因此，设计策划者需要通过合理的方式引起消费者的关注。对于注意的产生，从消费者角度看主要出于消费者的好奇心和需求。好奇心包括消费者对新型的传播方式的关注以及对于新技术新材料在传统传播方式中的使用。而消费者的需求是从人的需求层次理论出发而言的。从广告策划者来说，需要加强广告的刺激效果，如增强色彩的对比、扩大广告的版面以及运用情感策略等来感染消费者，而策划者增强广告刺激效果的前提是不能让消费者对广告的形式、内容产生反感和厌恶的情绪。

消费者的兴趣和人的性格、爱好、文化背景、经济状况、社会地位、工作环境等方面有关。当消费者对广告注意后，广告的传播其实就已经成功了一半，而是否能够让消费者产生购买欲望则取决于消费者自身对于广告内容的比较以及客观条件的分析。在消费者产生对广告产品的购买欲望之后，广告传播的目的也就达到了。此时，消费者的欲望的强烈程度与消费者对产品的心理预期以及心理满足等方面有关。这就启示广告策划者，应通过全面而深入的消费者调查来把握消费者的情感变化趋势，并以合理的广告传播方式将消费者的情感需求表现出来，把消费者心中的潜在购买欲望激发出来，促进其对广告的记忆。

消费者对广告的记忆程度一方面取决于消费者的记忆水平，另一方面取决于广告策划者的投放排期。管理者通过合理的广告设计以及对记忆曲线的运用，来设计安排，以最大程度上让消费者记忆广告的信息。

最后，消费者在经历之前的一系列心理活动之后，最后表现出来的就是做出购买行动，此时，广告的目标已经基本实现。购买广告产品的消费者数量的多少，在一定程度上表明了广告策划的质量高低以及广告效果的好坏。而消费者的购买行动分为理性购买和感性购买。一般来讲，男性消费者多是理性购买，而女性消费者多是感性购买。但无论是哪种购买行为，广告策划所要达到的是在消费者心理中形成一种固定的消费习惯，即对广告产品的购买定势。为此，广告策划者需要做到，定时宣传、突出产品优势、培养消费者的消费习惯以及采用 USP——独特的销售主张。

4.2 广告活动与整合营销传播

整合营销传播（Integrated Marketing Communication）即 IMC，是 20 世纪 80 年代出现的传播理论。整合营销传播是指各种营销传播手段的协调整合，故又称之为现代营销发展的第四代广告理论。美国西北大学梅迪尔新闻学院研究组——整合营销理论的发源地将 IMC 定义为："IMC 把品牌与企业的所有接触点作为信息传达的渠道，以直接营销消费者的购买行为为目标，是从消费者出发，运用所有手段进行有力传播的过程。"[①] 之后，还有学者对其研究，认为 IMC 是："以消费者为核心，重组企业行为和市场行为，综合协调地使用各种形式的传播方式，以统一的目标和统一的传播形象，传递一致的产品信息，实现与消费者的双向沟通，树立产品品牌在消费者心目中的地位，建立品牌与消费者长期密切的关系，更有效地达到广告传播和产品营销的目的。"[②] 但是无论是如何对 IMC 进行定义，其基本的核心——"消费者"以及"传播合作"都没有发生变化，这两点也是整合营销传播理论的精髓所在。

整合营销传播理论强调的是与消费者双向沟通，其要点有二：一是强调从与消费者沟通的意义上展开促销与营销活动；二是营销就是将一切传播活动系统化，把广告、促销、公关、CI 等活动纳入到 IMC 范围之内，将统一的信息传达给消费者，以符合消费者在与品牌接触各阶段上的不同需求。[③]

整合营销传播理论主张把企业的一切传播活动，如广告、促销、公关、CI、包装、产品开发等进行一元化的整合重组，对信息资源实行统一配置、统一使用，让消费者从不同的信息渠道获得对某一品牌的一致信息，以增强品牌诉求的一致性和完整性，提高资源利用率。如图 4-6 到图 4-9 中，是微软针对 Windows 8 系列产品进行整合营销传播。从标志设计中的字体、版式以及颜色到电脑的界面设计以及 Surface 电脑的户外广告宣传，到最后的使用 Windows 8 手机的手机界面设计，微软都做到了极为统一的设计风格，能够给消费者留下深刻的印象。而广告整合传播以消费者为核心，以潜在顾客和现在顾客为对象，实行说服传播，它综合运用各种传播手段重组企业行为和市场行为，提供了一种全新的策划理论。整合营销传播从战术的层次看，它是企业与顾客之间的一种双向互动、协同传播的活动。

整合营销时代的到来，对广告策划提出了新的要求，使广告策划从单纯的广告活动，扩展到与企业市场营销活动相关的一切信息传播活动。如营销活动、公共关系活动、广告包装等。整合营销传播对营销传播各要素进行整合，使广告、公关、促销、直销整合起来，保证企业长期、连续、一致的品牌传播，保证在消费者心中产生一致的感觉。

---

① 丁俊杰，康瑾.现代广告通论 [M].2 版.北京：中国传媒大学出版社，2007：22.
② （美）舒尔兹.整合营销传播 [M].呼和浩特：内蒙古人民出版社，1998：14.
③ 姜明明.4P 与 4C 之比较研究 [J].国际商务研究，1999（1）：32.

图 4-6 Windows 8 标志设计（上）
图 4-7 Windows 8 电脑及电脑界面设计（中）
图 4-8 Surface 电脑户外广告设计（下左）
图 4-9 Windows 8 手机的手机界面设计（下右）

　　整合营销传播在于将各种传播手段融合，以产生最大限度的传播影响。美国广告协会解释整合营销传播："是一种营销传播策划的概念，承认对于各种传播手段（如广告、直接反应、促销、公共关系）的战略作用予以评价并加以融合的全面策划，以产生明确、连贯的最大限度传播影响。"

　　随着产品生命周期缩短、产品更新换代加速、信息技术突飞猛进、市场容量扩大，与此相对应，一个消费者的买方市场逐渐形成。主要表现为：①媒体数量剧增，传播途径增加；②品牌增多，产品同质化日趋严重；③信息泛滥，信息量十分巨大，消费者在不同场合接触到的不同品牌、不同企业的信息纷繁复杂；④在企业的目标市场中，每一个目标受众都有不同的信息需求，消费者需求从标准化到个性化，企业可以更好地应对现状，实施整合营销传播。

　　美国卡罗莱纳大学整合营销传播学项目主任托姆·邓肯教授设计了整合营销传播四层次模式：第一层次，首先在企业内部精心策划，设计统一形象；第二层次，企业向外传播连贯一致的信息；第三层次，传播扩大为双向传播，旨在与顾客建立长期关系；第四层次，通过企业文化延伸传播范围，从社区到社会再拓展至世界各国各地区。

广告传播因其独特优势，而成为整合营销传播的支柱之一，杰出的广告不仅能够促进消费者做出购买决策，它还会产生长期的品牌效应，刺激更多的消费者购买。促销是整合营销传播的第二根支柱。促销向消费者注入一种动力，促使消费者产生购买热情，促销可产生直接的物质刺激，从而扩大销售额并加快销售进程。

广告的品牌效应与促销造成的销售刺激，互为补充，产生的传播影响显然超过单独使用广告或促销的传播影响，从而体现了整合的优势。总之，不管是利用何种传播手段，企业都应该利用整合的思想，以在消费者的头脑中塑造强势品牌为中心。[①]

4.3 广告活动各因素分析

整合营销传播的起点是正确的预测市场的反应，即营销组织如何对顾客或消费者的需求和愿望做出快速有效的反应。在某种程度上，企业对市场的预测、对市场的调查分析能力决定着整合营销传播战略的成败，它决定着企业的传播策略是否能够真正的反映消费者的需求。

4.3.1 市场调查

市场调查是广告策划的第一步。掌握市场信息是开展广告活动的依据，对广告营销活动的成败有直接的影响，广告策划的市场调查要从以下几个方面入手：

1）市场竞争情况调查：市场竞争主要是指广告主与同类企业的竞争，具体体现在产品销售的竞争上，用广告的方式宣传产品就是竞争的一种手段。因此，对产品的市场竞争性的调查，决定着市场销售的成败。

2）市场容量及其条件调查：市场容量主要包括经济、气候、地理和社会文化等方面。经济因素直接影响当地居民的购买力，进而影响到产品在当地市场上的销售情况。气候会影响人们的生活方式。不同的地理状况导致不同的资源分布、交通条件以及经济发展水平的不平衡等，从而使有关产品的销售方法和消费方式不尽相同。此外，信仰、观念、风俗习惯等社会文化因素，同样影响产品在当地的销售前景。

3）市场所在地的政策法规：全面掌握目标市场的法规和经济政策并对其加以分析和研究，对于广告活动具有非常重要的意义。

4.3.2 广告受众调查

兵法云："知己知彼，百战不殆。"要想取得理想的广告效果，广告策划人员就必须对广告受众有比较全面的了解，调查广告受众的年龄、性别、职业、

---

① 钟传优 . 整合营销传播应以品牌为中心 [J]. 经济论坛，2004，21（2）：79.

民族、信仰、家庭结构、收入状况、教育程度、消费水平、消费习惯、消费动机、消费心理等，为确定广告目标和广告策略提供依据。从传播学理论来看，广告策划人员是讯息的发送者，而消费者是讯息的接受者。在广告的传播活动当中，双方都具有各自的经验范围，广告策划人员需要将广告信息进行编码然后通过适当的渠道进行传播，而消费者同样也具有自己的经验范围，他们往往根据自己的文化背景对广告的信息进行解码，即理解广告所宣传的内容以及目的。在广告设计中，双方之间经验范围的交集部分是广告策划人员所需要通过调查而获取的，只有准确地把握受众的经验、背景，才能为广告传播活动目标的实现打下基础。此外，在传播过程中消费者也会受到不可控因素即"噪音"的干扰，因此，广告策划人员对于广告受众的调查中还需要预计可能出现的"噪音"，在之后的广告策划中通过适当的方式来减少或者避免"噪音"对传播效果的影响。

广告策划和宣传的每一个环节都包含心理学原理，广告学与心理学结合得最紧密。如何能激起消费者的欲求，使其购买持久的广告产品，这就必须调查消费者的动机、兴趣、需要、性格等个性心理特征。这些特征是构成不同购买行为的心理基础，在这个基础上制定相应的广告计划，然后积极利用诉求，把广告主所需传播的信息传递给消费者，从而引起消费者的注意，使消费者对广告主的产品产生兴趣，使其产生购买行为。[①]

不同年龄的人有着不同的兴趣、爱好和消费需求（图4-10）。而消费观念、消费者文化程度和购买力也常常会影响广告受众对产品的选择和对广告的接受程度。消费者的购买决策受社会地位、需求层次、经济收入、文化程度、自我形象定位等因素的影响。[②] 不同性别的人对不同的产品有不同的态度，比如男性大多喜爱体育、汽车等，而女性偏爱化妆品、服饰以及各种饰品等，所以他们的消费结构往往不大相同（图4-11，图4-12）。

图4-10 针对儿童的广告

① 王天岚. 现代广告策略与设计研究 [J]. 巢湖学院学报，2004，6（4）：86-89.
② 程宇宁. 广告策划教程 [M]. 长沙：中南工业大学出版社，2000：24.

图 4-11 针对男性的广告
（上）
图 4-12 针对女性的广告
（下）

　　一般来说，广告受众的调查具有重要的作用。在经过严谨而科学的受众调查后，广告公司能够掌握受众的特性，以针对不同性质的广告在不同的时间段发布并采用不同的传播方式，以获得最大的传播效果。此外，广告主还能够通过受众调查来评估广告费用所带来的直接效益。

4.3.3　媒体调查

　　媒体是广告信息得以传播的载体，主要有电视、网络、广播、报刊、杂志、户外媒体、焦点媒体等。在我们日常生活中见到的广告一般都包括传达的内容与传达媒体，设计好的广告都会通过某种媒体传达给受众，因此内容与媒体之间的联系也就变得更加的重要。对于广告媒体的创新也变得尤为重要。所以，广告调查必不可少。媒体调查就是根据广告策略和广告预算找出能使广告发挥出最大效果的广告媒体，各种媒体的功能、特点、性质都有所不同，策划者应针对各种媒体的优势与劣势，对各种媒体进行合理的整合（图4-13）。

　　例如，电视媒介具有传播面广、影响范围大、表现力强、易于接受以及能够充分发挥名人效应等方面的优势，而电视广告的制作费用高、播出时间、传递信息以及受众群等方面具有颇多的限制(图4-14)；网络媒体具有形式多元化、受众逐渐大众化、互动性强以及广告制作费用较小等优点，因而受到广泛的欢迎并且有较好的发展势头，其主要形式包括横幅式广告、按钮式广告、电子邮件广告以及互动游戏式广告等，但有时，由于网络媒体上的信息量过大，如果设计不当还会引起受众心理上的反感；报纸广告具有内容报道详细且深入、阅读的非强制性以及报纸发行的广泛性等优点，但同时，报纸广告受到印刷以及版面等的限制，使得其表现力上不如电视及网络媒介。

　　根据不同媒介的特点，以及广告产品的宣传目的来进行不同内容的媒体调查。印刷媒体中的报纸和杂志需要调查的内容有：发行量、发行对象、发行频率、发行范围、版面位置与费用等。电视和广播媒体要调查的内容有：视听率、节目播出覆盖率、开机率、观众印象及喜好等。网络媒体要调查的内容有：网站点击率、网站信息量、版面位置与费用等。

图4-13　东芝笔记本杂志广告（左）
图4-14　玉兰油莹采系列广告（右）

进行媒体调查，重要的是如何掌握媒体的特性。这就需要对媒体进行细分和研究，这是与媒介有效沟通的前提，媒体细分要有针对性，要注意同类媒体的差异性。

4.3.4 产品及其生命周期

"产品,指企业能够提供给市场以满足需要和欲望的任何东西。"[①] 对于产品调查而言，广告策划人员不仅需要了解自己产品在目标消费群体中的心理地位，同时还需要对市场上现有的同类产品的销售、影响、价位、性能、外观等多方面的了解，以实现广告策划的差异性、针对性以及对品牌形象的树立等。对于消费者来说，希望购买到的是产品的核心利益，此外，产品还包括基本产品、期望产品、附加产品以及潜在产品。因此，广告策划者对产品进行全方位的把握，理解消费者对产品的态度，对于提高广告的宣传效果具有这积极的作用与意义。

产品生命一般分四个阶段：投入期、成长期、成熟期、衰退期，产品处在不同的生命周期阶段，其消费者的心理需求、市场竞争状况、工艺成熟程度和相应的市场营销策略等都有不同的特点。"在产品生命周期的不同阶段，广告所推出的时机和媒体发布量应有所区别，产品的生命周期是根据销售额和所得利润的变化来衡量的。"[②]

因此，制定广告营销决策，就要研究产品的生命周期，根据产品的生命周期所处的不同发展阶段，采取相应的设计对策，突出不同的宣传重点。如在新产品导入市场阶段，要进行集中宣传，造成轰动效应。产品进入成长期后，广告开始有重点、少而精地把握机遇。到了产品成熟期，由于竞争更为激烈，广告量开始加大；而在产品的衰退阶段，广告减至最低限度。[③] 处于不同生命周期的产品，所采用的广告宣传手段不同，这样才能适应市场变化。具体分析是：

1) 处于投入期的新产品刚进入市场，产品的品质、功效、造型、结构等尚未被消费者认识，在这一阶段中，广告宣传应以创品牌为目标，因此在广告策略方面要采取进攻型战略。

2) 当产品进入了成熟期，产品品牌形象已经被广大消费者接受，消费者已形成使用习惯，产品工艺稳定成熟，产品进入大批量生产，市场需求量趋向饱和。在成熟期阶段广告应以保品牌为目标，巩固已有的市场和扩大市场潜力，展开竞争性广告宣传，引导消费者认牌选购。为了达到此目标，广告设计上应采取提示性策略，巩固企业和产品的声誉，突出本产品与同类其他品牌的差异性和优越性，加深消费者对企业和产品的印象。[④]

3) 当产品已逐渐老化，新的产品已逐步开发出来并进入市场时，该产品就进入了衰退期。这时的广告目标重点应采用延续市场的手段，其主要做法是

① (美)菲利普·科特勒.营销管理 [M].北京：中国人民大学出版社，2000：473.
② 陈培爱.广告策划原理与实务 [M].北京：中央广播电视大学出版社，2001：104.
③ 陈能华，贺华光.广告信息传播 [M].长沙：中南工业大学出版社，1999：266.
④ 王天岚.现代广告策略与设计研究 [J].巢湖学院学报，2004，6 (4)：86-89.

运用广告提醒消费者，以长期、间隔、定时发布广告的方法，及时唤起注意，巩固习惯性购买。由此可看出广告策划与设计是按照"推出——竞争——维持——新推出——新竞争"的阶段规律进行的。

4.4 广告定位

20 世纪 70 年代由李斯和楚劳特提出"定位"理论（Positioning），并建立了完整而系统的广告定位思想体系。在激烈的市场竞争中要想取胜，只有突出品牌的独具风格以及产品的特性，才会赢得消费者的青睐，使用定位理论，让推销的品牌或产品在人们心目中占有稳定的地位，进而使消费者对该品牌有一定的忠诚感。[①]

广告定位必须选择自己的目标市场，根据消费者的心理，从为数众多的产品中，发现差别化的产品特质，经过市场细分以后，从而使自己的产品在市场上确定适当的位置。任何一个企业都不可能占领本行业的全部市场，在目标市场基本确立后，就要求设计者针对每一个市场不同目标消费群体的不同要求，进行广告定位设计，进而占领市场，增加了销售额，战胜竞争对手。[②]

正确的广告定位是说服顾客购买的关键，认真进行广告定位是广告成功的基础和前提，没有定位的广告只能让商品离其目标越来越远，而广告定位也为广告表现创作提供了最基本的题材，是企业对广告进行科学管理的重要内容。

4.4.1 实体定位

广告宣传中的实体定位在运用上具体方法很多，在品质定位上要言之有理，言之有据，要作定量分析，在广告宣传中要突出产品特性，包括产品的性能，使用是否安全、方便，以及耐用性。广告宣传可以与营销的价格策略密切结合，体现本企业技术含量高、成本低，全心全意为消费者着想，向消费者让利，使产品的价格具有竞争力。在产品和价格的基础上，还要将产品定位在最有利的市场位置上，企业只有依靠定性定量的市场细分才能发现尚未满足需要的市场。[③] 具体方法如下：

1）强调功效的广告定位策略

广告功效定位是以同类产品的定位为基准，选择有别于同类产品的优异性能为宣传重点，强调功效的广告定位策略指在广告中突出产品广告的独特功效，使该品牌产品与同类产品有明显的区别，以增强竞争力。比如，"潘婷"的广告定位是"从发根到发梢营养头发"，强调营养头发的功效；"飘柔家庭护理系列"的广告定位是"长效清新柔顺"，强调洗护合一的功效（图 4-15）；而"海飞丝"的广告定位是"止头痒，去头屑"，强调去屑止痒的功效（图 4-16）。

---

① 魏群. 商业广告策划与设计系统研究 [D]. 武汉：武汉理工大学，2005.
② 王天岚. 现代广告策略与设计研究 [J]. 巢湖学院学报，2004，6（4）：86-87.
③ 王天岚. 现代广告策略与设计研究 [J]. 巢湖学院学报，2004，6（4）：88-89.

图 4-15 飘柔家庭护理系
列广告定位（上）
图 4-16 海飞丝洗发水广
告定位（下）

2）品质定位策略

品质定位策略是广告中运用最多的一种定位方式。它主要强调所宣传产品的优于其他同类产品的优异品质。例如，飞利浦"让我们做得更好"中，运用了一对情侣（夫妻）的形象，以及"科技，令他痴迷；美，让她沉醉"对称分布的广告语，表现出飞利浦 Q30 DVD 的科技性——产品的性能，美——产品的外观的特点，而"痴迷"与"沉醉"两个描述情侣或是夫妻之间关系的词语来表现出 Q30 款 DVD 的受欢迎程度，也暗示出飞利浦 DVD 的极高品质（图4-17）。

图 4-17 飞利浦"让我们做得更好"(上)
图 4-18 京东购物网站价格定位广告策略(下)

3)运用市场细分方法的广告定位策略

广告在进行定位时,根据市场细分的结果,进行产品广告市场定位,把市场细分策略运用于广告活动,而且不断地调整自己的定位对象区域,从而确定广告宣传的目标。

4)强调价格优势的广告定位策略

该策略是指产品的质量、外观、功能等方面与其他同类产品相似,没有什么特殊的卖点来吸引消费者。在这种情况下,广告宣传便可以用价格进行定位,使产品在价格上具有竞争优势,从而吸引更多的消费者(图 4-18)。

5)商标定位策略

商标定位策略,是在广告中突出商标的名称和设计图案及其象征意义,人们看到商标,往往会立即联想到象征含义,它的作用是跟同类产品相区别(图 4-19)。

图 4-19 361 度商标定位
策略（上左）
图 4-20 造型定位（上右）
图 4-21 色彩定位（下）

6）强调设计个性的广告定位策略

产品的造型向消费者传递了生产者的情感和意识信息，不同的造型定位会引起人们心理上的不同反应。[①] 广告设计可以从商品的造型和色彩两方面进行广告定位，强调商品在造型方面的优越之处，例如在图 4-20 中的设计，就充分使用了可口可乐玻璃瓶的形象，是成功使用产品造型进行定位的典型案例。同时，可口可乐的高识别度的采用标准红色设计的广告是从色彩方面进行广告策略定位（图 4-21）。

---

① 程宇宁.广告策划教程 [M].长沙：中南工业大学出版社，2000：176.

除以上的定位策略外，广告的其他定位策略还包括：①求异定位策略，指给消费者传播一种新消费观，突出与传统消费观不同的文化理念；②求隙定位策略，就是在消费者心中寻找一个未被占有的空隙，再想办法占据它；③求先定位策略，就是在消费者心里营造一个"第一"的位置，使其牢记在心；④求次定位策略，是企业审时度势，实施退而求其次的广告定位策略；⑤求精定位策略，是在信息繁多的社会里有效地传播信息，传播内容少而精炼；⑥求多定位策略，由美国宝洁公司所创，即通过创立多个品牌与其他同类产品开展竞争，并在广告中重点突出每种品牌特色的定位策略。①

4.4.2 观念定位

广告观念定位策略是运用新的思维方式，来改变消费者的固有的传统观念和心理习惯，它包括逆向定位和是非定位两种形式。逆向定位是借助于有名气的竞争对手来引起消费者对自己的关注的定位策略。一般来说，企业的广告宣传都是以自己的产品

图 4-22　七喜汽水的定位

宣传为主，突出产品的卓越性，而有部分企业正好与之相反，在广告中突出行业中的领头企业的知名产品，同时委婉幽默地承认自己的"不足"，来获得消费者的记忆，赢得一定的市场份额。是非定位就是改变消费者的习惯心理，突出产品的新意义，创造出一种新的广告定位，它在更新消费者观念上大做文章，如美国"七喜"汽水就是采用了是非定位的方法（图 4-22）。在美国乃至世界饮料市场上，几乎是可口可乐和百事可乐的天下，其他饮料几乎无立足之地。"七喜"汽水以不含咖啡因为定位基点，以显示与可口可乐等众多饮料的不同，其著名广告语"七喜：非可乐"，说明"七喜"汽水是非可乐型饮料的代表，这种"非可乐型"的产品定位构想，在人们心目中确立了在非可乐市场上"第一"的位置，促使销量不断上升，数年后一跃而成为美国市场的三大饮料之一。②

4.5　广告创意

广告创意是通过艺术手段将广告主题表现出来，从而使宣传的广告形象更加醒目、突出，给媒体受众留下深刻的印象。"在 1991 年的首届国际广告研讨会上，智威汤逊广告公司的一位经理总结了 127 年来的广告实践，深有感触地说：'创意能引导消费者以新的眼光去观察做广告的产品或服务。创意能使消

---

① 王昕宇，李红超 . 论广告定位策略 [J]. 河北师范大学学报，2002，25（2）：101-103.
② 魏群 . 商业广告策划与设计系统研究 [D]. 武汉：武汉理工大学，2005.

费者停下来甚至目瞪口呆。在 127 年的公司历史中，我们一再地感受到，有创意的广告是真正起作用的，而且能经受住时间的考验。'"[1] 由此，我们可以看出创意在广告中的核心地位。通常说来，广告创意应具有以下特征：以广告主题为核心，追求新颖独特、意境优美、情趣生动的创意效果，并且要遵循促销和简洁的原则。

从广告创意的策略来说，在进行广告创意时应首先做到创意的个性化，使广告所宣传出去的产品或服务给消费者以独特的印象，让消费者能够清晰地分辨出广告所宣传的产品与其他同类产品之间的差别以及优势。其次，广告的创意还应具有感染力。好的广告作品可以称得上是一件艺术品，能够充分调动消费者的视觉、听觉、触觉甚至是味觉，让消费者产生情绪上的变化，并融入广告的情境中，自然地获得、记忆、回味广告传播的产品等信息。再次，广告的创意应充分结合消费者的利益点。在进行广告设计之前，充分的市场调查工作能够很好地协助广告活动的各个环节，广告创意同样需要把握好消费者的心理特点。广告创意中让消费者充分了解、体验到宣传产品的优良特性，能够有助于刺激消费者做出购买行为，因此，消费者的利益点是广告的创意不可缺少的一部分。最后，一则广告欲起到较长的实效，培养品牌的忠诚度是必不可少的。广告的创意对于品牌在消费者心中的地位巩固能够起到推进作用，让消费者形成品牌的"心理定势"，使消费者习惯于接受、乐于记忆该品牌所传递出的信息，最终实现广告品牌宣传的持久效应。

从广告创意的方法上讲，我们可以将其归纳为以下五种方法，各种创意方法之间的配合使用能够起到相互补充、互为促进的良好宣传效果。

1）突出特征法

突出特征法是广告创意最常见的一种表现手法，是最大限度地引起消费者注意，达到目的的有效手段。这种手法是直接将产品推向消费者面前，着力突出产品的品牌和产品本身最容易打动人心的特征，运用各种方式抓住和强调产品或主题本身与众不同的特征，并把它鲜明地表现出来，增强广告画面的视觉冲击力，达到刺激购买欲望的促销目的。

广告中成功的信息传递，往往首先作用于消费者的视觉、听觉，继而引发其心理感应，促进一系列心理活动，最后导致消费行为的产生。在现代广告设计中有意识地加强广告中引人注意的效果，增大广告对消费者感官刺激效果和明显的识别性，使消费者引起强烈的注意，这是一个极其重要的创意方法。[2] 在图 4-23 中，尼桑迷你汽车通过一位女青年手中的招牌，直接表达出女青年心中对迷你汽车的感情，同时传达出尼桑迷你汽车非常受欢迎的讯息；而摩托罗拉 RAZR 2 手机借用了著名的征兵广告"I want you"的形式，将征兵广告中的军官换成了一位年轻时尚的男士，他手侧拿 RAZR 2 手机，表现出手机超

---

① 余明阳，陈先红 . 广告策划创意学 [M]. 上海：复旦大学出版社，2008：221.
② 王天岚 . 现代广告策略与设计研究 [J]. 巢湖学院学报，2004，6（4）：86-87.

图4-23 突出品牌特征
（上）
图4-24 对比衬托（下）

薄的特性，同时广告整体设计使用了优雅时尚的配色，来传达该款手机的时尚性特点；而 Swatch 手表的广告直接将手表投入深水中的动画效果定格，直接明了地表明手表具有防水的优点。

2）对比衬托法

对比法把作品中所描绘的事物的特点和性质放在对照和直接对比中来表现，通过这种手法鲜明地提示或强调产品的性能和特点，给消费者以深刻的视觉感受。图 4-24 的三菱汽车的系列广告中，使用了两个截然相反的画面：一则是崎岖不平的山路，另一则是干旱同时又有绿洲的沙漠地区。通过这一系列相反广告的对比和衬托，很好地将该款三菱汽车的越野性能展现出来，表现的自然而生动，具有强烈的视觉对比效果，受众非常容易记住。

3）合理夸张法

合理夸张法是借助想象，对广告作品中所宣传的对象的品质或特性的某个方面进行明显地夸大，通过夸张手法的运用，为广告的艺术美注入了浓郁的感情色彩，以加深对这些特征的认识，使产品的特征更鲜明、更突出。在耐克足球鞋户外广告设计中，突破传统户外广告二维界面的限制，将画面中的足球以及足球撞击墙面后的效果通过三维的立体形式展现出来。而足球进入墙面，使墙面产生裂缝的夸张效果表达的是耐克足球鞋能够增强运动员踢球力量。耐克的这则户外广告不仅在形式上突破了传统而且在内容上也做到了创新，使得足

图 4-25　广告中的夸张
（上）
图 4-26　广告中的联想
（下）

球爱好者能够迅速地获取、记忆广告信息。而图 4-25 右面的广告则将正在吸烟人的烟换成了汽车的排气装置，两者的共通性以及画面中的艺术化的表现手法使得广告具有较好的记忆度。

4）运用联想法

优秀的广告作品能够巧妙地利用事物之间的关联，将它们合理地联系在一起。而广告消费者在审美的过程中通过丰富的联想，加深了画面的意境，突破时空的界限，扩大了艺术形象的容量。在商业广告中，必须充分研究广告目标市场的消费习惯、消费水平和消费趋势为基础，掌握广告目标消费者的心理需求，要广告目标充分发挥联想的心理功能，有针对性地利用各种易于创造和激发联想的广告因素，使广告信息取得理想效果，适应消费者的知识经验和审美需求，使之产生对产品的向往、信服，并产生共鸣和感情冲动，从而促使其导致消费行为。如图 4-26 中松下电视的系列平面广告，广告的画面元素非常统一，不变的是松下电视以及一双脚，变化的是电视中的画面以及脚的状态。画面左侧的电视显示的是正在熊熊燃烧的烈火，脚似乎是正在烈焰之上，有种被烧灼的感觉，而右侧的电视显示的是人穿着一双拖鞋站在市中心一座摩天楼楼顶向下看时的景象，给人一种高空中的眩晕感。松下电视的系列广告表现手法虽然简单，但是充分运用了人的联想与想象，让受众在看广告之后有种身临其境之感，进而表现出松下电视的超凡显示效果。

在日常生活中，男士们往往被每天早上长出来的胡须所困扰，并且也为一些刮胡刀刮不干净而留下的胡渣影响到工作的心情，而图4-27中的剃须刀户外广告设计正是抓住了男性消费者的心理特征，采用了联想与互动的表现方式，将广告立体地呈现出来。剃须刀公司将一个巨大的剃须刀斜立在草坪之上，突出剃须刀"走"过的草坪与周围草坪之间的对比，暗示出剃须刀的剃须效果。这则广告传递出来的信息，让男士们感觉刮胡子也可以如除草一样轻松的理念，从而达到传播记忆的目的。

图4-27　剃须刀户外广告

虽然广告只采用了较为普通的户外宣传方式，但能够让消费者亲眼目睹，从而使这则广告的表现形式得到了充分的创新，给消费者一种新鲜感、信任感。广告设计师把这样的广告放置在真实的环境中，通过受众的参与，使得信息的传达更加直接、准确。

　　5）富于幽默法

　　幽默法是抓住生活现象中局部性的东西，通过某些可笑的特征表现出来，是指广告作品中以别具一格的方式，巧妙地再现喜剧性特征，发挥艺术感染力的作用，好的广告在传达产品功能的同时还能让人会心一笑。以平面广告设计创意为例，其创意主要体现在图形上，生动而富有创意的图形往往能成为广告传达的核心，能引人入胜、震撼心灵。图形创意强调突破陈规，开拓创新，在创造和组构方面要突破一般意义和图形逻辑，让图形激起人们的视觉兴奋，引起阅读的兴趣，并能给人一种生活的调剂，带来生活的情趣，使广告传达过程变得轻松而有趣。[①] 在图4-28中Utopolis电影集团、FM97.7以及路宝狗粮等都采用了此种表现手法。Utopolis电影集团使用的是著名影片《泰坦尼克》中的标志性动作并加以变化来达到幽默的效果。而FM97.7采用的是磁带与iPod进行类比，同时利用广告语"iPod…I'm your father"来达到幽默人心的效果。最后，宝路狗粮通过动物之间的形象以及动作，来展现出没有食用宝路狗粮的狗会产生口腔异味以至于连小鸟都因受不了而晕过去，幽默地传达出狗在食用宝路狗粮不会产生异味的信息，以加强人们对广告的记忆。

---

① 黄建平.平面广告设计[M].上海：上海人民美术出版社，2007：60.

图 4-28 幽默的广告富有
亲和力

4.6 广告设计的图形表达和色彩表达

图4-29 AXE双人香体剂广
告设计（图片来源：pcedu.
pconline.com.cnsjdesign_
areaexcellent12052777169.
html)

优秀的广告设计作品能够充分运用
文字、摄影或绘画等多种技巧，着力渲
染表现对象的特质，从而获得消费者的
认同，广告设计是使商品潜在的品质升
华为消费者能感受到的具体形象的创造
活动（图 4-29）。在广告设计，尤其是
平面广告设计中，文字、图形和色彩是
主要的视觉信息元素，相比较而言，图
形和文字更能够创造出优秀的广告作
品，吸引消费者的关注。因此，如何
充分且合理地使用图形和色彩成为广告
设计者必修的课程，设计者需要经过
多年的反复研究和不断地实践方能将广
告中的视觉信息元素充分融会与掌握。

4.6.1 广告图形表达

广告艺术中的"图形"是信息传播的独特手段，它在信息传递中具有无可比拟的优势。广告图形比文字更形象、直观，可以超越民族与国度；易引起人们的视觉注意，易于识别和记忆；同时亦把设计者的思想与观念传达给观众，是一种极具感染力与渗透力的图形语言。在广告设计中，广告的图形表达主要有以下几个方面的特点：

1）信息化。现代图形的信息包容量大，不仅要集合并传达出时代的特征和国际设计潮流，还要求信息传达准确（图 4-30）。

2）个性化。在表意准确的基础上，图形要求新异。在信息爆炸的今天，只有表现独特、富有个性的设计才会引起人们的注意。优秀的设计师会别出心裁地寻找独特的角度，用与众不同的手法，去创造新奇的视觉感受，给观者留下深刻的乃至不可磨灭的印象。[①] 在图 4-31 中，耐克选择了一位穿着耐克鞋的黑人舞者形象

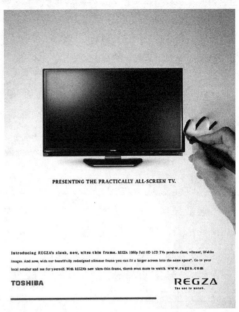

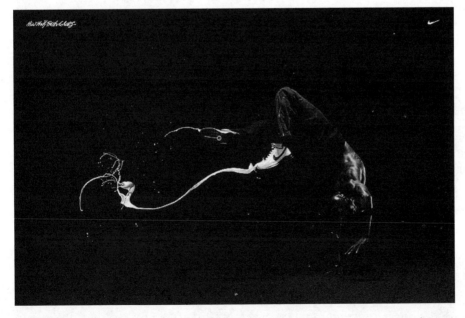

图 4-30 东芝 REGZA 电视广告（上）
图 4-31 广告图形设计的个性化（下）

---

① 崔生国 . 图形设计 [M]. 上海：上海人民美术出版社，2003：14.

图 4-32 广告图形设计的
符号化

来表现产品，其中选择白色、深蓝以及黑色作为主要的颜色。画面中通过深色的背景来突显出白色耐克运动鞋在黑人舞者舞动过程中留下的影像，并使用合理的夸张效果，将耐克鞋留下的影响转化成流动的白色液体，展现出画面的动感与耐克鞋的轻盈、个性与时尚。

3）符号化。图形作为一种符号，是广告传播的最佳方式，我们生活在一个符号的世界里，图形的视觉形式单纯、简洁而容易记忆，同时又具有不断变化的多样性，既传递复杂、丰富的信息内容，又要在瞬间抓住观者，让人一目了然乃至过目不忘。如图 4-32，麦当劳"Open 24 hours"广告中，将汉堡的形象融入月亮中，看上去仿佛就是一轮"明月"。同时，圆形的汉堡形象也可以与圆形的时钟相通。广告总体表现简洁、明了，将汉堡——麦当劳的招牌产品形象与月亮等相联系，产生一种图形符号，并配以简明广告语传递给消费者清晰的广告信息。

4）艺术性。高明的广告设计离不开艺术的表现形式，只有这样才能更好的吸引观者并引发人们无尽的想象，从而借助图形的表现，真正实现信息传递。在图 4-33 中，WWF（World Wide Fund For Nature）世界自然基金会的保护森林资源的公益广告设计中，将人体"肺"的形象用森林来展现出来，而右侧"肺"的下部分由于人为的破坏而导致土地荒漠化。在广告设计中，将大自然的"肺"——森林与人的身体器官——"肺"相互连接起来，传达出森林在地球生态环境中的重要作用，也通过荒漠化的部分来呼吁人们保护生态资源的重要性。这则公益广告的设计并没采用以往用惊悚或是恐怖的形象来给人们视觉上的冲击，引起人们的思考，达到广告宣传的目的，转而使用了清新淡雅颇具艺术化的方式，将功能上相通的两个事物以同一种形式表现出来，使广告的宣传具有了艺术的美感，同时也不乏良好的传播效果。

图 4-33 广告图形设计的
艺术性

4.6.2 广告色彩表达

色彩与人的情感直接关联,合理的利用色彩能够获得意想不到的广告效果。美国广告专家托马斯·B·斯坦利经过研究;总结归纳了色彩在广告表达中的作用。首先,色彩是增强消费者对产品信任感的强有力的手段,它能完全忠实地反映人、物、景。能使消费者更易辨识产品和产生亲近感。其次,色彩能够吸引人们对广告的注意力。在现代广告设计中,充分合理地运用色彩,不仅具有美学价值,更重要的是提高了信息的传递量。最后,色彩强调广告宣传内容的特定部位,使广告第一眼就给人以良好的印象(图 4-34)。

此外,广告设计中色彩的运用与品牌之间也有着密不可分的关系。当消费者观看广告时,最先获取的信息是色彩,而当人们回忆它的时候,第一反应也是来自色彩,颜色能够赋予广告更多的个性和情感,使广告融入生活。如我们可以不假思索地说出"可口可乐"的红和白、"麦当劳"的红黄、"柯达"的金黄已成为一个品牌的特征之一,令人印象深刻,这说明这些广告色彩已成功地占据了消费者的记忆,因而能够起到重复销售的作用(图 4-35)。[①]

在广告设计中,色彩的表达应遵守以下几方面的原则。

1)广告色彩应具有象征的作用。充分发挥广告色彩在设计中的象征作用,有助于烘托广告的主题和气氛,广告用色不仅单纯追求画面的美观,更要有象征的作用。

2)广告色彩应能对消费者产生吸引力。广告色彩不宜过于复杂,要求鲜艳、明快、和谐,有较强的视觉冲击力。表现商品时多以固有色为主,也可根据具体情况进行夸张,以追求更好的效果(图 4-36)。

① 尚奎舜. 广告设计 [M]. 济南:山东美术出版社,1999:51.

图 4-34　广告色彩对比
（上）
图 4-35　可口可乐的色彩
魅力（中）
图 4-36　广告色彩的魅力
（下）

图 4-37　广告色彩表达

　　3）广告色彩应具有回忆的价值。在整个广告传播过程中，对于广告信息的记忆，是消费者思考的问题，广告最先作用于人的感官是色彩，是消费者做出购买决策的条件。在消费者接受广告信息之后，即使对产品产生了良好的印象，但也不一定会马上做出购买行为。所以，在广告设计中增强消费者对产品的记忆显得非常必要。

　　色彩以其强烈的视觉传达力，使得色彩相较于图形和文字更容易作用于人的心理与认知。广告色彩有其特殊的诉求力，使广告色彩成为视觉传达中的一个重要因素。在广告中，情感因素的表达通常能够通过合理的色彩搭配与应用实现。

　　从广告中色彩的个性化使用方面来看，广告设计中色彩运用的标准越来越个性化，色彩运用首先应掌握其共性，然后再寻找个性差异，针对不同的受众而采用不同的色彩方案，使设计作品既符合行业色彩属性的要求，又充分体现出色彩的个性差异（图 4-37）。

　　再从人的文化背景与色彩之间的关系来看。人们对色彩的喜爱是千差万别的，同时又是处在不断发展变化之中的。这种差别的产生主要源于民族、国家、宗教、信仰、社会、地域、年龄、性别、习惯、个性、修养、知识等影响。熟悉各国消费者对色彩的不同喜好与禁忌，对广告设计是十分重要的，色彩感受与人们的气质是相一致的，冷暖两个色调在思想上、情感上带给人们不同的感受。例如日本人比较喜欢红、白相间的颜色对比，对红色有好感。从年龄来看，老年人喜爱沉静、素雅的中性色；中年人大都喜爱偏绿色、蓝色的冷色调；青年人比较喜爱鲜明、热烈的暖色调或对比色调；成年人比较喜爱柔和的中性色调。

图4-38 广告中的黑色和白色

最后，从不同色彩之中所包含的象征特性来看。色彩的象征意义也是不容忽视的，色彩的调子能激起人们的心理活动并引起快感。例如广告设计中运用黑、白对比，给人高贵、时尚之感（图4-38）。人们对广告色彩赋予情感，在广告表达中由于色彩的心理作用及其与商品的复杂关系，广告用色不是一成不变的，很多色彩运用是要根据物象具体情况而定，即色彩功能与形象功能，有着互相依存的关系。拿"高露洁"牙膏来说，它的主色调是暖色，色彩以大面积的红色为主，配以少量的黄色背景，右侧的图像部分以冷色的蓝天白云为主体，使得色彩相得益彰，对比强烈，点明了"坚固牙齿、口气清新"的特性。

4.7 不和谐广告因素分析

在现代社会，不恰当的广告宣传不仅达不到预期的广告效果，还可能造成社会文化环境的动荡，主要可以分为以下几个方面：

1）具有引发民族情绪的广告

这一类广告在造成不和谐因素广告中占有的比例最大。随着国际化的发展，不少外资企业投入中国市场，而这些企业在制作宣传片的同时，主要考虑了产品的效果及广告效益，并没有考虑到中华民族是一个具有五千年悠久历史的民族，它拥有着传统的中华文化。而正是因为这一点，许多的中国人民会受到传统文化和传统思想的束缚，于是广告设计者将一些中国传统民族文化的符号应用到了不适当的地方，从而引起了我国人民的反感。如耐克的"恐惧斗室"篇、"立邦漆"的盘龙篇、丰田霸道的"石狮篇"（图4-39）等，都是此类广告的例子。除此之外，还有很多广告涉及了一些少数民族的禁忌，特别是涉及信仰宗教的民族或少数民族的广告尤其应该慎重，如果这一产品有必要涉及到个别民族市场的话，应在广告制作前多了解相应的民族文化及风俗习惯，或邀请这些民族的设计师们来参与到广告的制作过程中去，并且在广告发布前经过权威严格审核，以免因为某些设计师无意的过失而影响整个品牌的名声。

2）具有引起阶层对立的广告

面对当今社会，贫富差距的加大，成为引起阶层对立的导火线。特别是在我们进行创意广告的时候应避免提到"穷"和"富"这两个关键字，如果有必要提到的话，也尽量不要过分的去强调这两个字的意义。由于当今房价的一路飙升，导致越穷的人越买不起房，越富的人越用多余的房来炒作房价，这就从阶级对立中引出了许多的矛盾，例如现在的有很多的房地产行业在广告中毫不隐讳地公然炫富，用"巨富"、"世家"、"贵族"、"皇家"等词语来显示身份、等级，甚至滥用"高尚"这种道德评价词汇，在精神上抬高"豪宅"的购买者。

图 4-39 丰田霸道"石狮篇"

这些广告人为制造"高人一等",迎合了"先富"们的狂妄心理,但其标榜的极度奢侈的生活方式、高不可攀的价格,刺激、挑衅广大中低收入阶层,加剧了社会对立。

3) 含有欺骗虚假的广告

目前的许多企业和广告人,为了推销出更多的产品,采用一些夸张、欺骗、严重背离事实的广告语来误导我们的消费者。而许多消费者看到广告中介绍的如此好的产品,便去购买了,但用过之后才发现其真正的效果和广告中介绍的明显不同。而这种行为就严重影响到了广告业的发展,它使广告业的信誉受到了严重的打击。还有一些更可恶的企业利用名人效应来欺骗消费者。这样一来,一旦企业的组织者携款而逃,便会引发大规模的群体性事件,从而造成我们社会的紊乱。如"万里大造林"公司的虚假广告,"藏秘排油"、"锅王"等。

4) 含有不良内容类的广告

这在《广告法》第七条第四、五、六款是有明确规定的,有些含有不健康的广告内容是不允许被宣传的,这也属于违法现象。现在有很多的平面媒体公司将本公司的广告业务承包给一些外面的承包商,然后把一切的业务和权力也同样交给了他们,这样就是的一些"小广告"、"野广告"以及一些不正规的、不合法的广告商登入了正规报刊的版面。这就使得一些非法的广告变得合法化。其中在北京的《精品购物指南》中就出现了一个情况特别严重的情况,在这一个正规刊物中的分类广告部分几乎成了"小广告专刊"。有几版刊登的几乎完全是"招公关"一类不良内容。

5) 含有不良动机类的广告

这一类广告主要表现为恶意攻击、诬蔑、贬损竞争对手及其产品或服务。由于我国《广告法》禁止比较广告，所以此类广告相对少见。如神舟电脑在 2004 年曾以"世界失去联想，人类还有神舟"的广告语作为宣传口号，在 2006 年还发布过一张宣传单，上面完全使用联想天逸 200D 电脑图片，但标为"联 X 天 Y200D"，同时宣传单上还有"黑夜与阳光的差别"字样。又如，加多宝影视广告的广告词"全球销量领先的红罐凉茶，改名加多宝，还是原来的配方，还是熟悉的味道"，也从另一个方面攻击到了"王老吉"公司。

从广告的表现形式上看，广告创意低俗以及带有污染环境、影响市容的广告也是应当摒弃的。首先前者广告从表现形式上就带有一些不健康的色彩，已经带有一些歧视弱势群体违反了传统道德的行为。但一类广告更多的是一些正常产品的广告语，但其创意低俗，也确实有吸引到一部分的消费者。如"雕牌洗衣粉泡漂"、"娃哈哈爽歪歪"等。而对于后者，这类广告多存在于合法产品和服务类：有一些企业为了从广告费中降低成本，而采用了投放大量的垃圾宣传品（如：发放小宣传单、张贴小广告等）为宣传方式，这是一种极其缺乏公德意识的行为。此外，还有很多"不健康"或"少儿不宜"的产品由于他们的特殊性，是不可以在合法的、公共的媒体上面做宣传的，如"成人用品"类、"特殊服务"类、"办证"类等。通过这种乱涂、乱贴、乱塞、乱发的宣传方式，严重影响了居民正常生活和城市环境卫生。这些问题都仅仅只是目前影响和谐社会建设的"不和谐广告"中的很少一部分。广告宣传虽然仅仅是商业信息传播的一个载体，但也是有着明确的商业目的，它也担负传承文明的使命。优秀的商业广告、公益广告可以成为展示社会进步，昭示精神文明，同时它也是传播真、善、美的窗口。

第5章 企业文化与企业战略

5.1 企业文化的发展经历

随着现代企业外部经营环境的变化，越来越多的人开始认识到内部因素在企业发展中的重要作用。努力加强企业管理、实现管理的科学化对一个企业的崛起起着决定性的作用。

日本在第二次世界大战的惨重失败以后，却出人意料地在短短不到三十年时间内，以惊人的速度在战争废墟上异军突起，一跃成为世界第三大经济强国，其企业品牌如"索尼"、"松下"、"日立"、"本田"、"丰田"等更是在全球市场上所向披靡。一个资源如此匮乏的国家，其经济何以如此快地崛起？日本的企业又是靠什么样的管理使之在商业战场上战无不胜呢？

经过考察研究了世界许多成功企业的经验后，企业界和管理界一致认为：美国注重"硬"的方面，即强调理性的管理；而日本人不但注重"硬"的方面，更注重"软"的方面——企业中的文化因素，如对全体员工共同价值观念的培养、对企业中的人际关系梳理等，使企业具有巨大的凝聚力、旺盛的技术消化能力、局部的改造和调整生产关系的能力等。而早在明治维新时期，日本政府在总结日本经济能够得到迅速发展的经验时发表过一份白皮书，其中有这样一段话："日本经济发展有三个要素：一是精神；二是法规；三是资本。这三个要素比重是：精神50%，法规40%，资本10%。这表明钱和资本对于经济发展来说并不是最关键的要素，而精神要素和文化要素才是最重要的。在企业中，每个人都有退休的一天，但优秀的企业所提倡的企业文化，企业精神可以持续地激励员工去创造企业业绩。"[①]

在日本企业开始建立各自企业文化之前，世界各国企业所一致采用的还是泰勒在19世纪末到20世纪初提出和建立的科学管理方式，而科学管理的基本假设——企业员工都是追求经济利益最大化的"经济人"，他们除了赚钱糊口和追求物质享受之外，没有其他的工作动机，因而对于这样的员工只能用严厉的监督和重奖重罚的方法进行管理，金钱杠杆是唯一有效的激励手段。在泰勒所处的那个生产力低下、个人温饱难以解决的时代，科学管理确实是种很好的管理模式。但随着科技的进步和生产力及人们生活水平的大幅提高，当生理需

① 刘光明.企业文化 [M].北京：经济管理出版社，2006：12.

求和安全需求已得到满足后,尊重需求和自我实现就成为人们所追求的新目标。

传统的科学管理还一味实施大棒加萝卜的管理的方法,势必无法发挥员工的主观能动性,使企业缺乏足够的凝聚力,同时也无法把自己的经营理念,企业愿景等更深层次的东西传达给企业外部的合作者或顾客。而文化管理则刚好能弥补这些缺憾:对内——它以"人"为本、强调关心人、理解人、尊重人、培养人,提倡在满足必要物质需要的基础上尽量满足人的精神需要,以人为中心进行管理,完全适应员工需要层次的不断提高,提高企业的凝聚力。对外——可以实现消费者对于企业品牌的忠诚、品牌的认同。

5.2　企业文化策划与企业形象设计理念

从字面上而言,企业文化包含了企业管理学和文化学两方面的内容。文化指的是人类社会在一定物质资料生产方式基础上创造的精神财富的总和。社会必须拥有共同的文化,才能表现出共同的行为模式,文化因素是社会生存的最重要和最广大的基础,文化决定着社会的命运和前途。

根据这种观点,美国学术界率先将企业看成一个社会或一个民族的缩影,提出了"企业文化"的概念。对企业文化的具体含义,现在主要有两种理解:第一种是狭义的,认为企业文化是意识范畴的,仅包含思想、意识、习惯、感情等领域;[①]另一种是广义的,企业文化是企业在营销和管理活动中所创造,积累而形成的物质财富和精神财富的总和。[②]

企业文化是指导和约束企业整体行为的价值理念,它以一种无形的力量约束了企业的组织行为和员工行为,一旦形成,会使企业内部形成某种固定的行为方式。CI设计即把整个企业或其组织机构作为设计对象进行统一策划,将企业的一切与消费者有关的活动如:销售活动、公共活动、服务活动以及企业的视觉形象的各个方面,包括商标、环境、色彩等进行整体设计(CIS设计),在激烈的市场竞争条件下,在形形色色的企业中体现企业的特点,突出企业形象,建立企业的识别特征,确保市场地位。[③]

CI设计是企业发展策略和经营思想的实现,是企业文化与视觉形象的载体,是企业文化物质层、精神层、制度层关系的高度协调,它形成了企业文化的理念与结构,用来控制企业的活动,包括企业精神、经营理念,行为规范和发展战略。从这个意义上来说,CI设计的范围已相当的广泛,它已不是一个人的活动,而是一项涉及面很广的系统工程,它形成了一种有组织的创造性活动,即群体化的活动,为保证各方面协调一致,整个企业形象的统一,必须对其进行系统的设计(图5-1)。[④]

① 叶万春, 万后芬, 蔡嘉清. 企业形象策划: CIS 导入 [M]. 大连: 东北财经大学出版社, 2006: 54.
② 饶德江. CI 原理与实务 [M]. 武汉: 武汉大学出版社, 2002: 20.
③ 朱琦. 浅谈 CI 设计对企业文化的影响 [J]. 中国商界: 下半月, 2009: 11.
④ 康文科, 崔新. 浅谈设计管理对企业的重要性 [J]. 西北工业大学学报, 2001, 21 (1): 52-53.

图 5-1　中国建设银行 CI 设计实例

　　企业的精神价值文化、企业制度文化、企业物质文化，主要体现在企业的精神、企业经营管理哲学和企业形象中。如何把企业文化特别是企业精神传播出去，是企业形成自己的"无形资产"的关键一步。

　　企业形象设计管理有其丰富的文化内涵，从文化的角度来理解，一切文化的精神层面、行为层面、制度层面、器物层面最终都会在人的某种生活方式中得到体现，设计管理作为企业管理的手段之一，最重要的是塑造企业的文化以及为企业设计统一的形象识别系统。所以说企业形象设计是塑造企业文化，在为企业创造生活方式的同时，实际上就是在创造一种新的文化。

　　在生产技术日趋现代化、尖端化的同时，企业必须从创造企业文化的角度出发，进行企业全方位的设计策划，这种超物质化的精神活动，对于企业的员工来讲，是理解企业的目标，树立主人翁的思想；对于消费者和社会来讲，是接受企业发出的体现该企业精神的各种信息和文化特征，这种文化特征是企业的经营理念、行为规范，包括企业名称、企业标志、企业所使用的标准字体和色彩、企业广告，以及为消费者和社会服务的各种非盈利性的活动和举措等。企业作为一个系统组织，将这种文化特征作为一种信息传递给员工、消费者，促使他们形成对企业的良好评价，企业的形象得以树立。[①]

　　CI 设计是一个过程，在这个过程中，它对企业的各种设计活动（包括产品设计、环境设计、视觉传达设计等）进行合理化和组织化，充分发挥企业的设计资源，表现同一企业理念，创造富有竞争力的产品，树立企业形象。[②]

① 周红惠.企业形象设计管理中的文化性 [J].株洲工学院学报，2004，18（1）：81.
② 杨君顺，王肖烨.在企业中充分发挥设计管理的作用 [J].包装工程，2005，26（2）：110-112.

企业形象设计所传达的是透过"风格"表露出的企业深厚文化底蕴，消费者因钟爱这种风格形象，并购买其中的某件产品，不仅在使用中，因发现其优点而为自己的选择感到自豪，而且继续产生购买其他产品的欲望，以协调自己的生活环境，达到追求"高尚生活"品位的目的，逐渐成为品牌的忠实用户。因此，企业形象设计管理涉及了众多学科，是一种较为复杂的、多元化的系统工程，企业形象设计应把握好各个环节，有效利用企业的相关资源，达成企业形象设计的整体目标。同时，企业形象的树立也需要多个部门之间的配合与努力，包括：广告部、公关部、销售部、市场部等，以高品质的服务以及高效率的运作方式，展现出企业活力、积极的一面，营造出良好的企业工作氛围与环境。而在企业形象的视觉传达方面，设计师会给企业提供根植于企业文化和产品战略的 CI 设计，它直接影响到销售业绩和品牌的推广。例如，麦当劳将成千上万的连锁店用鲜艳的明朗的红黄色作为标志，品牌形象得到了更深一步地推广，销售业绩也上升了。[①]

5.2.1　企业文化理念

1. 企业文化理念的基本内涵

在现代企业运营中，企业文化包含了管理学和文化学两方面的内容。企业文化"是企业全体员工在长期的发展和创业过程中，培育形成并共同遵守的最高目标、价值标准、基本信念及行为规范，它是理念形态文化、物质形态文化以及制度形态文化的复合体。"[②] 企业文化具体包括企业的目标和宗旨以及企业人员所应该具备的共同价值观念和行为习惯。对企业文化的涵义，主要有两种理解：从狭义的角度而言，企业文化指企业的意识范畴，仅包含思想、意识、习惯、感情等领域；[③] 从广义的角度而言，企业文化是企业在营销和管理活动中所创造、积累而形成的物质财富和精神财富的总和。[④]

2. 企业文化的结构

一般来讲，企业文化可以分为三个层次（图 5-2）：

1）物质层

物质层是企业文化的最外在的部分，是企业员工和企业物质设施等共同构成的"物质文化"，它既是形成企业文化精神层和制度层的条件，同时又是折射精神层和制度层的一个平台。优秀的企业所提倡的企业文化、企业精神可以持续地激励员工去创造企业业绩。它主要包括下述几个方面[⑤]：

---

① 雷华平. 品牌战略中导入工业设计的必要性 [EB/OL].http：// www.dolcn.com.

② 兰海仁. 以先进的企业文化促进思想政治工作创新 [J]. 广西电业，2004，5.

③ 叶万春，万后芬，蔡嘉清. 企业形象策划：CIS 导入 [M]. 大连：东北财经大学出版社，2001：54.

④ 饶德江. CI 原理与实务 [M]. 武汉：武汉大学出版社，2002：20-21.

⑤ 刘光明. 企业文化 [M]. 北京：经济管理出版社，2002：11-12.

图 5-2 企业文化结构图

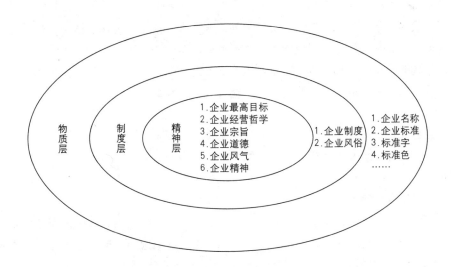

（1）企业名称、标志、标准字、标准色：这是企业物质文化的最集中的外在体现。在 VI 设计时会以标志、标准字、标准色等基本要素为主，形成企业形象的视觉识别基础系统。

（2）企业环境：包括企业办公楼建筑设计、办公室设计以及所属企业管理范围之内的环境设计等。

（3）产品或纪念品的外观、包装和样式。

（4）企业象征物：包括厂徽、厂旗、厂歌、厂服等。

（5）企业内部的文化传播媒介：包括企业自办的报纸、刊物、电台等，如联想集团在它的三个制造基地都有自办的联想电台，在整个集团内部发行《超越》期刊。

2）制度层

制度层是企业文化的中间层次，集中体现了企业文化的要求，它包括企业制度和企业风俗两个方面，主要是企业在生产经营活动中所形成的一整套制度体系，具有规范性、约束性、强制性的特点。它主要包括以下两个方面。

（1）企业制度。主要包括：企业领导制度、企业组织架构、人事制度、生产管理制度、设备管理制度、奖惩制度、责任制度等。除此之外，现在还提倡企业非程序化制度的建设，相对于普遍性制度而言，它具有特殊性。如严禁迟到早退，是每个企业通用的，但干部评审制度、新闻发布制度等都要依据企业的各自具体情况来制定。相对而言，这些制度更能反映企业管理经营和企业文化的特点。

（2）企业风俗。是指企业长期相沿承、约定俗成的活动，如体育比赛。最早导入企业文化的日本企业中，就非常重视企业风俗的形成。企业风俗是其企业文化的重要反映面，如樱花诗会、远足等都是许多企业长久以来延续下来的固定节目，从而形成了企业风俗。

3）精神层

主要是指企业在整个活动中所逐步形成的企业理念和理性认识，是全体企业成员共同信守的基本信念、价值标准、职业道德及精神风貌。精神层是企业文化的核心和灵魂，是形成物质层和制度层的基础和原因。精神层作为企业已经形成的既有观念和精神，对企业制度的制定和执行，全体人员的行为都有极大的影响力和促进力。一般说来，企业文化的精神层包括以下六大部分：

（1）企业最高目标。没有目标，就会缺乏前进的方向和动力。企业有了奋斗目标，就能使广大员工将自己的岗位工作与实现企业奋斗目标联系起来。企业最高目标是企业全体员工凝聚力的焦点，是企业共同价值观的集中表现。企业最高目标又反映了企业领导者和员工的追求层次和理想抱负，是企业文化建设的出发点和归宿。

（2）企业经营哲学。哲学对具体事物的认识和发展有指导意义，同样企业哲学作为在企业中发生的一切具体问题的基本指导思想和依据，它在宏观上调配运用企业的资金、人员、设备、信息等资源，通俗地说就是它起到了"好钢用在刀刃"上的作用。具体讲，企业经营哲学是指企业在生产经营活动中所遵循的根本指导思想和基本原则，是企业领导者为实现企业目标而在整个生产经营管理活动中的基本信念，包括企业长远发展目标、生产经营方针、发展战略和策略的思考定位等方面。

（3）企业宗旨。它体现了企业的理想，指企业存在的价值及其作为经济单位对社会的承诺。作为社会中的一个经济体，企业对内、对外都承担着义务。如联想集团的企业宗旨是：为客户，联想将提供信息技术、工具和服务，使人们的生活和工作更加简便、高效、丰富多彩；为员工，创造发展空间，提高工作生活质量；为股东，回报股东长远利益，未来的联想将是"高科技的联想，服务的联想，国际化的联想"；为社会，服务社会文明进步。

（4）企业道德。道德作为某种行为的准则和规范，与制度有类似的功效，但制度具有强制性，而道德却是非强制性的；制度解决是否合法的问题，道德解决是否合理的问题。企业道德是指调节企业内外各种关系（具体有人与人、单位与单位、个人与集体、个人与社会、企业与社会之间关系）的一系列道德行为规范的总和。企业道德能够影响全体成员的心理意识和道德观念，约束企业和职员的行为。

（5）企业风气。指企业在经营管理活动中建立的所形成的精神风貌，是影响整个企业的重要因素。企业风气是企业文化的直观表现，企业文化是企业风气的根本依据，人们总是通过企业全体员工的言行举止感受到企业风气的存在，并透过它体会出企业全体员工所共同遵守的价值观念，从而深刻地感受到该企业的企业文化。[①] 同社会风气一样，企业风气也有好坏之分，我们应该大体提倡和树立好的企业风气，如开拓进取之风、艰苦创业之风；同时也要抑制或消除不良的企业风气。

（6）企业精神。是指能够反映企业现代意识和企业个性特点的企业群体意

---

① 俞金龙.迈克尔·波特和古典战略理论的终结（上）[J].科技智囊，2007（E11）：34-45.

识，是对企业现有的观念意识、传统习惯、行为方式中的积极因素进行总结、提炼及倡导的结果，它是企业文化发展到一定阶段的产物。

3. 企业文化的功能

企业文化是企业体制的重要组成部分，企业文化分为经营性企业文化、管理性企业文化、体制性企业文化。管理学认为，企业文化是指导和约束企业整体行为以及员工行为的价值理念，它以一种无形的力量约束了、决定了企业的组织行为和员工行为，一旦形成会使企业内部形成某种固定的行为方式。[①]

企业文化体现的功能首先体现在凝聚力上。企业文化的深层积淀促使整个经营主体内部在价值观、思想认识、以及情感方面获得了高度的统一，产生了巨大的凝聚力。深厚的企业文化能让每个企业成员认识到：企业的命运与个人的命运、企业的发展与个人的进步、企业目标的实现与个人的自我实现都是紧密联系在一起的，一旦上述观念在企业内部形成普遍的共识，它就会产生一种巨大的推动力，使其在未来的发展中表现出更多的市场潜质。其次，企业文化具有很强的辐射功能，身处企业外部的群体可以通过企业产品的特点以及促销现场氛围来感受企业的文化底蕴，通过舆论媒体的宣传，最终影响消费者的购买抉择此外，企业文化还具有引导功能、激励功能和约束功能等。

5.2.2 企业文化与企业形象的关系

企业形象大致划分为三个层次，即理念形象、行为形象和视觉形象：[②]

企业理念形象——是由企业文化中的精神层所包含的企业哲学、企业宗旨、企业道德、企业风气等精神因素构成的企业形象子系统。

企业行为形象——是由企业及企业成员在生产经营管理及非生产经营性活动中表现出来的企业制度、规范及员工素质等因素构成的企业形象子系统。

企业视觉形象——是由企业的基本标志、标准字、标准色及产品外观包装、厂容、厂貌等构成的企业形象子系统。

在企业形象的三个子系统中，理念形象是最深层次、最核心的部分，它决定着行为形象和视觉形象；而视觉形象是最外在的部分；行为形象介于上述两者之间，它是理念形象的延伸和载体，又是视觉形象建立的条件和基础。

在现代企业运营中，CI系统将企业文化与企业形象两者紧密的连接起来，由图5-3我们可以很清晰地看到，企业文化的三个层次与企业形象的三个方面是一一对应的关系，分别是精神层对应理念形象，制度层对应行为形象，物质层对应视觉形象。因此，企业文化是企业形象的前提与基础，企业文化决定企业形象的制定。没有企业文化作为依托，企业形象的制定也无从谈起。而从思想发展的角度而言，企业形象不过是企业文化在人们头脑中的反映而已，它更

① 魏杰.企业前沿问题——现代企业管理方案 [M].北京：中国发展出版社，2002；208-209.
② 李静.打造企业精神和形象——点化企业之魂 [J].中国商贸，2010，27.

图 5-3 企业文化与企业
形象对应

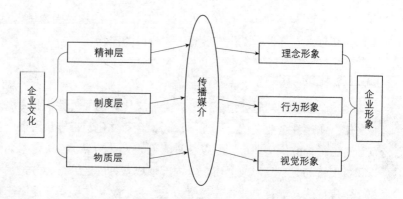

多的表现为一种主观的存在,企业文化的客观存在是不以个人的意识为转移的。最后,企业形象属于主观精神的产物,它就会受到外界许多因素的影响,如传播媒介的差异、传播媒介宣传的真伪、个体的认识水平等。

5.3 企业形象设计识别系统的建构

5.3.1 CIS 理论

1. 企业形象识别系统概述

CIS 即英文 CORPORATE IDENTITY SYSTEM 的缩写,通称 CIS 战略,简称 CI 战略。其中,CORPORATE 是公司、法人组织、团体的意思,而 IDENTITY 是识别或一致性的意思。广义上的 CI 战略包括企业 CI、城市 CI、国家 CI,这里仅从企业 CI 的角度进行阐述,亦称企业形象识别系统,通称"CI"。

从企业文化角度而言,CI 体系的存在与运作是对外强调企业个性、对内强调企业自我认知,即企业经营理念、企业文化与形象传播统一化的系统工程,当企业经营理念确立之后,一个很重要的任务就在于如何进行信息的有效传达,这包含两方面的意思:首先,将公司外界的视觉形象统一化;其次,使公司内部的资源同质化。

CI 体系从心理建构的层面上而言,它使企业员工在心理上不约而同地产生一种积极的认同感和与企业基本理念一致的价值观,从而在企业内部营造出更好的生存环境与空间氛围,创造出更为积极的业绩,在实现企业短期发展目标与计划的同时为中长期的规划起到推动作用,以帮助企业实现跨越式发展和持续发展。

最早将 CI 系统导入企业运作的当属 IBM 公司,其所使用的标志 IBM 是该公司全称"International Business Machines"英文名的缩写,整体采用蓝色的基调,以象征企业高科技的性质和发展方向(图 5-4)。IBM 这种全方位的整合传播方式改变了传统意义上的广告、商标以及包装的设计观念与传播形态,使现代企业在视觉传达设计、现代市场营销学以及传播学等多学科的紧密结合中，获得更为有效的发展。IBM 通过 CI 系统的完善奠定了它在公众中稳定的形象，并最终成为"美国的蓝色巨人"。[①] 在其后的发展中，全美乃至世界上的许多公司都开始纷纷效仿，包括著名的百事可乐公司（图 5-5）、通用集团、美孚公司等，并因此为公司带来良好的商业效应。

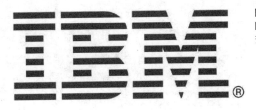

图 5-4　IBM 标志设计（上）
图 5-5　百事可乐标志的变迁（下）

　　CI 体系经过了数十年的发展后，在某种程度上企业形象识别已经成为企业巨大的无形资产，今天已经颇为成熟的企业形象识别体系已渐渐深入人心，是企业潜在的促销手段和销售保障，并成为企业发展中不可缺少的部分。良好的企业形象不仅可以维持现有的市场占有率，而且也可以感染和吸引其他潜在的消费者，激发起他们对产品的信心和购买欲望，从而提升销售指数以及进一步提高市场份额。

　　CI 的构建对于一个企业来说，其作用是巨大的。CI 的任务在于策划一整套识别系统。通过各种信息传达手段，诉求并塑造完整的、统一的、符合社会价值观和消费需求偏好的企业美好形象。当企业经营理念确立之后，重要的就在于如何进行信息传达。这包含两方面的意思：将公司外界的视觉形象同一化和使公司内部的资源同质化。随着时代的转变，CI 的定义被不断地赋予新的内涵。如今，设计的目的不再仅局限于追求物质的利益，进而转向对营造良好的社会舆论以及树立良好的企业形象等方面。例如，早期的企业 IBM 等导入 CI 主要是为了统一视觉识别，规范企业内部管理，以谋求更多的市场份额，但现在 CI 实施的目的逐渐转向重视企业理念和企业活动的一致性，强调企业对社会承担的责任，关注企业与其他行业的关系发展等方面。

　　另外，树立企业形象也是为了对人施加影响和产生作用，主要包含对内和对外两部分。对外，企业面向的是社会以及消费者，企业通过 CI 所要展现出来的是企业的特点、文化、社会责任以及对消费者的关心。企业通过对消费者心理需求的满足以及对自身形象的宣传能够吸引更多的消费者注意，从而为大众所欢迎、喜爱。对内的企业员工而言，企业形象所显示的企业个性特点足以表明企业重视企业与员工的共同利益和发展，从而在内部产生巨大的认同感和凝聚力。

① 王战 . 现代设计史 [M]. 长沙：湖南美术出版社，2001：30.

最后，企业形象还是企业的无形资产，是企业潜在的促销手段和销售保障。良好的企业形象不仅可以吸引现有的市场占有率，而且可以感染吸引其他公众，激发他们对产品的信心和购买欲望，从而提升销售额或进一步提高市场份额。除此之外，良好的企业形象可以帮助企业度过一些难关，如企业遇到意外风险后，可以凭借了良好的企业形象得到包括银行、债权组织和合作企业等在内的多方帮助。

2. 企业形象识别系统的构成

根据企业形象体系中的三个层次的划分理论，我们将 CI（企业形象识别）体系相应的划分为三大部分：理念识别部分（MI），行为识别部分（BI），视觉识别部分（VI）。

1）理念识别即 MI 部分，是英文 Mind Indentity 的缩写。理念识别是企业形象识别系统中的核心部分，它是企业形象识别体系中的灵魂，它对行为识别（BI）和视觉识别（VI）部分具有决定性的作用。只有企业具有独特的企业哲学、宗旨、精神、道德、作风等，才具有独特的个性，才会与别的企业区别开来，这就好比一个人的内在，只有通过他的行为和外表才能感受到一样。所以在实施 CI 战略时一定要认清这一点，切勿"轻重倒置"或"舍本逐末"。但需要强调的是，企业理念是在企业长期经营管理活动中逐步形成的，它一定要经历积累、评价、反思、修改和总结的循环过程，不是朝夕就可以确定的。

2）行为识别即 BI 部分，是英文 Behavior Indentity 的缩写。这一部分指的是以企业理念为基础，企业及其全体员工的言行和各项活动中所表现出来的文化独特性。这些言行和行为活动的动态表现，给予企业内部员工和企业外部的社会大众以特定的印象，因而行为识别实际上是理念识别的最主要载体。

3）视觉识别即 VI 部分，是英文 Vision Indentity 的缩写。视觉识别指的是一个企业由于独特的名称、标志、色彩、字体等视觉要素而区别于其他同类企业的特点，由于人们获取信息的最主要途径是视觉，因此 VI 部分的表现成为整个企业形象识别系统中最形象直观、最具有视觉冲击力的部分。其中以标志、标准字、标准色等基本要素为主，形成企业形象的视觉识别基础系统，主导着企业的经营活动，由企业内外的传播媒介传播出去，给消费者以统一性、组织性、系统性的深刻印象，最终达到企业文化的传播和促销的目的。[①]但应当注意的是视觉识别符号的确定，不能随意，要根据已经确定的企业理念、企业发展战略及企业经营目标来设计制定，同时，还需要遵循视觉传达的规律和相应的设计方法（图 5-6）。

图 5-6　壳牌公司标志的变迁

视觉识别符号的建构是根据企业理念、企业发展战略及企业经营目标来制定完成。同时，还需要遵循视觉传达规律和相应的设计方法，因此也是一项具有科学性、严谨性的工作。在实施这一战略的过程中，除了完成 MI（理

---

① 苏娟娟. 浅谈传统企业形象再包装的重要性 [J]. 科技信息，2008：26.

念识别部分）、BI（行为识别部分）、VI（视觉识别部分）三个层面的规划外，还需要在设计完成后考虑公众的评价意见，只有获得公众整体印象反馈的企业形象才是完整的企业形象体系（图 5-7）。

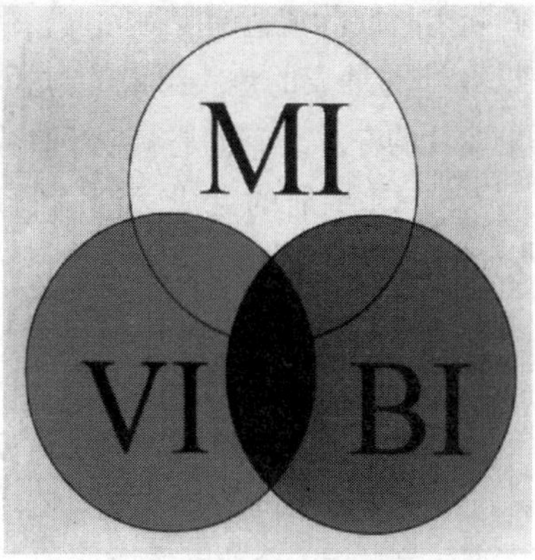

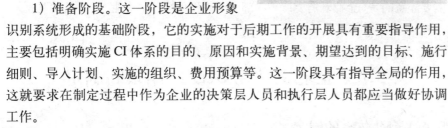

图 5-7 CI 体系中的三个基本组成部分

5.3.2 导入 CI 系统的构建过程

CI 系统导入步骤的大致框架如图 5-8 所示：

1）准备阶段。这一阶段是企业形象识别系统形成的基础阶段，它的实施对于后期工作的开展具有重要指导作用，主要包括明确实施 CI 体系的目的、原因和实施背景、期望达到的目标、施行细则、导入计划、实施的组织、费用预算等。这一阶段具有指导全局的作用，这就要求在制定过程中作为企业的决策层人员和执行层人员都应当做好协调工作。

2）现状分析调查阶段。企业现状包括内部现状和外部现状两个方面。内部现状又包括企业形象现状和内部员工对企业自身状况的认识；外部现状主要指企业在同行业中所处的地位的认识。通过调查研究，找到企业问题的关键所在，提出解决方案，并为最终制定出一套切实可行的 CI 体系做准备。

3）MI 设定阶段。根据上述调查的资料，结合企业当前的经营现状和将来的发展需求，找到与现行发展不相适宜的地方，并加以修正，最后确定与企业发展战略相适应的整体理念，包括企业的短期与中长期目标、经营宗旨、精神作风等。

4）BI 与 VI 的设定。以企业所确立的理念为基础，对企业的行为识别与视觉识别系统进行设计。在图 5-9 中日本航空公司的标志设计变迁中，由于红

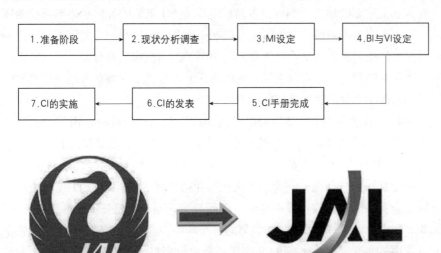

图 5-8 CI 系统导入（上）
图 5-9 日本航空公司标志设计变迁（下）

图 5-10 富士胶片标志的
更改

鹤随着时间的流逝而变得陈旧，缺乏现代气息，进而把新标志设计变成以字母"JAL"与抽象的色块组成的方式，使得标志简洁醒目，富于现代感。同样富士胶片的标志改变也是顺应了时代变化的要求（图 5-10）。

5）CI手册的完成。汇总制定 CI 体系总体方案，并将之科学规划，拟定成册。

6）CI手册的发表。在这一过程中应充分考虑企业内外两方面的环境因素，选择适当的时机加以发表，这一阶段包含对企业内部和企业外部两方面的公示，这一点对 CI 战略的顺利实施是具有相当影响的。

7）CI体系的最终实施。在实施过程中要真正达到实施 CI 体系的目的，需要注意的是，企业既需要调动内部员工的积极性和主动性，同时又需要政策、措施、制度的推动。

5.4 企业文化与CI设计体系的制定

5.4.1 MI 体系的制定

CI 体系必须围绕企业理念来进行创意、设计和实施，而企业 MI 策划的核心任务是对企业理念识别系统的规划和设计，从企业理念的基本内容及其功能、涵义可知，在制定企业理念时，需要充分认识理念识别的六个基本要素，理念识别的基本要素包括企业最高目标、企业哲学、企业精神、企业道德、企业作风、企业宗旨等六个方面，理念识别的实施目的在于将企业理念转化为企业共同的价值观，从而树立良好的企业形象。

1）MI 与企业最高目标的设置

目标就像一盏明灯，指引着我们前进的方向，同时又给了我们希望与未来。同样的道理，没有目标的企业是没有未来的企业。因此，企业目标在企业理念中处于非常重要的地位，制订企业目标是企业 MI 策划的首要和必不可少的环节。东西方国家不同民族文化传统是影响企业共同价值观的重要因素，东方的许多国家都崇尚集体主义的价值观，而美国等西方国家则奉行个人主义的价值观。当然，随着社会的日益进步，东西文化的各自优点正被双方相互借鉴和吸取，如集体主义价值观也日益被西方所接受。

同时，早期的"企业是纯粹的经济组织"观点已经过时。由于企业既是经济组织，又是作为社会存在的一个基本单位，企业不应仅仅设有"利润最大化"这个目标，它还肩负着一定的社会责任和社会义务。如日本 TDK 生产厂的企业目标是"创造——为世界文化产业做贡献，为世界的 TDK 而奋斗"。当然，企业最高目标的实现不可能一蹴而就的，而是需要分阶段逐步来完成。因此，制订企业目标是企业 MI 策划的首要环节，企业目标在企业理念中处于非常重要的地位。企业共同的价值观是企业最高目标设置的前提要素，它左右着企业的未来走向。而企业在一定程度上还应肩负起相应的社会责任和社会义务，也就是说，通过不断完成企业发展中的阶段性目标来最终实现企业的最高目标。

2）MI 与企业经营哲学

企业经营哲学指企业在生产经营活动中所遵循的基本原则和根本指导思想，它对企业组织和员工一切行为具有深刻的指导作用，因而企业经营哲学是MI 设计中的重要组成部分。

企业经营哲学是企业经营深层次的、带普遍性的规律和原则，确立企业经营哲学不能仅仅靠人为主观地设计，而是要在认识企业发展的客观规律基础上，通过认识、挖掘、总结和提炼来揭示企业内在本质规律。在研究如何提炼企业经营哲学时，它来源于企业外部和内部两个方面。一方面，来源于企业内部"明星人物"的世界观、人生观和价值观，企业内部"明星人物"就是在企业这个"小社会"里面的公众人物，如企业的领导人、企业模范或标兵等。由于公众人物的辐射效应，他们个体的哲学思维会不自觉地影响周边的人员，从而在企业范围内达成共识而成为企业经营哲学。另一方面，来源于企业外部的社会大众的、共同的、普遍的世界观、人生观和价值观以及其他企业的经营哲学，前者对社会里的任何部分都有巨大影响，后者因同行之间的借鉴而对本企业有很大影响，因而它们成为企业经营哲学共性的来源。

3）MI 与企业宗旨

企业宗旨是企业理想的核心体现，也表明了企业对社会所做出的承诺。企业宗旨并不是一个单独存在的企业理念，它的形成是在企业哲学的引导下，为实现企业最高目标而制定的方针和政策，是企业本质的反应。对外，企业宗旨是企业向社会发出的宣言，能够引导群众和社会舆论。对内，企业宗旨是履行企业的经营目标以及对全体员工的要求，是规范员工行为以及凝聚企业力量的重要思想武器。

制定企业宗旨，需要从企业内外环境出发对企业存在使命进行阐述。而与此同时，企业宗旨并非永久不变，在企业的内外环境发生变化之时，特别是当企业自身的事业发生重大改变时，企业宗旨也应随之进行修改或更新。不变的是企业宗旨需要时时反映出本企业自身的特点和企业所在行业的特点。

4）MI 与企业道德

法治具有权威性、强制性，是从制度层面来约束人的行为，规范社会。而道德也具有引导性，虽然没有法治那样的强制性，但能引导公众形成好的行为规范。企业管理也是如此，道德对行为的软约束与厂规厂纪对行为的硬约束相配合，不仅能够弥补企业制度硬性规定的不足，同时也能够引导企业员工自觉遵守企业规章，促进为实现企业目标而努力，因此，企业道德成为企业不可缺乏的管理力量。企业是社会运行发展中的一个单元，在实施社会行为时应遵守社会共有的道德规范，因此，完整的 MI 策划，必须对企业道德进行科学合理的设计。

5）MI 与企业风气

企业的风气虽是一种无形的力量，但其作用也是不可忽视的，在企业风气健康的企业中，员工群体会积极配合，主动与企业同呼吸共命运、勤奋工作、保证企业的健康发展，企业风气通过员工的言行反映出来，成为影响企业形象的一个重要因素。如果企业风气较差，不仅会导致企业内部出现人际关系紧张、人心涣散等消极情绪、情况的出现，严重的会导致企业的倒闭、破产。对于企业风气的管理，应该注重以下几个方面：首先，管理者需要对企业目前的风气进行深入而全面的调查、分析，以确认目前的状况；其次，在调查的基础上，管理者需要根据结论并结合管理学、心理学等方面的知识，进行企业风气的优化，找出形成不良风气的原因，并给出合理的解决方案；最后，管理者还需要参考、借鉴优秀企业的管理经验以及社会当下的优良风气，综合企业自身的情况以及管理方式形成一套本企业的管理方式，以促进良好风气的可持续性发展。

6）MI 与企业精神

企业精神一般从企业的经营哲学、企业道德、价值观中提炼出来并用简洁确切的语言加以概括性表达，是企业文化发展到一定阶段的必然产物。企业精神，首先要遵守企业共同价值观和最高目标，要尊重广大员工在实践中发挥出来的积极精神状态，以企业哲学为基本原则，要体现时代精神、体现企业发展对员工精神面貌的总体要求。

总体而言，企业理念的制定需要发动企业全体员工共同参与，通过调查企业的现状，确认企业的远景目标，根据企业远景和调查研究结果作为理念识别的基本要素，要对企业理念和企业理念识别基本要素的表达形式进行一定的系统规划，而后制定出企业的 CI 系统手册，将精神层面的要求具体化。

5.4.2 BI 体系的制定

在 CI 系统中，企业行为识别系统是一种动态的识别形式体系，BI 体系的制定规范了企业内部组织和管理、企业外部的营销、促销和公关等，使公众易于从行为特点上来识别企业，树立企业形象，企业行为识别系统涉及市场营销学、广告学、公关学、传播学、管理学等多方面的内容。

管理是基于人的管理，公关也是对人的公关，因此，BI 策划的关键涉及到企业管理、公共关系以及人三个因素。具体进行 BI 策划时，应从企业制度、企业风俗等方面规划：

1）企业制度的制定

企业理念最重要的应该表现在企业的规章制度上，它决定员工的工作方法和规范。

（1）企业组织结构建设[①]

企业组织结构是企业管理的必要前提和保证，虽然人们在组织结构的类型

---

① 胡雄飞.企业组织结构研究 [M].上海：立信会计出版社，1996：25.

图 5–11　M 型组织结构图

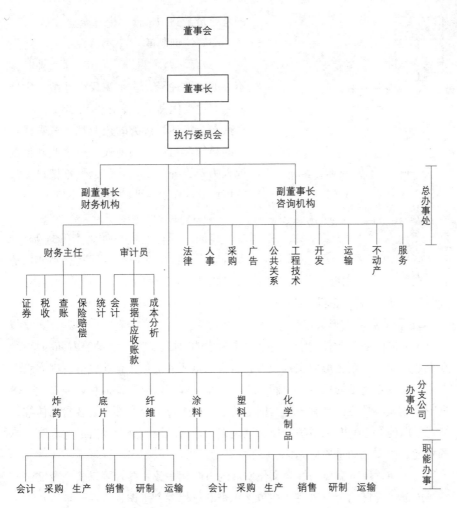

方面发展出许多不同的形式，现在企业组织结构的基本模式主要分为两种（图
5-11，图 5-12）：一种 M 型组织结构，这种结构是以企业总部与中层管理者之
间的分权为特征的。"各分公司通过下设的职能部门协调从生产到分配的过程，
分支公司通常是半自主的利润中心，按产品、商标或地区来设立，在它们之上
设有一个由高层经理所组成的、由许多财务和管理人员协助的总办事处。"[1] 另
一种是 U 形组织结构，"是一种以权力集中于高层为特征的组织形态，由于
在采用这种结构的企业中，企业的生产经营活动，按照功能分成若干个垂
直系统，每个系统又直接由企业的最高领导指挥，所以也叫'功能型垂直
结构'。"[2]

（2）分配制度

分配制度也是企业最基本、最重要的制度之一，分配涉及人们的基本生存
问题，因此，合理的分配制度能够培养员工对企业的归属感和忠诚心，充分调

① 赵克非.哈尔滨动力设备股份有限公司企业制度再造研究 [D].哈尔滨：哈尔滨工程大学，2006.
② 邓效慧.生态环境系统下企业组织形态模式选择研究 [D].青岛：中国海洋大学，2001.

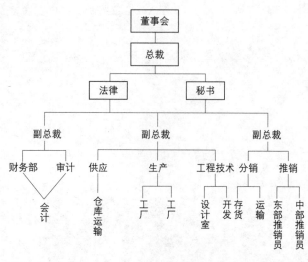

图 5-12 U 型组织结构图

动企业员工的积极性，提升企业效率。

（3）培训制度

"培育高素质的员工队伍，是企业长盛不衰的重要途径，也是现代企业塑造良好形象、建设优良企业文化的根本保证。"[①]实践充分说明，优秀的企业都十分重视对人的教育和培训，国内外先进企业都很重视人力资源的开发与管理，无不把员工教育培训制度作为企业的一项基本制度。

（4）其他管理制度

其他的管理制度，如生产管理制度、人事制度、设备管理制度、奖惩制度也是企业在制定 BI 体系时应予以考虑的，在制定时可从本行业、本企业的角度出发，同时也要适当借鉴其他同类企业的优势。

2）企业风俗的形成

企业风俗是企业长期沿承或是约定俗成的习惯、仪式、活动等方面的总称，在企业文化以及企业形象识别中占有着极为重要的地位。企业风俗有很多表现形式，如每年定期的旅游、年假、庆典、宴会等，但无论是何种表现形式，优良的企业风俗都应该具有一些共同的特点。由于每个企业都有着各自的传统习惯，所以他们之间的风俗也不尽相同，因此，可以说，企业风俗成为区别于不同企业之间文化的重要标志之一。

一方面，风俗需要与社会文化发展的方向相一致，并且要反映企业文化的精神内涵。优良的企业风俗往往包含积极的思想观念意识，有助于培养员工积极向上的心理和良好的团队合作精神。企业风俗是企业物质文化、行为文化的升华，是企业发展中最具凝聚力的部分，对企业的整体建设都具有导向作用。而另一方面，与企业文化制度层要素相匹配。企业各种制度对员工起着一定的硬性的约束、规范、引导作用，而企业风俗能够对员工起着一定的软性的引导、熏陶作用，将两者结合起来，能够互为补充、互相强化，以更大的合力塑造良好的企业形象。总之，企业形成自身良好的风俗文化传统，有助于企业内部员工之间形成良好的凝聚力与团结力，能够引导、约束员工的行为方式，在一定程度上能够助推企业的进步，而优良的风俗的形成也能促进企业形象的塑造和展现，成为企业展现其独特魅力的方式之一。

5.4.3 VI 的制定与设计

CI 中极为重要的企业视觉识别系统 VI 是根据 MI 来设计的，是对 MI 的

---

① 彭巍.中铁 17 局电务工程有限公司企业文化的塑造 [D].成都：西南交通大学，2003.

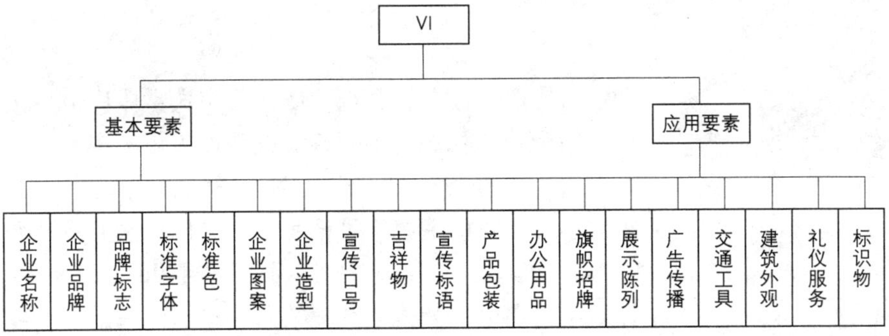

图 5-13　VI 设计

```
                              ┌──────┐
                              │  VI  │
                              └──────┘
                ┌──────────────┴───────────────┐
          ┌──────────┐                    ┌──────────┐
          │ 基本要素 │                    │ 应用要素 │
          └──────────┘                    └──────────┘
```

企业名称	企业品牌	品牌标志	标准字体	标准色	企业图案	企业造型	宣传口号	吉祥物	宣传标语	产品包装	办公用品	旗帜招牌	展示陈列	广告传播	交通工具	建筑外观	礼仪服务	标识物

解释，使企业经营与形象融为一体。[①] 心理学研究表明，人在接受外界信息时，视觉接受的信息量高达 83%，远远高于嗅觉、听觉以及味觉等。因此，VI 的制定与设计尤为重要。VI，即企业视觉识别，是具体化、视觉化的传达形式，是 CI 系统中的静态识别符号，它以视觉传播为媒介，将企业文化、企业规范等抽象语意转换为具体符号，在视觉的展示（有形识别）和行为展示（无形识别）中，进而达成企业文化的共识（图 5-13）。

企业视觉识别基本要素主要包括：企业名称、企业品牌标志、企业品牌标准字、企业专用印刷字体、企业标准色、企业象征造型与图案、企业宣传标语、口号、企业建筑物外观、员工服装服饰、交通工具，这些都是企业物质文化和精神文化的体现，因此，企业的视觉识别（VI）和企业文化有密不可分的联系。

企业名称、标志、标准字、标准色是构成企业视觉形象的基础，是企业规模、力量、尊严、理念等内涵对外的集中表现，被称作 VI 识别的四个基本要素，他们是视觉识别的核心，构成了企业的第一特征和基本气质。

1）企业名称设计

企业名称是企业重要的无形资产，是构成企业的基本元素，是企业区别于其他企业的根本标志，企业名称是人们经常要记忆且能给人突出印象的一种符号，是视觉设计时首先要考虑的问题。在设计企业名称时，名称应积极，具有自己个性，避免同其他企业混淆，这有利于差别化战略的演进。另外，企业名称要简易好记，这样有利于传播与接受以及社会知名度的提高。

2）企业标志及标准字设计

标志能够集中展现企业整体的形象，它是企业精神、企业哲学、企业理念等多方面的综合凝聚和表现。视觉形象中的标志设计要素与一般商标有着本质上的不同。最重要的区别在于 VI 的设计要传达企业独特的文化、理念和精神，优秀的视觉形象设计都明确、透彻的表达企业理念，同时，视觉设计也是企业个性的重要体现，以此为基础的标志设计才拥有持久的生命力。如在图 5-14 中，日本朝日酿酒公司标志采用倾斜的线条，体现出公司的活力及挑战精神。而在创维集团公司的标志则以简洁的图形和对比强烈的色彩组合表现出创维（SKYWORTH）公司的发展理念——创造价值的天空图（图 5-15）。

---

① 吴为善，陈海燕，蔡三发 .CI 的策划与设计 [M].上海：上海人民美术出版社，2001：36-41.

图 5-14 日本朝日酿酒公司标志设计

图 5-15 创维集团公司的标志设计

图 5-16 高尔芬标志设计

图 5-17 美国联合航空公司标志设计

图 5-18 德国人寿保险公司标志设计

企业标志大体上可分为字体标志、图形标志和组合标志三类：

字体标志是指以特定的明确字体、造型式字体所衍生出来的图案作为企业的标志，字体标志简洁而表现力丰富，可利用字母或文字的变形和排列来加强标识性。其中，中文、英文大小写字母、阿拉伯数字等都可作为字体标志的设计要素。在图 5-16 中，高尔芬是七个高尔夫球场组成的一个集团，其字型标志中将字母 O 提高，代表飞行中的高尔夫球，形象地说明了集团经营的内容。而图 5-17 美国联合航空公司标志设计以首写字母"U"采用特别的联合粗字体字形与公司名称进行组合。

图形标志是通过几何图案或象形图案来表示企业标志，图形标志形象性强，它能设计出具有高意境、寓意无穷的标志，图形标志一般最好配合企业名称，这样的表达显得一目了然。在图 5-18 德国人寿保险公司标志设计中，以具象的手，保护住风中的蜡烛的形象来传达人在风烛残年更需要照顾和帮助的含义。而花花公子的标志设计则直接将兔子形象进行了拟人化的处理（图 5-19）。

组合标志是字体与图形相结合的企业标志。组合标志在图形中加上字体，形象生动活泼，含义清楚，使人易于理解。例如在可口可乐公司标志设计中，将自己的英文名称巧妙的融汇于标志中，使整体上极富有韵律感，容易识别、理解和记忆（图 5-20）。

在企业标志中常带有标准字，是企业标志设计中的重要组成部分。它是指将企业名称或品牌名称经过特殊设计后的规范化的平面或立体表达形式，下面是几例常用的中文字体表现形式（图 5-21，图 5-22，图 5-23）。

3）企业标准色设计

企业标准色是指经过设计后选定的代表企业形象的特定色彩，标准色一般是一种或多种颜色的组合，常常与企业标志、标准字等配合使用。

一个典型的例子就是可口可乐公司针对饮料市场的对象多为年轻人的特点，在标志富有动感的造型中采用红色和白色的对比色，体现出鲜明的视觉效果，将其塑造成极富青春气息的全新形象（图 5-24）。

由于社会制度、民族文化、宗教信仰、风俗习惯不同，不同的文化区域有不同的图案及色彩禁忌，各国都有专门的商标管理机构和条例，对商标、形象有不同的禁忌，在

图 5-19 花花公子标志设计（左）
图 5-20 可口可乐公司标志设计（中）
图 5-21 日本三菱公司标准字体（右）

设计标志、商标时应特别留心，在产品出口到某一国家、地区时，尤要慎重。如：德国南方人爱鲜艳的色彩，禁忌茶色、深蓝色、黑色的衬衫和红色的领带；爱尔兰人喜欢绿色和鲜明的色彩，禁忌红、白、蓝色；瑞士人喜爱红、黄、蓝、橙、绿、紫、红白，禁忌黑色；日本人喜爱红和樱红色，而在日本文化中，黄色表示未成效，青色代表青年、青春，白色代表天子。由此，我们可以得出企业标准色制定的依据：反映企业理念；具有显著个性特点；符合社会公众心理。IBM集团采用蓝色作为标准色，容易使人联想到大海，进而把 IBM 那种阔步世界、国际名牌的企业联系起来，无疑是一个较为成功的范例。

图 5-22 海尔集团标准字体

图 5-23 百威啤酒标准字体

4）VI 其他要素的设计

VI 其他要素还包括环境形象，即企业的生产环境、销售环境、办公环境和企业的各种附属设施，所反映出的风貌，是企业向公众展示自己的窗口。

企业产品形象，是企业形象的代表，也是企业形象的基础。社会公众主要通过产品了解和认识企业。企业通过向消费者提供品质优良、造型时尚、美观符合心理需求的产品来满足消费者，在其心中建立起自己的良好形象。

5）VI 策划的原则

VI 设计中应首先考虑到普遍性、适用性的特点，具体包括：VI 策划应具有国际视野、具有竞争的优越性；具有清晰的可读性以及辨识性；具有能够促进并推广的合理性符号设计和语言；其次还需要做到清晰的可读性、辨识

图 5-24 全新的可口可乐形象

图 5-25 香港汇丰银行标志在银行各个领域的应用

性以及具有相关产品能够顺利推广的适应性符号和语言。最后，VI 策划还需要做到管理的效率化以及成本的最低化。

另外，在整个 VI 系统的策划过程中设计师还应当考虑到 3E 原则的运用，所谓 3E 原则是指在 VI 设计中应具备工程学（Engineering）、经济学（Economics）和美学（Ethics）三个学科方面的知识及开发能力。其中，工程学原则（Engineering：Good concept Market），指 VI 设计要具备发现创造企业个性系统开发的能力；经济学原则（Economics：Performance For Value），指 VI 设计要具备强烈的创意卖点，能创造出独特的销售价值；美学原则（Ethics：Best Imagine production），指 VI 设计要综合信息传播的力量，提高企业品牌在审美意义上的价值（图 5-25）。

在现代社会条件下，视觉传达设计主要服务于商业，其所传达的信息也主要是商业信息。从实用方面考虑，视觉传达设计与工业产品设计一样，都应当考虑实用、经济、有效等方面的要求，具体地来说就是设计中的色彩、图像、图形等一切造型要素都应服务于一个共同的目的，即传达真实、准确、有效的信息。[①]

在网络时代，人们对传统 VI 理论进行了相应的发展，产生了 VISI，即网络形象识别系统（Visual Indentity System Internate）。它是通过互联网展示企业形象，传播企业理念，推销企业产品，以达到更好的宣传企业并赢得更大效益为目的的识别系统，它既是 CI 部分的延伸，又是 VI 部分的发展与具体应用。[②] 互联网的发展，为视觉传达设计师提供了更为广阔的发展空间，新媒介的发展为设计提供了一个更新、更强、更多样的平台，成为设计师的主要活动空间（图 5-26）。总体而言，CI 设计进入了一个规范化、科学化的阶段。它改变了原来那种单纯的、随意的品牌设计状态，而是以企业的个性为基础，体现了一种强烈的整合性和秩序感，规范了设计的原则，并通过 VI 一体化工程使企业所要传达的基本要素达到了统一化、系统化。

5.4.4 典型案例

案例 1——联想集团

联想集团目前是全球第二大个人电脑生产商，营业额近 300 亿美元的个人科技产品公司，其客户分布在全球 160 个国家和地区，名列《财富》世界

---

① 陈望衡. 艺术设计美学 [M]. 武汉：武汉大学出版社，2000：19.

② 任慧清. 企业 VI 设计惊 Power 手册 [M]. 北京：电子工业出版社，2003：35.

图 5-26 苏宁网络形象策划

500 强。联想作为一家中国企业，其成长是迅速的，其道路是艰辛的。1984年，联想的创始人柳传志带领 10 名中国计算机科技人员前瞻性地认识到了个人电脑必将改变人们的工作和生活方式。于是，他们凭借着 20 万元人民币（2.5 万美元）的启动资金以及将研发成果转化为成功产品的坚定决心在北京一处租来的传达室中开始创业。柳传志等人将这个年轻的公司命名为"联想"，英文翻译为"legend"其含义为传奇，最初的联想就此诞生。此后，联想凭借着其卓越的品质以及优质的服务受到世界各国人民的喜爱。2003年，联想宣布使用新标识"Lenovo"为进军海外市场做准备。联想将其品牌标识进行重新定位："Lenovo"。"le"是原英文标识"legend"一词的继承，"novo"是拉丁语系中"innovation，创新"一词的词根，是"创新"的意思。Lenovo 既 Legend+novo，表示"创新的联想"（图 5-27）。而联想的理念是：高科技的联想，服务的联想，国际化的联想。很明显，其外在的表现形式与内在的企业经营理念是完全一致的，只有这样才可能"树百年品牌，做百年老店。"

在联想总结企业成功的经验时，能从中看到属于联想的道路。清晰有效的

图 5-27　联想集团的新旧标志

战略，是取得短期业绩和实现长期目标的保证。联想在继续保卫核心业务——中国业务和全球商用业务的同时，大力进攻新兴市场、消费业务和移动互联业务，提升了市场份额，改善了盈利水平。

其次，联想坚持对创新的承诺和投入，打造差异化的产品。在联想产品的品质以及设计外观方面都尽可能地达到国际先进水平，并且屡获业界好评。曾经在国际消费电子展上，联想集团获得了 23 项大奖。联想的产品将可靠性、易用性和耐用性完美结合，在最大程度上满足消费者的需求。

再次，联想建立了高效的"端到端"业务模式。联想集团拥有独特的双业务模式：面向全球大企业客户的关系型业务模式和面向中小企业及消费类客户的交易型业务模式。同时，联想强大的、多元化的全球领导体系也是其成功的保证。高效的组织架构确保了多元化的、经验丰富的领导团队在沟通上的充分和深入，以及在决策上的及时和有效。联想的领导团队用他们的专业技能和战略远见，带领联想在这个快速发展的行业中继续占据优势地位。

最后，联想的成功的关键还是其"说到做到"的企业文化。联想全球各地的员工都共同秉承"联想之道"，践行着"说到做到，尽心尽力"的理念。这强大的企业文化是联想的核心竞争力，推动联想更快更好的发展。①

案例 2——麦当劳

1937 年，麦当劳在洛杉矶东部创立，起初是一家汽车餐厅。到 1986 年止，它已成为世界上最大的食品公司，麦当劳遍布世界大多数地区，达到 9530 家。如今，麦当劳已经在世界超过 118 个国家和地区开设了 3 万多家餐厅，每天为 5000 万顾客提供服务。并以平均约 8 个小时新开一家餐厅的速度发展着。在中国，麦当劳也为自己的品牌形象的建立做足了功夫，积极举行慈善活动，包括 2006 年 11 月 20 日，麦当劳（中国）有限公司携手中国宋庆龄基金会联合宣布"中国麦当劳叔叔之家慈善基金"正式成立；2007 年 4 月 4 日，麦当劳将在全国范围内推出 18 款 NBA 炫酷指环，支持"中国麦当劳叔叔之家慈善基金"筹集善款；在汶川地震后，基金向 4 所灾区学校的重建项目捐助 1600 万元专项资金，其新校舍达到 8 级抗震标准；2010 年 4 月 15 日，麦当劳（中国）有限公通过隶属于中国宋庆龄基金会的中国麦当劳叔叔之家慈善基金，向灾区捐款 200 万元人民币，用于支援当地的抗震救灾工作等。② 麦当劳在中国

---

① 节选于：www.lenovo.com.

② 节选于：www.mcdonalds.com.cn.

的一系列的慈善公益活动，都为其树立起具有责任感、富有爱心、关心群众的良好企业形象。麦当劳金色的拱形"M"标志在全球已经成为一种大众文化（图5-28）。

图5-28 麦当劳标志

麦当劳所取得的成就，应当归功于其创始人克劳克执行市场营销观念和CI战略。麦当劳快餐店懂得怎样向顾客提供适当的产品和服务，满足不断变化的顾客需要。克劳克的市场营销观念和战略——QSCV理念。

Q（Quality）代表产品质量。例如，麦当劳对于产品质量的要求极为苛刻，奶浆供应商提供的奶浆在送货时，温度必须在4℃以下，否则就必须退货；面包生产出来不圆或者面包的切口不平整，都不能售卖；薯条制成后超过7分钟，汉堡制成后超过10分钟如果还未售出，则就不允许售出等。制定这些极为严格的规定，成为保证麦当劳每一家餐厅能够为顾客提供高品质的产品的基础，也为麦当劳品牌的建立和发展打下坚实的基石。

S（Serve）代表服务。微笑是麦当劳的服务的最大特色，每一位员工在进入麦当劳公司后，就必须接受培训，以掌握如何能够更好地为顾客提供服务，使顾客满意。为此，麦当劳公司也制定了相应的要求准则。例如：顾客排队购买食品时，等待时间不得超过2分钟，并要求员工必须快捷准确地工作；顾客用餐时不得受到干扰，即使吃完以后也不能"赶走"顾客等。此外，麦当劳为小朋友过生日以及在儿童节等节假日举行店面活动等，都是展现其服务形象的方式。麦当劳的独特、高品质的服务成为其品牌的另一大特色。

C（Cleanness）代表清洁。作为餐饮企业，清洁是极为重要的，清洁是麦当劳质量文化的重要组成部分之一。在麦当劳，服务员上岗操作时，必须严格清洗消毒，对员工的洗手的每一个环节都有着相应的要求。此外，如果员工的手在接触头发、制服等东西后，必须重新洗手消毒。而店内干净整洁、座椅橱窗等一尘不染的环境也是清洁的重点要求。麦当劳的清洁形象使得其成为顾客心中最为安心、放心的餐厅之一。

V（Value）代表价值。麦当劳要求自己需要向消费者提供高品质的食品，不仅如此，所有的食品所包含的营养成分也是经过严格的计算和配比的。如今，麦当劳又提出"妈妈的标准，我们的标准。从农场到餐桌，我们关心食品正如妈妈关心孩子"的要求，做到真正的放心、安全食品。

案例3——IBM公司的企业文化

前IBM公司董事长小托马斯·沃森说过："公司能否繁荣昌盛取决于它能否满足人类需求。利润只是一个评价体系，改善全民生活才是我们的最终目标。"从这句话中，我们可以看到IBM这家企业的价值观。在IBM，"成就客户，创新为要，诚信负责"是所有 IBM 人共享的企业核心价值观。IBM 的历任领导人都坚信，深厚的企业文化和企业积极承担的社会责任，可以使 IBM 在商业和社会贡献方面达成双赢，也使得 IBM 成为了不一样的公司。①

目前，IBM 是世界上最大的公司之一，IBM 公司的企业文化在美国被认为是企业文化的典范。公司的基本精神理念是：①尊重个人，尊重企业中的每一个人的尊严和权利；②为顾客服务，对顾客给予世界上最好的服务；③卓越地工作，在各项工作中卓越地完成目标。多年以来，IBM 秉承企业的价值观，不断地履行社会责任，不断提升对自己的标准，通过深入社区以及参与具体的项目来解决社会问题。

在环境保护方面，IBM 建立起自己的环境管理体系。通过节能减排、环境保护、污染防治、产品监控、供应商环境评估与审计制度等领域的项目，对 IBM 在全球的运营活动进行监督管理。这一体系由公司内部众多指导文件、规范和标准提供支持，涉及 IBM 各个业务部门。其中，能源管理是 IBM 环境管理的一项重要内容。IBM 的长期计划是每年节约实际使用能源量的 4%，为此，IBM 每年都会根据具体的情况来制定最高效的、切实可行的能源节约计划。在 2011 年，IBM 在中国的主要办公场所节约电量 557 万千瓦时，占全年用电量的 7.4%。IBM 对废物管理的总原则是：减少废物产生、鼓励再次使用、促进循环利用。同时，IBM 产品管理计划将环保的理念贯穿于产品与解决方案的整个生命周期。IBM 通过技术创新与产品研发，已推出了众多业界领先的最佳实践，包括环保设计、产品环保指标、产品再利用等。

在高等教育方面，IBM 从 1984 年就开始和中国的高等学校进行合作，同年，IBM 为中国高校捐赠了一系列计算机设备硬件和软件。1995 年，IBM 与国家教育部签署合作谅解备忘录，正式启动"教育部—IBM 中国高校合作项目"，这一长期全面的合作致力于加强中国高校在信息科技领域的学科建设和人才培养。迄今为止，IBM 已向中国教育机构无偿提供了超过人民币 15.6 亿元的计算机设备、软件、服务、教师培训及科研经费、奖学奖、教研奖金等支持。②

此外，IBM 还在企业公民、供应链管理、员工发展、公司治理等诸多方面做到了与众不同。IBM"专长服务社会，协作创新公益"的口号展现出企业社会责任理念，形成 IBM 国际化的企业形象，这也是其百年企业的成功之道（图 5-29）。

图 5-29 IBM 公司的标志设计

5.5 企业战略

"战略"一词来源于希腊语"strategia"，其含义是"军事指挥官克敌制胜的科学与艺术"。③ "战略"最初出现在巴纳德（C.L.Bemad）的《经理的职

---

① 节选于：www-31.ibm.com/ibm/cn/corporateresponsibility/index.shtml · lnk=fai-csre-cnzh.
② 节选于：www-31.ibm.com/ibm/cn/corporateresponsibility/index.shtml · lnk=fai-csre-cnzh.
③ 蔡树堂.企业战略管理 [M].北京：石油工业出版社，2002：3.

能》一书中，但该词语当时并未广泛应用。自 1965 年美国经济学家安索夫（H.LAnsoff）的《企业战略论》一书问世后，"战略"一词普遍应用于社会、经济、文化、教育各个领域。

在企业中，企业战略具有以下几个方面的作用。首先是协调作用。在水平方向上，能够确保企业在实现同一目标时，各部门的运行协调一致，从而提高运作效率。在垂直方向上，能够确保企业执行层和决策层的和睦相处。从延伸方向看来，战略有助于确保企业计划目标避免因人事变动而带来大的干扰。

其次，能够实现有效的配置资源。战略通过预先的计划、安排实现对有限的人力物力资源的有效配置。避免不必要的重复劳作和无效劳作。最后，企业战略还能辅助组织结构设计以及激励员工和评价个人和集体的行为。[①]

5.5.1 企业战略和设计战略

"战略管理"一词是源于管理学中的"企业战略管理"，由安索夫在其 1976 年出版的《战略计划走向战略管理》一书中提出的。[②] 战略管理这种管理活动的重点是制定战略和实施战略，最终目标是实现企业的战略目标和企业使命。更通俗地讲，企业战略管理是和传统的企业职能管理相对应的，是一种战略性的管理。企业战略主要解决这样几个问题：①根据外部环境和内部条件选择经营的范围和领域，即：从事什么业务？②在特定的产品——市场领域选择相对于竞争者的某种竞争优势，即：如何形成企业优势？（也可以说是形成核心竞争力的问题）。[③]

首先我们必须分清两个概念："设计战略管理"和"设计管理战略"。"设计管理战略"的性质是一种有关管理的战略，也就是解决如何管理和怎样进行管理的问题，是针对某个具体企业或部门的研究管理的具体行为。简言之，"设计管理战略"的研究必须针对某个确定的主体，根据该主体的发展目标和所处的环境来制定进行设计管理的方法和计划。在谈到设计管理战略时，首先要明确认识设计管理部门在企业部门结构中的定位，设计管理战略在企业战略中的定位以及设计管理战略与其他各种职能战略间的关系。"设计战略管理"是针对战略的制定、实施而言。也就是如何制定设计战略和如何实施设计战略，设计战略作为一种职能战略和其他的职能战略存在着平行交叉的复杂关系。与"企业战略"是一种"头与尾"的关系。就管理学科中企业战略管理的理论来说，设计战略应该属于一种职能战略（图 5-30）。

制定企业经营战略是权衡企业能力和资源、外界经济环境存在的机会、管理者的个人欲望等各方面的结果。制定设计战略的目的是为了实现企业的战略目标。企业的发展战略决定了企业的融资战略、人力资源发展战略、组织结构

① 甘华鸣.哈佛商学院 MBA 课程：新产品开发 [M].北京：中国国际广播出版社，2002：62.
② 企业战略管理 [M].北京：石油工业出版社，2002：3.
③ 蔡树堂.企业战略管理 [M].北京：石油工业出版社，2002：16-17.

图5-30 公司战略结构图

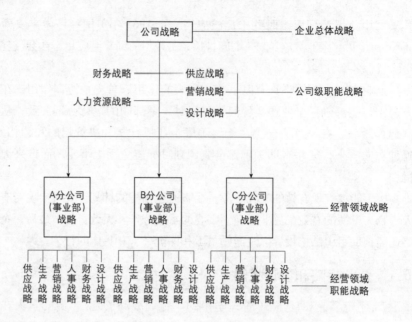

和组织模式发展等方面的战略。设计战略管理系统中包括了产品发展战略、新产品开发战略、人力资源战略、技术发展战略、设计竞争战略、企业 CI 战略、市场营销战略等。

设计战略对于高效的实现企业的设计活动无疑发挥着巨大的作用，产品作为连接企业与消费者的桥梁，与市场有着密切的联系，设计战略是企业发展战略的一个重要组成部分，它实现了产品面向消费者的过渡。它的着眼点是企业选定的目标市场，它的内容是在既定目标导向下制订产品设计时所遵循的指导思想以及决策规划，目的是使设计系统成为企业赢得市场并保持长期竞争力的基础。

不同的企业发展战略都意味着为取得成功需要不同的技能和要求，反映在企业中转化为组织结构和组织文化上的差异。根据不同的企业自身发展战略的定位，设计管理部门在企业组织结构上的作用是不同的。对于消费品制造业来说，新产品决定了其销售市场的大部分份额，那么设计管理部门就可能成为普通职能部门的主导。设计管理部门的建议对企业的决策具有很大的影响。对于另外一部分以技术、服务、销售作为支柱的企业来说，相应的职能部门会担当更多的责任。

设计战略作为一种职能战略和其他的职能战略存在着平行交叉的复杂关系。比如进取型技术战略掌握有利的时机选择优势并利用机会，提高了企业的规模经济水平和取得了创造先行动者优势的效果，作为一种驱动因素，有利于创新设计战略的技术实现。企业发展战略中产品发展战略处于动态的调整，企业中人力资源库的流动情况和人才库的"库存"直接决定了企业启动新项目后的实施，甚至波及设计管理部门的可持续发展。

同一企业中，职能战略之间也会出现相交、相悖的局面，多种的职能部门本身会带来经济上的互相抵制。如成本领先战略意味着严格的控制系统、管理费用最小化、对规模经济的追求以及对学习曲线的贡献，而这些可能与企业力图通过创新产品以达到"标新立异"战略的努力背道而驰。多品种小批量的产品更有利于满足多样化的市场需求，被市场营销部门所追捧，也大大激发了设计部门的创造性，但随之而来的是生产运作成本的提高和产品规模效应利润降低。设计战略管理的目的在于它所发挥的宏观调控作用，将设计战略、生产运作战略、人力资源战略、技术战略、企业 CI 战略的职能战略措施之间互相衔接、互相补充，使它们有机结合在一起，充分发挥设计管理的作用，充分支持企业的发展战略总体目标的实现。

5.5.2 企业品牌战略与设计战略

企业品牌战略，就是指企业通过品牌来开拓和争夺市场。消费者认可了企业的品牌，企业就可以通过品牌效用来争夺和开拓市场。一般来讲，企业在实施品牌战略中需要做到两方面。

一方面是提高品牌档次。一般可以将品牌档次划分为三种，即：产品品牌、产业品牌、企业品牌。对企业来讲，品牌的档次越高，尤其达到企业品牌时，企业生产的所有产品在消费者心中具有了同样的质量和价值，这样企业产品就越容易获得消费者的认可和信任，企业才能使推出的新产品更有利于开拓和争夺市场。

另一方面要充分利用品牌效应。设计战略作为一种职能战略要充分支持企业整体战略的实现，管理学中认为，企业品牌战略是企业市场战略的一部分，那么设计战略应该与市场战略相协调、互相促进、共同发展，研究设计战略中的企业品牌战略的意义在于：让产品设计以自身企业品牌文化为设计的基础，力求做到造型美观、构思新颖、反映自身企业特点，与竞争对手相比具有自身的可识别性，与竞争对手的产品设计相区别。并且在设计上做到延续性。可以说，企业的品牌与设计战略的有机结合能够树立起企业长效地发展，最终助推企业实现发展目标（图 5-31）。

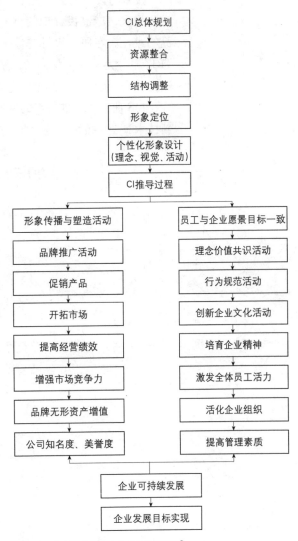

图 5-31 企业形象战略与企业目标的实现[①]

---

① 高亮，职秀梅. 设计管理 [M]. 长沙：湖南大学出版社，2011：112.

5.5.3 设计战略与技术战略

科技是第一生产力，企业的发展离不开产品创新，技术创新则是产品创新中的内核（相对于产品的外型来说），发展技术的行为依据就是技术发展战略问题，产品技术发展战略非常重要。一般来说，企业的技术发展战略主要包括两大内容：产品技术发展方向策略、技术生成模式。由于这两大内容属于解决水平方向上不同企业技术本身的发展方向问题和技术产业化的途径的参考。而产品技术发展方向策略，包含了三个方向的战略：传统技术战略、高新技术战略、混合性技术战略。

技术与设计的关系在于：通常产品技术系统的进化模式会带动产品的发展进化模式，产品设计部门需要及时针对技术进化及时做出反应，最终实现产品的进化。在研究设计与技术的关系时，运用 TRIZ 理论可以充分说明问题。TRIZ 理论是一种分析问题、解决问题的理论。TRIZ 理论的主要成果为：产品进化 S——曲线、产品进化定律及产品进化模式。

1) S 曲线——纯技术的发展。如图 5-32 所示：纯技术的发展分为三个阶段：新技术时期、技术改进时期、技术成熟时期。[①] 产品的跨越式创新往往伴随着某项核心技术的发展。当一项物理的、化学的、材料的技术刚刚进入商品化开发阶段时，往往要经过不断的改善。当市场做出相应的反应，该项技术被证明为可行时，企业加大投资力度，用更多的人力资源和经济资源投入到新技术的研发中去，这个阶段伴随着产品性能的不断提高。当新技术逐渐进入完善阶段，已成为成熟的核心技术，继续投入已不能获得相应的经济效益时，企业转向下一轮的核心技术研究。

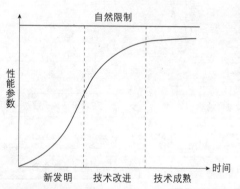

图 5-32 纯技术的发展

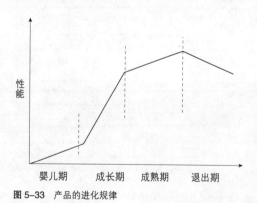

图 5-33 产品的进化规律

2) TRIZ 理论中的 S 曲线——从技术的发展过程分析产品的进化规律。[②] 在图 5-33 中，对比图 5-32，伴随着技术的发展规律，将新一代产品的进化分为婴儿期、成长期、成熟期和退出期，对于企业来讲，具有战略意义的是，找到每个时期的转折点，制定相应的对策。比如在成长期，需要对产品加大投资力度，提高产品的性能，获取更多的投资效益。在退出期，继续赚取利润的同时，就要积极的准备展开下一轮替代产品的开发。这种基于技术发展的产品进化曲线具有如下三方面的实际应用：定性技术预测、产生新技术、市场创新。

---

① 檀润华.创新设计——TRIZ：发明问题解决问题 [M].北京：机械工业出版社，2002：56.

② 檀润华.创新设计——TRIZ：发明问题解决问题 [M].北京：机械工业出版社，2002：5.

5.5.4 影响企业设计战略的因素

影响企业设计战略的因素可以大致分为企业外部因素和企业内部因素。

其中，企业外部因素包括三个方面：其一，国内外宏观经济环境和经济产业政策的影响，这是各个企业在制定发展战略时必须考虑的因素之一。其二，市场需求及其变化影响，它直接影响到设计战略的制定。例如，企业经营战略决定向通信产品市场拓展，那么应该首先考虑技术和消费市场的可行性问题，如果选择高端手机集成便携式电脑的功能、附带数码照相、DV 功能，对技术的要求则比较高，价格偏高，销路如何，难以预料；如果现有市场的最大需求是可拍照的数码手机业务，潜在的市场需求会有哪些；市场对手机产品的外型风格的要求是尊贵的、典雅的、还是活泼的；如何保持企业产品形象的系统性和可识别性；同时还要考虑转产、新产品开发等战略性问题。其三，是技术进步。新技术的出现使产品的更新换代成为可能并带来的生产方式的变革。同时，伴随新技术出现，新材料如何使用，如何回收等都是设计时需要考虑的关键问题。因此，设计部门需要密切关注技术发展的动向，在设计过程中考虑技术进步的因素。

从企业内部来看，企业整体经营目标、各个部门之间的利益关系、内部条件、企业文化等都会对企业设计战略造成影响。企业的整体经营目标通常是由企业经营战略所决定的。在企业整体经营目标之下，企业的不同职能部门分别建立自己的职能部门战略和自己力图达到的目标。因此，在一定程度上讲，企业的设计战略会受到企业整体目标的约束和限制。而企业之间各个职能部门所追求的价值目标有时不尽相同、各有侧重，所以，在制定企业的设计战略时，需要考虑得到各个职能部门之间的制约因素，权衡好、协调好部门与部门之间的关系，使设计战略的决策在最大限度上保证企业经营目标的思想，实现企业、部门的利益最大化。同时，企业内部的软件与硬件的条件也会牵制到设计战略的制定与实施。软件条件主要包括企业的人力资源配备、技术、公关能力等，而硬件条件主要包括企业的厂房、设备、环境等方面。最后，企业文化是企业的精神核心，是企业长久发展的不竭精神动力。设计战略的决策是一个复杂的问题，它涉及市场环境、技术环境、资源状况等因素，还需考虑到企业本身的因素和企业内部的部门协调。一名优秀的设计管理者，在制定设计战略时，需要综合考虑到自身的条件，全面细致地对各方面因素加以分析，权衡利弊，做到扬长避短、做出正确的产品战略的选择。

第6章 艺术设计的人力资源管理

6.1 人力资源管理的基本理论

6.1.1 人力资源的基本概念

人是企业诸要素中最活跃、最重要的因素之一，企业之间的竞争，归根到底是人才的竞争。人力资源作为企业非物质性竞争优势产生的载体，是企业生命力和创造力源泉，当人力资源与最佳的人力资源管理相结合时，就能够有效地发挥人力资源的优势，将人力资源优势转化为企业的竞争优势。因此，有效的人力资本管理，决定了企业的兴衰成败。

管理学中"人力资源管理的定义表述为：一个组织为了实现组织目标，提高效率，运用心理学、社会学、管理学和人类学等相关的科学知识和原理，对组织中的人力资源进行规划、培训、选拔录用、考核激励的计划、组织、控制和协调的活动过程。"[①]"人力资源管理的主要工作包括：选人、用人、育人、留人。"[②]艺术设计人力资源管理的内容主要有：艺术人才资源规划和挖掘、选拔、培训和发展、使用、激励、绩效考评、薪酬管理、安全与福利等方面。艺术设计部门人力资源管理围绕着如何充分开发人力资源开展的。其人力资源管理的目标有：组织扩展企业的人力资本；充分调动员工的积极性；协助企业经营战略的实现；提高组织运作效率，实现企业利润最大化。

在艺术设计部门，人力资源管理需要完成这样几个任务：首先，最基本的职能任务是人力资源规划、挑选、培训、绩效评价、薪酬奖励、晋升、吸引、留住高质量的人力资源；其次，要求人力资源管理者关心员工的需要和心声，创造一个良好的工作和学习的氛围，向员工提供所需的资源和福利，让员工感受到企业对他们的关心和重视，更好地激发员工的工作热情；最后，作为企业的战略伙伴能够有效鼓励员工的行为，执行企业的战略决策，保证企业经营战略的成功，或者以更大的积极性为企业带来更大的利益。

---

① 杨蓉.人力资源管理 [M].大连：东北财经大学出版社，2002：7.
② 胡君辰，郑绍濂.人力资源开发与管理 [M].上海：复旦大学出版社，1999：2.

6.1.2　人力资源职务

　　人力，即人的体力、智力和技能等资源，在《辞源》中解释为"人的能力"。具体讲，它是人类所具有的体力和脑力的总和。《辞海》中把人力资源解释为"资财的来源"。而"人力资源主要指企业组织内外具有劳动能力的人的总和。"[①]

　　因此，我们可以把人力资源（Human Resource）定义如下：在组织目标的指引下，通过科学的管理与开发，调动职工的潜能来提高其生产率，以达到组织的高效率。人力资源主要包括：人力资源规划和选拔、人力资源培训和发展以及设计人员的激励和薪酬管理等方面。

　　企业在设计自己发展战略的时候，都要把人力资源发展作为一个战略，称之为人力资源发展战略，人力资源战略目的在于运用一切方法充分发挥设计人员的创造性，成功实现设计战略目标。

　　设计是个创新的过程，是根据顾客要求，运用科技成果、先进经验进行创新思维的过程。设计体现了设计者的思想，它取决于设计人员的经验、知识、创造能力和综合素质，从事设计活动的人员由于学历、专业、技术水平、工作经历和管理方法的差异，设计水平也会不一致，为了确保设计的质量，应对参与的设计人员的资格加以控制。[②] 因此从某种意义上讲，设计师的人力资源管理是设计管理中最重要的方面。由于一切设计目标的具体实施都需通过设计师进行，设计师的知识技能和见解为设计管理的成功提供了一个平台。对于企业的设计管理者来说，设计管理意味着创造一个环境，在这个环境中，设计师能够充分地在所有的决策中参与意见。

　　要实现设计部门的目标，管理者必须不断地建立和巩固设计团队的核心价值和能力，以保证团队有效运作。人力资源管理包括对设计机构人员的协调工作，以及对设计师的管理，如制定奖励政策、设计报酬等，以此提高设计师的工作热情和效率。而设计师必须具备健康的价值观，发挥设计的桥梁作用，把企业价值、消费者价值以及设计价值统一起来，同时还应当注重设计思维的培养，加强设计学习、交流和培训，提高设计师的素质。

　　总之，设计师人力资源管理注重以下几个问题：第一，在全球化的趋势下，如何使具有不同文化背景的人力资源形成相互融合、相互协作的设计资源；第二，如何平衡设计师的个人设计意识和企业的发展战略相一致；第三，如何创造一个让设计人才发挥创造力的环境。

　　下面是人力资源职务分析（图6-1）：

图6-1　人力资源分析表

① 胡军辰，郑绍濂.人力资源开发与管理 [M].上海：复旦大学出版社，1998：2.

② 柴邦衡.设计控制 [M].北京：机械工业出版社，2001：44.

1）职务设计

设计师根据不同的专业选择不同的设计工作，设计师可以分为视觉传达设计师、产品设计师、环境设计师三大类。[①] 三大类下面还有更细的专业职能：如视觉传达设计中的书籍装帧设计、广告设计、包装设计、展示设计等；产品设计中的工业设计、工艺品设计、家具设计等；环境设计中的公共艺术设计、室内外设计等。各专业设计师的造型基础训练是大体相似的，但也不是没有差别。视觉传达设计偏重于平面造型，而产品设计和环境设计则偏重于空间造型。同样，各专业的相关学科也有差异。对于工业设计而言，更具体的理论指导是工学指导，如人机工程学、材料学、价值工程学、生产工学等。对视觉传达设计而言，更具体的理论指导是符号学、传播学、广告学、市场学、消费学、心理学、民俗学、教育学等。对于环境设计而言，更具体的理论指导是环境学、心理学、艺术学、气象学、建筑学、经济学等。

除此以外，各专业设计师较大的区别还在于专业设计技能上的"各有所长"，这也是他们专业划分的依据所在。视觉传达设计师主要在于设计、选择最佳视觉符号以充分准确地传达所需传达的信息；产品设计师的专业主要是决定产品的材料、结构、形态、色彩和表面装饰等；环境设计师则主要是决定一定空间内环境各要素的位置、形状、色彩、材料、结构等；各专业设计技能的获得都必须经过对各种材料与工具的熟悉、基本技术的掌握，再到设计实例中去实践、提高、完善的过程。虽然各专业设计技能有差异，但并没有绝对的界限，他们之间是相互渗透、相辅相成的。

2）设计师的选拔

在职务设计完成之后，下一项工作是根据岗位职责和技能的要求，选择合适的设计师，这包括从外部招聘，也包括从内部提拔，如果上岗的设计人员能力达不到要求，应该对设计人员进行培训。企业对设计师的资格和培训要予以明确的规定，并通过培训使设计和开发人员的资格符合要求。总之，这一部分工作的核心内容是达到"人岗匹配"。职务设计和设计师选拔的顺序是职务设计在先，设计师选拔在后，违反这个规律很容易犯以下两种错误：①因人设岗，有许多企业管理人员不是先做职务分析，而是先招收人，这样很容易形成有的人没有事干，或有的事没有人干的局面，造成人力资源的浪费；②岗位要求模糊，这样将导致设计人员能力过剩、人员知识与岗位专业知识要求不匹配以及设计人才能力不足等问题的出现。[②]

3）绩效评估

绩效评估有承上启下的作用，它既是对职务设计和设计师选拔的评价，也

---

① 尹定邦.设计学概论 [M].长沙：湖南科学技术出版社，2003：194-195.

② 廖建桥.5P 模型——一种新的人力资源管理分类方法 [EB/OL].[2013-6-15].http://www.docin.com/p-365087339.html#documentinfo.

是薪酬设计的依据，同时也是提高设计师工作积极性的前提条件之一。

4）薪酬设计

在 5P 模型中，前面的三个方面是设计师对企业的贡献，即设计师对企业的付出。很自然，设计师为企业做出贡献，其理应得到回报，从而薪酬应运而生。企业的薪酬不仅包括设计师的工资，还包括各种设计师应该得到的回报，如奖金、福利、社会保险，甚至劳动合同中对设计师有利的条款。合理的薪酬使设计师与企业之间达到一种平衡，是人力资源管理能够持续进行的保证，一旦这种平衡被打破之后，要么企业亏损或降低竞争力，要么设计师不满或跳槽。薪酬设计实际应当根据职务要求、人的能力、工作绩效这三个因素给设计师付酬。如果只是根据岗位职责和能力进行付酬，而不根据工作业绩付酬，就会打消工作者的积极性，产生所有人待遇一样的结果；如果只根据绩效付酬，那么很难排除外部环境对绩效的影响；而如果只按照人员在企业中的职位高低来付酬，那么很有可能出现庸官拿高工资的情况出现。[①] 影响报酬的内部因素有：企业文化、员工学历、工龄、工种等。影响报酬的外部因素有：国家法规政策、劳动力市场的供求变化、行业情况、当地经济生活指数等。薪酬是人力资源管理的一个重要方面，同时也是人力资源管理的有效手段之一，企业的薪酬制度在激励设计师方面发挥重要作用，它关系到组织的劳动力成本和设计师的努力程度。因此，管理者需要对薪酬进行合理的规划与设计，做到薪酬公正、公平。

5）工作积极性

与前面的 4 个 P 相比，它的内容也是最重要的。在我国，相当多的设计师素质不低，收入不低，绩效考核很严，但设计师的工作积极性并不高。解决这个问题的关键是企业要建立一个让人乐意工作的氛围和平台，正像日本企业家松下幸之助所说："管理的最高境界是让员工拼命工作而无怨无悔。"这项工作做起来很难，因为它比较抽象，也不能立竿见影，但如果做好了，效果是巨大的。设计师的工作积极性除了工作性质和薪酬之后，还受到两大类因素的影响，即企业的因素和个人的因素。按照 5P 模型，在判断一个企业是否能够调动人的积极性时，只需要问以下四个问题：①企业是否鼓励团队合作？②企业是否存在用人唯亲？③企业的绩效考核是否科学？④企业的薪酬制定是否公平？解决这四个问题的关键是企业要建立一个让人乐意工作的氛围和平台，让设计师拼命工作而无怨无悔。[②]

因此，综合以上五个方面，人力资源管理的 5P 模型应运而生，如表 6-1所示。

---

① 廖建桥.5P 模型——一种新的人力资源管理分类方法 [EB/OL].[2013-6-15].http：//www.docin.com/
p-365087339.html#documentinfo.

② 廖建桥.5P 模型——一种新的人力资源管理分类方法 [EB/OL].[2013-6-15].http：//www.docin.com/
p-365087339.html#documentinfo.

人力资源职务分析表　　　　　　　　　　　　　　　　　　表 6-1

	中心思想	内容
职务定位	设计师根据其专业特长、能力，选择不同的设计工作	职务说明分析
设计师的选拔	选拔优秀的设计师，对能力不够的设计师进行淘汰或培训，提拔优秀的设计师	人力资源规划，设计师招聘、培训、晋升
绩效评估	对设计师的设计作出有效的评估	绩效考核
薪酬设计	企业对设计师的回报	确定工资奖励体系，设计师的福利，劳动合同
工作积极性	企业对设计师的回报	企业文化，设计师的激励

6.1.3　人力资源的激励

"激励是一个心理学名词，所谓激励，就是指激发人的动机的心理过程。将激励这个心理学的概念用于管理，目的是为了调动人的积极性和创造性，充分发挥人的主观能动作用。"[①] 而"设计激励"是人力资源管理中的重要组成部分，是指通过采取一定的激励措施，调动设计师的工作积极性，提高工作效率，爱岗敬业，同时设计师获得满足需求的物质或非物质奖励，实现自我价值，促进组织发展和绩效提升的过程。

激励的产生主要有两种：其一，员工积极性的激发可以通过寻求找到能给他们带来满足感的工作或能使他们实现期望中的工作；其二，管理层可以通过诸如报酬、晋升、表扬等方法来激励员工。而激励的类型也可以分为两种：其一，内在激励，即从一种特定方式或按一种特定方向影响员工的因素，这些因素包括责任感、感到工作的重要性，对自己的资源有支配权以及做事的自由，运用和发展技能和能力的范围，有利于发展趣味性强的、具有挑战性的工作和机会；其二，外在激励，对员工所作的激励，如增发薪酬、表扬、晋升、惩罚、批评等。外在的动机会产生一种迅速而有力的效果，但是效果并不持久。因此，正如唯物辩证法中的内外因辩证原理一样，事物的发展是内外因共同起作用的结果，内因是事物发展的根据，决定事物发展的趋势，而外因是事物发展的外部条件，激励亦如此，内的激励能够让员工自发地积极工作，具有长期的效果，而作为管理者，需要因时制宜地使用两种激励方式。

在企业中，我们随处可见企业制定的奖惩制度，对于工作好的员工进行奖励，对于违反企业各种规章制度的员工进行惩罚，这就是一套完整的企业员工激励措施。但在实际工作中，人们往往更多地接受正面激励。因此，企业要从员工的实际需要入手，通过给予员工正面的满足，调动员工的积极性，激发员工的创造热情，使员工的工作目标与企业目标相一致，实现企业的最终目的。

---

① 郭小龙，李剑，谢舜 . 员工管理 [M]. 北京：企业管理出版社，2001：97-98.

员工激励是人力资源管理中的重要组成部分，是指通过采取一定的激励措施，调动员工的工作积极性，提高工作效率，爱岗敬业，同时获得满足需求的物质或非物质的奖励，实现自我价值，满足自我需求，促进组织发展和绩效提升的过程。在任何一个工作环境中，都有促使人们喜欢一个工作，并为之不断努力的积极因素。人们有各种不同的需求，这些积极因素满足人们的某种需求，让人们在工作中没有后顾之忧。可能是丰厚的报酬，可能是舒适的工作环境、和谐的员工关系，也可能是工作有培训出国的机会。激励就是创造出这些积极因素，为人们找到努力工作的理由。

同时，在任何一个工作环境中，也存在打击人们工作积极性的消极因素。如工薪报酬设计不合理、不公平的升职、工作缺乏挑战性、同事间的冲突等，这些都会导致人们对工作失去兴趣，没有激情。激励虽然不能解决所有的这些问题，但能够通过一定的手段措施，有针对性地解决人们的问题，从而使人们对工作减少失望、增加希望。

激励是人力资源管理和开发的重要手段，也是一种管理手段，只要是有人参与的工作，适当的激励会促进员工表现出更好的工作状态。实践表明，正确的激励即是组织调动员工工作积极性的有效方法。

归纳起来，激励具有以下几个方面的作用：

1）能够调动设计部门员工的潜能。激励水平是影响员工工作绩效的重要内因。一个人工作是否出色，除了本身能不能干的因素外，还有主观愿不愿意干的因素的影响。如何让员工从主观上真正热爱工作，而不是被动地靠奖惩混日子。麦格莱伦提出的三重需要理论认为成就需要、权力需要、友谊需要是影响人们行为的三大动机因素。激励能够使设计师的工作成果获得肯定，精神上和物质上都获得满足，他工作会更加努力，取得较好的工作成果，获得组织的认可，以具创造性的方式参与组织运作，进入一个良性的循环。

2）是吸引和留住设计人才的重要因素。激励状况反映出企业的用人策略、对人才的重视程度，这往往成为影响设计师就职、效力时间长短的重要因素。设计师在求职时，有的关心薪酬，有的关心工作的稳定，有的关心福利，有的关心是否有发展的机会，可以称为金钱激励、发展激励、工作保障激励。在组织内部，设计师可能为了良好的激励机制如经济保障、挑战性的工作本身、培训机会、融洽的团队气氛、发展空间而为企业效忠，也可能因为不良的激励机制，如不公平的奖酬、缺乏晋升机会、无法兑现福利而另寻他枝。唯有良好、公平的激励机制，才能够留住人才，才能够获得稳定、努力、忠心的员工。

3）能够缓解员工压力，减少设计部门员工工作中的消极因素的负面影响。工作中总会存在某些消极因素，比如员工为获得有限的升职机会、培训机会而造成的利益冲突，员工和领导者之间的意见冲突，个人休息娱乐时间与增加的工作量之间的冲突等，这些消极因素会使员工对工作产生"疲劳感"，失去工作的热情。而合理的激励措施，让员工在疲惫中看到一丝希望，重新燃起工作的热情。

对于设计工作而言，设计成果的好坏，在于设计师是否有更好的想法。设计是一项充满了创造性的工作，设计管理者运用激励手段，对设计师进行管理，主要表现在调动设计师的潜能以及吸引设计人才两个方面。其运用的激励的原则通常归纳为以人为本原则、目标结合的原则以及物资与精神激励相结合的原则。以人为本原则是指，在激励的过程中，企业需要尊重设计师的价值，尊重员工的自我价值和作为自我价值体现的个人目标。这样做实际是提高人力资源，延长人力资源的使用期。另外，尊重设计师的兴趣和生活方式，也是为设计师创造一种宽松的环境。目标结合的原则是指对设计师的激励最好从目标开始，并把设计师的个人目标与组织目标相结合，来调动设计师的工作积极性。而物资与精神激励相结合的原则是指，物质激励和精神激励是针对设计师在物资和精神需要来进行的，所以，物质激励是激励的主要模式，它的表现形式有：工资、奖金、津贴、福利等；精神激励主要包括荣誉以及晋升等。

而企业管理者在制定激励机制时，需要把握公平、公正、适度合理的原则，以免出现激励偏差、过度、效果不好等现象的产生。常见的激励误区有：

1）激励 = 金钱。金钱激励对大部分人来说都很有吸引力，但是金钱并不是唯一的激励手段。以金钱作为唯一激励方式的激励模式存在很多负面作用，如让员工产生金钱高于企业的荣誉的错觉，一旦企业在经营过程中，因各种原因无法达到以往的经济激励水平时，员工就会产生不适应，从而消极怠工，甚至另谋高就。因此，金钱不是万能的，我们首先意识到"激励≠金钱"。

2）激励平等 = 激励公平。这种观点的错误性在于，以一个尺子来测量所有人的激励需求，以体现公平的原则。比如，将金钱激励适用于所有的人，或者认为所有的人都可以通过升职获得激励效果。形象地说可以是"激励大锅饭"（这种比喻形容的是激励类型，而不是激励程度），但并不是一项激励措施会吸引所有员工，产生好的激励效果。金钱激励对某些人可能奏效，培训激励可能更适合另外一些人，晋升激励可能是某些人渴求的。

普遍的激励策略是不存在的，用一种激励形式适用于所有人是行不通的，员工情况千差万别，需求状况各不相同，因此，要尊重个性化的需求。所有的人采用一种激励手段，本质上来说是有失公平的，它满足了一部分人的愿望，契合某些人的利益，同时，另外一些人的需求却没有得到满足，因此公平愿望带来的确是不公平的结构。实行"个性化激励"才是解决问题之道，即根据每个员工的不同个人需要而设计激励策略，尽量让激励产生好的效果。但是个性化激励需要管理者投入较多的时间和精力来发挥它的有效性。

3）奖励不合理的行为。这里的行为是指付出精神、体力、脑力做的某种事情。奖励应该是与行为的结果和行为本身的性质挂钩，而不是行为过程中付出的人的劳动力。这就要求管理者不可建立不合理的行为，即使行为的出发点是有利于公司利益的，用大家熟悉的一句话就是"没有功劳，有苦劳"，这种"苦劳"是不提倡奖励的；或者评价行为本身的道德性和合理性，具有道德性和合理性的行为是值得奖励的。

6.1.4 人力资源的绩效

"绩效"是指一个组织为了达到目标而采取的各种行为的结果。"绩效评估，又称人事评估、绩效考核、员工考核等，它是指主管或相关人员对员工的工作系统的评价。"[①] 绩效评估是对员工的业绩、工作效果、贡献的评价，主要包括工作成果和工作表现，它反映了设计师的知识、能力、态度等综合素质，揭示了设计师工作的有效性和工作潜能。精确的绩效评估系统能够为设计管理提供评估材料，是设计师管理的重要环节，也直接影响到设计师的调任、升迁、加薪等重大人事决策。

在现代企业经营管理中，绩效考评是人力资源管理的重要组成部分，是其他管理工作的源头和核心。绩效评估是由员工的自我评估、主管评估、人力资源部门评估完成，"这个体系中包括上级考核、同级评定、下级评定、专家评定、员工评定几个组成部分，这种考核基于员工在工作中可能接触到所有的人，他们都可以成为评估者这样一个前提。"[②]

对设计师考评的内容和范围多种多样，但主要应考评德、能、勤、绩四个方面。

1）德：指设计师的工作态度和职业道德。在设计工作中，设计师是否有敬业精神，责任心和奉献精神是设计师"德"的具体表现，它决定了一个设计师的行动方向和奋斗目标。

2）能：指设计师的知识技能水平，具体包括：体能、知识、专业技能、智能等方面。体能取决于年龄、性别和健康状况等因素，在现代社会要求设计师反应敏锐、行动果断。知识指设计师的专业知识、知识结构、受教育程度等。专业技能：指设计师在某一方面的专业能力，如造型能力、思考能力、表达能力、计划能力、协调能力、计算机操作能力等。智慧指设计师分析解决问题的能力。

3）勤：指设计师对工作的态度，主要指工作的积极性、创造性、纪律性。

4）绩：指设计师的工作成果，包括设计师完成工作的数量、质量和效益。

6.1.5 人力资源的需求

人都是有需要的，欲望来自于需求。行为科学家创始人马斯洛将人的需要划分为五个层级：生理的需要、安全的需要、归属的需要、尊重的需要和自我实现需要。[③]

1）生理的需要，人们为了获得基本生存的权力，就首先必须满足生活的基本需要，如衣、食、住、行等。生理的需要是人们基本的需要，人的这些基本需要得不到满足就无法生存，也就谈不上其他方面的需要。

2）安全的需要，在人的基本生活需要得到满足后，取而代之的是对安全

---

① 胡军辰，郑绍濂．人力资源开发与管理 [M]．上海：复旦大学出版社，1998；193-196.

② 杨蓉．人力资源管理 [M]．大连：东北财经大学出版社，2005；255-257.

③ 刘国余．设计管理 [M]．上海交通大学出版社，2001；56-57.

的需要，安全的需要是人们生存的基本保障。这种需要又可分两类：一类是对当前安全的需要，即当前的工作特征及工作环境对人的安全性；另一类是对未来安全的需要，对未来生活的保障等。

3）归属的需要。因为人们的生活和工作都是在一些特定的群体和团队内进行的，人们希望在社会生活中受到别人的关心、注意、接纳、友爱和同情，这种需求是要求人与人之间的观点相投、重视团队精神。

4）尊重的需要。尊重的需要是指自己要获得别人的尊重，在自己获得成功或做出贡献时，能得到他人的尊重。

5）自我实现的需要。这种需要是人们在岗位上能体现出自身的价值，希望在工作中有所成就。

6.2　艺术设计人力资源的特点与人才的选拔

在市场经济条件下，企业中的各个职能部门只有不断地发展、不断地创新，才能在竞争中求得生存。设计部门中尤其要求设计人员充满活力和生机，形成良好的充满创新精神的设计氛围，而创新精神的来源是"人"。人具有主动性，处于不断的发展、交流的过程中，组织要发展，需要不断的补充"新鲜血液"，寻找适应形势、具有超前想法的人才。因此，要保证设计部门的高效运行，具有生命力和竞争力，需要有计划地挖掘、选拔艺术设计人才，培养本企业本部门的设计人员，健全使用考核机制。

艺术人才的挖掘、选拔就是艺术人才的招募、甄选，是艺术设计人力资源管理的一部分。从本质上来说，艺术人才是高素质的创造性人才，现在我国大型企业中的设计部门大都属于研发部门的一个分支，因此设计这项工作的创造性要求使得设计人员与普通的员工区别开来，成为企业人力资本的一部分。有以下几个步骤：第一，进行人力资源规划，即及时地预测分析市场变化和结合企业的发展战略制定相应的人员需求方案；第二，依据制定的人力资源规划进行人才的招募，人才招募是组织需求与求职者之间的桥梁，人力资源市场的供需双方通过人员招募开始互相接触、互相了解，只有经过这一个环节，才有可能达到供需双方的目的；第三，按照企业的要求和对设计工作的需要为所需岗位甄选人才，为组织构建潜在的人力资源供给库。

6.2.1　设计师与设计程序

在产品的设计程序阶段，设计师发挥着绝对核心的作用。

设计师会积极地与市场部门、营销部门合作，并同他们一起与顾客接触、通过与消费者讨论、观察、问卷调查、网上调查、亲身体验等手段，探讨现有产品的销售现状及其未来发展趋势。设计师到市场的最前线去寻找产品的设计概念，以获得产品设计与开发的第一手资料，为产品市场的拓展打下坚实的基础。

设计师根据其对市场的准确把握，利用超前的设计思维进行概念设计。设计师根据对美学的独到认识、对材料加工工艺的熟知、对顾客的深刻了解，与制造部门和技术部门通力合作，就功能、制造、材料和加工等领域进行分析讨论，并进一步深入市场研究，选出优秀的概念设计，并采用适当的表达方式（照片或者效果图、视频、模拟、交互多媒体、样机模型、实机模型等），在消费者中完成对概念设计的测试，设计师根据对市场的最新研究和对结构的改进，进一步对概念进行改进。

从产品整个开发流程来看，设计师是企业不可缺的重要部门，从把握设计概念到产品定位，到市场开发，直到市场营销无不有设计师的身影。[①]

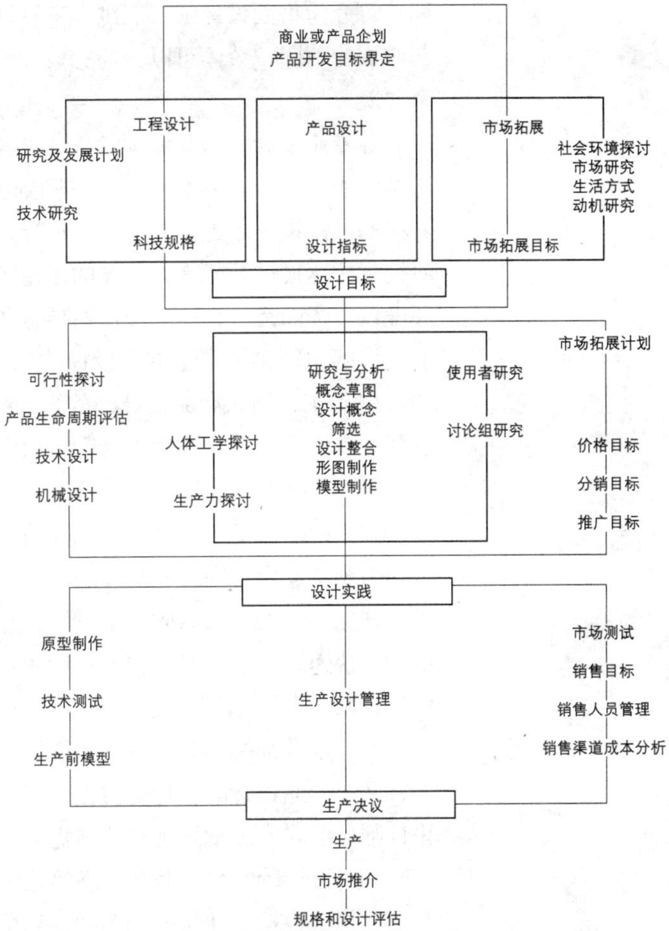

设计师根据对社会发展、人们生活方式的改变趋势，从文化出发，运用社会学、人类学、心理学、美学、设计学等知识，进行形式设计和概念设计，使设计出来的产品能够符合当下人们的使用需求、审美需求、心理需求。在通过严格的审查、测试后，将成为未来产品设计方向的依据。当确定的研究方向下达到技术部门后，设计师和技术部门、生产部门协力合作，及时与技术、工艺、制造人员协调，迅速采用新材料、新工艺、新技术，展开大胆的丰富的想象，经过一段时间的研究，进入设计实施阶段，直至最终完成整个产品设计程序。

设计作为联系企业技术部门、制造部门、市场部门、营销部门的纽带，设计师以其对生活的敏锐性，对未来社会生活的高度责任感，为企业制定产品战略指引了方向，是企业的引航者（图6-2）。

图 6-2 产品开发程序与市场拓展的紧密关系

（图内文字）
商业或产品企划
产品开发目标界定

工程设计　产品设计　市场拓展
研究及发展计划　　　　　　社会环境探讨
市场研究
生活方式
技术研究　　　　　　　　　动机研究
科技规格　设计指标　市场拓展目标
设计目标

可行性探讨　研究与分析　使用者研究　市场拓展计划
概念草图
产品生命周期评估　设计概念
筛选
技术设计　设计整合　讨论组研究　价格目标
形式制作
机械设计　模型制作　　　　　　分销目标
人体工学探讨　　　　　　　　推广目标
生产力探讨
设计实践

原型制作　　　　　　　　　市场测试
技术测试　生产设计管理　销售目标
销售人员管理
生产前模型　　　　　　　　销售渠道成本分析
生产决议
生产
市场推介
规格和设计评估

6.2.2　设计师的类型分析

随着设计的发展，设计师的专业分工越来越细。从职业方式的不同，大致可以分为视觉传达设计师、产品设计师、环境设计师。按组织方式不同大致可以分为驻厂设计师、自由设计师和业余设计师三类；按设计作品空间形式的不

① 雷华平．品牌战略中导入工业设计的必要性 [EB/OL]．http：//www.dolcn.com.

同，可分为平面设计师、三维立体设计师。从纵向的角度划分，按照工作内容与职责的不同，大体可以分为总设计师、主管设计师、设计师和助理设计师四个层次。[①]

各专业设计师的职业训练基础也各有特色，如视觉传达设计师更注重平面造型，而产品设计师和环境设计师则更关注空间造型。对于工业设计师而言，具体的理论指导是工学和艺术学指导，如人机工程学、艺术设计学、材料学等。对视觉传达设计师而言，具体的理论指导是符号学、传播学、广告学等。对于环境设计师而言，具体的理论指导是环境艺术学、建筑学等。除此以外，各专业设计师的区别还在于专业设计技能上的"各有所长"，这也是他们职业划分的依据所在。例如产品设计师的设计技能主要在于产品的材料、结构、形态、色彩和表面装饰等；环境设计师专业设计技能主要在于空间内外结构等。

1）横向的分类

从横向上分类，设计师可以分为：视觉传达设计师、产品设计师、环境设计师以及企业设计师。

视觉传达设计师的职业是设计、选择、编排最佳的平面视觉符号，以充分、准确、快速地传达信息。根据设计领域的不同，视觉设计师还可细分为书籍装帧设计师、招贴设计师、包装设计师、广告设计师、标志设计师、展示设计师等。

产品设计师的职业和目标是设计实用、美观、经济的产品以满足人们的需要，从事产品设计的设计师根据生产手段的不同，可分为工业设计师和手工艺设计师，前者是以批量生产为前提，后者是以单件制作为前提。

环境设计师的职业是从事环境艺术设计，创造美好、舒适宜人的活动空间是其目标。根据设计领域的不同，环境设计师还可细分为城市规划设计师、公共艺术设计师、室内设计师、景观设计师、园林设计师等。

企业设计师，又被称为是驻厂设计师，指在工厂或企业内专门从事设计工作的专业设计师。现代大中型企业一般都成立设计部门，设计师集中在企业进行设计工作。

职业设计师，是指以群体或个体的形式创立职业性的设计公司、事务所或工作室，又称独立设计师或自由设计师，职业设计师体制兴起于 20 世纪 20 年代的美国，如蒂格、洛伊、德雷夫斯等是第一批开设私人设计事务所的著名设计师。一个国家设计创新水平的高低，通常取决于其职业设计师力量的强弱，中国正在逐渐形成一支庞大的职业设计师队伍，近年来中国部分城市出现的个人设计工作室，如广州的王序，深圳的陈绍华、韩家英等均属这一类，并呈现出发展的趋势，使设计日益面向市场，日益商业化。[②]

2）纵向的分类

任何复杂的设计工作通常都不是一个设计师所能单独完成的，都是一项庞

---

① 尹定邦. 设计学概论 [M]. 长沙：湖南科学技术出版社，2003：202-203.
② 尹定邦. 设计学概论 [M]. 长沙：湖南科学技术出版社，2003：204-207.

杂的系统设计工程，而需要一个设计群体联手合作，共同完成。从纵向看，无论是产品设计、视觉设计，还是环境设计，每个设计师的工作内容、所负职责和要求等各不相同，在这样一个群体里，我们可以大体将其分为四个层次（图6-3）：

第一层次是总设计师。对总设计师的综合素质以及组织管理能力的要求很高，并且要善于协调各种关系，善于发现问题并加以妥善解决；总设计师要具有广博的知识面，熟悉掌握企业经营管理学、设计学、系统论

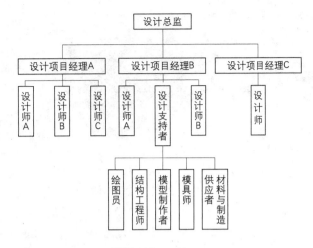

图6-3 设计项目团队

及国家有关政策法规等多方面的知识，对企业的发展战略有建设性的见解，总设计师直接对设计委托方负责，对内组织指导各项设计方案的实施，对外协调与投资方各方面的关系，总设计师主持或组织制定设计项目的总方案，确定设计总目标、总计划、总基调，界定设计的总体要求和限制，总设计师需有谦虚民主的工作作风，让设计师发挥各自最大的潜能。

第二层次是主管设计师，或称主任设计师，是指负责某一具体设计项目的设计师。

第三层次是设计师，负责设计项目中某一部分设计工作，设计师对主管设计师负责，协助主管设计师制定该设计项目的整体方案、策略，负责组织实施其中某一部分的设计制作。

第四层次是助理与设计师，主要是协助设计师负责部分的设计制作。

6.2.3 艺术设计人力资源管理的特点与人才的获取、选拔

艺术设计人力资源的管理方式与普通的人力资源管理相比，既有共同性也有其特殊性，但更多的是需要根据艺术设计人才的特点来更改制定相应的管理方式。就学科范围而言，它具有综合性、交叉性。设计既不是纯艺术，也不是纯自然科学或社会科学，而是多种学科高度交叉的综合，例如要会应用社会学、经济学、管理学、系统学、心理学、环境学等多种学科知识。同时，也具有很强的专业性。作为艺术设计的人力资源管理，没有对艺术、设计等专业知识的了解也是不能胜任管理设计师一职的。

同时，艺术设计的人力资源管理还具有很强的实践性。它不像是一般自然资源的开发与对物的管理，一个原理、公式不能适用于所有的环境。人力资源管理的对象会随主体在不同的组织中有不同的特点，管理的水平在不断的进步而改变，因此，没有一成不变的模式。成功的人力资源管理只能在实践中不断的完善与创新及发展，找到一种适合自己组织特点的模式。所以不能希望在现有的理论中套用，只能在分析实践的过程中找出适合自身特点的理论。此外，艺术设计人力资源管理还具有缺稀性，主要是指一般的设计人才和设计师为数

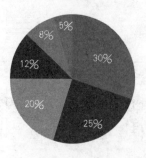

图 6-4 雇用者对其设计师的期望

- 1.计划能力
- 2.造型能力
- 3.思考能力
- 4.协调能力
- 5.表达能力
- 6.计算机操作能力等

甚多，但具备管理设计师的设计管理者为之甚少。

对丁人才的选拔，有许多学者对其进行了自己的研究与定义。如西蒙·得·A·洛律认为，人员的甄选是指公司决定哪些人将允许加入公司和不允许哪些人员加入公司的过程。而马希斯认为，选拔是选择具有资格的人来填补职务空缺的过程。可以看到，人才的选拔的基本含义是：选拔首先是一种人力资源管理决策，它要求具有丰富的申请者的信息和组织对于优秀员工的需要，它决定什么样的人可以进入企业填补职务的空缺。

在设计组织中，设计师是决定企业效益的关键资源。在设计人才的获取中，招聘是获取新知识艺术人才的重要途径。

在 1999 年 4 月，日本的工业设计组织对其国内的制造业做了一项聘雇情况与趋势调查，发现雇用者对其设计师的期望如下（图 6-4）：

①计划能力 30%

②造型能力 25%

③思考能力 20%

④协调能力 12%

⑤表达能力 8%

⑥计算机操作能力等 5%

可见，设计师的计划能力是最被看中的。设计师的工作由于灵活性要求，不能有过多的条框限制，但是设计的任务是有规范的。设计师如果不能有效地计划自己的工作，将对设计项目的完成，乃至设计的质量产生影响。设计师的造型能力是其职业特征的基本要求，但是造型不是通用化的表达，而是个性。实际上，企业与市场还急切需要大量的既具有专业理论知识，又具有创意设计能力；既会具体岗位技能操作，又懂得岗位群管理的具有综合素质、应用型专业设计人才。

6.2.4 决定人才招募的企业因素

人才招募不仅是企业对人才的选择，人才对选择自己供职的企业也有要求。因此在进行招募时，要考虑到组织与需求人才两方面的因素。尽管不同的组织的招募活动也具有不同的重要性，但在招募过程中有一些共同的因素会对招募过程产生影响。

1）企业文化

设计师在选择供职的企业时，首先会依据企业的大众的形象，所倡导的核心价值理念，企业文化形成初步的判断。组织的公众形象、形象建设和形象宣传都会对招募过程产生影响。一个具有良好声誉、良好的市场反应度的企业使求职者形成良好的心理认同感，这是求职者最终选择企业并形成归属感的起点，任何设计师都希望到倡导创新、真诚、有责任感的企业中就

图6-5　海尔公司标志

职。因此，恰当的形象宣传和自身的企业形象建设是打动求职者的第一步。如海尔的"真诚到永远"（图6-5），TCL的"科技创造未来"，联想的"自由联想、快乐共享"等，他们的企业形象首先就能够吸引一大批优秀人才的加入。

2）企业的人才晋升、培训空间

组织吸引并留住人才的一个重要因素，就是能否为个人提供充分的发展和提升空间。有调查发现，人们在进行求职决策时，组织有无内部晋升机制和培训学习的机会是首先要考虑的因素之一。所谓内部晋升机制是指组织的各层职位均由内部人员晋升填补，而不由外部招募。一个职位空缺，由组织内部员工提升填补，同时产生其他的岗位空缺，形成"晋升阶梯"。这实际上意味着组织内部存在着大量的发展机会，只要员工努力工作，就能够获得较好的发展空间。有的国际性的大公司甚至对员工有专业的职业评价体系和工作业绩评价体系，在此基础上，对员工有较为正式的职业发展规划。

3）企业的福利政策和劳动保障政策

企业是否为员工购买"三金"、并有住房、职业安全的各种保障是许多求职者一个必须考虑的因素。良好的福利体现了企业高层管理者以人为本的经营理念，它比高工资更能使员工产生安全感和归属感，使员工没有后顾之忧，提高员工的士气，吸引优秀的员工。企业中经常选用的福利项目有：医疗保险、失业保险、养老保险、养老金、住房公积金、有偿假期、其他的生活福利等。

4）企业的薪酬管理

薪酬无疑对所有求职者来说都很重要，甚至是求职者在应聘过程中最敏感的一部分。薪酬主要由以下几部分构成：基本薪酬、奖金、津贴、补贴薪酬、红利、酬金和福利。企业的薪酬方案设计的原则体现了对员工的认识，企业要在公平性的基础上真正按贡献大小决定收入分配的共识，并在此原则指导下制定薪酬分配的政策与策略，如薪酬等级之间的差距、基本薪酬、奖金和福利费用的构成比例等。

采取"超薪酬战略"（向员工支付比现有市场同行工资水平更高的工资），会使组织在招募中具有独特的优势，即使工作本身有一些弱点（加班、倒班等），也会被求职者忽略。也有许多企业用基本酬劳（如工资）以外的报酬形式来吸引员工，如红利、股票期权等。

6.2.5　招募途径、方法和手段

艺术人才招募的途径和手段常见的有网络招聘、广告招聘、校园招聘、人才招聘会、推荐招聘、内部招聘、职业中介机构招聘等。

1）广告招募是一种最为常见的招聘方式，通过报纸、期刊登广告媒体发布招募信息。采取这种方式进行招聘的企业必须注意以下几点：媒体具有一定的局限性。地方性报纸与期刊的招聘分类广告能够将信息传递给一定区域内的大量求职者，是比较集中和经济的方式。但是那些在职的具有一定的技能和经验的设计师暂时没有职业需求，不一定会定期地看招聘广告。此外，报纸的招聘广告往往是综合性的，很难吸引到具有相当水准的特殊人才。而期刊往往有特定的读者群，其广告的受众大多是和该专业相关的，因此它的针对性比报纸好，但成本较高。企业需要在两者之间进行抉择，报纸的成本相对较低，同时效率也较低，往往给甄选带来一些多余的工作，去筛选出不合适的求职者。相比之下，成本较高的期刊，往往能吸引到真正的专业人才。

2）网络招募。可以说，电子招募对于人力资源的吸纳、选择、开发具有开创性的意义。电子招募带给招募领域的影响是巨大的。通过网络求职者和企业可以很容易地找到自己感兴趣的职位或感兴趣的人才，大大提升了招募和应聘的效率。近年来，利用网络招募员工的做法普及得相当快。各种专业的人才网站如雨后春笋般发展壮大，数量多达上千家。人才网站在人才库的数量上以及职位信息的发布上都达到了相当高的水平。还有很多猎头公司都建立了自己的网络机制，如浩竹、泰来、赛思等猎头网站，专门从事高级人才的中介服务（图6-6）。

3）职业中介机构招募。职业中介机构招募是指委托专门从事职业介绍和协调的专业机构人员招募的方式。目前，这种中介机构大致分为两种：一种是国有的公共就业服务机构；另一种是私营的职业中介机构。随着市场经济的发展，合理的人才流动越来越成为经济发展的重要特征和组成部分，私营的职业

图6-6　智联招聘网

中介机构就在这样的大背景下应运而生并发展起来了，起到人才和组织之间的桥梁作用。通过中介，可以为人才找到更合适的去处，也可以为组织找到急需的人才，从而促成人力资源的合理配置。

4）校园招募。校园面试和招聘是招募初级专业人员的一个重要途径。大学生的可录用率较高，往往当场就可以签订录用合同，提高招募效率。在校方的协助和参与下，组织工作相对容易，节省了大量的宣传和广告费用（图6-7）。

5）人才交流会招募。人力资源市场的建立和发展，使得人才交流会成为重要的招募形式。通常人才交流会是由有资格的政府职能部门或下属机构主办，有明确的主题，专门针对一个或少数几个领域开展人才交流活动。人才交流会的优势体现为：一方面主题明确，有利于寻求合适的人员；另一方面供需双方可以直接面对面，便于相互了解沟通（图6-8）。

图6-7　校园招募（上）
图6-8　人才交流会招募（下）

6）推荐招募。是指由组织内、外部人员推荐求职者的招募方式。推荐实际上形成了一种推荐人对被推荐人的信誉担保，这种方法有利于管理者对参加招聘的设计师有更多的渠道进行了解沟通，对他们的以往的业绩能够做出更加公平的评价，并且同时极大的降低了招聘成本。推荐招聘包括内部推荐、外部推荐、中介推荐等各种形式。

6.2.6 设计师甄选

甄选，就是从提交招聘的设计师中为特定的工作寻找适当的人员并雇佣。经过招募过程，企业得到了一定数量的设计工作候选人，那么怎样在众多候选人中识别出与岗位要求最相匹配的人员呢，这就需要对其进行甄选。

人员甄选的重要性体现在它关系到企业未来的生存和发展，企业之间的竞争归根结底实际上已经成为"人"的竞争。无论是技术创新还是新管理模式的建立，都要落实在"人"身上。组织的绩效在很大程度上取决于员工的表现，因此，任何希望在竞争中胜出的组织都必须对自己挑选成员的方式给予高度重视，因为人员甄选决策关系到组织的生存能力、适应能力和发展能力。当组织与竞争对手面对同一个劳动力市场时，这时人员甄选的竞争就变得极为关键。

设计师甄选的目标是决定哪些人被允许加入组织，而哪些人将不能进入组织。衡量一个甄选过程是否科学、有效，可以参考以下几个指标：信度、效度和普遍适用性。设计师甄选的方法有：心理测量——人格测验、智力测验、兴趣测验和成就测验等；专业素质测试；面试——主要以提问和设计师现场创作作品为主要的方式。

所要考察的内容有：智力要素，考察求职者的能力素质水平，思维的逻辑性和流畅性等智能特征；动机要素，了解求职者的动机、爱好、抱负、工作目标，对求职者的动机类型进行识别；个性要素，通过了解候选人在过去生活工作中的人际交往模式、风度以及语言表达能力，是否外向等性格特质，探索其对未来工作的适应能力；专业知识和经验要素，通过对与未来工作有关的问题的考察，判断求职的设计师是否具备未来岗位要求的必要的知识或技能经验；发展潜力，通过对设计师的面试过程考察设计师是否具有较大的发展空间和能力提高的潜力。

6.2.7 艺术设计人才的培养

在进一步考虑设计师所面临的具体问题前，让我们简单地去思考引起这些问题的一系列的经济、技术、社会问题。这些问题包括产品的快速发展和在商品生产和销售中不断涌现的新的元素。今天，微处理器的发明，不仅改变了产品的类型，同时，通过使用这些产品，改变了我们的工作方式和相互之间的交流与沟通。例如，计算机的发明，创造了一个软件设计的新领域，使人工智能、认知心理学和其他学科的专家学者进入到设计之中。机器人技术的飞速发展，包括应用传感器来检测误差高度，这些发展正在改变着制造工艺，不仅加速了它的发展，同时通过批量加工也使它有了更大范围的变化。

图6-9 美国设计师罗伊

产品设计，狭义的定义为物体造型的设计，起源于美术，采用循序渐进的科技知识。20世纪30年代美国的设计师拥有的才能使他们逐步从最初的小型设计，慢慢进入到大型项目的设计活动中。六年内，罗伊从他第一次的产品设计——基士得耶复印机的包装箱设计，到汽车的设计，然后到宾州铁路部门去设计发动机。罗伊能取得如此的成就主要由于以下几个因素：他雇佣了一名员工以弥补他所缺乏的技术知识，他也示范了一连串的方法，这些方法的展示让顾客有了信心。罗伊和其他设计师顾问将工业设计看作是工业生产过程中的重要组成部分，通过产品销售和其他相关数据的统计以及用户的反馈意见，证实了他们的成功之道（图6-9）。

设计活动打破了传统设计师们所面临的无法理解或解决的问题和分歧。尽管过去一直存在着设计活动的分歧，在新一代的学术研究项目中，一些设计教育者萌发了研究兴趣，例如：他们通过工程技术部门、工业设计部门和营销部门进行研究，或者由不同学科的学生建立其他的研究项目，如建筑学和设计学专业的学生一起进行项目实验。

现在我们来思考一下设计师在技术创新的急速发展、经济竞争以及用户对高品质产品需求上升的条件下所面临的一些问题。首先是一家公司在设计过程中各方面的协调问题，以及设计和制造的关系。丹尼尔·惠特尼在《哈佛商业评论》中提到：某一汽车制造公司的工程经理负责设计一个单一的汽车零件，他告诉我们设计的过程极具机械化（设计师固定使用350道设计工序，而不是由350个工程师的设想和经验设计出来的——经过350道检测要求，350个设计师的签名。）惠特尼认识到这是由于我们不了解在生产过程中的制造工程师、维修工程师、造型等部门发挥作用的时机和方式所出现的问题。他还说道：由于信息不完整、不和谐的设计决策使得面临的问题更加突出，他提出的解决方案就是需要多功能的团队。这样的团队通常包括20人。这种团队的做法我们称之为是"并行工程"和"并行设计"。

团队的做法强调，一家大公司必须对整个生产过程都要全面考虑。每个相关人士都必须对怎样工作有一个基本了解，为了使工程的进展取得成功，他们必须自觉改变自己的个人想法。惠特尼引用了一个日本工程师所说的话："公司设计的产品是通过精工细作和体现设计的方式。"惠特尼更宽泛地去看待设计，他认为战略性产品的设计元素要融入生产中的各个方面。他认为："这种新的团体合作要求管理者、设计师、工程师打破旧的组织范围。"

在另一篇哈佛商业评论文章《制造业设计的组织》中詹姆斯·迪恩和杰拉尔德·苏斯曼进一步描述："公司由于在设计过程中不同的设计者意见不能统一而遇到问题。"在改变设计过程中的基本要求就是要改变组织结构层。管理者的角色就是要和设计师一起确保他们的设计是否将所有的生产因素考虑到设计项目中。但是作者指出难以找到这种类型的"综合者"。"生产设计工程师是对设计项目类型的分离和区别。""通常很少有机会扩大他们关于其他相关问题的了解。"上面的例子明确地表明在确立生产设计的过程中对于生产的共同概念的重要性，这只能在生产过程中不同设计师之间更多的理解和合作中找出答案。

唐·克什说道："创新不仅是在发现和发明阶段，还需要在新产品的研发、生产、销售的流程阶段。"他还认为："在高科技领域生产中，单个的发明者和企业家已经消失，我们现在需要的是更广泛的关于生产的信息、知识和技能，这样比任何个人的产品创新更吸收人才。这里再次面临关于将个人专家融入团队合作中的问题。"

当我们回顾产品设计的历史，我们发现只有很少的设计师创造出新的产品，大多数都是对现有制成品的重新设计。没有发明意义的设计理念造成无法设计出特色的专业产品，它导致在较大的生产过程中的相互重复，这种情况也导致了大量的人力和财力的损失。在 1976 年，大型英特尔公司主席罗伯特·诺伊斯指出："他们已有超过 25000 的半导体成品，但仅有大约百分之十具有创造性设计的产品被推广。"

创新在艺术形式的设计中是普遍存在的，但是在更多的技术领域中，设计者们在日常工作中没有考虑到它的作用。日本发明家中松义郎是一个在设计领域中几乎无人不晓的著名产品设计大师，他是创新领域的灵魂人物。他拥有大约 2360 项发明专利，超过爱迪生发明专利的两倍之多。

中松义郎认为在关注自己生产方式之前要更多地考虑生产的需要。在某些情况下，如软盘的产生，其形式是发明设计中最重要的一个因素。磁盘存储设备，本质上就是一个存储大量信息的设备。然而中松义郎也负责技术含量低的产品设计如：小型塑料虹吸泵，这是数百万日本主妇用来转装酱油的小漏斗。中松义郎发明的过程与大多数发明者一样，取决于两个基本技能：运用必需的专业知识，在设计一个产品的原型阶段前就要体现出产品的概念，这个过程就是要了解使用者的需求。

设计师通过不同领域的设计实践，用户使用到了不同的产品。这些设计大部分都是与艺术密切相关的设计活动，如时装设计这类设计效果与机械电子工程或计算机科学的设计是大不相同的。由一个时尚女设计师设计的衣服，它的价值在于衣服的设计风格。与其不同，软件设计师必须使用另一种不同的设计方式去吸引他们的客户。用户和软件的相互作用是一个更加复杂的因素，设计师对这些因素考虑得更多。软件的设计制造包括用户参与到设计活动中所给予的相关信息，设计师必须了解用户的使用目的来使用户满意。"界面设计"的问题征集中体现在当今被广泛使用的智能产品上，用户通过操纵控制面板来使用产品。

当我们面对越来越多智能产品的出现，用户必须学会如何更好地运用这些智能产品从而达到自己的使用目的，我们可以认识到人机界面的重要性。设计形态的问题次于沟通问题。本·施奈德提出界面设计师的任务，他们必须了解不同阶层使用者们的需求。而且，他们必须对客户有更好的售后服务承诺。

"产品环境"是以满足所有为了优质生活而使用产品协助的用户需求。"产品环境"基本上是一个整体周期的产品开发和利用的售后问题。如前面所提到的民意调查表明，使用者重视的是产品的可靠性。这句话的意思是，产品必须随时为使用者提供服务。"产品环境"是产品与使用者之间一个重要的部分，和用户在使用产品时遇到种种问题一样，它也必须得到相应的设计，大多数设计者并没有为解决问题而进行充分的考虑，对多方面的产品进行考虑可以提高他们在生产过程设计中的效能。

一个设计师的资本是他们的知识、信息、情感和技能。我们通常将这些综合为一个专业形态的范畴。如：产品设计、图形设计、建筑设计、机械工程设计。我们可以排除某些事物并将其他事物重组为新的专业形态，这样使设计者能更好地解决目前的问题。

尽管我们目前的设计教育缺乏良好的研究模式，大量的研究分散在各个学科领域，但它们仍然在一个新的形态中结合。设计师是为各种各样的设计与相关领域的同事进行相互对话，那么为了得到一定的成效，设计师迫切需要学习如何与同事一起做相关的工作。

一般来讲，企业需要从以下几个方面对艺术设计人才进行培养：

1）设计师的思想道德

设计师要有一定的理想追求、目标信仰、价值取向以及精神气质。根据艺术设计专业的特点，强烈的社会责任感应该是艺术设计人才首先必须具备的素质，它要求艺术设计人才应具有社会良知和责任感。要成为人才，须先学会"做人"。古人云"画品"即人品，作为艺术设计人才，要提升自己的艺术设计品位，就必须培养自身高尚的人格。这里的人格是指个人的尊严、价值和道德质量的总和。在当今社会，艺术设计人才要养成高尚的人格，就必须以主人翁的姿态投入到本职工作中，自尊自爱，不断提高自身的道德水平，敬业精神是艺术设计人才应具备的素质，员工的敬业精神是企业生存和发展的基本条件，凡是取得成就的设计师，他的思想、道德、伦理、精神追求及其风度，都与时代的发展轨迹相一致，因为对生活和设计的判断总是符合时代要求，其创造的设计作品总是影响着人们。[①]

2）设计师的美术基础

20 世纪末，个人计算机设计软件飞速发展，设计艺术更强调观念性，加

---

① 邬建业．设计师的风格与个性 [J]．包装工程，2002，6：89-91．

图 6-10　设计素描（左）
图 6-11　设计色彩（右）

强了与计算机工具的联系，到今天，我们举目可及的艺术作品基本都是由计算机完成的，尤其是个人计算机的普及对架上绘画带来了无法想象的冲击。以前需要用特殊绘画技法才能完成的设计效果，现在只需要一台计算机以及相应的配套软件就能够实现。但设计人才最基本的素质离不开绘画基础。绘画基础学习是对造型能力和色彩认识的培养。"素描"和"色彩"是基础，这两者对于设计师的造型能力、空间感、色彩的认识与表达以及对于审美感的培养与提高都极为重要（图 6-10，图 6-11）。素描和色彩为设计师要具备基本的审美修养打下基础，而审美修养是对现代设计人才的客观要求。现代设计离不开造型，无论我们的思维观念多富创造性，最终还是以造型的形式来表现。如果脱离美术基础来谈设计，就等于空中楼阁。

设计不等于机械的操作与模仿，更重于对造型的理解，从内容到形式这都是从绘画基础中得来的。因此，设计中的审美、直觉和想象等思维特征都孕育着极强的艺术感染力。设计与艺术是互相渗透、互相补充、互相启发的。"没有深厚的美术基础，纯公式化的设计不会成为真正有创造力和感染力的作品。设计创造中充满了艺术的美感和想象力，美术基础对设计创造作用和影响是宏观的、整体的、广博的。"[1] 美术基础的培养是需要设计师将使用性与审美性相结合，设计出既符合物质需求同时也具备精神需要的优秀作品。

3）设计师的知识综合性培养

艺术设计是一门多学科高度交叉的综合型学科，其学科知识结构相对复杂。日本著名设计理论家佐口七朗先生就曾说过："设计，联系了人、自然、社会三大领域，而以人、自然、社会为背景的诸科学，当然也就和设计有相当的关联性。"设计师的知识范围涉及自然科学、社会科学、人文科学各个领域，以上三个层面的知识之间不是彼此孤立而是普遍联系、相辅相成的，作为艺术设计人才只有将各方面的知识融会贯通，整合运用，才能更好的为专业设计活动服务（表 6-2）。[2]

① 袁金戈 . 艺术设计人才的基本素质与培养 [J]. 湖南包装，2004，2.
② 李龙生 . 艺术设计概论 [M]. 合肥：安徽美术出版社，1999：94-95.

设计师知识结构表　　　　　　　　　　表 6-2

艺术设计专业类别	设计师须掌握自然、社会科学知识的主要内容
视觉传达设计	视觉美学、符号学、视知觉心理学、创造学、思维科学、计算机知识、大学英语、专业外语、消费心理学、市场营销、传播学、民俗学、印刷学、生态学、语言学、广告法、合同法、商标法等
产品造型设计	人机工程学、材料学、技术美学、设计物理学、科技史、仿生学、创造学、思维科学、计算机知识、人类行动学、大学英语、专业外语、民俗学、消费心理学、市场营销、生态学、价值工程学、产品语义学、市场学、管理学、设计伦理、合同法、标准化法规等
环境艺术设计	设计物理学、人机工程学、材料学、工程技术、工程管理、概预算、水电基础、环境心理学、园林学、科技史、创造学、思维科学、计算机知识、专业外语、民俗学、环境心理学、生态学、价值工程学、人类行动学、市场学、管理学、设计伦理、环境保护法、规划法、合同法、建筑法规等

4）设计师的能力培养

设计师的能力高低对于其在社会中的竞争力有着直接的影响，作为设计师应当具体有以下几方面的能力素养：

（1）分析和解决问题的能力。设计是解决问题的方式，设计具有改变生活的力量，因此，作为设计师应该努力培养自身的发现问题、分析问题、解决问题的能力，主动探索新课题、力争做到新发现，对于生活中出现的问题加以分析研究，找到合理的解决办法，从而提升人类的生活品质。

（2）创新能力。心理学家巴特利特认为：设计师通过掌握创造思维的形式、特征、表现与训练方法，进行科学的思维训练，从思维方法养成创新的习惯，并贯彻于具体的设计实践中。[①] 艺术设计的本质是创造，只有创新才能超越，只有超越才能在竞争中获胜，而这种创造始于艺术设计人才的创造性思维。因此，创新能力是考察艺术设计人才的重要依据。

（3）组织协调或协作能力。艺术设计往往牵涉到许多方面，艺术设计人才必须处理好各方面的关系，并组织协调起来，才能共同完成任务，对艺术设计人才而言，良好沟通能力和人际关系处理能力显得格外重要。

（4）文字及口头表达能力。在设计活动中，艺术设计人才必须用语言文字来阐述自己设计作品的构思、主题、技术等方面的内容。

5）设计师的创意能力

掌握现代化的设计手段离不开创意，创意的过程便是创造性思维的过程。设计师创意思维具体有：

（1）头脑风暴法

头脑风暴的英文为"Brain Storming"，该方法是由美国广告大师奥斯本于 1938 年首创，该方法是组织一批专家、学者、创意人员或其他人员围绕一个明确的主题，共同思索、讨论，互相启发与激励，通过知识互补与经验

---

① 朱彦 . 论基础图案的教学方向 [J]. 浙江工艺美术，2002，3.

图6-12 头脑风暴

的综合，从而引发创造性设想的连锁反应，以产生众多的创造性设想，该方法优势是时间短，见效快（图6-12）。

（2）联想法

联想是一个由此及彼、举一反三、触类旁通的心理过程，设计师要有联想力、理解力、情感力（感受、体验、评判）。联想法就是借助想象力，将相似的、相关的、相连的或相通的事物，通过某种沟通加以分析，以激发创新思维。例如发明家布任特就是看到蜘蛛吊丝织网，联想到造桥，从而有了吊桥的策划概念，发明了吊桥。[①]

（3）灵感法

灵感思维是以已有经验和知识为基础，在意识高度集中之后突然产生的一种极为活跃的精神状态。[②] 一般来说，灵感具有偶然性、短暂性以及愉悦性，作为设计人员来说，灵感的产生对其设计策划创意非常关键，而灵感的来源是设计师对于生活的积累与经验的沉淀。

6）设计师的人文情感培养

设计师除了以优良的产品提升社会大众的生活质量外，还必须承担其社会责任，应以人为本、关怀社会，才能够为企业建立优良的企业形象。消费者购买及使用产品时，除了希望能满足其物质需求以外，同时也希望能够满足其心理上的需求。在产品设计上，唯有设计师所赋予的丰富情感特征，才能够满足消费者心理上的需求。只有当设计师在产品上赋予适当的亲情性设计，才能提高消费者对企业的满意度。

7）培养市场意识，认清主客体关系

市场经济条件下的现代设计离不开市场需要，所以了解有关市场背景至为重要。它要求设计师的设计作品必须以市场为导向，才能够赢得消费者。一个艺术设计者应当有强烈的市场意识，没有市场，作品就只剩下了艺术性，没有了实用价值。所以，应当明确艺术设计作品，首先是商品，是具有艺术性的商品，它是随社会的时尚、潮流的变化而变化，由市场调节机制显示出的供需变化决定艺术设计作品的更新方向。艺术设计作品是为消费者服务的，其过程即为消费，是设计的终结，这就使得设计作品与消费如同孪生兄弟紧密相关。优秀设计师都是从消费对象、市场需求出发，研究当时、当地的时尚，潮流倾向，而确定其设计方向的。市场是不断变化着的，现代社会的发展日新月异，现代消费观念也在不断更新，绝大多数消费者在满足了基本生活之后，消费就呈现

---

① 胡俊红.设计策划与管理 [M].合肥：合肥工业大学出版社，2005：9-12.
② 陶万祥.广告设计的灵魂——创意 [J].中国科学教育，2004，11.

出有选择、有目的、多方位、多层次的特点。因此，这就要求设计作品必须顺应市场变化，随时调整作品的品种和结构，满足不同层次消费者需要，方能在市场竞争中立于不败。

一个艺术设计者更应当认清设计中的主客体关系，在设计中，消费者的需要是主体，满足消费者的需要是设计的前提。也只有这样，设计作品才能够占有市场。当前一些设计者，特别是艺术设计者，在设计中常忽略市场和消费者的需要，闭门造车，以自我意识为中心，作品没有市场，反而一味地埋怨消费者的审美情趣不高，层次太低，这样做的结果只能是不利于自我培养与自我塑造，设计作品也只能是失败的作品。

8）艺术设计环境的培养

马克思认为：人创造了环境，同样，环境也创造了人。人类的发展不能离开环境，也离不开对环境的创造。人类精神的理想活动只有在一定的环境和条件下才有其牢固可靠的客观基础。因此，这就要求为艺术设计者营造一个良好的艺术创造环境。这不仅仅是指能够保障正常必要的物质提供，更重要的是鼓励艺术设计者创作作品，积极参与各类比赛，举办各种类型的学术性研讨会、讲座等，举办作品展。一方面营造一个艺术空气浓烈的氛围，使设计师在此环境中能够经常切磋交流，取长补短，共同进步；另一方面也易于激发设计师的工作热情，使工作方向更明确，开阔了视野。现在，艺术设计知识更新速度可谓日新月异，尤其是随着一些新型材料的应用和新工艺的产生，常会迅速推出一些新的作品，而这些作品极有可能改变设计的整体流行趋势和走向。因此，艺术设计师必须具备敏锐的信息捕捉能力，只有这样，才能不被时代所抛弃，才能保持自己知识的最优化，形成合理的知识结构，跟上时代前进的步伐。

9）未来设计师的培养方向

生存于这个知识爆炸时代里的设计师，若不能扩大视野，拓展自己的知识领域，则势将搭不上时代的高速列车，而终被信息的洪流所淹没。在此背景之下，艺术设计师必须做到全方位的关怀、全方位的参与及全方位的设计，并且具备完整而独立的专业理念。

6.3 设计师的专业技能构成

从制造原始工具开始，人类积累了丰富的设计技能。包豪斯以前的设计学校，偏重于艺术技能的传授，如英国皇家艺术学院前身的设计学校，设有形态、色彩和装饰三类课程，培养出的大多数是艺术家而仅仅极少数是艺术型的设计师。[①] 包豪斯为了适应现代社会对设计师的要求，建立了"艺术与技术新联合"的现代设计教育体系，开创了三大构成基础课、工艺技术课、专

---

① Simor Jervis.The Facts on File[J].Dictionary of Design & Designers，1984：437-439.

业设计课等现代设计课程，培养出大批既有美术技能，又有科技应用知识技能的现代设计师。

所谓专业技能是指劳动者从事某种职业所必备的专业能力。设计师首先需要掌握艺术设计的知识技能，这是设计师必备的首要条件，包括造型基础技能、专业设计技能以及与设计相关的理论知识。造型基础技能包括手工造型、摄影造型和电脑造型技能；专业设计技能包括产品设计、视觉传达设计、环境艺术设计技能；艺术设计理论包括艺术设计概论、设计史、设计程序与方法、价值工程学、人机工程学等。[1]

1) 造型基础技能。以训练设计师的形态空间能力与表现能力为核心，造型基础技能为培养设计师的设计意识、设计思维乃至设计表达与设计创造能力奠定基础，是通向专业设计技能的桥梁。设计的手工造型训练不同于传统的艺术造型训练，手工造型包含设计素描、色彩、构成、制图和材料成型等。设计素描造型与色彩造型不同于传统绘画造型，再现不是它的最终目的，设计素描与色彩造型训练，为设计的创造性本质奠定良好的造型基础。[2] 同时，设计师还要具备成熟的速写技能（图 6-13）。设计速写不受时间与工具的限制，是便捷的设计表现语言，它是设计师自始至终必不可少的重要技能。设计速写除了具有形体与色彩的记录功能和分析功能以外，还可以为设计创作积累大量的图片资料。更重要的是，设计速写在设计过程中不仅记录着设计流程的每一步进展，还是设计师从初步构思到完整构思的必要"阶梯"（图 6-14）。

此外，设计师的动手技能不能忽视，材料成型是使各种材料按照人的要求形成特定形态的过程，包括人工成型与机械成型。包豪斯要求每个学生必须至少掌握一门手工艺，尤其是产品设计师材料成型的训练必不可少。设计师必须通过成型操作训练，熟悉生产工艺流程，熟悉各种材料性能，了解机械成型手段。由于各种材料，如木材、金属、塑料等的加工成型方法各不相同，以此提高设计师技术应用能力与立体造型能力，培养审美感受。

2) 制图技能。包括机械工程制图与效果图的绘制，这是设计师要掌握的基本技能。工程制图的三视图可以将设计准确无误、全面充分地表现出来，是

图 6-13　设计素描效果图（上）

图 6-14　设计效果图（下）

① 李龙生. 艺术设计概论 [M]. 合肥：安徽美术出版社，1999：96-101.
② 尹定邦. 设计学概论 [M]. 长沙：湖南科学技术出版社，2003：194-195.

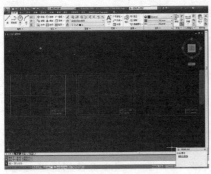
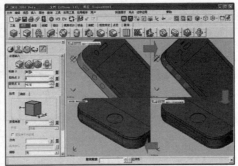

图 6-15 电脑制图（左）
图 6-16 模型制作（右）

图 6-17 计算机辅助设计

产品制造生产的依据，便于生产制造者严格精确地按照设计进行生产，同时又是设计师与工程师和其他技术人员的通用语言（图 6-15）。[①]

3）计算机软件应用技能。计算机图形软件技术为人们提供了迄今为止最强大的生成、存储、处理视觉形象的媒体和技术，为设计师提供了一种全新的艺术表现形式和空间，更为设计师提供了实现创意的无限潜能，每一个设计师都应当掌握现代化的设计手段。设计师对于计算机图形设计软件的应用，主要集中在三个方面：一是以平面图形设计软件；二是以 3D Max 为代表的三维立体设计软件；三是运用各种 CAD 软件进行工业辅助设计。如图像处理软件 Photoshop；图形处理软件 CorelDraw；辅助设计软件 Auto CAD；三维绘画软件 3D Max。现在越来越多的设计师已采用计算机制图，不仅快速准确，还有人工所不及的效果。设计师须充分发挥计算机制图的造型能力，同时充分利用电脑技术的各种先进效果，计算机图形设计具有与传统设计所不可比拟的高精度和丰富多样的表现效果。计算机辅助设计图形软件功能丰富多样，其制作技术、变换效果、画笔、色彩以及材质种类等方面，都是传统手工绘图方式很难或无法达到的。设计师只有熟练地掌握了计算机图形设计，才能够从大量枯燥繁重的制作和修改工作中摆脱出来，提高设计成功率（图 6-16，图 6-17）。

① 尹定邦.设计学概论 [M]. 长沙：湖南科学技术出版社，2003：194-196.

4）理论知识储备。设计师还应掌握的艺术设计理论知识，主要有艺术史论、设计史论等。属通史理论的有中外艺术史、工业设计史、中外设计史、设计概论、艺术概论、设计方法学等；例如设计概论以精炼的语言阐述设计的概念、性质、源流、作用、要素、设计的相关技术等，从各个角度剖析设计，是设计师的入门指南。属专业史论的如工艺史、建筑史、服装史、广告史、建筑学、广告学、服装学等。[①] 而设计师通过对古今中外艺术设计的欣赏、分析、比较与借鉴，可以获取广泛有益的启迪与灵感。

5）社会责任，合作交流与学科融合能力。设计师必须注重社会伦理道德，树立高度的社会责任感。同时，设计还受到国家法律、法规的保护与约束。因此设计师必须对设计法规，尤其是与设计紧密相关的专利法、合同法、商标法、广告法、环境保护法和标准化规定等有相应的了解并遵守，使设计更好地为社会服务。

美国著名设计教育家帕培勒克（Victor Papanek）曾提到："在现代的美国，一般学科教育都是向纵深发展，唯有设计教育是横向交叉发展的。"[②] 设计的发展需要越来越多的与不同学科的交叉，设计从最初的动机到最后价值的实现，往往都离不开管理学的运用。这种性质决定设计师必须具备一定的管理知识，尤其是市场营销学知识。设计的最终价值必须通过消费才能实现，设计师应该掌握消费者的心理，理解消费文化，了解消费者的需求，预测消费趋势，从而使设计适应消费，进而引导消费，实现设计的社会价值与经济价值。在设计整体环节中，设计师的组织能力和协调管理能力显得尤为重要，设计师需要善于处理各种公共关系。包括设计调查、设计竞争、设计合同签订、设计实施等，组织协作能力是设计师重要的社会技能，成功的设计师都是成功的合作者。

设计师除专业知识以外，无论是制造技术、材料技术、环境科学、人文艺术、市场营销、生活信息、消费心理、竞争策略、经营管理等各个范畴的新知识，都应该尽力加以涉足，并适时提出创新概念，如此才能掌握社会的脉搏，才能够与管理层及产品开发团队中其他领域的专家顺利沟通。

6.4　艺术设计管理组织的高效特征

6.4.1　艺术设计管理者的能力因素

管理者是从事协调性的管理活动的专门人才，设计管理者是设计企业管理活动的实施者，设计管理者要行使计划、组织、协调、激励、领导、人员配备、控制等职能。

企业导入设计战略首先要在决策层建立起战略性的设计管理，最高决策层

---

① 尹定邦 . 设计学概论 [M]. 长沙：湖南科学技术出版社，2003：197-200.
② Victor Papanek.Design for the Real Word，London，1974：177-178.

必须对企业的经营战略、目标方针、事业计划提出设想，管理者要构建组织基础以及工作进程，以保证由个体构成的团队拥有高效的运作能力。设计管理者必须不断地建立和巩固团队的核心价值和能力，以及团队在整个组织机构中的地位。企业战略能使各个管理层人员有计划、有组织、高效率地完成各自的目标，有利于各部门之间合理分配资源，应付各种竞争压力，及时主动地调控市场，管理者对设计政策、设计组织的发挥、产品开发的决策及实施等活动带来重大影响。

作为设计管理者，应该具备管理者所具备的能力。具体包括：①创新能力，这是管理者要适应瞬息万变的社会环境和市场形势，不仅要具备开拓进取的创新意识，而且要具备不断创新的能力；②应变能力，这是管理者必须具有的应付各种情况变化的心理准备和实际能力；③表达能力，这是管理者与人、与组织交流的基础；④控制时间的能力，管理者的时间观念要强，要具备合理规划工作进度和时间安排能力；⑤处理信息能力，管理者要擅长于全面掌握信息，为企业经营决策服务；⑥组织能力，管理者应具备指挥、策划、调度、安排等方面的组织能力；⑦沟通与合作能力，管理者应善于交流和合作，善于引导人思考，善于用逻辑的力量和行动让人信服；⑧交际能力，管理者应与人交往，善于处理人际关系；⑨用人能力，管理者应擅长发现人才，培养人才，用好人才，充分发挥下属的作用。[①]

设计管理者相对于其他管理人员来说，其还应具备相应的专业素质。主要包括：①决定设计政策的能力；②拟定设计策略的能力；③撰写设计方案规范的能力；④监督与控制设计方案进度的能力；⑤界定设计问题，评估设计资讯及评价研究方法的能力。

而设计管理者的管理方法有：①确定需要解决的问题，制定解决问题的目标；②分派职责，进行授权；③进行资源的有效配置；④控制设计活动的过程；⑤跟踪工作进度；⑥进行绩效评估。设计管理者要善于采取授权的方式，有效地通过计划、组织、控制其他层次的员工的活动来获得成果，需要指出的是，授权和承担责任，设计管理者可以通过授权组织员工的智慧完成工作任务，获得工作成果，但是工作的最终责任是由设计管理者来承担的。

最后，设计管理者还应掌握适当的管理技巧进行管理，主要包括两个方面：①优化组织结构、减少组织层级是实现沟通的组织因素。有效的沟通是管理行为和组织目标成功的必需条件，沟通对于管理者来说尤为重要，管理者如果不能够与下属之间形成卓有成效的沟通，那么任何为完成管理职能所作的管理行为都很难取得成功，沟通是目标与员工成就之间的桥梁。组织结构本身是有利于沟通的，尽可能地减少了沟通障碍。组织行政层级的臃肿易导致信息的传递不充分和信息在传递过程中的失真（图6-18）。[②]现代复杂企业的运行过程中采

① 胡俊红.设计策划与管理 [M].合肥：合肥工业大学出版社，2005：232-233.
② 邓成连.设计管理：产品设计之组织、沟通与运作 [M].台北：亚太图书出版社，1999：78.

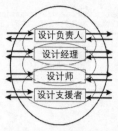

图6-18 设计团队沟通方式

取"横向沟通"和"斜向沟通"两种非传统的沟通方式作为传统沟通方式的补充，让同一层级不同部门和成员之间、不同组织层级之间的组织成员为解决问题而进行的沟通更加顺畅。②管理者是否具有良好的沟通技巧。沟通的过程是信息发送、接受、反馈的过程，管理者应该具有接受不同类型的信息（积极、消极）的能力，信息的传输方式有口头传输、肢体语言传输、触觉传输、味觉传输、其他物质媒介传输。管理者作为信息的接收者的时候，需要有能力调和来自不同信息源的信息，思考整合这些信息，接受有用信息，过滤无用或干扰信息。当管理者作为信息源，发出信息时，要尽可能地减少发出互相冲突的信息，采用合适的信息媒介传递手段，强调信息的重点，明确信息的指向性（表6-3）。

设计团队沟通技巧表		表6-3
沟通	对内协调；对外沟通接洽，传达客户正确想法；咨询往来	
统筹	统筹整个项目进度	
督导	对内督导；指导方向；负责细部设计处理	
控制	控制品质、进度、成本、工时以及设计大方向	

6.4.2 设计工作团队的建立

在设计过程中，一件新的产品投放市场并不是由设计师一个人单独完成。要使产品获得成功，需要许多成员的通力合作。如何让员工在一起有效工作，企业应该了解如何建立有效的团队和激励团队成员。我们需要解决下面几个方面的问题：企业什么时候使用团队？在团队中企业如何激励设计师？怎么样的团队结构才能产生最高利润？设计师的个人绩效如何与团队绩效相联系？

1）团队概念

团队是一群在同一领域一起工作的雇员组成的队伍，但这并不是我们所定义的团队。对团队的定义是"由一群雇员在同等的方式下一起工作，然后达到明确要求的结果"。有两种代表性的团队：解决问题的团队和自我管理工作型团队。解决问题团队其目标是解决某个具体问题（如产品开发或设计方面），团队的成员一般跨多种工作——有设计师、工程师、市场营销人员、管理者。他们所有的观点交织在一起有效地解决了问题。一些正式的团队，要按一些规则来建组，这些规则包括团队中人员的去留，以及工作过程中的结果和考评。第二种类型的团队是自我管理的工作团队。他们是以每个工作日一起完成每日的工作目标，他们努力使自己的决议被领导采纳，这样他们能调整、增加工作达到更好的目标。

2）团队的使用

团队的使用要考虑效率。什么时候团队的工作效益最大？当特定的员工和其他员工的工作有较强互补性时，团队的效益最大。例如，一个人抬不动的东西而二个人却能抬动，这时一定要用团队完成任务。一个人无法在规定时间完成任务，而一个团队可以在规定期限之前完成任务。因此从以上简单的例子我们可以得出，当总体大于部分之和时就应该使用团队。

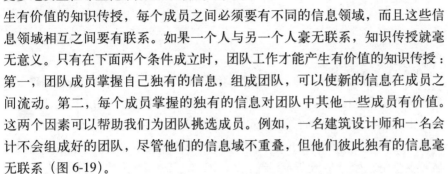

图6-19 团队成员信息域

3）团队内部的知识传授

知识传授是团队生产的第二效益，而且更多地发生在专业化不太强的时候。为了发生有价值的知识传授，每个成员之间必须要有不同的信息领域，而且这些信息领域相互之间要有联系。如果一个人与另一个人毫无联系，知识传授就毫无意义。只有在下面两个条件成立时，团队工作才能产生有价值的知识传授：第一，团队成员掌握自己独有的信息，组成团队，可以使新的信息在成员之间流动。第二，每个成员掌握的独有的信息对团队中其他一些成员有价值。这两个因素可以帮助我们为团队挑选成员。例如，一名建筑设计师和一名会计不会组成好的团队，尽管他们的信息域不重叠，但他们彼此独有的信息毫无联系（图6-19）。

4）团队的合作

团队中有了工作员工之间的知识传授，这还远远不够，需要领导加强团队成员之间的沟通和合作。来自不同领域的员工在组成团队时，他们会面临观点差异的问题。例如：工程技术人员在对待一件新产品开发时会以理性的眼光看待产品；该产品是否符合人机工程学的原理，是否符合成本收益，是否具有实用性；而工业设计师则更多的以美学和对产品的造型上进行研究，强调以视觉冲击为中心；而市场调查人员则以该产品是否符合消费者需要，是否会占有一定的市场份额等看新产品的开发。[①]

由此可见来自不同领域的人在组成团队时他们会面临观点差异的问题，也有员工之间的性格、宗教信仰的不同，他们在共同工作是难免会遇到冲突。在这种情况下如何协调在团队中个别成员之间的专业文化背景，组织一个高效的合作团队是新产品开发的成败及企业获取有效竞争力的关键因素。我们首先应该认识到这种冲突是客观存在的，这种冲突必须明确是工作上的冲突还是个人之间的冲突。对这两种不同性质的冲突要区别对待。非工作性的冲突将损害团队的整体性，干扰项目的正常进行，消耗工作时间。我们必须使非工作性冲突最小化，并使之在工作外解决。例如企业在团队形成之后，可以组织一些社会活动以使得团队成员能更好地沟通、交流。

如果是工作上的冲突，那么合作就成为可能。通过合作，不一致的意见可以转化为双赢的结果。合作不等于折中，那种折中相互妥协只会让工作变得更糟糕，达不到预期目标。而合作应该是在更有效的交流基础上相互获益。因此，

① 付小兰.基于艺术设计人力资源管理研究[D].武汉：武汉理工大学，2006.

图 6-20 团队组合

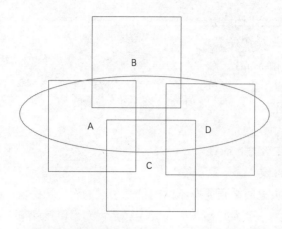

可以通过三种方法增强团队间的合作。首先，创造一种积极的团队气氛让团队集中精力，提高团队解决问题的能力，增进相互信任。其次，使团队的成员之间可以相互获得双赢的机会。帮助每个人找到合适的位置。最后，端正团队成员的思想，用一种合作、创新的思维方式尽力创造双赢局面。

5）团队规模与生产率

一定的团队规模在组织中会有不同的效果。大型团队会形成沟通障碍，小型团队则使信息传递不充分。在大团队中，员工因为多种目的进行对话，单在沟通上就会花费很长时间。有时候团队会变得很混乱，导致所有的沟通中断。从沟通的角度看，团队越小越好。但是从信息的角度看，大团队有较广的信息域可供使用。如图 6-20 所示，现有 A，B，C，D 四个员工，他们都有各自独立的专业知识。组成团队的最佳方式是 C 和 D 在一起工作。C 和 D 的组合可提供完成大部分任务的信息，因为任务大部分在椭圆里。团队中加入 B 可以扩大一些任务，而 A 的加入只能扩大很小一点。如果 C 和 D 的团队加入 A 和 B 可能带来明显的沟通障碍，而且对信息分配起不到很大的改善。[1]

6）团队的激励

要在团队环境中产生激励，就必须提供有意义的奖励。团队中有两种类型的奖励，显性奖励和隐性奖励。显性奖励有多种形式，最普遍的是团队奖金、利润分享、股票及股票期权。隐性奖励在团队奖励中占的比例可能会超过各种形式显性奖励的总和。员工的报酬同其他指标一样与企业总体赢利水平紧密相关。当企业利润高时，工资也高。如果较高利润带来较高的加薪，那么员工就间接地分享了企业利润。在这种情况下，利润是隐性的，但确实存在利润分享。

7）建立高效的设计工作团队

工作团队是企业组织结构中的一种，企业还存在其他形式的组织结构，比如职能型组织结构、矩阵式结构、直线参谋型组织结构等，一个企业并非只能采用一种组织结构，大多数时候是以一种组织结构为主，根据组织的战略目标和实际工作情况，也会采纳其他类型组织结构的优点。

"组织结构是指为了实现组织的共同目标所确定的组织内各要素及其相互关系，是一个组织在工作任务的分工、人员的分组和协调等方面的表现形式。"[2]组织战略的实现、企业文化和各项具体组织政策措施的有效实施，都要依附于

① 付小兰. 基于艺术设计人力资源管理研究 [D]. 武汉：武汉理工大学，2006.
② 杨蓉. 人力资源管理 [M]. 大连：东北财经大学出版社，2005：307.

一定的组织结构。与设计部门相关联的组织结构形式主要是工作团队结构。工作团队是员工为完成共同的工作任务而聚集在一起的集合。工作团队结构是现代企业广泛采用的一种组织结构方式，工作团队可以是组织为了完成某个工作任务，直接指派分配的，也可以是员工之间为完成某个任务，自发形成的。

工作团队的核心在于团队合作，它以完成任务为目标，打破部门之间的壁垒，有利于资源共享、信息传递、部门协调。工作团队既存在于组织内部，也存在于不同组织部门之间，成为跨组织的工作团队，工作团队相对于旧有的组织结构来说，改变了死板的组织结构模式，减少了不必要的工作流程，减少了官僚主义和部门之间屏蔽的影响，增加了人员流动的灵活性，有利于企业更有效地完成产品开发任务。

工作团队有不同的区分方法，按照团队中的员工分属的部门，分为单一型工作团队、复合型工作团队。单一型工作团队中的员工来自同一职能部门，而复合型工作团队由来自同一个等级、不同职能部门的员工组成，为了完成某一项工作任务而聚集在一起。例如联想研发手机时，会临时组成工作团队，这个工作团队中包括技术人员、硬件设计师、软件设计师、模具工程师、市场营销人员等，产品设计师就是这个团队中的一员。

复合型工作团队是一种高效的工作形式，它能使组织内不同领域员工之间因为相同的工作目标而走到一起，相互协助、协调复杂的项目，共享信息，解决面临的问题，改进工作方法，完成工作任务。复合型团队面临的主要挑战来自于员工，即员工之间能否实现高效的协作、充分的信任沟通。源自不同部门、不同专业领域的员工某种程度上难免偏重自身的利益，如果缺乏有效的沟通和彼此之间的信任，尤其是如果缺乏组织文化的支持、有效的团队组织以及成员自身的努力，就不可能形成合作、和谐的团队氛围。

单一型工作团队也是为了实现共同的工作目标而聚集的群体，它和复合型工作团队的区别在于：单一型工作团队的员工来自相同的一个职能部门，而复合型工作团队员工则来自多个不同的职能部门。设计师所涉及的工作团队可能是单一型也可能是复合型，依据工作任务的需要而定，比如，如果任务只需要产品设计部门的某几个员工共同完成，那么这几位员工在此时就暂时形成了一个工作团队，直至任务结束。无论是何种类型的工作团队，都需要将建立团队精神和团队协作理念作为一个优秀的工作团队的基点。

6.4.3 团队的建设

1）工作团队的协作精神

团队之所以比传统的组织结构具有优势，发挥出 1+1>2 的整体协同优势，除了它适应变化的组织结构特点——分权式、非程序化决策机制、更大的管理跨度、更少的管理层次。以外，团队强大竞争力的根源，还依赖于无形的、无处不在团队精神，没有这一点，团队只是一个松散的个人集合体。"团队精神"的核心是协作精神、奉献精神。只有每位成员都对团队有强烈的责任感、归属感、高忠诚度、维护团体的共同利益，才能真正做到相互协作、弥补不足、圆满完成工作任务。

2）工作团队的组织优势

信息时代和知识经济的特点是高速发展、瞬息万变，在这样的社会经济及市场环境下，组织的应变能力、有效开发和利用人力资源的能力将成为决定组织生存、发展、竞争优势的关键。工作团队正是在这样的经济、时代背景下产生的，工作团队模式符合时代的发展要求，让工作方式变得更加灵活、更有效率。事实证明，采用合作的、目标一致的工作团队形式能够让企业的应变能力得到前所未有的提高，有效地协调了人力资源的运用，明确员工个人责任，激发了员工彼此的潜能和智慧，从而形成高效的工作效率。

工作团队是传统组织结构分散化的产物，它打破了部门之间的隔阂，实施非程序化决策，将大量的分散信息与动态信息进行及时的处理和整合，作为企业决策的基础。将工作团队这种工作单元纳入企业管理中是适合现代变化的企业环境的，工作团队以特有的优势，有利补充现有企业组织结构。

团队的组织优势具体表现在以下几个方面：

首先，增强决策能力。工作团队是员工工作结构优化的产物，具有很强的独立性，具有自我管理、自我决策的能力。它在不损害企业组织统一的前提下，既保证企业运行的一体化和协调性，又不限制员工的创造性，赋予工作团队更多的决策职责。企业环境的动态化使得企业决策的非程序性增强，企业研产销的关系更加紧密，企业决策——信息中心由一个变为多个，由集权变为分权，工作团队主动对信息进行处理，将决策反馈到企业决策——信息中心，并协调配合企业的其他决策活动。

其次，减少了管理层次，增加了管理跨度，组织结构更加紧凑、便捷。原有的金字塔式的组织结构被打破，减少了管理层次，增加了管理跨度，是组织结构扁平化要求的组成部分，将管理系统制定的任务下达到任何需要的业务流程中，将时间和空间的障碍减至最少，降低了管理成本，对信息的处理更加灵活敏捷。

再次，有利于员工和管理者集中精力进行战略性的工作。采用工作团队形式，与普通的组织结构相比，工作团队以某个具体的工作任务为中心，团队中的员工职责分明，因此避免了员工处于某个职能部门工作时分工不明确、权责不清而导致的懒惰和对部门的依赖。同时，工作团队更加具有目标性，大大降低了复杂人事对工作的干扰和工作中信息沟通的不便捷因素。工作团队的管理者也可以集中精力以圆满完成工作任务为团队的首要目标，而不需要像职能部门的管理者花费很多精力在关心员工生活问题、化解纠纷、处理行政事务上，让管理者有更多的时间进行与工作任务相关的战略性思考上。

最后，促进信息交流，提供更多解决问题的途径。传统企业强调权威，导致信息传递的过程中因为太多的环节而产生遗漏，信息共享使得信息传递的途径更为畅通。复合型工作团队由来自不同职能部门、不同专业背景的员工组

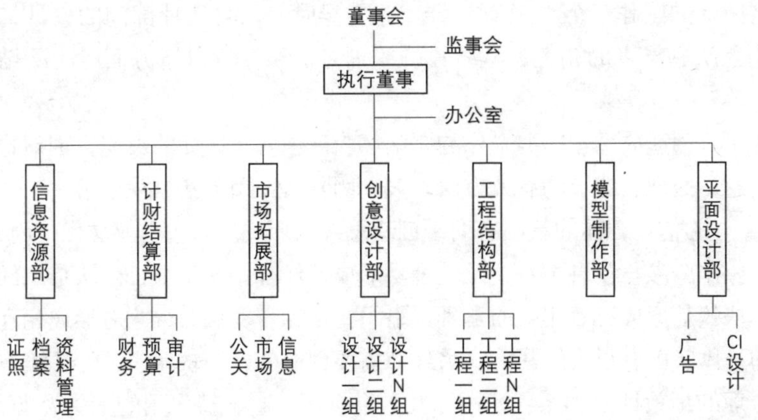

图 6-21 设计公司组织结构图

```
                          董事会
                            │──── 监事会
                       ┌─执行董事─┐
                            │──── 办公室
   ┌──────┬──────┬──────┬──────┬──────┬──────┬──────┐
 信息    计财    市场    创意    工程    模型    平面
 资源部  结算部  拓展部  设计部  结构部  制作部  设计部
   │      │      │      │      │            │
 ┌─┬─┐  ┌─┐   ┌─┐   ┌─┐   ┌─┐          ┌─┐
 证 档 资  财 预 审  公 市 信  设 设 设  工 工 工        广 CI
 照 案 料  务 算 计  关 场 息  计 计 计  程 程 程        告 设
    管 理           一 二 N  一 二 N              计
    理              组 组 组  组 组 组
```

成，解决问题时看待问题的广度和深度都比员工个人或限定某个职能部门要全面的多。他们之间形成优势互补，多角度的看问题避免了个人看问题的片面性，比如设计师看产品设计的角度和市场部门及生产运作部门的角度肯定是有差异的，设计师眼中设计前卫的产品，市场部门可能会觉得市场暂时难以接受，而生产部门会考虑生产成本和加工制造的难度，技术部门会质疑其可行性。团队成员之间的沟通和信息交流，能够让最终的解决问题的方法更有可行性，最大的程度避免失误；合作中的思想碰撞还会带来灵感的火花，会产生意想不到的商品创意（图 6-21）。

3）高绩效（高效）的团队的特征

高效的团队一般具有三个鲜明的特征：

其一，共同的工作任务，明确的工作目标。工作团队就是员工为了某个共同的工作任务而集合在一起形成的。形成一个工作团队的前提是共同的工作任务，统一的工作目标。这个工作目标必须是明确的、清晰的、可实施的。设计师应该非常清楚自己在工作团队中的作用和应该肩负的职责，其责任就是圆满完成自己的工作任务，有效协同团队中的其他员工共同完成团队的工作目标。

其二，积极的工作态度。工作团队以一种更灵活的组织结构形式，尽可能排除工作以外的其他干扰，通过充分调动员工的积极性，激发他们的潜力，完成工作目标。积极的工作态度是高效团队对员工的最基本要求。设计师应该时刻保持主动积极的工作态度，认真负责，一丝不苟。

其三，良好的人际关系。良好的人际关系可以形成和谐的团队气氛，增强团队成员的责任感，激发团队成员的工作热情，提高团队员工工作的积极性、主动性和创造性，实现团队成员的整体效应，提高工作的效率。紧张的人际关系会加大协调工作的难度，影响员工之间的信息沟通，团队优势无从谈起。和谐的人际、愉悦的工作情绪使得团队变得富有吸引力，设计师不仅需要具备专业的素质和较高的工作水平，作为团队中的一员更需要有与他人合作的精神。

当团队的工作任务要求以设计作为主导时，来自设计部门的设计管理者就充当团队领导者的角色，这时设计管理者需要注意以下方面对团队绩效的影响：

其一，创造鼓励创新与合作的团队环境。创新是设计的灵魂，创新也是解决新问题，处理新情况的有效方法，鼓励团队员工用创新的观念解决工作中的问题，良好的信任合作的氛围有助于创新思维的形成。如果企业文化崇尚开放、诚实、协作、参与、自主，就比较容易形成信任合作的氛围，团队员工间相互信任、依赖是形成有效团队的基础，组织文化和管理层的行为对形成相互信任合作的群体氛围有很大的影响。另外，需要创造良好的软件、硬件环境。包括建立合理的绩效评估体系、薪酬以及激励机制，起支持作用的人力资源系统，提供工作所需的各种资源，重视人才、信任人才、知人善用，增强团队凝聚力和战斗力。不同的员工在团队里扮演不同的工作角色——如领导者、汇报者、评价者、创造者、操作者、探索者——管理者创造出一种理想的工作环境，使得团队成员在最适合自己的岗位上，做好自己的角色，最大限度地发挥个人优势，并把它转变成为团队优势。

其二，顺畅的团队沟通。沟通不仅存在于员工之间的工作沟通，也存在于设计管理者与团队成员上下级关系之间的沟通。沟通的目的在于交换信息，管理层与团队成员之间的公开坦诚的信息交流，有助于管理者指导团队成员的工作，及时了解存在的问题。

其三，领导的艺术。优秀的领导者为团队提供指导和支持，鼓舞团队成员的信心，领导团队成员走向正确的工作道路。具体来说有以下几点：良好的职业道德，能够为员工做出榜样；敏捷的思维，冷静迅速解决突发问题的能力；优秀的业务能力；与员工之间保持畅通的沟通渠道；具有人格魅力，尊重员工的想法，鼓励他们发表意见；公正无私，对员工的工作能力和工作成果进行客观的绩效评价。

6.5　艺术设计人才的绩效管理

绩效是指一个组织为了达到目标而采取的各种行为的结果。绩效评估，又称人事评估、绩效考核、员工考核等，它是指主管或相关人员对员工的工作做系统的评价。[①] 具体指对员工的工作效果、业绩、贡献的评价，主要包括：工作表现、工作成果以及工作中的不足，它反映了员工的知识、能力、态度等综合素质，揭示了员工工作的有效性和工作潜能。绩效是工作主体（员工或部门）在一定时间完成工作任务所取得的绩效、成效、效率、效益。它的定义包括三个方面：工作效率，即单位时间内完成工作任务情况；工作任务完成的质与量，即是否平衡、是否达到要求的标准；工作效益，即在工作中产生了多大的价值，

---

① 胡君辰，郑少濂．人力资源开发与管理 [M]．上海：复旦大学出版社，1998：193．

其成本收益是否平衡。[①]

员工表现主要通过出勤率和工作绩效来衡量，出勤率是一种静态的反映，工作绩效是动态的反映，它反映了员工在工作中的表现，工作态度如何，是否达到工作目标。精确的绩效评估系统能够为人力资源管理提供可供评估的材料，是人力资源管理的重要环节，也是重要的人力资源管理的工具，直接影响到员工的调任、升迁、加薪等重大人事决策。

绩效评估是由员工的自我评估、主管的评估、人力资源部门评估完成。全方位的立体评估体系包括上级考核、同级评定、下级评定、专家评定、员工评定几个组成部分。这种考核基于员工在工作中可能接触到所有人，他们都可以成为评估者这样一个前提。[②] 通过员工接触组织中上级、同级、下级的全面参与，能够得到比较全面、准确的评估结果，避免个人意见的偏颇。

绩效的特点具有多因性，即绩效的优劣不只取决于一种因素它是多种因素的结果。其次多维性，企业希望员工在多方面能兼顾。需要对绩效从多个方面考核、分析。例如产品的质量、数量等。最后是其多变性。即绩效考核不是一成不变的。它随着时间和企业战略目标的变化而变化。企业管理人员要用发展的眼光看待员工的绩效。

1）绩效管理的作用及目的

在竞争日益剧烈的社会中，企业如何处于优势地位，如何激励员工在标准时间内完成更多的任务，如何使员工能够提高工作的自觉性、积极性，以及处理好工作过程中出现的突发事件？如何适应不断变化的社会环境？一个有效的绩效评估体系能解决以上问题。它能给员工和管理者提供一个结构化的工作过程，使他们没有任何直接监督的情况下成功地完成目标和任务。

有效的、合理的绩效评估无论是对企业还是个人都有重要意义。对企业来说，它帮助企业合理配置资源，做到人尽其能。提高工作效率、发现企业中存在的问题、做出正确的雇佣决策、做好人力资源规划、降低员工的流失率，改善上级与员工的沟通。提供薪酬决策的有效信息、将员工的个人职业发展与企业发展相结合。对员工，它可以提高员工士气，加强员工的归属感，调动员工的工作积极性并且提高员工的工作能力、应变能力。

从宏观上说，绩效管理是将企业的战略目标分解到各个业务部门，并且分解到每一人。对每个员工的绩效进行管理从而改进和提高整个企业的绩效。企业的生产力和价值也会随之提高。使企业获得竞争优势。

2）绩效管理的关键因素

通过绩效管理可以让员工了解自己表现情况，并让员工了解如何改进和提高绩效。在绩效管理过程中，管理者与被管理者进行沟通与交流，容易达成双方理解和承诺，提高生产效率。绩效管理包括几个关键的因素。首先，关注目

---

① 董志强，黄晋东.3P 人力资源的关键 [M].北京：中国经济出版社，2005：25.
② 杨蓉.人力资源管理 [M].大连：东北财经大学出版社，2005：257.

标相关的工作职员以及贡献和工作成果。绩效管理具有明确的目标导向性，所有的绩效评估都是员工在工作目标范围内的工作产出与工作表现，任何工作目标以外的员工表现不作为绩效评估的依据。

其次，开放的沟通行为将持续贯穿绩效管理的全过程。从绩效目标的制定，绩效计划的形成，达成目标过程中的目标调整和任务变更。对工作贡献产出的评估，绩效改进计划的形成以及提出新的绩效目标都会通过员工与主管的沟通实现。这种契约是基于对未来组织目标和具体工作目标的理解和承诺，在契约中，要明确以下几点：员工的工作目标以及员工的工作对整个组织目标的意义和影响、期望员工完成的工作职责。员工工作应该达到的标准。绩效评估之后必须伴随绩效的改进与提高的计划和行为。

3）利用绩效考核实现激励

考核可以使公司根据设计人员的产出或努力程度调整其薪酬。当设计人员根据个人的设计方案付给报酬时，那就需要把个人的报酬与业绩联系起来。对其业绩多少的衡量也是一种考核。每当一时期结束，设计人员的绩效就被考核。设计者所设计的方案，有多少被客户采纳，被统计出来设计人员的报酬直接与考核结果相关。当设计人员的报酬与他们个人努力相关时，资深的设计师也应该被考核。这是因为，其一，即使考核能够直接对资深的设计师产生激励作用，但通常对资深的设计师的考核比对新来的设计人员考核益处更少。对资深的设计师的激励同样也适合新来的设计人员，并且激励所产生的效果对年轻的员工更重要。进一步说，考核的其他主要目的是为公司挑选合适的人，并且把挑选到的人配置到合适的位置上，对与新来设计人员的重要性大于对资深的设计师。

其二，考核的方面对于不同资历的员工应该不同，对于年轻的员工，确认其工作的一般能力，了解他们所具备特殊能力的重要性。这些信息有助于决定该设计人员在公司所负责的工作。

其三，对资深的设计师的考核应该是工作成就，而不是能力。工作成就受能力和努力程度的影响。因为资深设计师的能力从其在公司的早期经历中已为公司所熟知，所以可以比较容易地剔除能力的因素而专门考核其在工作中的努力程度。与过去绩效的偏差可能是努力程度的差别，也可能是能力的变化。这些公司都应该观察出来，并以绩效考核的形式体现出来。

4）绩效考评的方法及程序

绩效评估的方法直接影响评估的效果与评估结果正确与否，评估方法应该有可靠、有效、普遍性，能够鉴别员工之间的差异。评估方法分为主观评估法和客观评估法。主观评估通常用在行为难以量化评估指标时采用，主要依赖于考评者的经验判断，它的优点是经济省时，但缺点是容易受评估者的主观因素的影响，随意性较大。客观评估具有量化、制度化的优点，不容易受评估者主观意识的影响，更加公平合理，缺点就是并非人所有的行为都可以用量化指标进行描述，因此采用客观评估与主观评估相结合的方法，以客观评估为主，主观评估为辅。

采用何种绩效评估的方法要根据员工的工作岗位的实际情况，结合各岗位绩效考评标准，将组织对员工的期望和要求公开地规定出来，在开展绩效考评时，考评者就有了客观标准。

在多种绩效评估方法中，所选择的方法应该依据被考评的工作岗位职责及组织的其他条件而定，应该与组织的实际情况相符，否则，开展的绩效考评工作起不到激励员工督促改进的作用，绩效评估形同虚设，同时还需要遵循经济性的原则。

对于设计部门来说，它是一个直接与市场利益挂钩的部门，因此建议采用关键事件法和绩效目标评估法（与目标管理法比较相似）相结合的客观考评方法，其他的考评方法将不做过多的描述。

（1）关键事件法

关键事件法是客观评价体系中最简单的一种方法。运用关键事件法进行考评时，主管人员收集员工在工作中发生的重要事迹，包括良好的行为记录和不良的行为纪录，考评者运用这些记录资料对员工进行评价。"关键事件法有三个基本步骤：①当关键事件发生时，填在特殊设计的表格上；②摘要评分；③与员工进行评估面谈。"[①]

这种考评方法一般作为其他考评方法的补充，它要求收集的事实是真实可靠的，并且与工作要求和工作管理相关，否则会造成评估偏差。这种评估方法具有的优点是：提供了考评员工表现的客观依据，和与被考评者沟通时的事实依据。

（2）目标评估法

目标评估法是目前较流行的一种绩效考评方法。分为四个基本步骤：①制定目标；②员工按照目标要求开展工作；③管理者与员工讨论分析工作成果；④评估工作绩效，制定下一个目标。

这种评估方法的优点体现在两个方面：一方面，在这个螺旋式上升的循环过程中，每一循环单元工作目标的制定是基于对员工的工作评价，下一次的循环中，总结了前一次的工作不足和需要改进的地方，因此这种目标评估的过程伴随着员工和组织工作效率的不断提高的过程。另一方面，绩效评价者的作用从判断者转换成顾问和促进者，员工也从被动的被考评者变成了积极的参与者，充分发挥了员工的积极主动性，管理者和员工的共同参与，适合二者意见反馈，有效指导工作。同时为员工的工作树立了明确的目标，激励员工尽量向目标靠拢，有利于工作目标和绩效目标的实现。

当然这种评估方法也有缺点，由于它是以工作目标为评估的基本方法，在某一部门内部可能会取得较好的效果，但是当其运用到整个企业组织时，情况就发生了变化，因为每个职能部门的目标是不同的，这样就会形成不同的评估标准，因此只适用于部门内部的纵向比较，而在不同职能部门间的横向比较上

---

① 胡君辰，郑少濂．人力资源开发与管理 [M]．上海：复旦大学出版社，1998：205．

则费时费力。

就设计部门而言，内部容易形成统一的工作目标，因此，这种评估方法对设计部门是比较适合的，设计部门是一个没有涉及太多行政或者复杂人事关系的部门，它以定量的方式描述了设计团队的工作成果、工作效率，员工的工作绩效一目了然，可以作为奖金的分配参考。

5) 绩效评估的程序：

制定绩效考评计划——拟定考评标准和设计考评方法——培训考评人员——收集考评资料——（大多运用绝对标准——以员工业绩的客观现实为依据）进行考评和误差调整——分析考评结果和结果反馈运用。

6.6　艺术设计师有效报酬

1) 薪酬概念

薪酬直接衡量了人力资源价值量的大小指标，直接关系到员工切身利益。报酬管理是人力资源管理的一个重要方面，同时也是人力资源管理的有效手段之一。企业的薪酬制度在吸引、保持、激励员工方面发挥重要作用，它关系到组织的劳动力成本和员工的努力程度。

薪酬是指个人参与社会劳动从组织中得到的各种酬劳的总和，包括直接以货币形式支付给员工的劳动报酬；可以转化为货币形式的劳动报酬；工作本身带给员工个人的机会和满足感；以及工作环境带给员工的满意、方便、舒适和愉悦。前两项称为经济报酬；后两项称为非经济报偿。[①] 影响薪酬多少的外部因素有：国家法规政策、劳动力市场的供求变化、行业行情、当地生活指数等。内部因素有：企业文化、员工学历、工龄、工种等。

企业的薪酬政策，是指企业制定报酬的依据和指导性思想，比如是业绩优先、工龄优先、学历优先、需要优先、成本优先、公开的报酬支付系统、保密的报酬支付系统等。

2) 薪酬的结构

薪酬一般可以分两个部分：货币薪酬和非货币薪酬。货币薪酬是我们通常说的工资。[②] 在企业中，无论工资以何种命名都分为两大类：基础工资和业绩工资。

每个月员工的工资 = 月基础工资 + 业绩工资（月基础工资 = 职位工资 + 学历／技能工资 + 经验／工龄工资）

3) 薪酬设计的核心——公平

薪酬设计主要解决公平问题。即内部公平和外部公平。外部公平是本企业的员工把自己的工资水平同其他企业从事跟自己相同或相近工作的员工工资水

① 杨蓉. 人力资源管理 [M]. 大连：东北财经大学出版社，2005：253.

② 董志强，黄晋东 .3P 人力资源的关键 [M]. 北京：中国经济出版社，2005：131.

平相对比。对比的结果将对员工的工作积极性和满意度产生正面或负面影响，同时员工会做出去留决策。另外，新的求职者作为是否接受工作的重要参考标准。市场薪酬调查以及企业工资水平的确定就是为外部公平性服务的。内部公平是企业员工把自己的工资水平同企业内部的其他人员相比，比较的对象是与自己相同工作的同事或其他岗位与自己不同级别的员工。比较的结果将会影响到员工的总的工作态度、献身精神、晋升对他们的吸引力以及被调换岗位的愿意程度。企业内部工资结构和等级的划分是影响内部公平性的关键因素。

4）工资标准与工作评价

企业内部一般会有一个统一的工资制定标准，制定工资标准时会考虑以下因素：①岗位等级，工资分为几个等级，第一级是高级管理者，第二级是中级管理层，第三级是低级管理者，第四级是普通员工；②岗位分类，技术岗位，操作岗位，销售岗位，文秘岗位，行政岗位；③学历分类，大本、研究生、博士生、海外引进人才。企业制定工资一般不会单一的采用哪种方法作为标准，很多情况是将几种不同的方法结合起来。将众多类型的职务薪酬分成若干等级，对每个等级划定工资标准。①

决定员工工资标准要体现公平性的原则，包括内部公平和外部公平，内部公平是指组织内部从事相同工作的员工的工资标准应该公平。外部公平是指企业内某个岗位的员工工资标准应该与同行业内其他企业相同岗位员工工资标准在一个水平线上。

工作评价的目的是评价一个工作岗位的相对价值，区分各个岗位的工资级别。方法就是通过找出组织内各种工作的共同付薪因素，根据一定的评价方法，按每项工作对组织重要性的大小，确定其具体的价值（即权重），最终确定工作薪酬水平的一个过程。工作评价的目的在于判定一个工作岗位的相对价值，为各工作岗位薪酬水平的确定做好准备。

工作评价有很多方法，如评分法（又叫计点法）、因素比较法、分类法、排序法等，企业中应用较多的是评分法，它考虑到各种工作因素对员工的影响，细致的区分了不同岗位的工作要求，能在一定程度上体现公平的原则。

计点法，是运用得最为普遍的一种工作评价法。这种方法的操作过程是首先开发出一套适用于工作评价的评价标准；寻找工作中的支付薪酬的因素，如学历、职务、年资、承担的责任、劳动条件等，将这些不同类型的薪酬因素按等级赋值。其步骤是：工作分析——确定工作的薪酬因素——确定各种报酬因素的权重——建立结构化量表、确定各个等级的点数级——找出各个报酬因素的总点数——确定工作级别（为各种薪酬因素及各等级进行权重分配，以反映不同薪酬因素的重要程度。决定报酬因素的权重质的大小是与其在工作中的该报酬因素的重要性相一致的。权重值的大小主要依靠工作评价者的经验判断。）

工资点数 $z = f1 \times m1 + f2 \times m2 + f3 \times m3 + f4 \times m4 + f5 \times m5 + f6 \times m6 + \cdots\cdots$

---

① 胡君辰，郑少濂. 人力资源开发与管理 [M]. 上海：复旦大学出版社，1998：205.

（f= 技能、学历、工作条件、工龄、职务等级……；m= 权重 1，2，3，4，……）

级别 j={zx，zy}

（x，y=N）

5）设计师的业绩工资设计

除了企业统一的工资标准外，企业各个部门有不同的报酬标准，对于设计部门来说，报酬支付情况要在企业的报酬支付政策框架内，同时为了鼓励员工，需要使用设计师的业绩来增加薪酬，作为工资的重要补充，这是对设计师的一种重要激励手段，以奖励优秀的设计师，使他们为企业创造更大的工作动力，并帮助企业留下优秀的设计师，避免人才流失。

设计部门不仅仅依据市场或者企业平均报酬水平确定设计部门相关人员的报酬，更应该将他们的报酬状况与设计项目和产品的经营状况联系起来，这样才能有效地调动员工的工作热情。员工获得奖金的多少直接与员工工作任务完成情况相关，多劳多得，少劳少得（表6-4）。

设计部门相关的业绩工资类型表	表 6—4
佣金	员工完成某一项任务而获得的一定比例的经济收入，比如设计师参与了某项设计任务，设计任务完成后，根据设计时工作量的大小获得一定比例的金钱作为奖励。
超时奖	很多企业都有这种奖励，也可以叫做"加班费"，工作时间超出法定时间部分可以获得一定的经济补贴。但就设计部门来说，佣金作为奖励手段，它以工作成果作为评判标准，而针对超时奖，则首先有一个前提：保证正常工作效率情况下的超时工作所获得的报酬，故意性的超时是不纳入其中的，同时尽量鼓励员工在正常工作时间内完成工作任务。
绩效奖	自员工绩效评估达到某一绩效标准，企业为了鼓励员工该段工作时间内的工作表现而支付的金钱。绩效评估的是一段时期内员工的工作表现、工作成果、工作积极性，它评价的是一个综合表现，考核结果的高低显示了企业员工创造价值的差别，按照这个差别对达到一定绩效标准的员工进行奖励，鼓励他们不断提高绩效，同时鼓励其他员工向他们学习，任何人都有获得绩效奖金的机会，只要他们付出努力达到部门规定的绩效标准。
职务奖	主要是针对担任一定职务，肩负一定责任的员工的奖励。比如设计管理者、设计小组组长、设计项目负责人，他们比一般的设计部门员工付出更多的努力和心血，往往是公司的骨干、专业水准较高、有较多经验的设计骨干力量，企业为了奖励他们的付出，鼓励他们取得更好的业绩而支付的奖励。需要指出的是他们的奖金与工作绩效、设计项目的完成情况息息相关，在他们的领导下，企业的设计项目做的非常出色，工作绩效很优秀时，他们获得这种奖金是当之无愧的，反之，碌碌无为者将会逐渐被淘汰。
红利	企业盈利后的分成

6）设计部门员工报酬与员工工作绩效

随着市场的发展，以及出于节约成本和提高效率的需要，企业组织结构发生着变革。企业组织结构扁平化发展，机构精简，业务外包。市场需求瞬息万变，为了提高企业内部工作效率，增强企业的竞争能力，要求企业管理层改变支付报酬的方式，从单一的岗位报酬转向多元化的报酬支付方式。设计部门是新经济时代的产物，它必然跟上企业的组织结构转变的脚步，相应的采用更为先进、更为合理、更能体现公平、更能激发员工工作热情的报酬支付方式。这种支付方式就是下面将要谈到的：按员工工作绩效支付报酬。

按绩效确定员工报酬，将员工的工作成果、工作表现直接与获得的报酬挂钩，形成员工之间按照自我能力和工作付出多少形成报酬差距，它是战略性薪酬管理的一部分。通过绩效评估的结果的差异区别优秀员工和一般员工的报酬高低，将报酬作为一种激励手段，鼓励员工提高自己的工作绩效。按绩效付酬的方式很多，如工资标准评定、佣金、绩效奖金、职务奖励、团队奖励、分红计划等。

它将对员工的报酬支付与特定的人力资源管理职能结合起来，考虑到员工个人的工作绩效差异和员工的资历差异，体现了员工公平。

设计部门在制定员工报酬政策时要考虑以下几个方面：部门内部的工资水平与企业同级别岗位的工资水平；劳动力市场工资水平；工资水平能否保障员工的生活需求，能否得到他们的认可；工资增长幅度；工作绩效与工资的关联程度；绩效工资能否发挥正面的引导作用；绩效评估结果是否客观公平属实。

7）绩效报酬的激励功能与"激励性报酬计划"

报酬代表了员工劳动力价值的高低，不仅是维持员工生活学习的重要经济来源，满足员工生活需求，在一定程度上，也是衡量员工工作能力和社会地位的象征。普遍的高报酬作为激励手段作用不是很大，甚至带来负面影响。在员工眼中，相对报酬（与他人相比较的报酬多少）比绝对报酬能代表更多的东西，员工中总是在与他人的相对比较中获得满足，因此报酬作为激励手段的必要条件是员工之间的报酬差距。而绩效报酬正是通过绩效评估的结果的区别直接产生了员工报酬的差距，可以说绩效报酬本身能够产生对员工的激励作用。

绩效报酬作为有效的激励手段，还需要满足以下条件：绩效评估结果的准确性客观性；员工绩效报酬的适当差距，差距过小，不起作用，差距过大，欠缺公平。只有这样，绩效报酬的差距既能够对员工产生刺激，又能够把这种激励控制在一个良性的范围内。高绩效者高工资对所有的员工意味着只要自己能够改进工作，增加工作绩效，也能够获得高报酬。

而激励性报酬是指员工所得报酬中随着员工工作成果的多少和为企业所作的贡献大小而获得的奖励部分，这部分的报酬是不固定的，多少依据员工的表现而定，是一种奖励性质的报酬，通常被用来激发员工的工作积极性和工作热情。它的表现形式有佣金、分红、提成等。

对员工个人而言，企业中按照不同的工种，分为不同的激励性报酬计算方式。比如，销售人员，按照销售量的多少进行奖励，技术工人按照计件奖励，不同的工作性质的员工激励的方式有区别。针对工作团队或是小的工作集体，企业也设置专门针对他们的集体奖励，比如开拓市场的业绩，开发出新技术或是新产品，成功的品牌策划案等。

就设计部门来说，部门内部员工的激励性质报酬可能来源于参与某种产品的概念或创新设计过程，经过市场的检验，设计方案是由消费吸引力的，或者有利于未来潜在市场的开发。它的优点是能够激励设计人员创造良好的业绩，是对优秀设计人员进行激励的最直接的方式。

将底薪与激励性报酬相结合是比较常见的做法，底薪就是无论企业业绩如何，设计部门员工每个月都会有固定的工资保障生活。这样可以使设计师的工作尽量避免来自设计部门外部其他不可抗力的影响，其中包括市场本身疲软、售后服务问题、产品硬件技术问题、市场推广销售问题等对成功设计的产品销售产生的影响。

成功的产品从概念到实物到获得成功的市场效益，是一个长期的过程，这个过程需要企业中所有要素的积极参与，底薪＋激励性报酬，不仅与工作业绩挂钩，也保证了员工的利益，操作方式比绩效工资更加简单，许多中小规模的企业都采取这种报酬形式。

比较激进的另一种报酬形式是单纯的激励性报酬，简单的说就是，做多少得多少，设计时完成的设计任务越多越好，报酬越高；没有完成设计任务就没有报酬。这种方式彻底地打破了员工懒惰的心理，迫使员工必须进行努力的劳动。

采用哪种报酬形式是企业必须认真考虑的问题，结合自身实际，使报酬不仅仅是员工的收入所得，还能够进一步发挥激励员工工作积极性的作用。设计部门实施创新战略，需要制定相应的考评标准，使大胆尝试、勇于创新的员工获得较高的绩效评价，得到组织的奖励。反过来，通过绩效考评，员工们明确了组织最重视和最需要的能力，在以后的工作中，就会自觉地培养和增加自己的创造性行为，将设计部门的创新战略得到进一步地贯彻。

6.7 设计组织及设计作品

"组织结构是为了实现组织的共同目标所确定的组织内各要素及其相互关系，是一个组织在工作任务的分工、人员的分组和协调等方面的表现形式。"[①]组织战略的实现、企业文化和各项具体组织政策措施的有效实施，都要依附于一定的组织结构。以下的 2 个组织是设计发展史中的典型组织：

1）孟菲斯设计组织（Memphis）

"孟菲斯"成立于 1980 年 12 月，由著名设计师索特萨斯（Ettore Sottsovss）和其他 7 名年轻的设计师组成，以后设计队伍逐渐扩大，美国、奥地利、西班牙、日本等国设计师也陆续加盟，极具有代表性。[②]代表人物索特萨斯设计了许多怪诞的、颇具象征意义的产品和家具等，他与同仁们成立了"阿尔其米亚"设计室，开始了取代现代主义的艺术运动，目标为寻求将传统文化与现代流行艺术相结合的理念（图 6-22）。

---

① 杨蓉 . 人力资源管理 [M]. 大连：东北财经大学出版社，2005：307.

② 李砚祖 . 造物之美 [M]. 北京：中国人民大学出版社，2002：300.

图6-22 "孟菲斯"设计组织

该设计组织以"孟菲斯"命名含有将传统文明与流行文化相结合的意思。1981年9月,"孟菲斯"在米兰举行了首次展览会,使国际设计界大为震惊。他们的设计打破功能主义设计观念的束缚,强调物品的装饰性,大胆地使用鲜艳的颜色,展现出与国际主义、功能主义完全不同的设计观念与设计魅力。

80年代初孟菲斯组织的发展初具规模。设计师们从装饰艺术、波普艺术、东方艺术的设计中获得灵感,他们的设计不仅使人们生活得更舒适,更快乐,而且有反对等级制度的政治宣言,具有存在主义思想内涵。索特萨斯的设计引人注目,他的设计给人留下了许多思考。例如,索特萨斯在1988年设计的电话机,一改以往电话机单一的色调,采用红、蓝、黄色彩。他将现代设计的观念发展到极致的同时也暗藏着对现代主义设计原则以及方式的调侃。让人们脑海中原本没有情感的现代设计作品瞬间变得人性化、生活化、情感化。

"孟菲斯"组织的设计表达丰富美好的情趣,消费者可以从设计中得到启示:设计的功能是具有可塑性的,而并不是绝对的,设计要表达一种文化内涵,使之成为特定文化系统的隐喻。"孟菲斯"组织在设计中关注更多的是设计文化和生活方式的设计,随着该组织设计作品渐渐被人们所接受,该组织的设计观念和美学原则深入到消费者的头脑之中,扩展了人们的视野,给人以新的启迪。[①]

2)风格派组织

风格派(De Stijl)是活跃于1917年~1931年间以荷兰中心的一场国际艺术组织。这个国际性的艺术设计组织在艺术的舞台上占据着重要的地位。1917年10月,一批荷兰的设计师、艺术家形成了一个叫"风格派"组织,该组织以杜斯博格(Theo Van Doesburg)和蒙德里安(Piet Mondriani)等人为领导,

---

① 何人可.工业设计史[M].北京:高等教育出版社,2004:213.

组织成员之间主要依靠 1917 年在荷兰莱顿创刊的《风格》杂志来进行艺术思想的交流。

风格派组织的艺术摒弃了传统的造型形式，力图创造出一种与宇宙精神和规律相契合的抽象语言，它的成员设计了许多颇具影响力的家具、室内摆设、织物、平面图像。风格派组织认为艺术应该用几何形象的构图和抽象的语言来表现宇宙的基本法则——和谐，对和谐的追求成为风格派艺术共同的目标。

风格派组织以一种几何和精确的方式表达了人类精神寓美于纯粹与简朴之中的思想。它号召艺术设计采用抽象立体主义，蒙德里安是一位把客观的抽象艺术理论发展到极致的画家。他的著名作品《红黄蓝的构图》就是理论的重要实践。在他的绘画中能够看到毕加索、勃拉克等立体主义绘画大师的影响，但又有着非常鲜明的个人特色。蒙德里安的绘画在线条上是垂直线和水平线，在色彩上是红、蓝、黄三原色和黑、白、灰三种和谐色（图 6-23）。

1923 年里特维尔德设计的"红蓝椅"揭示了风格派组织的哲学精髓，将风格派艺术由平面推广到了三度空间，里特维尔德通过使用简洁的基本形式和三原色创造出了优美的家具，他的"红蓝椅"、"柏林椅"和"茶几"成为现代设计史上经典之作。"红蓝椅"是用机器预制的彩色木块做成，靠背为红色，坐垫为蓝色，黑色木条的断面被漆成黄色，成为延伸构件中的一个片断，引起人的无限想象。椅子的结构由 13 根互相垂直的木条组成，结构间的连接采用了螺丝以保护结构的完整，它既是一件产品，又像一座雕塑，更是抽象的典范，这个独一无二的形式成为现代主义设计的里程碑（图 6-24）。

6.8 设计组织结构和运营管理

6.8.1 组织的概念

在某种程度上，组织是在群体的概念上发展而成的。具体来说，它是两

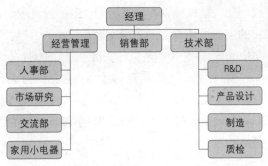

图6-25 德国布朗公司组织结构

人或两人以上的集合体，有着共同的行为规范和发展目标，思想上相互影响，情感上相互依赖。人们加入一个群体，有着多种层面的需要：安全需要，一个好的群体或团队能够带给人足够的安全感；情感需要，群体可以满足个体的情感需要，能够为他人所接受，继而得到认可，是人们的社会需求，也能大大增强个人的自信心；尊重和认同的需要，群体提供给个人称赞与被称赞的机会，让他们感受到自己存在的重要性；对成就感的需要，组成一个团队的最终目的就是为了完成某一目标或任务，因为有许多工作都需要大家的合作才能完成。

在组织结构设计中，创意人才的水平必然直接影响到设计组织的形成。比如德国布朗公司的组织结构（图6-25），就极具代表性。它采用了管理层次较少的一种组织结构形态，由于组织层次少，信息传递迅速有效，成员之间沟通方便。因此，主要适用于规模较小的组织或企业。

组织是由员工和管理阶层组成的一个共同体，主要就是合理利用团队成员的想象力、创造力知识和技能共同协作，最终实现共同的目标。一个良好的组织团队主要由五部分构成（简称为5P），它们分别为：目标（Purpose）、人（People）、定位（Place）、权限（Power）、计划（Plan）。

1）目标。与群体相比，组织更具目标性。整个组织团队的成员之间技能互补、知识互补，为了一个共同的目标共同努力。团队要有一个共同的既定目标，这也是其本身存在的价值。当然，组织的目标必须要与企业发展的最终目标一致，或者是实现企业目标的前期阶段。此外，目标的制定并不仅是组织管理者的任务，它必须有效地向组织内外的成员都有所了解，甚至可以将其作为实现这一目标的口号，起到激励的作用。

2）人。人是一个组织最主要、最核心的部分，两个以上的人就可以构成一个组织。目标是由人来实现的，组织成员素质和技能水平的高低，直接影响最终目标的达成，所以人员的选择是一个优秀团队必不可少的一个部分。组织成员另一个重要的要求就是分工，在一个完整的团队中，从创意构思、制定计划，到市场调查、方案确定，再到最后的投入市场、信息反馈等，都需要不同专业、不同职位的人相互协作、相互监督。

3）定位。组织的定位主要包括两方面：一是组织在企业中的位置，即组织成员的选择应由谁来决定，以及组织在企业中所起的作用。二是组织成员的个人定位，即组织各个成员在整个团队中的地位和角色，以及如何对各自的工作给予评估。

4）权限。组织中管理者的权力大小直接关系到组织的发展状况和发展阶段。团队越成熟，其管理者的权限一般就越小，能够给团队其他成员充分而自由的空间发挥自己的才能；而在组织的发展初期，其领导权则相对来说是趋向集中的，这也是为了避免各成员之间由于对彼此不了解，导致工作任务过于分散。

5）计划。组织制定的计划也包括两方面含义：一是指要实现最终的发展目标需要的一系列方案，也就是具体工作的步骤和程序；二是计划的意义所在，只有提前制定好工作计划，才能够保证组织的进度顺利，一步一步向目标靠近，最终实现。

6.8.2 情感管理打造高效创意团队

在现代的企业团队，特别是创意团队的管理当中，情感管理是一种不可或缺的管理方式，它同时也是一门管理艺术。充分运用团队成员的心理和情感感受，对团队管理，甚至对整个企业的未来发展都有着至关重要的作用。情感管理是一种极为人性化的管理方式，它犹如"一只看不见的手"，无时不在对团队的整体运行产生影响。

在设计创意团队中实施情感管理，主要就是在研究团队各个成员的心理和行为的基础上采取非强制性的方式，以一种潜在的、不易察觉的说服力，基于团队的共同价值观，把团队的最终目标转化为成员的个人目标，激发并引导团队成员的积极性，用情感来积聚人心。团队成员在充满人情味的环境中工作，在团队当中占据主动位置，在物质和精神上与团队的其他成员和整个企业之间建立起荣辱与共的联系，心甘情愿地为企业创造价值。因此，从这一角度来说，情感化管理更符合人们的心理需要，也有利于在团队内部形成一股强烈的凝聚力，这是创意团队实现持久发展的隐形动力。

情感化管理的实质就是"以人为本"，这是情感化管理的核心，也是其本质所在。人是团队进行一切活动的主体，充分尊重和理解团队成员的思想和行为，建立和谐的工作环境和良好的人际氛围，从而发挥成员团队工作的积极性和参与精神。作为创意团队的管理者必须突破以往以领导者为核心的传统管理方式，真正实现以各个成员为核心，关注他们的心理需要和对未来发展的展望，增强在团队中独立自主、积极参与的主人翁意识。

创意团队在讨论的过程中需要团队管理者营造出一种自由的氛围，重视团队成员的主动性，让成员感受到强烈的热情感染力，使他们能够摆脱任何限制和束缚，整个团队之间相互影响、相互感染，激发出成员的积极动机，从而突破固有观念的牵绊，最大限度地发挥思维的创造性。同时还可以使各个成员深刻领会到团队管理者的意图和目的，提升他们对所在团队的归属感和责任感。此外竞争意识也是团队工作情感管理的一个必不可少的重要因素。心理学研究说明，人类有争强好胜心理，在有竞争意识的情况下，人的心理活动效率可增加50%或更多。[1]

---

[1] 赵世勇. 创意思维 [M]. 天津：天津大学出版社，2008：68.

团队的管理者要为团队成员提供一个宽容轻松的工作氛围，保证各个成员能够保持自己独特的人格魅力和发展个性。在实际的工作中，尽量避免用简单化一的模式来管理不同个性的团队成员，特别是对时刻需要创造性思维与灵感的创意团队成员更是如此，要多组织一些适合他们心理需要的活动，张弛有度，使成员能够在放松的环境中大胆创新。

有效地人际交流是缓解紧张的工作压力、增强自信心、营造良好的工作环境、提高创意团队凝聚力的重要方法。调查显示，人在放松、舒适的环境中会产生更多的创造力和创新想法。所以，管理者在创意团队的内部要创造出一种自由、开放、平等、共享的工作氛围。交流的方式除了正式的团队讨论或开会之外，更重要的是管理者要善于通过各种非正式的交流渠道，来洞察和了解团队成员的内心需求和思想动态。在这一过程中，管理者要真正做到与成员彼此交心，而且当团队成员的切身利益受到侵害时，更要敢于挺身而出，提供真诚的帮助，维护成员的尊严，让他们感到自己是团队的重要组成部分，进而在以后的工作中以团队为依托，大大增强整个创意团队的凝聚力。

实施情感化管理的方法和途径

首先，尊重团队成员。团队的成员是构成一个完整的创意团队的基础，也是决定一个团队成功与否的重要因素。所以，在创意团队的情感化管理中，最重要的部分就是尊重团队的成员。根据马斯洛的需要层次理论，人的需要从低层次到高层次依次为：生理需求、安全需求、社交需求、尊重需求和自我实现的需求。他认为："人在满足了生存、安全的需求之后，就渴望被尊重，希望人格与自身价值被承认。"[①]

第二，相信团队成员，进而赢得团队成员的信任。

在当今社会，人们比以往更需要在工作中建立信任。无论是团队还是个人，在日益激烈的商业化竞争中，企业或团队的变革或转型早已成为稀松平常的事，而唯一不变的是人们对人际关系的需求，因为，整个社会和经济的运行就是通过人际关系来联系的，而信任是建立稳定的人际关系的基石。"所有的组织都在追求高效能。然而，要团结员工，实现高效能所必需的各个要素，并不是一件容易的事情。信任是组织实现高效能的最基本的要素之一。"[②]

信任是团队管理最基本的方法，只有相信团队成员，信任他们都能做好自己的工作，都想对团队或整个企业有所贡献，才能最大限度地发挥员工的创造力，调动起他们的工作热情。当然，"信任"作为一个抽象名词，在实际的工作和管理中是难以衡量的，这就需要创意团队的管理者在投身于维持或实现这一管理方式的同时，采取多种手段和工具来监控这些努力的成效，针对企业的组织、团队、领导者的管理能力和顾客反馈等各个层面来衡量信任的水平。

第三，关心和赏识团队成员。

① （美）马斯洛 . 人本管理 [M]. 马良诚译 . 西安：陕西师范大学出版社，2010：82.
② （美）丹尼斯·雷纳，米歇尔·雷纳 . 信任决定成败 [M]. 程云琦译 . 吉林：长春出版社，2007：176.

　　创意团队管理者对成员的关心不仅仅限于表面上，更要真心实意的去关心、对待团队成员的切身需要，只有这样才能提高人们的工作热情，使团队成员心甘情愿地投入到工作当中。管理人员必须了解团队成员的困难，关注其工作环境和企业的各项福利措施，并做出积极的反应。此外，创意团队的管理者也要为成员提供充足的、丰富的学习和培训的机会，更要为成员提供施展不同才艺的舞台，以此使团队成员得到满足，进而激励其他成员的工作热情和积极性。

　　总之，情感化管理要解决的最基本的问题就是将团队的管理目标与团队成员个人的心理目标进行协调，使二者达到最大限度的融合。对创意团队来说，就是提供一种个性化的团队文化和管理模式，实现团队成员的自我价值和团队的整体发展。在充满尊重、信任、关怀和赏识的工作氛围中达到个人和集体的共同发展。正如美国著名管理学家托马斯·彼得斯所说："你怎么能一边歧视和贬低团队成员，一边又期待他们关心业绩。"[①] 只有团队成员之间、团队的管理者与团队成员之间建立起牢固的信任关系，进行情感化的内心交流，才能整合团队成员的发展目标和团队的组织目标，保证团队健康、高效地发展。

---

① （美）托马斯·彼得斯，罗伯特·沃特曼 . 追求卓越 [M]. 戴春平译 . 北京：中央编译出版社，2003：136.

第7章　产品设计流程管理

7.1　产品设计流程的阶段

设计流程管理又称设计程序管理，其目的是对设计实施过程的各个环节加以监督和有效的控制，确保设计的进度并协调设计开发与各部门的关系。不同国家对设计阶段的划分不尽相同，重要的是明确不同阶段应当完成哪些工作内容，主要的要求是什么。设计进程属于设计管理的内容，了解设计工作阶段有利于设计进程，尽量完成每一个阶段的工作内容再进入下一阶段。

设计者在接到设计任务后，应有计划地进行调查研究，全面分析，把握设计各阶段的任务，使不同阶段都得到应有的时间、人力、物力保证，这是设计管理的重要内容。当然设计过程中表现出的阶段性，又不能截然分开，许多问题在后续阶段中才能充分揭示，这时不可避免地要修改前面各阶段中有关的结论或设计。因此设计既有阶段性，又有一个反复进行的过程。

在英国标准局的"BS7000：1989"手册，将产品创新流程规定为：动机需求（动机、产品企划、可行性研究）、创造（设计、发展、生产）、操作（分销、使用）和废弃（废弃、回收）四个阶段。日本国际设计交流协会为亚洲地区制作的设计手册将设计流程分为：调查（调查、分析、综合）、构思（战略、企划、构想）、表现（效果图、模型）、制作（工程设计、生产、管理）和传达（广告、销售、评价）五个阶段。[①]

英国学者 L.B.Archer 总结出一套设计流程是：①提出问题；②目标定位；③情报收集；④现状分析；⑤综合构思；⑥展开设计；⑦方案选定和评价；⑧制造监督；⑨导入市场。[②] 在 Oakley 的螺旋形模式中，把设计的基本流程划分为四个阶段：①形成阶段；②发展阶段；③转移阶段；④反馈阶段。

而在设计流程的科学化规律化的总结和运用过程中，不可以单纯地追求理性逻辑，而导致阻碍创造性的思维的发挥，进而束缚了设计师的创造能力。

科学的设计流程应包括制定目标、市场调研、设计开展、方案选择、方案实施、方案评估等环节（图7-1）。

---

① 曾山，胡天璇，江建民，等．浅谈设计管理 [J].江南大学学报：人文社会科学版，2002（1）：103-105.

② 李龙生．艺术设计概论 [M].合肥：安徽美术出版社，1999：32-33.

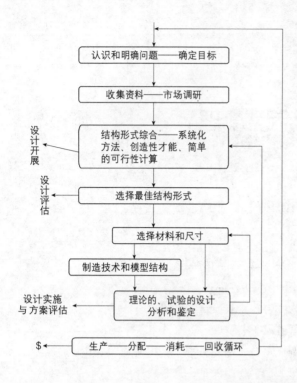

图7-1 设计流程图

1）制定目标。根据设计情况制定合理的目标，是整个策划过程的起点，实际上制定目标是确定设计定位的过程，确定目标也是一个策划过程。[①]

2）市场调研。市场调研主要的任务是紧紧围绕策划目标展开资料及各方面信息的收集，通常采用问卷法、观察法、询问法、实验法等方法进行，为设计方案提供充分的素材。

3）设计开展。即：设计策划、设计方案与选择方案。在策划中根据策划目标，寻求策划切入点，应紧紧围绕策划主题，产生策划创意、设计方案与选择方案。

4）设计评价，方案评估以及设计实施。对制定好的多个设计方案进行可行性等多方面的评估，选出最具价值的设计方案并对最优方案进行实施。

由于产品设计与设计研发中的其他步骤相互交错、串联、反复，产品设计是一个相对独立的过程，产品设计的相对独立性决定了它具有一个较完整的设计过程。

1）设计的调研策划阶段：接到设计任务后，通过各种研究方式对消费者、市场、技术等作调查研究，并最终确定设计进度，明确设计目标，整理设计所需材料。

2）设计方案的产生阶段：从各种方式的调查研究中得到初步的想法，把想法整理成清晰的要解决的问题，对这些问题提出创造性的解决方案，即概念设计方案，这时提出可行的概念越多越好。

3）设计的选择阶段：制定评判标准，从产生的众多概念中，选择出最好、最可行的方案。

4）设计的实现阶段：把选择出来的概念细化，做出概念产品或模型。

5）设计的评价阶段：收集改进概念的信息，进而分析产品概念的可行性。

7.2 产品设计流程的调研

7.2.1 项目的介入与设计问题的提出

设计师首先接受客户设计委托，对产品进行初步了解，而此时的认知主要是来源于市场方面的产品描述，其后设计师对市场方面的产品进行深入了

---

① 胡俊红. 设计策划与管理 [M]. 合肥：合肥工业大学出版社，2005：16-17.

图7-2 特殊玻璃材质在厨房用品设计中的运用（左）

图7-3 软边风格洗衣机设计方案（中、右）

解，以达到感性认识与理性认识的结合。设计师在市场中进行信息联络与沟通后使设计目标与客户需求相协调一致。在此之后，设计管理者方能组建项目团队、指定项目负责人并制定相应的日程安排和计划。而后项目介入流程的另一个重要步骤就是进行产品的市场分析，如分析产品的设计风格、款式、市场占有率、竞争对手资料等，最后，列举当前的产品设计局限，提出设计目标与期盼。

在概念草图阶段和项目介入流程衔接之间，设计师往往会借助某些优秀的研究成果来更好的领会设计意图并开展构思。[1] 如生活模式研究（Lifestyle Research）、视觉趋势研究（Vision Trend Research）、流行色研究（Popular Color Research）、流行材料工艺研究（Popular Material and Process Research）等。这些资料来源于设计师的市场调查报告，以及对市场中出现的产品科技及其趋势做出的研究分析。如对家电的调查：家电的大圆角化造型风格趋势、水纹材料表面趋势、牛奶风格玻璃材料趋势和镜面反射材料的趋势（图7-2，图7-3）。

设计师依据市场需求确定产品开发的基本方向，从产品功能的基本概念出发，在考虑相近产品竞争后确定开发系列产品的基本特征。这是设计开始时最重要的一环，也是之后各个设计环节的基础。

在设计目标确定后，需要收集与设计目标相关的数据和信息，即进行市场调查、社会调查、产品调查。市场调查的目的，首先是了解消费者的情况，消费者的群体特征、购买动机、购买情景、购买需求和潜在的购买力都在调查范围之中。

7.2.2 消费者调查

1）消费者的行为模式调研

消费者认识购买行为，首先从认识刺激式开始（图7-4），营销和环境的刺激进入购买者的意识，导致了一定的购买决策。[2]

---

① 张展，王虹.产品设计 [M].上海：上海人民美术出版社，2003：58-65，112.

② （美）菲利普·科特勒.营销管理 [M].上海：上海人民出版社，2002：112-114.

图 7-4 消费者行为模式
（上）
图 7-5 影响消费者购买
行为的因素（下）

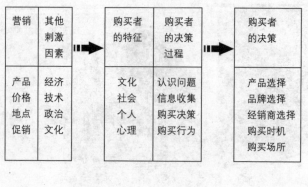

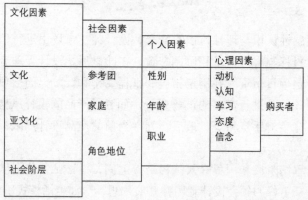

经济因素是决定消费者购买行为的首要因素。其次受年龄、职业、经济状况、生活方式等个人因素以及动机、感觉、心态等心理因素的影响。同时也受到社会阶层、相关群体、家庭、文化等社会因素的影响，包括经济、政治、文化（图 7-5）。

2）文化因素调研

文化的差异引起消费行为的差异，不同地理区域的文化特征会有较大差异，由于文化影响着教育、道德观念甚至法律等，所以一定文化特征能够在一定的区域内长期延续。因此，对某一市场文化背景进行调研时，一定要重视对传统文化特征的分析，利用它创造新的市场机会。

文化是决定人类欲望和行为的最基本的因素，对消费者的购买行为能产生广泛深远的影响。文化是一个广泛的概念，从广义上讲"是指人类社会历史实践过程中所创造的物质财富和精神财富的总和。"[1] 狭义上讲，指社会的意识形态以及与之相适应的制度和结构。广义的文化包括经济、政治、科技、法律。狭义的文化包括语言、艺术、信仰、习惯、教育、社会组织等方面。

每个人都生活在一定的社会文化环境中，通过家庭和其他社会组织的社会化过程学习和形成了基本的文化观念。不同的地区、不同的民族文化不尽相同，文化的差异引起消费行为的差异。不同的地理区域的文化特征会有较大差异。

----

① 高适之. 关于组建粮食批发市场问题初探 [J]. 商业经济论坛，1989.

文化的遗传性也不能忽略。由于文化影响着教育、道德观念甚至法律等是对人们的思想行为发生深层影响的社会因素，所以一定文化特征能够在一定的区域内长期延续。因此，对某一市场文化背景进行分析时，一定要重视对传统文化特征的分析，在研究文化特征时必须注意多元文化影响，利用它创造新的市场机会。

每一个国家的文化又包含若干亚文化，而亚文化是构成市场细分最重要的依据之一。它包含能为其成员提供更为具体的认同感和社会化的较小范围的文化体系，并包含这些成员的群体，成为亚文化群体。亚文化群体包括：

（1）民族群体：民族信仰或生活方式不同形成的特定文化群体。例如，中国有 56 个民族，不同的民族有不同的消费行为。

（2）种族团体：一个国家有不同的种族，各个种族也有自己独特的生活习惯和文化传统。世界上有 4 个种族，白种人、黑种人、黄种人和棕色人种，他们的购买行为都各不相同。

（3）宗教亚文化群：每个国家都存在不同的宗教。如：佛教、天主教、基督教等。不同的宗教信仰的人的购买行为都各不相同。

（4）地理亚文化群：同一民族处于不同的地理位置，消费者有着不同的风俗习惯。

（5）社会阶层：社会阶层指根据职业、收入、教育水平、价值观及社交范围对人进行的社会分类。各个不同的社会阶层往往显示出不同的产品偏好。阶层对消费者的影响主要体现在对产品的选择、产品的品位及对价格的心态。

3）个人因素调研

人的个性对人们的生活方式和消费观念具有很大影响，个性往往通过消费方式表现出来，因此，能力、气质和性格上的差异是导致消费者购买行为差异的主要原因。个人因素调研主要是研究消费者的年龄、性别和年龄的生命周期阶段、职业、经济环境、生活方式、消费者的个性等。主要包括生理因素、职业和教育以及个性与生活方式调研。生理因素是指年龄、性别、健康状况和爱好等生理特征的差别。

人的一生经历从儿童、青年、中年、老年。不同的阶段会有不同的消费行为。例如：年轻人喜欢颜色鲜艳、活泼的穿衣风格，老年则喜欢灰色、成熟稳重的衣服。男性与女性在对商品的选择上也有很大差异。了解这些消费者的购买特征，才能对不同的产品和顾客制定准确的设计方案。而个性指一个人稳定持久心理特征的总和。能力、气质和性格上的差异是导致消费者购买行为差异的主要原因。例如：性格外向的人爱穿鲜艳时髦的衣服，内向则喜欢深色端庄的衣服。不同气质的消费者购买行为也不同。根据巴普洛夫高级神经活动学说，个人的气质可以划分为活泼、兴奋、安静和抑制型。人的个性对人们的生活方式和消费观念具有很大影响。个性往往通过生活方式和消费方式表现出来。对消费者生活方式的调查有利于设计目标的定位。如表 7-1 日本东京 R.D 调查公司根据他们所作的调查，将人的个性分为不同的类型并做以分析。

个性与生活方式的关系调查表　　　　　　　　　　　　　　表7-1

个性特征	欲望特征	生活方式
活跃好动	改变现状 获得信息 积极创意	追求新事物 求知欲强 赋有创造力
喜欢分享	和睦相处 有归属感 广泛认同	愿与朋友 共度时光 善于交际
追求自由	自我中心 追求个性 喜欢孤独	有自己的生活方式 标新立异 拥有自己的世界
稳定保守	休闲 注重安全和健康	重视人身安全 和健康投资

最后的职业和教育是社会阶层因素在个人身上的集中反映。职业及所受教育程度的不同,他们的消费行为有着很大差异。这主要是由于角色观念的作用。例如,公司的职员都是西装革履,学生则多是运动休闲。

4）社会因素调研

消费者的购买行为受到一系列社会因素影响,这些因素主要包括消费者相关群体、家庭以及社会地位。主要相关群体如家庭、朋友、邻居和同事等。次要群体如宗教、职业等都能对群体成员产生影响,对家庭、角色、地位的研究对设计定位具有重要意义。

5）心理因素调研

心理因素主要包括消费者的购买动机、产品认识、品牌记忆等方面。

动机是购买行为的原动力。一个人的需求只有达到一定程度才能成为动机。心理学家提出了著名的"需求层次论"。从商业的角度,人的购买动机可分为本能动机（指本能需求）和心理动机（指能满足人的感情、心理上的需求）。

认知是指个人收集、选择、并解释信息的过程。在众多信息中,消费者选择对自己有利益的信息,而对其他信息则不会投入过多的关注。而在此过程中,人们一般会潜意识地按自己的习惯方式选择信息。

而消费者能否对企业的广告和品牌记忆深刻,关系到企业产品的销路。从消费者看,唤起认知主要是销售刺激,销售刺激分两种：第一是信息刺激,指产品的广告、宣传、服务、形象设计等。第二是产品刺激,指产品的功能、用途、包装等。加强消费者对品牌的记忆度对于企业产品的日后销售具有关键性的作用。

6）学习因素调研

消费者的大多数行为都是学习获得。通过学习获得产品的知识和购买经验。消费者学习的过程由驱动力、刺激物、诱因、反映和强化五个要素组成。驱动力是使人们产生行动的内在推动力,即内在需要。刺激物,是可以满足内在驱

动力的物资。诱因是指提
示刺激物，刺激物所具有
吸引消费者购买的因素、

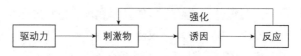

图 7-6　消费者学习过程

决定动机的程度和方向。反应是驱动力对具有一定诱因的刺激物所发生的反作用。强化是指具有一定诱因的刺激物发生反应的效果。这五个要素之间的关系如图 7-6 所示。

7）态度和信念

态度是消费者对事物的看法。由情感、认知行为构成的综合体。人们对所有事物都有态度。态度带有感情色彩，它是考虑与判断的结果。态度可以是学习获得，也可以是受群体的影响。消费者的态度影响他们的消费行为及购买意向。而消费者的信念决定了企业和产品在顾客心目中的形象，影响购买行为。

7.2.3　产品调查

产品调查包括对产品的过去、现状、将来的调查，所涵盖的领域很广。产品的现状是对产品的使用功能、结构、外观及包装等方面进行调查。产品的过去是对产品的历史发展状况的调查，包括产品的变迁。进行产品的市场调查是为了寻找产品发展的潜力、销售数量等。具体从下面几个方面分析：

1）产品市场调查

进行产品市场调查是为了寻找产品发展的潜力，销售量等，首先应对产品市场占有率进行分析。这种分析主要是调查产品市场的大小，要达到此目的，一般首先要了解市场需求量的大小，其次考察市场竞争者的地位，最后确定产品在众多同类竞争中产品的地位与分量。

另外，还需要对产品市场的地理环境进行分析。它主要是为了分析不同地理环境中的销售机会和潜力，需要考虑地域市场细分、产品区域文化分析、消费者的需求、竞争产品的状况等。产品市场地理环境分析还包括研究各地域市场的有利性质和不利条件、地域市场细分和产品区域文化分析等。

最后，是对产品市场特征的分析。市场特征分析一般是根据产品的销售状况确定的，要分析产品在特定市场中的竞争情况、竞争地位、市场稳定性等。例如，将高收入者的使用产品销售于底收入者的地区，必不能符合当地消费者的需要。另外还要分析消费者特点，产品在特定市场中的竞争情况、市场稳定性等（图 7-7）。

2）产品制作材料的分析调查

材料的运用反映科技的进步及生产力
的发展水平。设计材料不仅决定了设计的
工艺技术，而且决定了一定的装饰风格和
艺术表现，在进行设计时，必须考虑产品
的制作材料，材料的性质决定了不同的产
品设计，不同性质特征的材料决定了不同

图 7-7　产品市场信息收
集及调查

的产品类型并与之相适应的技术属性。材料的运用反应科技的进步及生产力的发展水平。设计材料不仅决定了设计的工艺技术，而且决定了一定的装饰风格和艺术表现。材料的丰富也给设计师提供了丰富的想象力和创作灵感，因此对产品的制作材料进行研究和调查具有特殊的意义和价值。

3）产品的销售渠道调查

产品的成功离不开成功的销售渠道，它涉及到各方面的因素，一种产品在一个地区和另一个地区的销售是不同的。而某个企业的成功销售渠道也是不能被其他企业所完全复制。如，世界著名品牌可口可乐，它的成功主要是通过成功的产品销售渠道而取得的。因此，企业对产品的销售渠道调查对于本公司的产品的销售量有着直接的影响。

除了以上几个方面外，在产品调查分析中应注意以下几个方面：

①产品的竞争性，分析同类产品之间的竞争状况，这其中包括同类产品的价格、使用的材质以及产品的功能设置等方面，找到合理的竞争策略，并同时发现竞争者产品的不足之处，以便在今后的设计生产过程中进一步地完善，以获得更大范围的市场。②产品的功能性，对产品的单一的功能发展成多功能的产品，这是现代产品开发的趋势。③产品目标的消费者阶层，目标消费群体，对于目标消费群体的分析有助于细分和定位市场，扩大市场份额，同时也能够根据不同消费群体的消费水平进行产品不同价位的划分以及产品多样性的设计。④产品的包装设计，产品的包装是否符合不同人群的需要，是否配合产品的定位及价格。

7.3 设计流程

设计进度表是由设计程序决定的。设计的进度计划随着不同的文化、科技、经济因素是不断变化的，其没有统一的模式。在设计行为对所有问题进行全面的分析并据设计的难度、宽度、深度、时间的要求以及设计师的能力制定设计进度计划。需要注意的是，设计是反复的过程，当设计遇到问题时，会随着进一步的设计进度出现，逐步完成。

在制定设计计划时需要注意以下几点：①设计进度、计划内容；②设计时间安排；③设计人员确定；④认识设计过程中的难点及重点；⑤设计评审安排；⑥设计过程中的效果图、说明书、产品模型。

7.3.1 设计及构思展开阶段（表7-2）

设计小组和委托方对共同选定设计方案，根据确定的修改意向调整后，进入设计展开阶段，即对设计方案用具体的形式如效果图、模型等方式表现出来。对设计方案在结构、美观等因素上具体检验。设计方案完成后，对于某些设计项目尚需要编制设计报告书、图表、照片、效果图、模型、文字说明等综合形式对设计项目进行全面具体的介绍，以供委托方审阅。

设计流程计划表　　　　　　　　　　表 7-2

内容			时间日期							
设计的准备阶段		设计问题的提出	3.1-3.16							
		制定设计计划表	3.1-3.16							
	相关资料收集	调查人物、地点		3.17						
		调查产品、方法		3.17						
		市场调查			3.18-3.27					
		需要调查			3.18-3.27					
		产品调查			3.18-3.27					
		材料技术调查			3.18-3.27					
		销售渠道调查			3.18-3.27					
		综合分析			3.18-3.27					
设计的展开阶段	孕育创意 构思草图	基本功能				3.28-4.5				
		基本机构				3.28-4.5				
		基本造型				3.28-4.5				
	展开设计	草图设计					4.6-4.28			
		草模设计					4.6-4.28			
		色彩设计					4.6-4.28			
		可行性研究					4.6-4.28			
设计的最后完成阶段	设计实施	效果图						4.28-5.21		
		模型制作						4.28-5.21		
		色彩定位						4.28-5.21		
	反馈总结	完善模型							5.22-6.3	
		生产工艺研究							5.22-6.3	
		报告书								6.4-

在这个阶段中主要是在充分调查和分析整理的基础上，对产品造型设计进行有创造性的构思。首先，设计师们采用头脑风暴法对现有的资料进行分类、认识、综合、组织、选择等，开展有创造性的构思工作，随着对资料的掌握程度以及理解程度的深入，再进行下一步工作。而构思的步骤过程一般是由抽象到具体（由模糊到具体）、简单到复杂、由内容到形式（功能与形态）。构思的方案草图是整体形象设计的开始，是把较为模糊不具体的形象加以明确具体化。它的基础是准备阶段研究分析的结果。设计师把构想转化为最初步的形态过程，并绘制出大量的草图。这些草图可起到捕捉瞬间的构想、激发创作灵感的作用，设计构思是设计师创造能力的充分展现。同时要求这些草图的设计表现手法快捷、简单、活跃。

因此，方案草图是整个设计的核心工作。整个构思的开展阶段主要包括以下几个方面：

1）绘制草图（Sketching）

草图是捕捉构思火花的有效手段，也是传达设计师意图思想的工具之一。其绘制要求准确清晰地表达设计概念和重要部分，而不是追求细节的完美和完整。草图的形式可以分为概念性草图、形态草图和结构草图。概念草图是设计师最初的构思表现，而设计师利用形态草图可以对设计进行过滤和重复探索。最后的结构草图是在形态草图明确概念方向后的进一步深化、探索和过滤过程。

概念草图作为设计师收集资料和进行构思的手段，一般应清楚详细，并在一些局部进行细部刻画，以记录一些比较特殊和复杂的结构和形态。这类草图对设计师思维和积累设计经验具有重要意义，是对产品造型设计创造性的构思。图 7-8 中是克莱斯勒公司公布的，由锂离子电池和氢燃料电池提供动力的 EcoVoyager 概念车。在草图表现上，体现出汽车设计的轻巧以及灵动，从而符合该款汽车绿色环保的设计目标。又如图 7-9 是汽车设计概念的手绘草图。

2）CAD 布局图（2D Layout）

2D CAD 视图，是探索不同的设计细节，在零部件的基础上做设计布局。图 7-10 是格雷夫斯设计的多士炉的 CAD 布局图，该布局图用于制作模型时进

图 7–8 克莱斯勒 ecoVoyager
概念车的草图

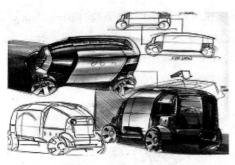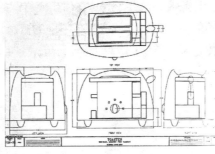

图7-9　汽车设计概念草图之二（左）
图7-10　格雷夫斯设计的多士炉布局图（右）

行参考。由于产品预定计划的限制，格雷夫斯设计事务所不得不使用现有的结构布局，来进行设计。

3）三维渲染图（3D Rendering）

根据三维渲染图，作为设计方案进一步深入的依据。如图7-11所示，是阿迪达斯公司在Biomecanik概念足球鞋草图的基础上进行的三维渲染图，图中根据不同的消费者的喜爱进行了色彩的搭配，展现出草图设计中的鞋面以及鞋底、鞋钉等细部设计，从而较为真实地将足球鞋展现出来，以便于设计师进行产品的优化设计。

4）三维曲面研究（3D Surfacing）

Rhino3D的三维曲面模型数据可以直接用于制作精度不高的三维曲面，但对于体量较大，结构装配关系复杂的产品则需要结构工程人员用工程软件重新构面，建模。传输Pro-E文件格式进行数控加工，这时可以加工出更为复杂的三维曲面。相对而言CAID软件和CAD/CAM软件相比，造型更加方便快捷，曲面功能强大且容易掌握，所以往往受到工业设计师的青睐。

图7-11　阿迪达斯Biomecanik概念足球鞋3D渲染图

5）锁定方向，反馈修改及制作

在与公司产品战略、市场人员沟通的基础上锁定最后的产品设计方向，依据消费者的使用反馈改进设计，与设计人员和结构工程人员讨论设计方案并完善Pro-E文件，模型制作部依照Pro-E文件做外观模型，最后调整细节。如格雷夫斯在设计多士炉时，其制作模型就进行过反馈和修改，在图7-12中左右图的对比就能看出进行反馈和修改后的效果差异，在原有的基础上更加强化了卵形的特征——把手和支脚等结构部分。

6）色彩建议与材料选择，最终结构制作以及模具开发

设计师与市场人员协商后，提交3~4个电脑色彩稿方案，选择最后方案定稿。根据模具与工程限制因素做

图7-12　格雷夫斯设计的多士炉

设计修改，最终 Pro-E 文件反映修改的建议（图 7-15）。图 7-13 中的飞利浦公司的电视机设计就产生了不同的概念设计（从左到右依次为）：花的创意；立体主义风格；CD/TV 复合的造型；字母 V 造型。而在图 7-14 是 E-G 为 Smart公司制作的各种功能榨汁机模型，该柠檬榨汁机结构是从大型商用榨汁机结构

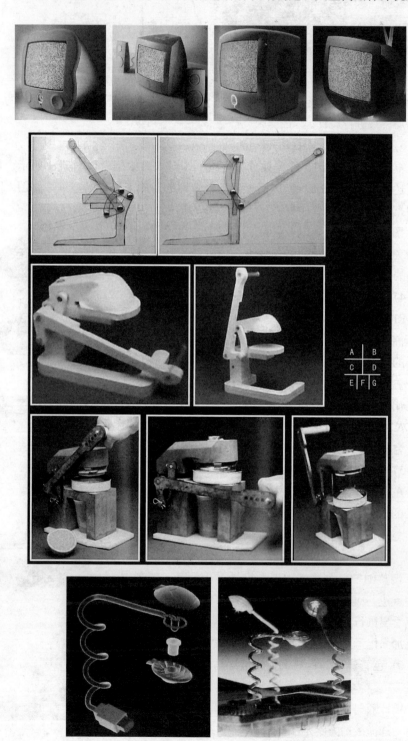

图 7-13 飞利浦公司开发14 英寸新视频电视机制作的外形（上）

图 7-14 Smart 设计的手动柠檬榨汁机模型（A-D）（中）

图 7-15 专为游戏发烧友设计的 USB 台灯接口方案（下）

精简得来。其榨汁机设计的过程也是对设计产品结构以及色彩的开发过程。

7）设计总结

（1）设计实施与监督

当设计方案经过生产制作并投入市场后，设计师应配合设计委托方进行深入的跟踪调查，收集相关的反馈信息，从中找出原有设计不足之处，同时可以发现新的有价值的潜在需求动向，对下一步修改调整设计做准备。

（2）设计反馈总结

在产品投放市场之后的销售过程中，必须进一步开展对消费者及产品调查，以取得设计产品的信息反馈。在销售过程中设计师必须与消费者合作，了解设计是否满足消费者的需要，通过调查产品是否与消费者的生理特点、心理特点以及审美特点相匹配，以及产品是否与环境取得协调等。调查设计的造型改良是否具有创新的特点，对产品的功能、材料与工艺质量等的反馈信息提出新的设计考虑，使之不断推陈出新，更加符合消费者的各种需求。

（3）设计制图、编制报告

设计制图包括外形尺寸图、零件详图以及组合图等。制图必须严格按照国家标准规范进行。一般较为简单的设计制图，只需按正投影法绘制出产品的主视图、俯视图和左视图三视图即可。设计制图为以后的工程结构设计提供了依据，也是对外观造型的控制。设计报表由图表、照片、表现图、文字及模型照片等形式所构成，是设计汇报的重要文件。设计报告的制作要全面、精炼，设计报告的形式根据具体情况而定，一般包括以下内容：

①封面。内容包括设计标题、设计委托方名称、设计单位名称以及设计的时间、地点等信息。

②目录。将设计报告的内容编成目录，目录的排列要一目了然，并标注页码。

③设计工作进程表。把设计开始时指定的计划表编入设计报告。

④设计调查资料汇总。主要包括对市场现有产品以及国内外同类产品销售的需求调查，一般采用文字、照片以及图表相结合的方式来表现。

⑤分析研究。对市场调查进行产品分析、使用功能分析、结构分析、材料分析、操作分析等，从而提出设计概念，确立产品的市场定位。

⑥设计构思。主要以草图、文字等形式来说明，需要在此部分反映出设计作品的深层次内涵。

⑦设计展开。主要以草图与文字说明的形式来表现，其中包括：项目分析、展开设计构思、设计效果图、人体工程学研究、色彩计划、模型制作等。

⑧方案确定。把确定的方案按制图规范绘制详细的外形图、部件图、结构图以及使用说明，并制作模型。

⑨综合评价。附上模型的照片，并以简洁、有效的文字表明该设计方案的特点和优点。

除了制作设计报告，有时为了展示设计方案，还可以制作展示版面和多媒体演示系统。

7.3.2 设计的最终审定

在设计方案确定后，用正式的设计效果图给予表达。目的是为了直接表现设计结果。根据类别和设计要求分方案效果图、展示效果图和模型制作。

1）方案效果图

这一阶段是以启发、诱导设计，提供交流，研讨方案为目的。此时方案尚未完全成熟需要画较多的图进行比较，选优综合。

2）展示效果图

这类效果图表现的设计已较为完善，它的目的是为了提供决策者审定，实施生产时作为依据，同时也可用于新产品的宣传，介绍、推广。这类图表现技巧要求很高

3）模型制作

设计师在进行设计时，要充分考虑到产品的立体效果，虽然效果图是立体透视图，但毕竟是在平面上的推敲，模型则是将产品真实地再现出来。所以模型本身就是设计的一个环节，是推敲设计的一种方法。通过模型制作，对先前的设计图纸是一个检验。模型完成后，设计图纸还需要进行调整，模型为最后的设计定型图纸提供了依据。模型既可以为以后的模具设计提供参考，又可以为先期市场宣传提供实物形象。模型制作有两个方面作用：一方面是完善构思和形体组合，另一方面模型本身也是向委托者和第三者说明构想、征求意见的最直观反应（图 7-16~ 图 7-19）。

图 7-16 产品模型制作
（石膏模型）（左）
图 7-17 产品模型制作
（纸材模型）（右）

图 7-18 产品模型制作
（石膏模型）（左）
图 7-19 产品模型制作
（ABS 模型）（右）

工业产品一般都是多种材料和多种工艺加工而成的，一件新产品从设计到投产整个周期一般较长，其中大部分时间花在了模型工装的准备上。为了使设计构思更有把握，要把模型的制作当作正式产品生产一样，让委托者和消费者获得肯定的印象（图7-20，图7-21）。

图 7-20　手工模型（左）
图 7-21　数控模型（右）

7.4　设计的评估、实施与反馈

7.4.1　设计的评估

1. 评估原则

正如IBM公司总经理托马斯·华生所说："好的设计意味着成功的企业。"成功的设计最终的评价标准是市场，成功的设计需要设计是以开放的态度完成。设计永远需要为企业的需求服务，成功的设计需要与产品相关的设计团队、企业的决策有效沟通。成功的设计除了反映出设计师的审美感，还需要考虑市场机遇、人机工程学意义，真正能够反映企业、使用者、设计师之间关系的产品才是真正意义上成功的产品。

而对于设计的评估基本要求是全面性与独立性。全面性，涉及技术、经济、社会、审美等多方面；独立性，各评估相对独立、内容明确。

对设计方案的评估是一个连续的过程，它始终贯穿在整个设计过程中。要达到评估目的，首先要确立一个产品设计评估原则。

由于设计的范围很广，各种设计的使用功能、使用对象、要求特征等情况都不同。在不同的设计概念进行评估与选择时，其具体内容和侧重点也有所不同，设计评估也随着国家、地区、时代的不同而变化。如美国工业设计师协会（IDSA）每年一次评选出"杰出工业设计奖"，评选项目有：日用品、运输工具、家具、环境设计、视觉传达设计等。其评估标准涉及以下几个方面：①有益使用者；②创新设计；③有益顾客；④适当的材料和高效率的生产成本；⑤外观吸引顾客；⑥有明确的社会影响力。[1]

而台湾评选"优秀设计奖"的评选标准与美国又有所不同，它包括：①具有设计与技术方面的创新；②实用价值高，适当的功能，简洁的操作，适当的使用寿命；③使用安全性高，符合有关的安全法规，并能避免使用者因为错误或粗心操作受到伤害；④外观美观，商品价值高，造型、尺寸、比例、质感及色彩符合审美原则，并能正确传达视觉信息，表达出商品的整体价值；⑤与周围的产品和生活环境协调，能节约能源、材料，减少环境污染；⑥满足人体工程学的要求；⑦材料的选用、销售包装的考虑能达到经济、合理的目标；⑧传达公司的企业形象与精神。[2]

综合设计所涉及的各个方面以及各个国家及地区对设计作品的评估标准来看，人们归纳"优秀"的设计评估原则为八大原则。

1）功能性原则

它是衡量优秀设计的一条最基本的原则，也是产品存在的依据。功能性原则，就是指产品能适宜于人的使用的原则。这种适宜不仅体现技术与工艺的性能良好，而且体现出整个产品设计与使用者的生理与心理特征相适应，要注意设计的社会功能，在设计的过程中要看到"以人为本"的设计思想。

2）创新性原则

创新是所有设计的本质，任何产品要成功，包括概念设计和改良性设计，创意是根本。一项设计若是没有新意，就不会受到市场的欢迎，更不会被消费者所承认。设计师可以在产品的造型、功能、使用方式等方面进行大胆的创新。

3）理性的原则

优秀的设计应当从整体构思到细节的处理都符合逻辑，即从使用功能到美学效果，都应当具有符合逻辑的一致性。优秀的设计，应当充分发挥材料与工艺的特点，体现出人的力量。

4）审美性的原则

指产品设计过程中的造型形态、风格、创造性、审美价值、色彩、心理效果等。这是一项难以度量的标准，但却又是衡量优秀设计的一条最基本的原则，因此，设计师必须在设计中去表现美感。产品的审美，往往通过新颖性和简洁性来体现，而不是依靠过多的装饰，它是满足功能基础上的美好形体（图7-22）。

5）适应性的原则

指产品在投放市场后对推动技术进步和生产力发展的作用，以及是否环保（绿色设计）及人性化的设计等。一件优秀的产品设计，不仅应当给消费者提供使用上的方便，同时也应当给使用者心理上的慰藉和精神上的享受，它应当是一种含蓄的创造，"人"是"环境"的产物，产品也是"环境"的组成部分，优秀的产品设计应当始终在"产品—人—环境"三者之间的关系中处于一种和谐有序的状态（图7-23）。

---

[1] 简召全. 工业设计方法学 [M]. 北京：北京理工大学出版社，1993：321-322.

[2] 李龙生. 艺术设计概论 [M]. 合肥：安徽美术出版社，1999：73.

图 7-22 产品形态美（左）
图 7-23 产品宜人性的体
验（右）

6）简洁的原则

设计的简洁反映了一个设计师思维过程的明晰，简洁的设计体现了人类设计思想的进步，同时也是时代风格的表现。

7）生态原则

主要是指产品在使用过程中以及在废弃之后要与人之间要做到关系上的和谐。设计的宗旨在于创造一种优良的生活方式，而生态与环境是这种生活方式最基本的前提。优秀的产品设计应该要有助于引导一种能源与生态环境和谐共生的、正确的生活方式。

8）经济性原则

指产品生产制造过程中的成本、利润、投资、竞争潜力、市场前景等。优秀的设计师必须从消费者的利益出发，尽量减少成本，提高功能，在保证质量的前提下，研究材料的选择和构造的简单化，最终为企业创造效益。

2. 评估的方法

设计方案的评估方法有多种，根据评估原则，可用坐标法去分析、评估。设定评定标准中的每一项满分为 5 分。各项围成的面积越大则该方案的综合评定指数越高。也可把各方案中高分的因素提出重新组合，或者使用观察淘汰法以及分数比较法等方法。

1）观察淘汰法

对若干设计方案同时进行观察分析，用同一个主要评价标准来衡量。如：设评估标准是环保，则淘汰那些严重污染环境的设计方案。如果评估标准是简洁、流畅，则淘汰那些复杂、累赘的设计方案。

2）分数比较法

如果设计方案不差上下，用观察淘汰法便很难初选，则可用分数比较法。此方法借助图表比较（表7-3）。在评估过程中，也可就产品的某些局部单独做细致设计。设计概念通过筛选后，设计师可以在较小范围内将一些概念进一步深化发展，可通过草图细分，绘制效果图制作草模。

分数比较法示例表 表7-3

评价标准 \ 分数 \ 设计方案	A	B	C	D
操作性好	2	3	3	1
形态新颖	2	3	5	4
容易控制	0	1	1	0
易维护	2	1	1	1
人机因素	1	1	0	1
环境因素	2	4	3	4

7.4.2 设计的品质管理

高品质的产品是每位消费者所追求的，对于高品质所具有的特征，可以从两方面来看。一方面，产品必须得具有使用功能，而物理上的性能是其最基本特性。一件高品质的产品需要在操作性、安全性、环保性、维护性等多个方面做到优于其他同类型产品，才能称得上是杰出的设计产品，拥有较好的品质。另一方面，产品不仅具有物理上的性能，同时也具有精神上的作用，能给消费者带来精神上的丰富和满足，例如造型美观的产品能够给使用者带来审美上的享受，人性化的产品设计能够给人带来心理上的关怀等。由此可见，高品质的产品需要具备以上两方面的条件。

设计管理者对于产品质量的监管直接影响到投放到市场中的产品品质，作为设计管理者，提高企业产品的品质需要从以下几个方面着手：首先，设计管理者应制定严格、明晰的设计规范以及技术指标。管理条例的制定是设计活动顺利进行的前提，也是保障设计产品品质的基础。目前，对于部分产品技术指标的规定还并不完善，这就需要企业的管理者参照国内外先进的管理指标进行严格而规范的管制，增强企业自身的约束力，从而达到行业内部的先进水平甚至是对部分设计环节进行开创性的规范。其次，在设计活动进行中，企业管理者以明确的设计目标来指导设计活动，对于产品品质的提高，尤其是新产品的开发，是极为关键的。科学、合理的目标制定以及准确的目标定位能够减少今后设计环节中的含混与模糊，减少不必要的开支以及浪费，从而提高整体设计活动的效率，促进最终产品能够顺利走向市场并被消费者所接受。最后，企业的设计管理者还需要提升自身的管理素养、加强本企业内部的人才引进。企业管理者在进行日常管理活动中应充分积累经验，扩大自身知识面，学习业内先进的管理方式方法，同时还应合理结合其他学科的知识，以丰富设计管理活动。

7.4.3 设计实施与反馈

对许多设计项目，如产品设计、室内设计等，设计实施程序是必须的。它能在实施过程中全面准确体现设计师意图。保证设计成果能达到相应的质量水准。当设计方案经过生产制作投入市场后，设计师应配合设计委托方进行深入的跟踪调查，收集相关的反馈信息，从中找出原有设计不足之处，同时可以发现新的有价值的潜在需求动向，对下一步修改调整新的设计做准备。如此周而复始、推陈出新，赋予企业蓬勃发展的生机，增强其竞争力。

根据设计的理念，在设计实施之后有必要进行市场调研。没有进行调查与预测，很有可能会遗漏对设计来说极其重要的要素。但这种设计前的调研，一般是抽象的。设计师的设计产品并没有完全投入市场，所以在设计过程中必须取得消费者的合作，以了解设计是否满足消费者的需要，特别是心理上的需要，是否具有创新的特点，以及设计造型的改良，使之不断推陈出新，更加符合消费者的各种需求。

在产品投放市场之后的销售过程中，必须进一步开展对消费者及产品的调查，以取得设计产品的信息反馈。在市场调研中必须注意两点：一是注意企业的秘密，特别是设计未获得专利或实用新型等法律保护之前是可能被抄袭的；第二是注意这种调查必须采用既能吸引广大消费者参加，又不会给他们增加过多麻烦的方式。设计师通过调查产品是否与消费者的身体几何数据、生理特点、心理特点以及审美以相匹配及产品是否与环境取得了协调等。甚至对产品的功能、材料与工艺质量等的反馈信息提出设计新的考虑。销售调查一般由企业的销售部门、企业代理商或委托零售商进行。但必须由设计部门同技术、计划等部门共同制定出简单易行并包括必须反馈项目的测试卡。一般这一跟踪调查的结果就是接着下一轮造型设计的开端。如此周而复始，不断地将设计推向更高的高度，为企业获得更高的利润。

7.5 设计中的沟通

设计是一个群体的创作过程，从产品设计早期的开发、调研、展开一直到后期的评估、实施以及反馈，都离不开人与人之间的沟通。对于设计管理者来说，做好设计沟通有着重要的意义。

图7-24 产品形态美

首先，从企业与客户之间来看。针对同一件产品，经常有这类现象产生，即客户对企业的产品不满意，认为设计没有达到预期的目的，而另一方面，企业认为完全满足甚至优化了客户的设计需求，其不满意的原因在于客户不能完全理解设计。究其原因，在于企业与客户之间对产品信息理解的差异，简言之——沟通问题。正如英国 Chris Ludlow 在他的《公司形象计划中的沟通角色》一文中指出的那样："为了达到设计的目标，设计公司与客户之间的沟通是至关重要的，所以，对设计过程的管理主要依托与双方沟通的质量与方式。"[①] 因此，可以说，企业与客户之间的沟通程度与效果直接决定双方的信息是否对称，同时决定企业最终的设计产品能否达到客户的需求。另外，企业与客户之间的沟通还能就产品的成本、利润方面达成一致，促进经济上的双赢。

其次，从设计团队内部来看。设计沟通能够激发设计创意的产生。设计是一项团队性很强的活动，强调团队工作的一致性。团队中，设计师与设计师之间在信息、情感、思想以及对客户目标等方面的交流与探讨，能够发现相互设计构思中的优点与不足，从而促进产品的设计优化与设计方向的明确。而设计师在沟通的过程中，也是对客户所给予信息的进一步解读与认识，使抽象的客户要求变得明晰，有利于设计师对客户的信息更为准确的把握与理解。而团队内部沟通的最终目的是通过激烈的探讨来产生高质量的设计创意，满足客户对设计的需求（图7-24）。

最后，从宏观设计流程来看。设计活动是一项涉及多学科领域、多人员参与的创造性活动。通常一项设计任务的完成需要各方面的全面配合与协调，包括设计师与设计师、设计师与管理者、设计师与客户、设计师与生产和销售者、设计师与财务人员以及企业与客户、企业与政府人员等之间的关系。而设计项目越是复杂越是重大，其人员之间的沟通与交流次数越是频繁。所以，设计管理者建立起行之有效的沟通管理模式对于处理好与设计项目相关的人员之间的关系、设计进程的发展以及人员之间的合作效率都有着极为重大的影响。

设计沟通的复杂性，决定了设计沟通过程中问题的复杂、多变性。对设计沟通效果好坏产生影响的除了人员个人问题外，还包括了组织机构方。而设计沟通中的困难主要包括了：设计团体之间的沟通问题、设计团体与非设计团体之间的沟通问题、设计师与企业设计组织的管理者之间的沟通问题以及设计团

---

① 刘国余 . 设计管理 [M]. 上海：上海交通大学出版社，2003：145.

体与客户之间的沟通问题。

针对设计中的沟通问题的产生，我们可以从多方面努力来避免其产生，并提高设计中的沟通质量与效率。

一方面，要重视沟通在设计中的重要性。沟通效率的情况决定着最终设计的质量。设计管理者需要让沟通的双方都对"沟通"有着明确的认识。只有双方对沟通活动产生深刻的认识才会认真而积极地对待每一次组织的沟通交流活动，避免消极心态的产生，让设计沟通在设计活动中发挥其应有的助推作用。

另一方面，我们需要创造一个高效的沟通环境。沟通环境可以分为沟通的地点、环境以及沟通的交谈环境。对于前者来说，沟通环境的选择、场景布置以及人员安排等都能够让双方感到尊重与被尊重，促使积极的心理状态的产生，有利于沟通交流的和谐发展。而沟通中交谈环境的创造需要设计管理者充分了解交谈双方的个性以及思维特征，通过恰当的谈话技巧以及沟通方式来营造。

同时，要在掌握共通的语言基础上采用合理的沟通方式。沟通问题的出现，多半是由于沟通双方在理解上的偏差与误读。从信息的传播角度看是由于传播者与接收者的编码、解码以及传播过程中的噪音所产生的。而掌握共同的语言是有效避免沟通障碍产生的途径。沟通的双方应扩大自身的知识面，以能做到沟通中的相互理解。另外，沟通工具以及手段的合理使用，不仅能够有效地避免因语言障碍而产生的沟通问题，同时还能促进沟通效率的提高。如采用网络视频技术、多媒体技术以及虚拟现实技术等现代化传播交流方式的应用，都能够减少沟通问题，提高沟通的质量。

最后，设计管理者需要建立起合理的沟通管理模式，并做到不断优化。沟通管理模式的建立是设计管理者提高工作效率的途径之一。管理模式中的沟通渠道的设计必须做到与设计组织的管理结构相适应。在不断的设计沟通实践中，设计管理者需要做的是，根据具体的情况来优化通行的沟通模式，使之符合自身沟通活动的需求，最终形成一套高效、完整、全面的个性化设计沟通管理系统（图7-25）。

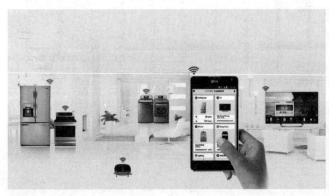

图7-25 产品宜人性的体验

7.6 设计流程典型案例[①]

1. 刘传凯在其《产品创意设计》分析 Palm 系列 PDA 设计流程
案例展示：

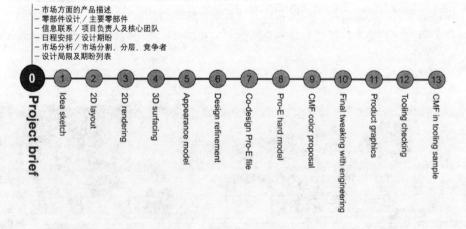

- 市场方面的产品描述
- 零部件设计／主要零部件
- 信息联系／项目负责人及核心团队
- 日程安排／设计期盼
- 市场分析／市场分割、分层、竞争者
- 设计局限及期盼列表

---

① 刘传凯 . 产品创意设计 [M]. 北京：中国青年出版社，1999.

第 1 步　Idea Sketch 概念草图阶段

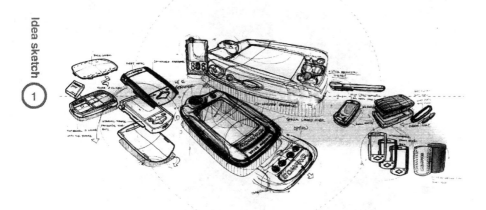

第 2 步　2D Layout CAD 布局图

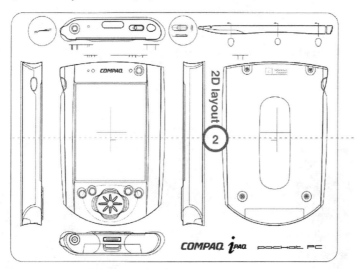

第 3 步　2D Rendering 二维效果图

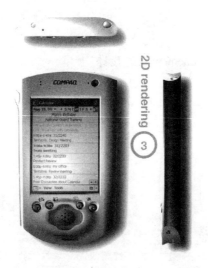

第 4 步　3D Surfacing 三维曲面研究

第 5 步　Appearance Model 外观模型

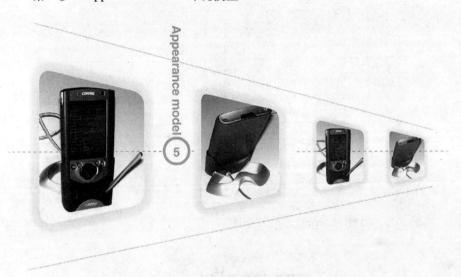

第 6 步　Design Refinement 改进设计

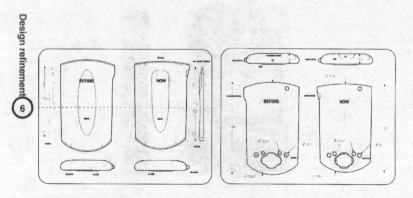

第 7 步　Co-design Pro-E file 完善 Pro-E 文件

第 8 步　Pro-E Hard Model 根据 Pro-E 制作外观手板

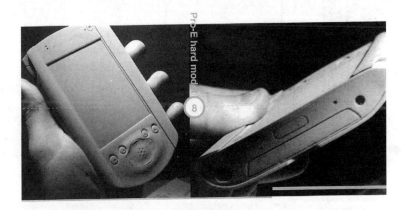

第 9 步　CMF Color Proposal CMF 颜色提稿

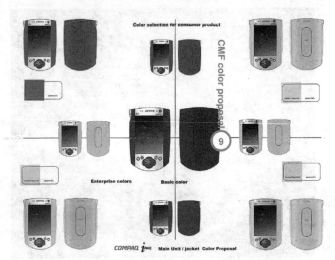

第 10 步 Final Tweaking with Engineering 工程师最后调整

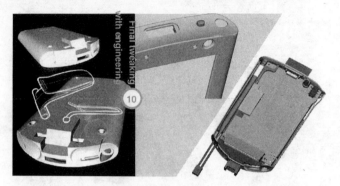

第 11 步 Product Graphics 生产图纸

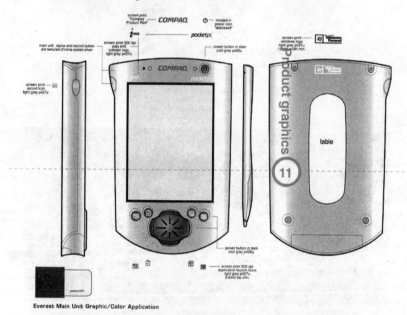

Everest Main Unit Graphic/Color Application

第 12 步 Tooling Checking 测试模具

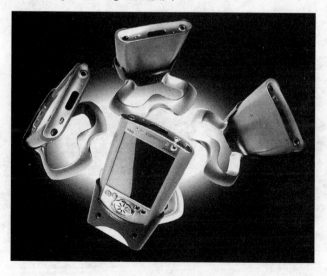

第 13 步　CMF in Tooling Sample 在模具上试喷选定颜色

2. 上海雄策公司的设计案例——海信空调挂机设计

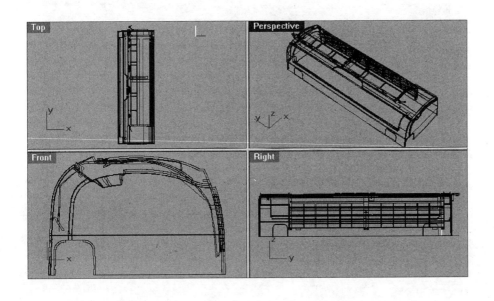

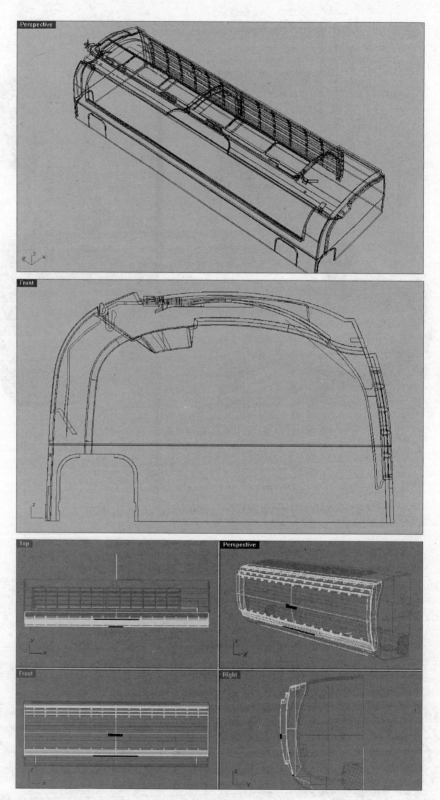

①客户提供的主要零部件尺寸文件——底框、中框及隔栅截图（Project Brief and 2D Layout by Mechanists & Designers）

②二维效果图及提案（2D Rendering）

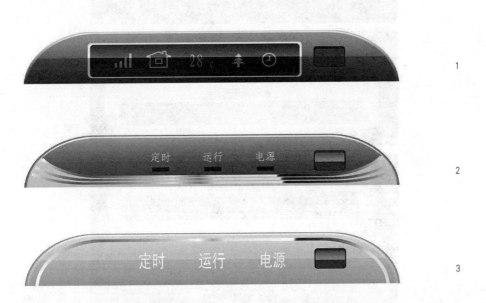

1

2

3

VFD 显示屏的设计及色彩方案（2D rendering——color proposal ＆ viaration of VFD）

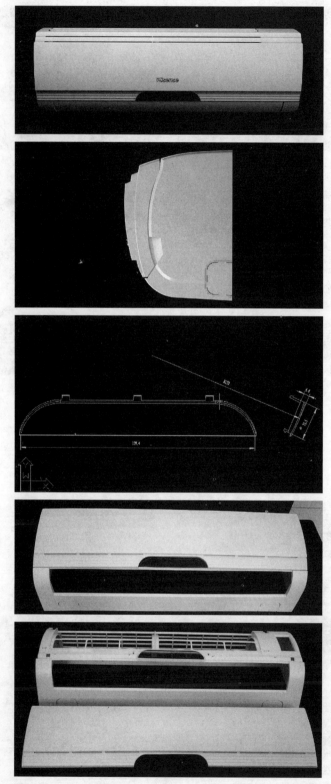

　　③计算机辅助工业设计与三维曲面造型研究（CAID & Rhino 3D surfacing + rendering）

④设计修改反馈及其手扳的制作 (The Period of Design Refinement, Co-design Pro-E file and Pro-E Hand Model Manufacturing)

第8章 设计与市场营销管理

8.1 市场营销概述

随着全球经济一体化的逐步深入和市场竞争的日趋激烈，市场营销已成为决定企业兴衰的重要因素之一，因而各种类型的企业对于市场营销的重视已达到一个前所未有的高度。然而，对于什么是市场营销，西方有关的文献中给出过多种定义，笔者认为1985年AMA(美国市场营销协会)对其下的定义最准确："对观念、产品及服务进行设计、定价、促销及分销的计划和实施的过程，从而产生满足个人和组织目标的交换。"由此我们清楚的看到：产品的含义不仅包括传统观念的有形产品，还包含思想、理念和观念等无形产品。

此外，市场营销作为一门科学，要对它进行深入了解，首先必须要对市场营销的核心概念有所了解。但与此同时，随着全球经济模式和市场特点的不断变化，市场营销的核心概念也随之发生一定的改变。菲利浦·科特勒（Philip Kotler）在其《营销管理》（第十版）一文中提出了如下的核心概念：[①]

1）目标市场与细分

因为针对同一类型的产品，顾客的需求也是迥异的，为了更好地针对性地进行市场营销，我们就有必要按照一定的标准把市场进一步细分，根据市场特点间的差异进行设计规划，使顾客不同的需求均得到满足。

2）营销者与预期顾客

营销者就是把自己的产品或服务拿到市场上进行交换的一方。在设计营销的过程中，我们是把一种无形产品（或者是说商业服务）进行交换，因而在一定程度上说，决定设计是否能得到市场认可时，设计师比营销者起着更重要的作用。

3）需要，欲望和需求

需求是人类的基本要求，营销者不能创造需求。如人有住的需求。

欲望是指想得到需要的具体满足物的愿望。如人需要住从而可能有对普通楼房、别墅等住宅的欲望。

需求是人们有能力购买并愿意购买某个具体产品的欲望。如人们为了住的舒适愿意购买知名开发商设计建造的楼盘。

---

① 甘碧群 . 市场营销学 [M]. 武汉：武汉大学出版社，2002.

4）产品或供应品

这是用于交换的有形或无形的产品，用以满足人们的需求或欲望。

5）价值和满意

价值是顾客所得与所支出之比。一般说来如果顾客得到的利益比所期望的越多，那么他的满意度就会越高。其中顾客所得不仅包括外在的、物质化的利益，还包含内在的、精神上的、情感上的利益。

6）关系与网络

随着市场经济以及营销活动的发展，如今的市场竞争更为激烈，因此，传统的营销理论以及方式很难应对当今市场所带来的挑战。于是，西方学术界和企业界积极探索适应现代竞争要求的营销理论和方法，关系营销作为其中的佼佼者应运而生，关系营销理论的建立，使企业营销策略涉及到所有利益相关者，把正确处理企业与所有利益相关者之间的关系作为营销活动的核心。网络在这是指营销网络，是各个利益主体的结合体。

7）供应链

从原材料和零部件采购、运输、加工制造、分销直至产品最终交给顾客的过程是一个环环相扣的链条，总称为供应链。[①]实质上供应链是个价值传递系统，一般其价值传递以到达消费者手中为终点。

8）竞争

市场营销中的竞争者包括：

A. 行业竞争者，即制造同类产品的公司

B. 一般竞争者，即争取同一消费者的公司

C. 形式竞争者，即能提供相同服务的公司

D. 品牌竞争者，即以同级价位提供同类产品的公司

而在设计市场内，行业竞争者、形式竞争者、品牌竞争者都大量存在，而与其他类型公司竞争同一消费者则属于一般竞争。

9）营销环境

营销的进行是以市场作为载体，所以任何影响市场的因素都是我们在营销过程中需要研究的。营销环境包括宏观环境与微观环境。宏观环境包括经济、自然、人文、政治和文化等环境。而微观环境主要指生产者、分销商、经销商和客户等。

10）营销组合

著名的管理学家麦卡锡将营销组合概括为4P，既Product（产品），Price（价格），Promotion（促销），Place（分销）。现在市场营销的核心是以顾客为导向的，于是营销组合也相应的演化为4C，既Consumers（消费者），Cost（成本），Convenience（便利性），Communication（沟通）。

11）市场营销管理

市场营销管理是对要交互的目标进行分析、定价、分销和促销的过程。简

① 刘燕灵. 跨国公司的供应链管理[J]. 物流工程与管理，2012，1.

而言之它包括分析规划、执行和控制。市场营销管理是使交换顺利发生，从而满足买卖双方的需求。

8.2　设计营销管理

从历史意义上说：设计是时代的产物，它代表着当代的经济、社会意识、科学与文化艺术，设计作为一种文化始终伴随着社会文明的进步而发展着。

从设计的本质上看，其目的就是通过一系列的创新活动，将企业的资源，包括技术、人力、物力、资金等转化为有用的产品或服务形式。换言之。就是通过设计去创造新的价值。

根据经济学的相关理论：价值是通过交换来实现的。也就是说如果产品或服务形式没有得到市场的认可，无法进行任何形式的交换，那么我们就说这种产品或服务形式是没有价值的。所以很自然地就会想到如何去促使设计能接受市场考验，如何促进设计在市场上的交换等。从这个角度说，市场营销就是为了解决生产与消费的矛盾，以合适的方式和价格，在合适的时间与地点，使产品顺利地由生产者向消费者转移。或者可以理解市场营销的主要作用是刺激和创造消费者的需求。

设计产品既然要在市场上流通，那么传统意义上的有形产品一定遵循一些基本规律：设计要以顾客为中心，重视顾客满意的重要性质；不论是针对何种产品或服务，市场营销实质上是促进交换的产生，所以对设计市场的宏观与微观环境要有一个清楚的认识；交换是个相互的过程，因而涉及到设计自身价值和消费者的购买心理两方面的问题；促进交换的实现实质是促销的本质作用，有效的促销手段会使设计得到市场充分的认可。

所以，可以说：设计营销管理就是设计企业、设计部门借助创新和高技能的营销与管理，开拓设计市场，并将各种类型的设计活动，包括产品设计、环境设计、视觉传达设计、建筑设计等合理化、组织化、系统化，充分有效地发挥设计资源，使设计成果更富有竞争性，企业形象更鲜明，不断推动设计业的质量和生产力的提高，从而走向成功发展。忽视营销、管理，以为懂得设计就能包打一切，轻视顾客需求都会影响设计企业的发展，削弱设计业在经济中的作用。[①]

和普通产品的营销管理过程一样，设计市场营销管理过程同样包括以下几个步骤：

1）发现和评价设计市场机会。分析市场机会是企业营销管理的第一个步骤。市场机会就是市场尚未得到满足，进入其中可能会有利可图。为了对设计市场机会进行客观的评价，企业营销调研人员要进行专门的调研，千方百计寻找那些未得到满足的市场机会，并加以分析评估，得出了市场机会。但企业是

---

① 尹定邦，陈汗青，邵宏．设计的营销与管理 [M]．长沙：湖南科学技术出版社，2003．

否要利用这个机会使其成为企业的营销机会，这还需要看其对企业是否有利可图，以及是否符合企业的战略规划目标及资源优势等。

2）细分设计市场和选择目标市场。市场细分就是从区别消费者的不同需求出发，根据消费者需求和购买行为的明显的差异性，并以此作为标准将整体市场细分为两个或更多的具有类似需求的消费者群，从而确定企业营销目标市场的过程。[①]

3）发展设计市场营销组合。营销管理的第三个步骤是确定市场营销组合。市场营销组合是为了满足目标市场的需求，企业对自身可以控制的各种市场营销要素的优化组合。这是为了达到营销目的所采用的手段，是整个营销过程的执行阶段。

在设计市场营销过程中可以控制的因素有设计服务、价格、分销和促销，它与传统的营销组合实质上是一致的，各因素间相互影响，相互制约，我们绝对不能独立地对单个因素进行研究，而必须从企业内部资源、外部环境、竞争对手和宏观环境出发，综合运用市场营销手段促使营销的顺利完成。

8.3　市场整合营销

市场营销是对产品及服务进行设计、定价、促销的计划和实施的过程。而设计的最终目的是将产品物化推向市场，设计策划者务必懂得产品的市场运作规律，满足消费者需求，熟悉市场操作规范，具备一定的市场营销策划能力，因此，设计市场营销已成为决定企业设计兴衰的重要因素。

工业革命后，市场竞争使企业的经营思想经过了从生产观念、产品观念、推销观念到市场营销理念和社会营销理念的过渡，市场营销理念的基本出发点是从消费者或用户的需要出发，生产并销售相应的产品。而社会营销理念不仅要满足消费者的需要与欲望，还得符合消费者和社会的长远利益和道德准则。市场营销学概念中，产品是指所有能满足顾客需求和欲望的有形物品和无形服务的总和，从这个角度理解，设计是一种满足消费者需求和欲望的创意；满足消费者心理，情感和审美等方面需求的活动。[②]

设计企业提供的产品是否满足顾客的需求，设计创新是否走在同行业的前面，如何应对设计产品生命周期越来越短的现实，这都是设计企业在营销中需要重点考虑的。设计市场营销管理就是设计企业、设计部门借助创新和高技能的营销与管理，开拓设计市场，并将各种类型的设计活动，包括产品设计、环境设计、视觉传达设计、建筑设计等合理化、组织化、系统化、充分有效地发挥设计资源，使设计成果更富有竞争性，企业形象更鲜明，不断推动设计企业的质量和生产力的提高，从而走向成功发展。[③]

① 叶东森.企业风险由外向内传导机制研究 [D].广州：华南理工大学，2005.
② 胡俊红.设计策划与管理 [M].合肥：合肥工业大学出版社，2005：121-122.
③ 陈汗青，尹定邦，邵宏.设计的营销与管理 [M].长沙：湖南科学技术出版社，2001：36.

图 8-1　产品市场营销策略系统

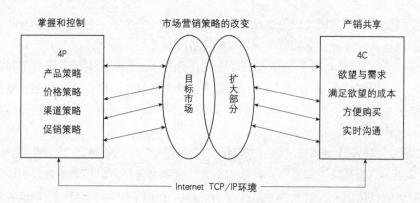

在 20 世纪 60 年代，美国密歇根州大学管理学教授麦卡锡提出了 4P 理论，即以产品、定价、促销、分销为组合的整合营销理论，奠定了现代营销学的基石，4P 即 Product（产品），Price（价格），Promotion（促销），Place（分销）。进入 20 世纪 90 年代，唐·E·舒尔兹（Don E.Schultz）教授提出了整合营销的新理念，即 Integrated Marketing Communication（IMC）。1990 年劳特朋教授针对原有 4P 理论的不足以及存在的问题，提出了 4C 理论，即消费者的欲望和需求、消费者所付出的成本、消费者便利、消费者沟通的 4C 原理（图 8-1），Consumers wants and needs 指消费者的需求和欲望，Cost 指成本，Convenience 指便利性，Communication 指沟通。[①]

4C 理论考虑的第一个 C 就是注意消费者的需求与欲望，产品的品质、产品的文化品味都取决于消费者的认知，只有深刻探究和领会到消费者的真正需求和欲望，才能获得最终的成功。因此，找准消费者心理，充分与消费者进行沟通，了解消费者对品牌网络、产品知识、产品的效用需求及其评价标准、消费者的个性品味等，也就满足了顾客的需要与欲望。企业发展产品策略必须从消费者的需求与欲望出发，而不是从企业的研究与开发部门出发，企业产品策略只是企业向消费者传达利益的工具和载体。

从 4P 理论到 4C 理论的发展可以看作是消费者与市场的角色的转变，即从 4P 的以企业产品为市场主导的卖方市场转变成以消费者为主导的买方市场，在 4C 理论中，消费者成为市场营销的核心。而在 4C 理论之后，美国唐·E·舒尔兹教授又提出了全新的 4R 理论来弥补 4C 理论的不足。4R 理论即：Relevancy——关联；Response——反应；Relationship——关系；Return——回报。4R 是买方市场后期的经营思想，它的最大特点是以竞争为导向，在更高层次上概括了营销的新框架。4R 理论根据市场的不断成熟和竞争日趋激烈的形式，着眼于企业与顾客的互动与双赢。[②] 4R 理论重视企业与客户长久关系的建立，追求市场营销的回报，要求企业提高对市场的灵敏度以及提高与客户之间的关联性。

从 4P 理论到 4C 理论再到 4R 理论，我们能够看到市场营销理论的不断发展，企业在经营时需要将三个理论有机地结合起来，灵活地运用于市场营销之

① 金安 . 试论市场整合营销 [J]. 宁波大学学报，2001，14（2）.
② 余明阳，陈先红 . 广告策划创意学 [M]. 上海：复旦大学出版社，2008：79.

中。下面将分别从产品、消费者、价格、渠道等方面来详细探讨设计领域的营销组合。

1）产品因素

传统产品的概念是指具有某种物质形状，能提供某种用途的物品，现如今的市场营销学概念中，产品是指所有能满足顾客需求和欲望的有形物品和无形的服务的总和，产品包括有形物品、服务、人员、地点、创意或这些实体的组合。从这个角度理解，设计是一种满足消费者需求和欲望的创意，主要是指能满足消费者心理，情感和审美等方面需求。

传统产品组合是指企业所生产经营的全部产品的总和，它反映了一个企业提供给市场的全部产品项目和产品线系列构成，也是企业生产经营范围和产品结构。而设计服务组合的概念也是相似的。作为一个设计企业，它不可能覆盖到所有细分的目标市场，这也意味设计服务组合需是有所偏重的组合。

在当今激烈的市场竞争背景下，企业拥有了新的设计、产品或服务，那它就有了居高临下的主动权。如果在市场上多家公司都看中了同一目标市场，那么谁有新的元素先投入市场，那它往往就意味着引导市场潮流或树立新的标准，从而为企业带来丰厚的利润。在时间上的领先一步毫无疑问是成功的重要因素。

一般而言，企业所运用的一般竞争战略有：

（1）成本领先战略。即在较长的时期内保持自己产品或服务的成本低于同行业竞争者的成本。由于成本降低，利润就会升高。企业就可以采取低价策略，品牌就更有竞争力。

（2）产品差异化战略。即使自己提供的产品和服务与类似产品或者服务的对比中具有独特性。此种战略下，品牌的运用充分体现了品牌的某种独特性，企业在这种独特性的基础上确定自己的目标市场和战略步骤。

（3）集中战略。即企业通过产业市场细分化来确定一个产业中的竞争范围，强调在一个产业中的独特竞争优势，企业集中服务于某一特定的市场，或者把目光集中于某一特定的消费群体，即企业在一个产业中为某一细分市场的特殊服务方面的优势。

此外，产品的因素还包括产品的生命周期以及产品品牌的创建等方面。

2）从产品策略到满足需求策略

营销发展到今天，营销组合中的产品概念已存在很大的问题。在早期，产品的定义实质就是公司为了顾客创造的有形利益和无形利益的组合，营销者的任务就是把目标客户喜爱而且愿意出高价获得的每个产品组合起来。但根据西方营销专家的最新研究成果，现在4P中的产品主要有两方面的问题：消费者不需要单一的产品或服务，而是两者的组合（即产品—服务）；消费者希望参与创造产品—服务，而不是被动的接受。[①]

---

① （美）约瑟夫·H·博耶特，杰米·T·博耶特.经典营销思想[M].杨悦译.北京：机械工业出版社，2004.

虽然我们不否认 4P 中的产品，是真正的消费者导向，以消费者为中心，消费者需要什么，就生产什么销售什么。但针对上述两点问题，4P 中产品的内涵并不能给出解决之道。于是进而演化出 4C 理论中的满足需求策略：设计行业的产品是各种设计作品及所提供的相应的服务，在设计企业传统的营销组合中，产品策略是很重要的一部分，设计企业提供的产品是否满足顾客的需求，设计创新是否走在同行业的前头，如何应对设计产品生命周期越来越短的现实等，都是设计企业在营销中需要重点考虑的。但是随着社会网络化和信息化进程的发展，潜在顾客已经不满足在有限的设计产品中进行选择，他们渴望参与整个设计和享受设计和服务两者的组合，于是传统的产品策略演进为满足顾客需求的策略（即 4C 中的 Customer），使产品从有形物质到思维的转变。

传统意义的产品指实实在在的物品或有形的服务，而现在产品的概念演变为一个综合服务和满足的概念，也就是说，设计企业提供的不仅是有形的设计与服务，而是一种综合服务的思想，它包含：直接面向顾客的各种设计和服务；设计作品的售后服务；围绕顾客需求展开的新设计开发策略等。

3）价格因素

在营销组合的多种因素中，价格的变化会直接决定企业的销售额，市场份额和利润的高低，并将直接影响到设计者、经销者和消费者多方面的利益。与产品和营销渠道不同，价格会很快的发生变化，同时，定价与价格竞争是许多营销人员所面临的首要难题。我们可以看到现在很多企业，包括某些设计企业对价格因素的处理并不好，主要问题有：在定价时过于强调成本导向；脱离了营销组合的其他因素；不能快速合理地根据市场变化对价格做出调整。

但产品成本确定了底价，消费者对产品价值的看法确定了最高价，因此，企业必须考虑到竞争对手的价格以及其他的内外部因素，以便在这两者间找到合适的价格。

4）渠道因素

渠道是对产品从生产者转移到消费者所必须完成的工作加以组织，其目的在于消除产品或服务与使用者之间的分离。[①] 具体到设计企业的分销渠道的作用，主要有：①信息的收集与传播，收集和传播有关潜在的和现实的顾客，竞争者和其他参与者的供给和需求等营销信息；②促销，进行关于所供应商品的说服性沟通；③协商，就提供商品的价格和其他条件达成最终协议以实现所有权和占有权的转移；④融资，为补偿渠道工作的成本费而对资金的取得和支出；⑤风险承担，承担与渠道工作有关的全部风险。[②]

从原则上说，目标市场的选择并不是渠道设计的问题，然而，事实上，市场选择与渠道选择是相互依存的，有利的市场加上有利的渠道，才可能使企业获得利润，渠道设计问题的中心环节是确定到达目标市场的最佳途径。

---

① 惠碧仙、王军旗.市场营销：基本理论与案例分析 [M].北京：中国人民大学出版社，2009.
② 惠碧仙、王军旗.市场营销：基本理论与案例分析 [M].北京：中国人民大学出版社，2009.

在过去，营销者和顾客可选择的渠道非常有限，而且这些有限的渠道几乎都是营销者的全部选择。科特勒说过，每个售货者实际上只有两种基本选择——直接卖给消费者和通过中间商进行销售。但是随着互联网的出现，它永久地改变了营销，它开辟了一条完全崭新的分销渠道，消费者很容易通过互联网就克服生产者同消费者之间存在着时间、地点、数量和所有权等方面的差异和矛盾，消费者可以在网络能达到的区域内进行任意的比较选择。①

就国内传统设计行业而言，有一定的地域限制。一方面，限于国内的设计企业自身实力不强的现状，尚无力通过传统的营销渠道（如长期设立分公司或寻找代理中间商）进行扩展；另一方面，行业的宏观环境还不够健全，如地方保护主义、地方准入屏障等也有相当的影响。但在设计业的现代网上营销策略中，情况就大大不同了，地域的概念已经大大的淡化了，相应的渠道营销和宣传策略也变为电子商务的过程。设计企业与消费者之间信息的处理问题，就是如何利用网络空间上丰富的信息资源来吸引顾客，如何更好地与消费者进行实时信息互动。

从渠道的角度来分析，4C 认为不应仅仅关注于渠道策略，而要重新营造消费者购买商品的方便，而网络的出现正好满足了其需求。除此，采用非传统的渠道也会有很好的效果，如家装设计可依托于房地产的营销渠道，服装设计与服装生产企业联姻等。

5）沟通因素

沟通的目标是让受众了解设计作品，刺激受众搜寻更多与设计作品有关的信息，让他们喜欢该设计作品，或者让其向他人推荐该设计作品，在购买该设计作品后对设计作品产生好感等。② 传统的设计企业与消费者的沟通一般是通过相关的业务人员进行，于是由于工作人数的限制，就只能保证与重点客户之间的信息沟通，而与一般客户的沟通就无法保障了。在这种情况下，设计企业就无法通过及时沟通来了解市场信息，也就无法发掘潜在的消费者。但在网络营销的情况下，设计企业很容易就与所有消费者在线实时沟通，从而与各界建立不同层次的广泛沟通。③ 同时，在网络上树立设计企业和设计作品的形象将会是 4C 营销组合中的重要内容，也是设计企业的无形资产，这属于文化和感情上的沟通，是设计企业和客户间的人与人的交流，这种精神上的沟通会使消费者记住企业，并在生活中自觉地宣传它。由上可以看出，网络意义上的 4C 组合打破了传统营销的局限，从客户角度出发，以设计企业与消费者的长远发展战略为主要目标，从而在未来的市场竞争中占据有利的位置。

6）消费者因素

社会网络化和信息化进程的发展，消费者已经不再满足在有限的设计产品

① （美）约瑟夫·H·博耶特，杰米·T·博耶特. 经典营销思想 [M]. 杨悦译. 北京：机械工业出版社，2004.

② 尹定邦，陈汗青，邵宏. 设计的营销与管理 [M]. 长沙：湖南科学技术出版社，2003.

③ 郭雁. 从 4P's 到 4C's 的转变 [J]. 浙江金融，2000，12.

中进行选择，他们渴望参与设计和享受设计服务，于是传统的产品策略演进为满足顾客需求的策略，即 4C 中的 Customer。[①] 在这种情况下，消费者的需要是推动企业经营活动的轴心。在传统营销条件下，由于科技水平的局限，企业决定产品项目时，自身的生产能力是首要考虑的因素，进入 20 世纪 90 年代后，制造技术已不成问题，因此企业应在消费者的个性需求方面下大功夫，即把消费者的需求和愿望看作比产品功能更重要的因素，给予极大的关注。

4C 理论要考虑的第二个 C 就是消费者的成本。消费者的成本不仅只是产品的价格，他们付出的货币只是其中的一方面，另一方面，消费者决不会买他未认同的价值，无论这种价值有多么真实，消费者只会购买他们认同的价值，在这种情况下，企业首先要分析消费者的认知，根据认知价值对产品进行定价，作为定价的关键。[②] 因此，这里的成本不是生产的成本，而是满足消费者需求和愿望所付出的成本，其中不仅包括金钱的支出，还有时间的耗费，购买过程的繁简，购买的距离等。[③]

此外，企业应该站在消费者角度，考虑如何给消费者方便来购得商品。市场营销环境的改变、竞争的加剧，任何策略都可以被复制，为了形成竞争优势，企业必须不断分析竞争状况、消费者购买行为，根据消费者对购买方式的偏好给消费者最好的服务，最大的方便。

而目前，任何一种媒体都难以接触到所有的目标消费者，媒体分散零细化，媒体和消费者传播和接受信息的模式发生了深刻的变化，这使传统的传播营销陷入困境，消费者每天接触到成千上万的信息，仅广告信息每天大约接触到 1200~1500 个，从媒体试图影响消费者行为的角度来看，使得消费者无法对信息进行深入加工吸收，这种营销模式显得苍白无力。而新的营销理论要求与消费者对话，进行双向沟通。

在 20 世纪 90 年代以后，营销种类繁多，消费者的主体地位大大提高，媒体也发生巨大变化，商家从单向营销转到双向沟通的轨道上来，即用沟通代替营销。过去，传统营销中广告成为商家喜爱的营销武器，属于从商家向顾客的单向信息传递，由于资讯有限，媒体有限，消费者始终处于一种弱者地位，这是一种典型的推销行为。而整合营销强调与消费者进行平等的双向沟通，把自己的真实信息如实传达给消费者，并且根据消费者信息反馈调整自身，实现双赢，双向沟通把由过去顾客看成是"企业最重要的资产"转变为"顾客是企业真正的老板"。[④]

最后，当今产品同质化程度提高以及产品、品牌种类与数量膨胀，同类产品的相似信息太多，解决问题的关键是增加特色，缩短产品周期的情况，使消

① （美）约瑟夫·H·博耶特，杰米·T·博耶特.经典营销思想 [M].杨悦译.北京：机械工业出版社，2004：11-12.

② 金安.试论市场整合营销 [J].宁波大学学报，2001，14（2）：112-113.

③ 王怡.房地产项目全过程营销管理研究 [D].哈尔滨：哈尔滨工业大学，2003.

④ 金安.试论市场整合营销 [J].宁波大学学报，2001，14（2）：112-114.

费者对多样化、个性化的产品需求增加，这要求企业时刻倾听消费者的声音。一方面消费者品味在不断变化，另一方面个性化要求增加产品特色，这就要求时刻留意消费者，关注市场进程，应季、应时、应人，满足市场需求。而企业必须协调整个营销组合，从企业外部环境、内部资源、竞争对手和宏观环境出发，制定总体传播组合，精心地将所有的促销手段融合成一个协调的营销组合，使产品的外观设计、价格、包装、颜色以及销售产品的形态都向顾客传达信息。

8.4　市场营销策略的制定

8.4.1　市场调研

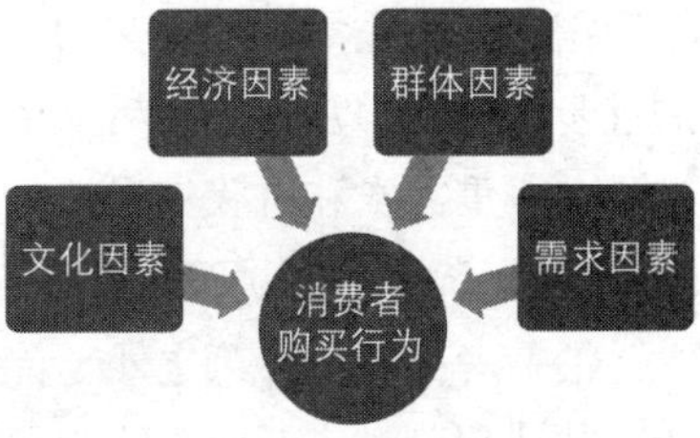

设计企业在做出任何决策之前，有必要对设计市场进行一番分析调研，了解该市场的基本状况，为后续的决策做必要的准备。同时，企业的产品需要得到市场的考验，其价值需要在市场上体现出来。

图 8-2　影响消费者购买行为因素分析

市场调研是指搜集和提供与设计决策有关信息的科学方法，它是连接设计者与消费者之间的桥梁。调研包括：①消费者调查；②购买决策过程；③市场供给状况；④市场促销状况。之后，根据市场调查得到的各种信息与资源，进行市场预测，预测未来一定时期内市场对某种产品的需求量及其变化趋势，为设计部门、市场营销部门提供决策依据。

1）消费者调查

消费者是营销的对象，是营销赖以存在的载体。企业如何制定营销策略，关注的重点是消费者，调研包括各种相关因素，如消费水平、物价的上涨、收入的增加、消费结构需求量的变化等。影响消费者购买行为的主要因素有（图8-2）：

（1）文化因素。随着社会科学技术、经济、文化、生活方式等因素的变化，不断地改变着人们的价值观念，这些必然影响着消费者的选择，而当今，在产品设计中追求文化的倾向就充分说明了这一点。人们购买一件产品不再以过去所谓的好用、耐用、经济等标准来衡量，人们要求产品除了给人的物质功能外，还必须能赋予拥有者身份、个性、文化等方面的内涵。产品所传递的内容已不再是单一的物质功能，而必须具有以服务人、关心人为目标的多元化文化特征。[①]

消费者的需求差异在很大程度上由文化差异而导致的，每个社会阶层都有其独特的价值观、爱好、兴趣和审美，文化是某一特定社会生活方式的总和，

---

① 刘国余 . 设计管理 [M].上海：上海交通大学出版社，2001：64-65.

包括语言、风俗、宗教习惯、信仰等独特现象。[①]设计从某种程度上来说是设计师的文化背景的一种反映，设计师除了要有相应的专业水平和艺术修养外，还必须与营销者紧密合作，了解潜在目标对象的文化背景，从而使自己的设计服务符合社会的文化价值观。

（2）经济因素。经济是决定消费者购买行为的重要因素，它是指消费者可支配收入、商品价格、经济周期等因素，在消费者收入水平低下的情况下，经济因素影响是首要的。

（3）群体因素。主要指能影响消费者态度和购买行为的个人或集体，因为作为人类群体生活的集合体，消费者在选择消费对象时，很自然会受到群体一致性的影响。

（4）需求因素。最著名的马斯洛的需求层次理论，马斯洛理论把需求分成生理需求、安全需求、社交需求、尊重需求和自我实现需求五类。[②]随着科技的进步和生产力及人们生活水平的大幅提高，当生理需求和安全需求已得到满足后，尊重需求和自我实现就成为人们所追求的新目标。[③]

2）消费者购买决策过程

消费者在购买决策之处，首先要对商品进行初步的认识过程。认识购买行为，从认识刺激式开始，营销和环境的刺激进入购买者的意识，购买者个性与决策过程导致了一定的购买决策。购买过程从消费者对某一问题或需要的认识开始，内在的和外部的刺激因素都可能引起这种需求。[④]其次，消费者会根据自己的认识情况进行产品的信息收集。在此时，消费者或许有了需求，会去积极寻求更多的信息。最后，消费者运用收集到的信息来进行最后选择。具体有四点：其一，对设计的满意度。每个消费者都希望他所购买的设计包含自己满意的所有属性。在消费者眼中，一个设计是否值得购买是由各个具体的设计特性所决定的。其二，品牌形象。消费者对某一品牌所具有的信念称为品牌形象。凡是靠自身属性建立声誉的每一个品牌，消费者对此会发展成为一组品牌信念。其三，设计特性。指设计所具有的满足消费者要求的特性。在消费者眼中，设计的好坏表现为一系列设计特性的集合，如设计表达方式，制作技术等设计特色。其四，评价方式。营销人员通过一些具有代表性顾客的购买决策调研，发现消费者对某类产品的评价，营销人员利用该评价，并设法使商品或品牌对消费者更具有吸引力。

3）营销环境调查

企业对市场营销的环境分析通常会采用PEST分析法以及SWOT分析法，前者一般针对宏观环境进行分析。PEST包括四个方面：P——Political，即政治环境；E——Economic，即经济环境；S——Social，即社会环境；

---

① 甘碧群，等.市场营销学 [M].武汉：武汉大学出版社，2001：32-34.
② 杨献平.企业特点营销 [M].北京：中国广播电视出版社，1999：27-28.
③ 张德，吴剑平.企业文化与CI策划 [M].北京：清华大学出版社，2000：20-21.
④ （美）菲利普·科特勒.营销管理 [M].上海：上海人民出版社，1999：32.

T——Technological，即技术条件。而另一种使用方法使用起来更为便捷，更为常见。

SWOT 分析法由美国旧金山大学管理学教授海因茨·韦里克（Heinz Weihrich）在 20 世纪 80 年代提出，也被称为强弱危机综合分析法。它主要是针对企业内外部环境而进行的一次全面的分析，包括内外部环境的优势（Strengths），劣势（Weaknesses），机会（Opportunities）以及威胁（Threats）。在使用 SWOT 分析法时，企业管理者按照矩阵图进行填写，能够将企业的竞争环境以及发展机遇较为全面地展现出来，并根据要素之间的相互匹配来制定相应的战略组合（表 8-1）。

SWOT 分析法矩阵表		表 8-1
	有助于目标实现的方面	有碍于目标实现的方面
内部环境	优势 （Strengths）	劣势 （Weaknesses）
外部环境	机会 （Opportunities）	威胁 （Threats）

通常，进行 SWOT 分析法主要分为以下几个步骤。首先，企业管理者运用科学合理的调查方法，对企业的内部环境（包括：技术、人力、规模、形象、成本等）以及外部环境（包括：政治环境、经济政策、文化导向、消费群体以及市场状况等）进行调研。在掌握客观的情况条件下结合企业的历史、现状以及未来的发展方向进行理性地分析。其次，在分析四个方面的情况之后，按照对企业影响的强弱程度进行排列，填入表格。最后，根据构造好的 SWOT 矩阵进行相应的组合，按照发挥优势、突出特点、把握机会、规避风险与危机的方式进行战略之间的组合，一般分为以下四类：SO——优势—机会战略；ST——优势—威胁战略；WO——劣势—机会战略；WT——劣势—威胁战略（表 8-2）。

SWOT 组合战略表[①]		表 8-2
优势—机会（SO）战略		劣势—机会（WO）战略
依靠内部优势		利用外部机会
利用外部机会		克服内部劣势
优势—威胁（ST）战略		劣势—威胁（WT）战略
依靠内部优势		减少内部劣势
回避外部威胁		回避外部威胁

---

① 程艳霞，马慧敏.市场营销学 [M].武汉：武汉理工大学出版社，2008：43.

8.4.2 设计市场营销策划

设计市场营销策划方案基本与市场营销策划方案一致，一般而言，企业所运用的一般策划有三种类型：差别化（集中力量在重要的用户利益区域完善经营）、全面化领先（使生产成本和销售成本最低化，以低价获得较大的市场份额）以及集中化（集中力量在细分市场的服务上）。

差别化策划，顾名思义就是使自己提供的产品和服务与类似产品服务的对比中具有独特性。例如品牌的运用充分体现了品牌的某种独特性，企业在这种独特性的基础上确定自己的目标市场。

全面化领先策划，即在较长的时期内保持自己产品或服务的成本低于同行业竞争者的成本。企业可以采取低价策略，由于成本降低，利润就会升高，品牌就更有竞争力。

集中化策划，即企业集中服务于某一特定的市场，或者把目光集中于某一特定的消费群体。企业通过产业市场细分来确定一个产业中的竞争范围，强调在一个产业中的独特竞争优势，为某一细分市场特殊服务。[①]

而设计市场营销策划可以大致分为以下三个步骤：

首先，细分设计市场和选择目标市场。市场细分就是根据消费者需求和购买行为的明显差异性，从区别消费者的不同需求出发，确定企业营销目标市场的第一个步骤。

其次，发现和评价设计市场机会。分析市场机会是企业营销策划的第二个步骤，企业营销调研人员要进行专门的调研，千方百计寻找那些未得到满足的市场机会，并加以分析评估。

最后，设计市场营销组合。营销策划的第三个步骤是确定市场营销组合，市场营销组合是为了满足目标市场的需求，企业对各种市场营销要素的优化组合。

8.4.3 设计市场营销渠道

营销渠道是指从原材料采购、运输、加工制造、分销直至产品最终交给顾客的过程，渠道对从生产者的产品转移到消费者所完成的过程加以组织，其目的在于消除产品或服务与使用者之间的分离。[②]营销网络是一个环环相扣的链条，市场渠道策划并不是将产品直接出售给最终用户，而是通过一定的市场营销渠道销售出去，以到达消费者手中为终点，这个过程称为供应链，实质上供应链是个价值传递系统。[③]

1）营销渠道长度和宽度

营销渠道长度的选择可以从直销两个层次（从制造商到最终消费者），一

---

① 胡俊红.设计策划与管理 [M].合肥：合肥工业大学出版社，2005：124-125.

② 惠碧仙，王军旗.市场营销：基本理论与案例分析 [M].北京：中国人民大学出版社，2002：46-47.

③ （美）菲利普·科特勒，加里·阿姆斯特朗.市场营销教程 [M].俞利军译.北京：华夏出版社，2000：30-31.

直到五层渠道(从制造商到出口商,再到批发商,再到零售商,再到最终消费者)。

营销渠道宽度是指在任一渠道层次上的竞争程度和在市场领域中的竞争密度。一般要考虑到渠道的投资(人员要求、设备要求、库存水平)、顾客的购买行为及中间商等方面的要求,通常市场渠道宽度有三个级别:①独家分销;②密集分销;③选择分销。[①]

2)向渠道成员分配渠道任务

营销成员的任务主要包括推销、渠道支持、物流、服务、风险承担等方面。从原则上说,目标市场的选择并不是渠道设计的问题,事实上,有利的市场加上有利的渠道,才可能使企业获得利润,渠道设计问题的中心环节是确定目标市场的最佳途径。

在过去,顾客和营销者可选择的渠道非常有限,而且这些有限的渠道几乎都是营销者的全部选择。但随着互联网的出现,它开辟了一条完全崭新的分销渠道,永久地改变了营销方式,现代设计在网上营销策略中,相应的渠道营销和宣传策略也变为电子商务过程。[②] 在这种情况下,消费者与企业设计之间信息的处理就取代了原来面对面的工作模式,如何更好的与消费者进行实时信息互动,设计营销应该利用网络空间上丰富的信息资源来吸引顾客。

促销理论为了更有效地与消费者沟通信息,提出了四种途径:

①利用广告来传递有关企业与产品的信息;

②为改善企业和产品在消费者心目中的形象运用多种公共关系手段;

③为促进消费者购买,通过各种营业推广方式来加深消费者对产品的了解;

④可派遣推销员面对面地说服消费者购买产品。

在营销渠道中促销是一个重要的因素,公司的总体营销组合,称为促销组合,是由人员销售、广告销售、公共关系混合而成,公司就是用它来实现营销目标。[③] 另外还有示范型广告促销和集中型广告促销,前者是利用名人的公众效应吸引消费者,达到宣传产品的目的,名人在公开场合做示范表演,这会起到特殊的广告效应。后者是广告商结合一定时间、一定地点,利用大型庆典活动进行广告宣传,其广告形式多种多样,突出产品的时尚功效。这几种主要的促销方式有:

①广告促销:广告促销是直接围绕着企业形象和产品销售进行的,是对商品或服务的促销和推广,消费者通过各种广告媒介,使用电话、邮购、传真、互联网和其他手段与企业直接沟通。

②公共关系:指获得高知名度,建立良好的企业形象。

③人员促销:是销售人员为了完成销售,建立顾客联系的演示介绍。

④销售促进:指鼓励购买或销售产品的短期刺激行为。

---

① 胡俊红. 设计策划与管理 [M]. 合肥:合肥工业大学出版社,2005:144-146.

② (美)约瑟夫·H·博耶特,杰米·T·博耶特. 经典营销思想 [M]. 杨悦译. 北京:机械工业出版社,2004:24-25.

③ 甘碧群. 市场营销学 [M]. 武汉:武汉大学出版社,2000:42.

8.5 市场细分与设计细分的战略转移

研究设计市场有两个内容：市场细分和目标市场。简单地说，市场细分是如何将市场分割为有意义的顾客群体；目标市场是选择服务于哪些群体顾客。

8.5.1 市场细分

1）市场细分概念

市场细分化包括市场群的识别，识别的目的是为了分辨出可能的目标市场，使企业进入这些目标市场后有利可图。在确定这些细分了的市场目标时，营销者寻求通过公司的产品定位（一般是寻求产品或服务的差异化）来建立竞争优势。这样市场细分确定目标和市场定位的过程称之为定义目标市场的步骤，这个过程也代表了"现代战略营销的核心"。

市场细分（Market segmentation）是由美国市场学家温德尔·斯密于1956年总结企业市场营销管理经验的前提下提出的。所谓市场细分，即根据消费者对产品或服务的不同需求，把产品或服务市场细分为小市场群。[①] 设计市场有必要根据不同的需求进行市场细分，以满足顾客群的差异性需求。

为了更好地进行市场营销，就有必要按照一定的标准把市场进一步细分，因为针对某一类型的产品，顾客的需求是不同的。西方市场营销学的理论认为：由于经济文化的差异、消费者需求、购买能力、行为等不同以及各企业经营特点不同，市场细分不可能有一个完全统一的标准。每个企业都需要根据自身特点及具体情况确定市场细分的具体标准，根据市场特点间的差异进行设计规划，使顾客不同的需求得到满足。[②]

2）市场细分意义

市场细分是否科学合理已经是市场营销战略能否成功的一个前提，众所周知，任何一家企业没有能力也没有必要满足所有的市场需求，市场细分可以明确目标，有利于公司整合市场资源，细分是市场营销战略能否成功的一个前提。其作用体现在以下几个方面：其一，市场细分能够发掘新的市场机会。企业通过大量的市场调查工作，了解哪些细分市场中产品或服务已经得到满足，哪些未得到满足，从而可以发现潜在的市场机会；其二，市场细分能够整合公司资源，发挥竞争优势，企业充分利用有限的资源，以最小的经营费用实现最大营销效益；其三，市场细分有利于制定营销策略，有的放矢地采取适当的市场营销策略，从而有效地避免了恶性的价格竞争。

3）市场细分的标准

每个企业都需要根据自身的具体情况及特点确定市场细分的具体标准，由

---

① （英）迈克尔·J·贝克.市场营销百科 [M].李垣译.沈阳：辽宁教育出版社，2001：52.

② 甘碧群.市场营销学 [M].武汉：武汉大学出版社，2000：54-55.

于消费者需求和购买能力不同、各企业经营
特点不同以及经济文化的差异等，市场细分
不可能有一个完全统一的标准。具体有四个
标准：[①]

图 8-3　Honda Elite 摩托车

（1）人口标准：包括年龄、性别、职业、
婚姻、教育程度、收入、家庭、种族、国籍、
宗教和社会阶层等多种因素，人口因素是细
分消费者群的最流行依据，其原因是消费者
的需要、欲望和使用率经常紧随人口因素的
变化而变化，以及人口因素比其他的因素更
容易衡量。

（2）行为标准：包括购买时机、追求的利益、使用者情况、使用率、品牌
忠诚度、购买者准备阶段和态度等。

（3）心理标准：主要指个人生活方式及个性等心理因素。生活方式、个
性的差异使得消费者对设计的认同也有着很大的不同。比如，本田推出一款
Elite 摩托车，表面上它的目标顾客是那些赶时髦的年轻人，但实际上，它面
向的是一个更广泛的个性群体（图 8-3）。

（4）地理标准：指按照消费者的地理位置和自然环境来进行细分，地理因
素包括地理位置、市场大小、气候等，因为处于不同地理位置的消费者对设计
有着不同的看法和理解，因而会对设计企业采取的市场营销战略有着迥异的反
应。例如：北方因为气候的干燥，房屋顶部采用平台式的设计；而南方因为多
雨的气候特点此种设计模式并不受欢迎，人们对房屋顶部的设计倾向于倾斜式
样的。

4）市场细分的水平

市场营销走过了一个如下的过程：由规模营销——细分营销——特色营
销——微观营销。其中规模营销是指企业并不实行目标化营销，它是细分营销
的前一个阶段，不过这种营销方式已基本被淘汰出局了。特色营销是将注意力
在细分市场内部的亚群体上，在如今许多市场上特色都被普遍的采用。而微观
营销是为了满足具体的个体消费者和地域差异而特定产品和营销计划的行为，
它包含：本地营销与个人营销。

针对设计个性化的特点而言，个人营销能被多数的设计企业所接受和采纳，
因而在此我们着重论述个人营销。个人营销是指为个体客户的需求和偏好定制
产品和营销计划，也可以称为一对一营销或定制营销。实际上个人营销在很早
以前就存在了，如裁缝定做衣服，工匠按照客人要求建造极具特色的建筑等，
所有这些都形成了"规模定制"。它是企业与大众顾客一对一互动，通过个性
化的产品或服务，创造客户特殊价值的过程。

---

① 甘碧群. 市场营销学. 武汉：武汉大学出版社，2000：54.

面向个体营销的举动反映了消费者自我营销的趋势，越来越多的消费者在决定购买什么和何种品牌上担负起越来越多的责任（或者说消费更趋于理想化）。现在顾客会通过各种途径去寻找产品的信息，与各种各样的供应商，使用者和产品分析人员进行互联网互动，然后再做出购买决定，所以相对而言，营销人员对其购买决策的影响减小。

一对一营销的发展还基于以下两种趋势的发展：一种是对顾客价值和满意度的不断重视，现代的消费者有很高的期望值，他们期望着能满足他们个人需要的产品和服务；另一种趋势是技术的快速发展，如现在互联网的快速发展使公司能容易地与顾客进行互动，了解他们的偏好并为此做出反应，互联网确实是终端的一对一营销媒体。从这个角度来说，企业对这两种趋势的重视和利用，对企业营销结果是有重要影响的。[①]

8.5.2　艺术设计市场分析

在市场经济的体系中，市场是所有经济所必不可少的环境因素，是所有交易活动的中心。企业的产品需要得到市场的考验，其价值需要在市场上体现出来。同样设计市场决定着设计作品是否被承认，是否能体现出它的价值，所以设计企业在做出任何决策之前，有必要对设计市场进行一番分析认识，了解该市场的基本状况，为后续的决策做个必要的准备。

1）市场容量因素

设计企业在决定进入某一具体的细分目标市场前，一定要先了解市场的容量大小。设计市场容量主要是指设计产品或服务的总需求量。任何市场容量都是有一定限度的，因此企业不仅关心自己所占有的那一部分市场份额，还同时紧紧盯住了竞争对手的那一块。为了使企业能对今后赢利状况有个预估，我们有必要了解影响市场需求的因素：

（1）设计的价格

信息经济学将价格视为产品质量的信号，制定不同价格可以对不同的质量发信号。顾客就价格进行信号筛选，找出其中隐藏的质量信息，判断并决定购买行为。

（2）消费者的可支配收入

可支配收入是反映居民家庭全部现金收入中能用于安排家庭日常生活的那部分收入，即用家庭中得到的全部现金收入减去个人所得税、减去记账补贴及家庭从事副业生产支出的费用。可支配收入越多就意味着投入消费的资金越多。

（3）消费量

消费者似乎更为关注"数量"这一影响到他们选择的信号。比如人们通常喜欢相对拥挤而不是门庭冷清的餐馆；买车者也喜欢选用那些有名气的牌子。

---

① （美）菲利普·科特勒，托马斯·海斯，保罗·N·布卢姆 . 专业服务营销 [M]. 俞利军译 . 北京：中信出版社，2010.

事实上，广告所强调的不也是"最畅销"的吗？那么，对于消费者和厂商双方，对"数量"的重视是否是一种经济行为呢？通过现有的二次线性方程模型得出以下结论：①消费者对于产品之间的质量差异的信息是不完善的，但销售量方面的优势可为他们提供评价商品的额外信息源；②某一商品目前的市场占有率可以被将来消费者认为是高质量的信号并能刺激将来的消费需求。

（4）促销支出

"酒香不怕巷子深"的时代已经不复存在了，企业的立足之本固然是质量，但促销的作用也是不可估量的。

（5）消费方对价格的期望值

定价的下限由产品的成本所决定，而下限受顾客对产品的期望价格的影响，所以了解顾客对价格的心理期望值，对产品最终是否能被市场承认有很重要的影响。

2）市场结构因素

经济学上划分市场的依据一般是划分不同市场结构的标准：①商家数量；②产品差别程度；③商家对价格影响程度；④进出难易程度。

和其他行业一样，设计企业会面临以下形态的竞争市场：

（1）完全竞争市场

即在同质的设计市场上，众多设计企业呈现出群雄纷争的局面，是一种竞争不受任何阻碍、干扰和控制的市场结构，既没有国家政府的干预，也没有厂商的集体勾结行动对市场机制作用的阻碍。其特点是：大量的买者和卖者；产品同质性；自由出入市场；信息的对称性。

（2）垄断竞争市场

垄断和竞争并存且以竞争为主的市场状况。既在同一市场上有众多的竞争者，各个企业有各自的特性，其产品也各有其独特点，而消费者也愿意为不同的特点的产品或服务付出不同价格。

（3）寡头竞争市场

该类型的市场是同时包含垄断因素和竞争因素，但以垄断为主导的一种市场结构。

（4）完全垄断竞争市场

垄断市场又叫独占市场，它是指整个行业的市场完全处于一家厂商控制的状态，也就是说，厂商与行业合二为一。

在企业参与市场竞争的过程中，有些企业只看到削价的竞争手段，而看不到非价格竞争手段。只知降价对产品的促销作用，而不知本质性能的提高、结构上的改进对用户的吸引力。对于盲目实行降价策略来说，只能刺激一时间的短暂销售量增长，但最终会因长期打价格战而导致品牌价值的贬值，最终损害企业的形象导致企业利益的损失。

另外，由于设计企业多处于垄断结构的市场结构中，企业数量众多，每个企业都只占不大的市场份额，故垄断竞争行业的相互依赖性很弱，加之由于设计是个十分个性化的产品，他们彼此间的可比性也较差，因而一般说来，设计企业不通过价格竞争来促进其营销量，他们竞争的主要手段是非价格竞争手段。而非价格竞争手段包含三个方面：

其一，改变设计自身的内在属性。产品（或服务）的内在属性是与它的品牌特性紧密联系的，当企业想进入新的目标市场，它可以通过产品的特质来赋予品牌新的含义。但是，如果新产品的内在属性并不具备该品牌不可或缺模块的属性，那么该品牌线就不能拉动这种产品，严重的时候甚至还会导致整个品牌线的崩溃。

其二，调整广告及其他促销活动的支出。广告和促销不仅能够引导消费、开拓市场，还能够促进企业不断地提高产品自身质量。而最终其效果的实现还有赖于具有吸引力的、能够准确反映产品的性能和形象的广告设计和促销活动。

其三，市场规范因素。在市场营销中法制意识不强、有法不依、浑水摸鱼现象普遍存在，有些企业在捞一把的动机驱使下，利用虚假广告，误导消费，甚至有的广告、宣传出现了违背公共道德、公共秩序的语言图案，严重损害了消费者的利益和竞争对手的商品信誉。有的企业以欺行霸市手段操纵市场，哄抬物价，谋取暴利。这些都涉及到市场规范的范畴，企业的发展离不开健康的市场，市场经济的健康发展是以市场规范的健全作为基准的。一般来讲，市场规范所涉及的方面有：①市场进入规则；②市场交易规则；③市场约束和控制手段。

8.5.3　目标市场

设计服务业在确定营销目标时，应注意三大原则：竞争导向、顾客导向、形象导向。竞争导向是指设计公司明确设计重点的服务目标。顾客导向指设计公司追求的目标是为满足顾客的需求。形象导向是用良好的形象吸引客户，明确设计公司的形象定位。

设计企业根据自己的目标、资源和特长，权衡利弊，选择目标市场，企业在确定这一战略时，目标市场涵盖战略有三种：无差异营销战略、差异性营销战略以及集中性市场战略。

企业采用无差异营销战略是指企业把整个市场看成一个大的目标市场，用统一的市场营销策略，来吸引消费者，它对于广泛的产品需求强调共性服务。

而差异性营销战略根据各个细分市场中消费需求的差异性，设计出顾客所需要的个性化设计方案，并制定营销战略去满足不同顾客的需要。设计作为一种商业服务，只有不断寻求自身的独特点，做到与众不同才可能在行业竞争中获取优势。

集中性市场营销策略是指企业把市场战略的重点在于只是选择一个或少数几个细分市场作为目标市场，集中企业设计和营销力量，实行专门化的设计服务和营销。即汇集公司有限的各种资源，着眼于某一细分市场，突出专业优势，实行专门化的运作。这种策略一般适用于刚成立或各种资源薄弱的小型设计公司，在和市场上其他大公司竞争没有任何优势的情况下，只能把握市场机会，走专门化的路线。

企业决定进入哪个细分市场后，还必须决定在这些市场中它想取得什么样的地位。消费者面对过多的产品和服务产品信息，每当他们做出一项决定时，无法重新估价产品，为了简化购买过程，消费者会对产品分门别类，即他们在心目中为产品、服务和企业定位。产品定位是消费者把本产品与竞争产品比较，从而具有对该产品的知觉、印象和感觉的混合体。[①]

8.5.4 设计细分

设计细分战略是集中企业设计营销力量，重点选择一个或少数几个细分市场作为目标市场，实行专门化的设计服务和营销。当前，产品设计细分已是一个重要发展趋势，以满足人们深层次的精神需求，设计细分在诸如日用消费品、家电等产业已经得到了充分证明。

1）为女性群体的设计

例如国内著名企业 TCL 专为女性群体量身打造，对女性液晶电脑市场实施设计细分，于 2005 年推出集时尚、品位、高贵于一身的钻石版女性液晶电脑，将女性 PC 的美丽个性表现出来（图 8-4）。

迎合女性唯美特质偏好的产品正是当前女性群体所热衷的。TCL 女性液晶电脑设计打破同质化的 PC 设计，该产品注入个性、时尚、美丽等差异化元素，引起了喜欢这类产品的女性消费群体的购买欲望，TCL 女性液晶电脑所倡导的"美丽时尚"正迎合了女性消费"PC 也要美丽"的个性主张，所以该产品一上市即热销，获得市场的热烈反响。TCL 充分迎合未来消费产品的形态变化，推出女性 PC 产品，使 PC 电脑设计的特征向女性群体细分化、消费化和时尚化方向发展。

女性手机市场这几年以令人吃惊的速度迅速发展，随着女性手机市场规模

图 8-4 针对女性设计的液晶电脑

---

① （美）菲利普·科特勒，加里·阿姆斯特朗．科特勒市场营销教程 [M]．俞利军译．北京：华夏出版社，2000.

图 8-5　为女性设计手机
（上左）
图 8-6　为老年人设计的
浴缸（上右）
图 0-7　头盔式电视（下）

的逐年扩大，针对女性量身定做的手机也体现了女性群体的消费趋向，针对女性设计的手机，通常色彩艳丽，纤细轻巧，柔和娇媚，给人以气质非凡的印象。例如镜面式手机、口红式手机、戒指式手机、粉饼盒手机以及贝壳式手机纷纷亮相（图 8-5）。

2）为老年群体的设计

关注老龄社会和群体的设计正是"细分化"设计的重要表现之一，图 8-6 是设计师专为老年人设计的浴缸，该产品设计让老人感到社会的温暖，感到人与物之间的和谐，人与人之间的亲密。设计的目标是完成一个物化功能的传递，针对老年群体的产品设计要传递全社会关怀老人的功能。

3）为儿童群体的设计

针对儿童群体的设计也是设计师的社会责任之一，1990 年荷兰飞利浦公司专门为儿童设计了"发现者"头盔式电视（图 8-7），流畅的现代造型中带有几份神秘感，巧妙地把产品设计成"头盔"式样，极大地迎合了儿童的好奇心。设计师针对孩子们最喜爱卡通形象的特点，为儿童设计了趣味性卡通手机，打动了不少儿童的心，使原本高科技的产品变得亲切宜人、生动可爱（图 8-8）。

玩具是伴随儿童成长的工具、好朋友，玩具不仅仅只是陪同孩子玩耍，设计师综合小朋友发展各阶段对玩具概念的认识，针对儿童完成了玩具车的开发

设计（图8-9），其中心思想就是将三个阶段的玩具车整合为一：从学走路时的小推车，到学会走路后的三轮车，一直到身体发展完全后的滑板车。

4）为残疾人的用品设计

设计师们对细分群体的关注已扩展到为残疾人设计的领域，以及其他的弱势群体的生活，成为人类设计最具人道主义和人情味的一面。近年来国外的设计师纷纷设计了很多方便残疾人使用的各种各样的产品，是对人性化最好的关注。设计师为残疾人设计了卫浴设备，这一设计使残疾人可随意提高和调整轮椅的高度和角度，享受与正常人同样的待遇和权力（图8-10）。

设计师马瑞·本克特茨设计的"残疾人使用的切面包机"，方便了手不方便的残疾人，其灵巧的造型、安详的色彩为残疾人打通了一条能和正常人一样享受新时代生活的途径（图8-11）。

设计师针对听力不方便的残疾人，设计了精致美观的助听器，设计体贴入微，极富人情味，这些产品造型优美，功能贴近残疾人的需要，让他们享受与

图 8-8　趣味性卡通手机（左）
图 8-9　组合式儿童玩具车（右）

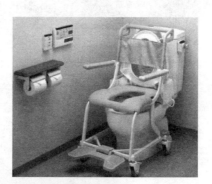

图 8-10　为残疾人设计的卫浴设备

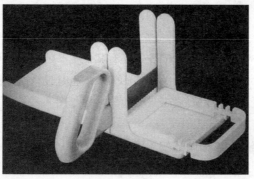

图 8-11　为残疾人设计的切面包机

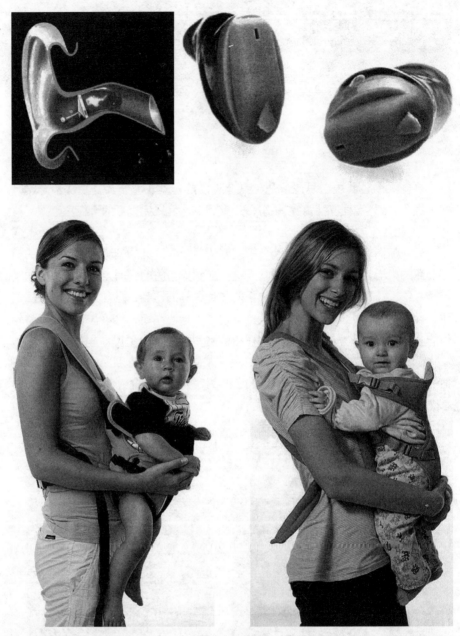

图 8-12 助听器设计（上）
图 8-13 婴儿抱袋设计
（下）

正常人同样的待遇和权力，这样的设计普遍受到了残疾人的欢迎（图 8-12）。

5）为其他目标群体的设计

除了上述群体以外，在我们身边还有其他类型的群体，例如孕妇，他们有着某些异于常人的使用需求，关注他们的需求也是设计要解决的问题，一个贴心的婴儿抱袋设计会给妈妈们带来极大的方便（图 8-13）。

6）为高科技群体的设计

设计师通过富有隐喻的造型和审美情调设计，正在将设计触角伸向高科技群体的心灵深处，设计人性化在设计中赋予更多的意义。1987 年美国年轻的

图 8-14 "电话簿"电话机（左）
图 8-15 谷歌眼镜（Google Project Glass）（右）

设计师莉沙·克罗恩设计的"电话簿"电话机获取了当年芬兰造型艺术大奖赛的头奖。该电话机看上去像一本打开的书，其造型强有力的表现出从过去的印刷书手段到今天的电子高科技手段，它隐喻着会成为人们的"友好使用者"，使人感到亲切，这是它的独持设计之处（图 8-14）。它反映了设计师的设计思维逐步转向高科技化层次，"为人而设计"不再只是泛泛空谈的口号。又如图8-15 中，谷歌于 2012 年 4 月 5 日正式推出的 Google Project Glass——谷歌眼镜，这款眼镜不仅设计新潮，富有科技感，而且功能丰富，集合了智能手机、GPS、数码相机等于一体，是一款名副其实的高科技前沿产品，备受高科技产品爱好者喜爱。

正是这种目标市场需求的变化，设计细分方向也开始了战略性转移，与此同时，人们个性化需求的出现、审美情趣的变化，使设计理念也发生了很大的改变。设计理念和领域的变更要求我们开发新的细分市场，调整产业结构，迎合变化新潮，适合市场需求。

第 9 章　设计创意产业

改革开放三十年来，中国已形成的全球规模最大的制造业，许多产品的产量也已经达到了世界第一。但随着知识经济的到来，"设计"与"创意"正日趋成为经济活动核心领域的重心。毫不夸张地说，创意的设计将承担起整合技术资源、文化资源的角色，起到重构 21 世纪经济与文化体系的战略作用。而设计创意产业的发展，也自然将成为中国企业实现从"中国制造"到"中国创造"转型。

9.1　设计创意产业

国内学者李砚祖则认为："设计是人类改变原有事物、使其变化、增益、更新、发展的创造性活动，设计是构想和解决问题的过程，它涉及人类一切有目的的价值创造活动。"[①] 从这些定义不难看出，设计本身就包含了创造性的精神劳动，它与创意有着天然的联系。实际上，设计是一种集中体现艺术与科学技术创新能力的实践活动。一部设计史，就是一部人类的创造史和创新史。设计中的创意直接或间接地改变着客观存在的事物和人的行为，设计通过主观性的创造和创新促进新兴事物的产生，推动事物的发展。

就"设计创意产业"一词来说，它可以特指文化创意产业中与艺术设计活动直接及间接关联的产业部分。如果我们从狭义上进行理解，可以把它视为工业设计、服装设计、建筑设计、园林设计、包装设计、室内装饰设计、动漫设计、会展设计等诸多设计产业的集合，它们代表着整个设计创意产业中"创意"含金量最高的、最贴近"创意内核"的产业组成部分。如：广告公司、动漫设计公司、服装设计公司等。

如果从广义上进行把握，它还包括围绕设计活动所建立起的整个产业链的上下游。譬如：工业设计创意产业，其核心产业部分是围绕产品造型设计、交互界面设计、商业展示设计三大部分而构建的，但其整个创意产业链则涵盖了产品分析、市场研究、企业策划、品牌经营管理、生产制造、渠道分销等多个层级。同样，广告设计创意产业的核心活动是围绕广告创意与设计本身展开的，但其外延还可以泛化到印刷、媒介行销、品牌咨询等多个创意环节和产业领域。

---

① 李砚祖 . 造物之美 [M]. 北京：中国人民大学出版社，2000：51.

图 9-1 苹果手机

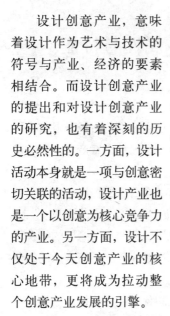

设计创意产业，意味着设计作为艺术与技术的符号与产业、经济的要素相结合。而设计创意产业的提出和对设计创意产业的研究，也有着深刻的历史必然性的。一方面，设计活动本身就是一项与创意密切关联的活动，设计产业也是一个以创意为核心竞争力的产业。另一方面，设计不仅处于今天创意产业的核心地带，更将成为拉动整个创意产业发展的引擎。

从营销学的观点来看，任何一件产品都包含着核心产品、形式产品、附加产品三个层面。其中，核心产品是产品为消费者带来的具体利益和效用，也就是产品的使用价值；形式产品是核心产品的有形载体和表现形式，它包括产品的包装、材料、工艺、款式等可以为消费者识别的基本特征；而附加产品则是无形和不可触摸的，它是品牌形象、产品信誉、产品所激活的消费者情感、产品所带来的文化心理特征及产品所承载的其他附加利益的总和。

创意产品的特殊性，恰好在于其附加利益远远大于它为消费者提供的核心利益。比如一台苹果手机，其产品造型、用户界面、品牌形象所营造的形象价值，几乎构成了消费者对其趋之若鹜的最主要原因，而就通信这一核心产品利益来看，它与其他普通手机几乎相差无几。再如一双耐克篮球鞋，其穿着舒适度和运动实用性也并不见得比普通运动鞋高出太多，但其售价却是普通运动鞋的几倍乃至几十倍。这当中包装、广告、品牌推广等设计因素正是构成其附加价值的根本。当我们的社会迈入符号消费阶段、非物质消费阶段后，市场对产品的需求也正从核心利益层向附加利益层转移。设计创意产业在产品上创造出丰厚的情感价值、附加利益，满足消费者的个性需求、情感需求和审美需求，设计的要素势必在其中发挥起至关重要的作用。这样一来，设计对创意产业的助力就将拉动消费与市场终端甚至实现整个生产力的发展（图9-1）。

当今设计的核心已不再停留在技术和方法层面，而是如何在设计创意的基础上更好的整合知识、技能与艺术表现力。设计也不仅仅是表面的形式美化，它还是解决功能、创造市场、影响社会、改变生活方式的手段。当设计已进入知识经济时代、创意经济时代的经济活动核心领域，创意的设计将承担起整合技术资源、文化资源的角色，起到重构21世纪经济与文化体系的战略作用。

9.2 设计创意产业的基本属性与特征

1）原创性

所谓原创，也就是指支撑设计的创意本身具有不可模仿性和不可替代性，这种原创性的创意能衍生出各种新的产品和服务，创造出新的市场、财富和机会。原创性正是设计创意产业最本质的特征，也是驱动设计创意产业发展的最核心要素。

事实上，直到目前为止对于什么是创意还没有一个公认的标准定义。一般认为，"创意"一词中的"创"字主要含有"开创"、"创造"、"独创"的意思。"意"字则可以引申为"主意"、"点子"、"思想"、"构思"。"创"与"意"的结合不仅可以表述有创造性的想法、构思，还能作为动词指涉作为一种精神活动的创造性思考行为。

《辞海》中，创意就被界定为："人类以情感和想象为特性的把握世界的一种特殊方式，即通过审美创造活动再现现实和表现情感理想，在想象中实现审美主体和客体的互相对象化。具体说，它是人们现实生活和精神世界的形象反映，也是艺术家知觉、情感、理想、意向综合心理活动的有机产物。"[①]

就设计创意而言，设计中的原创力来自于人的需求。人的需要是设计关乎的最根本问题，正是人的需要和欲望为价值提供了巨大的有待满足的空间，也激发出了最多的创造力，这也就推动着设计创意源源不断的涌现。是否能最大限度地满足人的需求和欲望，也往往成为衡量设计创意的最佳标准。

此外，设计创意产业中的创意不同于艺术创作。艺术家是为了宣泄表达自我的情绪，满足自己个人的创作欲望而进行艺术活动。设计师却是为了市场和消费者而进行创意设计，设计创意不是天马行空的非逻辑想像，相反，它是一个严肃的创造性过程。创意的形成和实现必须仰赖现实基础，而首当其冲的现实条件便来自于技术和艺术两方面。技术为创意提供物质、功能基础。艺术则为符号、形式的创意提供丰富素材、想象力和表现力。而产业化的创意还有赖于市场作为消费、组织作为生产、社会作为支持等条件前提，构成完整系统、有内在管理机制的产业链和生命体，令创意可持续。[②] 因此可以说，产业化的设计创意还必须具有现实可行性，只有具有现实可行性的创意，才能适应生产投资、制造消费、价值实现等各方面实际要求，进而才有意义，才有能形成价值，才能激发出市场效力。

在日趋产业化的设计创意过程中，设计师首先需要把握的是消费者或用户的需求，而除此之外，创意验证的其他主体（包括设计师本人、专家、投资人、

---

① 辞海编辑委员会.辞海（上册）[M].上海辞书出版社，1999：1584.
② 钱磊.试论创意的基本命题及其逻辑关系 [D].武汉：武汉理工大学，2009：2.

用户等）还要对创意进行层层检验，而通过多层次、多维度的反复验证。这样一来，设计创意也得到了不断修正、优化的机会，最终才能进入商业流通领域。而设计师表现自我的主观需求则变为从属的副产品。或者可以说，为满足他人的需求而学会放弃个人的创意表现欲望，是设计创意产业中优秀设计师的基本职业素养。

2）高关联性

产业经济学认为，产业与产业之间通常会以各种投入产出关系为纽带建立起经济联系，而这种联系就可以被称为产业关联。在产业关联的纽带当中，一个产业的生产投入依赖于另一个产业生产输出的基础上，例如：一家钢材生产的企业，其生产要素的主要投入来源于铁矿采掘场出产的铁矿石原料，而其生产出的钢材又将作为生产要素投入到房屋桥梁的建筑当中，于是，这种从铁矿开采到路桥营建的产业关联就跨越了采掘业、钢材制造业和建筑业三个行业。当然，产业间的关联不仅仅限于生产要素，它还与劳务输出、技术、价格、投资等有关。

高关联性是设计创意产业的主要特征之一。设计创意产业本身是文化、艺术、技术、经济综合作用的产物，其内涵和外延都十分丰富，这造就了设计创意产业渗透性高、整合性强的特点。在文化艺术因素、经济因素、技术因素的作用下，设计创意产业通常在产业内部各个门类之间，以及与其他产业之间产生了千丝万缕的联系，呈现出互动、融合发展的特点。

具体来看，设计创意产业的产业关联发生在纵向和横向两个维度方面。

纵向主要是设计创意产业内部价值链上下游的关联。以工业设计为例，一件工业设计产品的价值链通常包括了内容创意、生产制造、营销推广、分销传播和交换消费等多个环节，内容创意作为设计创意产业价值生成的源点，形成创意产品原形，然后通过生产制造、营销推广、分销传播和交换消费等市场活动实现其价值还原。在价值链向下推衍的过程当中，设计创意作为核心要素向下游产业拓展渗透，带动全产业的整体升级和创意产业化。

而横向则是设计创意产业与其他创意产业、文化产业、乃至传统产业间的跨产业关联。以动漫设计为例，米老鼠最初是由华特·迪士尼在 1928 年创作出的一个卡通形象，它仅仅出现在一部名为《汽船威利号》的动画短片当中，而在此后一百多年的时间中，迪士尼公司以米老鼠为创意原点，衍生出了庞大的文化创意产业。先是 1948 年《米老鼠》杂志正式诞生，此后 1950 年创办了"米老鼠俱乐部"，1955 年全球第一家主题公园——迪士尼乐园成立，动漫形象和旅游业结合在了一起。20 世纪 80 年代之后，迪士尼公司以出卖专利形式在日本东京、法国巴黎等地继续建造了很多米老鼠酒店、米老鼠餐厅、米老鼠博物馆、主题公园等。时至今日，米老鼠已经出现在 T 恤、书包、水杯等各种日用品上，成为了名副其实的"最挣钱的虚拟卡通形象"。从这一案例我们不难看出，以设计创意为纽带，设计创意产业完全有可能和制造业、旅游业、餐饮业等多种产业结成横向关联关系（图 9-2）。

图 9-2 迪士尼乐园
设计创意产业与旅游观光
业的横向关联

3）高产业附加值性

前文的分析中已经指出，创意产品区别于一般商品的特殊性在于，其所蕴含的文化附加价值远远超过了商品本身的实用价值，而商品的文化附加价值主要是通过满足消费者在审美品味、生活观念、文化习俗、消费心理、身份归属等方面的需求来激发消费欲望的。

马斯洛需求层次理论告诉我们，人的需求可划分为生理需要、安全需要、社会需要、尊重需要和自我实现的需要五个层次。当较低层面的需求得到满足后，人的需求自然会向较高的层级过渡。随着社会生产力水平的提高，当批量化、标准化的产品源源不断地从工厂流水线涌出并最终被推向市场之时，消费者也开始从衣、食、住、行的生计奔波中解放出来，精神性的消费需求得以大量的释放，满足温饱需求的消费者会开始追逐更加具有特色化的、充满新奇体验的消费冒险，消费行为也逐渐由批量化、标准化消费转向个性化、定制化消费，由消费"物质"转向消费"情感"、消费"符号"、消费"创意"。

而漂亮的外观、精美的广告经过层层包装的品牌形象都能带给消费者刺激和乐趣。如此一来，各种以文化创意为核心的商品就被开发了出来，设计创意开始逐渐成为了企业新的盈利增长渠道和彼此之间新的竞争焦点。在各类设计部门的经济生产和服务过程中，创意的含金量越高，设计的附加价值往往也就越大，以此生产出的各类创意产品则相应会获得更高的市场价值和商业回报。例如一杯星巴克的咖啡，其本身只是再普通不过的软饮料，但借助设计师之手，星巴克就能从品牌标志、平面广告、产品包装、再到店面室内设计等一切消费者能接触到的环节传达出一份独特的魅力和格调，而这种魅力和格调则成为其能够在市场上所向披靡的重要原因。又如法国时尚品牌迪奥（Dior），一直以来都是时尚界华丽与高雅的代名词。其旗下设计有大量的时装、内衣、眼镜、首饰、箱包等产品，尽管从产品使用价值和质量上来看，迪奥的产品和同类一般产品的区别十分细微，但其售价却是同类产品的几十倍甚至上百倍。而迪奥仍然能受到名流富人垂青的重要原因就在于其品牌所积累的文化附加价值成为了其高昂售价的保证（图 9-3）。

总而言之，自进入消费社会以来，随着设计创意在经济活动中的表现日益活跃，全球范围内掀起了以设计创意作为导向的产业升级浪潮。而企业也纷纷通过品牌、消费文化、生活方式等创意输出形式，谋求占领高附加值和核心竞争力的产业链上游。设计创意产业向大众提供着文化、艺术、精神和娱乐，而这些文化附加元素正成为消费社会的稀缺品，其生产出的高附加价值也就成为了拉动消费、繁荣市场、发展经济、创造就业的强力催化剂。

图 9-3 迪奥设计的高附加值时装

4）高知识密度性

从本质上来看，设计创意产业是集创意、技巧、经验、才华于一体的行业，是文化集中度、知识集中度和技术集中度都相当高的产业。设计创意的每个环节都与人的智力活动密不可分，设计创意是一种非常依赖于创意个体心智的创造性活动，因此，人才资本是设计创意产业中最具稀缺性、最宝贵的资本形式，是否拥有高质量的设计创意人才，将成为夺取设计创意产业制高点的关键所在。

实际上，任何创造性活动都离不开前期的知识积累。知识为创新提供了一个参照系，没有过去的知识作为比较，也就无所谓创新。同时，创意和创新所依赖的发散思维、逻辑思维也离不开理论知识体系的依托，现有的知识原理不仅为创新、创意的验证提供了标准依据，也为创造性活动中的联想思维、发散思考提供了信息库。知识越是充裕的人，越能够做到思路开阔、触类旁通。因此，发明家爱迪生曾说："天才就是 1% 的灵感加上 99% 的汗水。"不懂得勤奋和知识价值的人，就只会让创意的灵感白白溜走，而如果创意的构思经不起逻辑推理的检验，其充其量也不过是子虚乌有的幻想。

为了解决日常生活中的问题，或者说，为了弥合人在日常生活中理想与现实的差距，设计师通常需要创造性的对问题提出解决方案，并在探索中寻求问题的解答。设计创意的形成和实现必须仰赖现实基础，而首当其冲的现实条件便来自于技术和艺术两方面。设计对功能问题的探索需要对人体测量学、生理学、人机工程学、行为学以及材料、工艺、技术进行研究；设计对审美问题的探索需要对美学、符号学、人类学、社会学、心理学进行研究；此外，对设计过程中伦理问题的探讨需要对哲学、伦理学进行研究。总之，现代设计已经发展为一门综合性的边缘交叉学科，设计的外延也涉及人与物、人与人、人与社会等多重关系。那么设计创意的过程中也就必须基于人类已有的知识和经验，对问题进行甄别，以正确的启发思路、引导创意。

　　理所当然的，设计创意产业也就势必成为高学历、高智力、高知识人才的集中的产业领域。相关数据显示，在我国北京从事设计创意产业的就业人员中，专科及其以下学历的人员仅占 25.3%，拥有本科学历的从业人员占到了62.6%，而拥有研究生学历的从业人员则占 11.6%。[①] 而根据视觉中国联合艾瑞咨询公司 2010 年发布的《中国设计创意产业人群调查报告》显示：中国设计创意人才的学历普遍为本科以及本科以上，尤其是硕士及以上学历的人才呈现越来越多的趋势。这也意味着作为发展迅猛的智力行业，设计创意产业的高学历人才将会被越来越多的需要。[②]

　　5）高风险性

　　和高附加值性相伴随的，是设计创意产业投入产出的高风险性。而造成这种高风险性的原因主要来自以下两个方面：

　　首先，从本质上来说，创意终究是一种前瞻性的探索，其结果通常具有不确定性和风险性。就设计创意而言，以市场为联结纽带，一方面是从未经过市场验证的、饱受期待和极富个性的创新产品，而市场的另一端则是变幻莫测的市场。产品所能带来的需求满足总是有限、既定的，而消费者则是多元的、个性化的、众口难调的。况且，由于受到文化、地域、经济、潮流、时尚等因素的影响，消费者的需求总是在不断的变换当中，一旦设计创意投入市场未能受到消费者的认可，企业经营风险就凸显出来。况且，由于创意产品较少的依赖其实用价值作为销售卖点，产品销量不依赖于刚性市场需求，市场容量往往不确定，这更加让产品的市场不确定性大大增加。因此可以说，任何一则动漫作品在投入市场前，都没人能预测它是否卖座，任何一则广告在投放到媒体之前，也没人能保证它能否激起消费者的购买欲。作为设计师和设计管理者，唯一能做的就是在进行设计，进行反复的市场研究，而在设计创意完成之后，也需要进行多次的市场预测和产品验证。这样才能将风险降至最低。

　　另一方面，设计创意产业的高风险性来自于市场机制的不完善，或者更具体的说，来自于知识产权保护措施的不完善。目前，设计创意产业的大多数产品都是具有文化性、精神性、娱乐性、时尚性、甚至是的虚拟性的"软性产品"，而不是严格意义上依赖于科学技术立足的"硬性产品"。这种产品往往不具备不可替代性，从生产制造的角度来看，通常也是投入门槛低，很容易被轻易模仿。如果缺乏知识产权的保护，这些创意成果便可随意被模仿、抄袭和复制，从而对设计创意的原创企业造成很大冲击。譬如：卡洛驰（CROCS）最初原创的"洞洞鞋"，在进入中国市场后迅速被中国企业所模仿，现在充斥市场95%以上的"洞洞鞋"都是售价仅几十元的仿冒产品，而卡洛驰售价高达数百元的正品鞋则被束之高阁面临着极为尴尬的市场局面（图 9-4）。而在我们的日常生活中，

---

① 首都文化创意产业人才状况的实证分析 [EB/OL].http：//www.china.com.cn/education/zhuanti/07rcfzbg/2007-06/05/content_8346655.htm.

② iResearch-2010 年视觉中国（中国设计创意产业人群调查报告简版）[EB/OL].http：//www.iresearch.cn/.

山寨"苹果"、盗版游戏软件、高仿运动鞋、冒牌服装更是数不胜数。在很多情况下，原创者辛苦开创了市场，却往往被后继的跟进模仿者所瓜分，这不仅有可能损害消费者的利益，更是会严重影响设计师进行创意创新的积极性。更有甚者，由于后继者迅速占据市场压低利润，原本可获取的利润空间变得非常稀薄，原创者就有可能面临前期研发成本无法收回的痛局。

图9-4 山寨产品对原创设计创意造成极大负面冲击

6) 产业集中度低、企业小型化

目前，创意经济持续快速发展为设计创意产业的膨胀提供了条件，急剧扩大的设计市场需求和可观的利润催生了一大批设计创意公司。就目前设计创意产业的整体格局来看，分散的小型设计创意公司是目前设计创意产业中比较典型的一种生产组织形式，这一类的设计创意企业往往以设计师个人或小型工作室为单位，从事设计创意产品和服务的生产创作。如各种视觉传达工作室、室内装修工作室、微型广告公司、动漫工作室等。同时，这些中小型创意企业可以凭借外部经济来弥补自身在内部规模经济方面的不足，通过对技术、知识、信息的积累来体现出巨大的优势。在简单的分工协作机制下，设计创意人才以不同的专业技能和才华进行专业创作，彼此之间又互相关联密集合作，设计创意企业通常创意效率比较高、独立性颇强、同时也保持了经营灵活、追求个性化特色的经营特点。所以，目前的设计创意产业呈现出了"少量的大企业，大量的小企业"的产业格局，产业内部网络化程度、生产组织集约性非常高，企业通常具有小型、个体、灵活、扁平化、专业化的特色（图9-5）。

究其原因，设计创意产业形成这种"少量的大企业，大量的小企业"的产业格局是以下几个方面原因造成的。

首先，一部分艺术家、设计师为了在设计创作的过程中保持其鲜明的创作

图9-5 小型设计创意公司是目前设计创意产业中比较典型的一种生产组织形式

个性和较高的思想独立性而刻意保持着小作坊、小企业、小公司的生存状态。这一类型的设计创意企业往往有着较高的市场知名度和美誉度，因此并不缺乏业务，它们为了在设计中展现独特的思想观念和审美价值，往往更多的关注设计作品本身的文化艺术价值，而较少的追求流通和销售环节的利润目标，故业务范围专精化的集中在创意生成阶段。

其次，设计创意产业的第一特性为原创性。作为知识经济时代、创意经济时代的典型产业代表，设计创意企业的生产投入并不依赖于大规模的固定资产投入作为生产要素和企业发展的原始积累要素，也不需要高尖精的科学技术作为支撑维系生产经营，创意本身是最具有竞争力的经营要素。因此，有了一个好的创意点子，企业也就能产出创意产品、获取市场利润。换句话说，只要具有高质量的创意人才储备，甚至只要在设计创意市场拥有一定的业务资源，企业就能生存下去。这就造成了设计创意企业经营的前期固定成本投入较低、行业准入政策宽松、退出壁垒较低的特点。再加上低廉的创意成本和高附加值利润空间，使得设计创意企业在过去的几年数量上一直保持着增长之势。

最后，设计创意市场需求的多元化，以及设计创意服务的多层次性也决定了设计创意产业具有产业集中度低、企业小型化的特点。以设计创意和设计创意产品为核心的创意产业覆盖了从创意生产、传播、储存、消费等多个价值生产环节，而每一个价值链环节几乎都可以形成独立的利润生产空间。因此，一些从事专业化工作的小型设计公司往往能向着作业精细化、深入化的方向迈进，不仅能在业务中间环节求得夹缝中的生存，更是可以依靠某一专长优势取胜，以小博大。

7）以数字技术为支撑

近年来，设计创意产业的迅猛发展是以数字化技术为基础和前提的。数字技术的一大特点在于，它使原来各种媒体、符号、信息之间传播沟通的差异得到了有效的统一。学者孟建、赵元珂（2007 年）就曾指出，是数字技术的发展从根本上打破了传统上泾渭分明的媒体之间的界限，所有的语音的、图文的、声频的、数据的、视频的信息内容都可统一为 0/1 比特流，通过不同的网络来传输、交换、选路处理和提供，而流向电视、计算机、PDA 和手机这些形态各异的"媒介终端"。[①] 今天，一位设计师通过网络能获取海量的信息，通过对信息的搜集和掌握，创意原点也就在他头脑中逐渐萌发出来，而此后，他的创意构思能迅速通过计算机技术进行建模和表现，与此同时，他的设计也能通过网络进行上传、分享、激发更多的设计师加以评判、改良和创新，一旦创意进入成熟阶段，数字化技术又能将创意原型以标准化的数码形式推向生产线加以生产推广，而这种创意发生和扩散的速度是前所未有的。换句话说，正是数字技术才为设计创意萌发、传播、革新、产业化奠定了基石。

而另一方面，数字技术的发展极大丰富了设计师、创意大师的艺术表现力，拓展了设计师的创意空间（图9-6）。实际上，电脑和网络的新形态、新应用

---

① 孟建，赵元珂.媒介融合：作为一种媒介社会发展理论的阐释[J].新闻传播，2007（2）：14-17.

图9-6 数字技术极大拓展了当今设计师的艺术表现力和创意空间

和新拓展已经带来了数字化艺术设计，这早已让数字化手段与工业设计、环境艺术设计、视觉传达设计等传统设计创意范畴的联系变得空前紧密。今天，设计创意生产越来越依赖于高效能、高质量的硬件、软件和载体。在21世纪初期，我们已经可以看到新的艺术硬件、艺术软件和艺术载体层出不穷的情景。而各种新奇的设计手段、渲染表现手段、创意手段更是层出不穷。此外，数字技术与数字平台催生了以新媒体为载具的计算机交互界面、数字化展示、三维数码影像、虚拟现实技术与应用，以及其他新媒体艺术设计等多个数字化艺术设计领域。可以肯定地说，数字化发展的时代潮流也已拓宽了设计创意产业的领域。而以数字化艺术设计为重要内容和表现形式的诸多领域，如动漫游戏、数字电影、网络视频、移动多媒体、数字出版、网络发行等已经成为设计创意产业内的新兴业态。尽管今天我们不可能准确地预言未来的数字化艺术设计会以什么具体的样子出现，但可以肯定的是，数字化设计的优势特征将会进一步加强，新的优势特征会不断出现、更新，充分利用科技的进步和时代的发展将把数字化设计创意推至新的高度。

9.3 创意经济时代国内外设计创意产业发展概况

9.3.1 英国设计创意产业

英国是世界上最早提出"创意产业"这一概念的国家，也是第一个从政策上推动创意产业发展的国家。根据英国文化传媒与体育部（DCMS）2002年发表的《创意产业专题报告》（Creative Industry Mapping Document），1997年至 2001 年英国创意产业产值年均增长在 6% 以上，2002 年设计创意产业增加值达 809 亿英镑，成为仅次于美国的世界第二大创意产品生产国。过去十年，英国整体经济增长了 70%，而创意产业增长了 93%，每年带来约 600 亿英镑的营业额和 80 亿英镑的出口创汇，为英国带来 4% 的经济贡献率，解决了约 150 万城市人口的就业问题（表 9-1）。[1]

英国部分设计创意产业近年发展概况 表 9-1

英国创意产业部门	产值	出口额	从业人数
广告	30 亿英镑（1998 年）	8.15 亿英镑（1998 年） 7.74 亿英镑（1999 年）	84900（1998 年） 92800（1999 年）
建筑	17 亿英镑（1998 年）	0.59 亿英镑（1998 年） 0.68 亿英镑（1999 年）	24000（1998 年） 20900（1999 年）
工艺	4 亿英镑（1999 年）	0.4 亿英镑（1999 年）	24200（1998 年） 23200（2000 年）
设计	267 亿英镑（2000 年）	10 亿英镑（2000 年）	76000（2000 年）
时尚设计	6 亿英镑（1996 年）	3.5 亿英镑（1996 年）	11500（1996 年）
互动休闲软件	8.31 亿英镑（1998 年） 9.69 亿英镑（1999 年）	5.03 亿英镑（1998 年）	21500（1999 年）

资料来源：英国文化传媒与体育部 .2011 年创意产业报告 [R].London.DCMSPress，2001：5-10.
DCMS.RePorts of Creative industry.London.DCMSPress，2001：5-10. 转引自：朱晓宁 . 创意产业对城市竞争力的影响研究——兼论上海的创意产业 [D]. 上海：上海海事大学，2007：4-5.

英国设计创意产业发展的最大特色在于产业集群化。所谓产业集群化，就是指产业呈现区域集聚发展的态势，即某个特定产业中互相关联、在地理位置上相对集中的若干个企业和机构的联合。产业集群化是产业发展过程中适应经济全球化和竞争日益激烈的新趋势，为了创造竞争优势而形成的一种空间组织形式，它具有整群竞争优势和聚集发展的规模经济效益，具有了其他产业组织模式难以比拟的优势。[2]

英国创意产业集群的形成是在旧城改造的基础上完成的。20 世纪末，随着英国经济向第三产业过渡，原来老城区中的制造业随之凋敝。如果把这些旧厂房、旧建筑一一拆除无疑是项投入庞大、进程缓慢的工程，并且，许多具有历史文化价值的建筑也将不复存在。于是，英国政府将这些废弃的厂房和老旧建筑改造成了质优价廉的新兴创意产业园区，为创意产业发展提供载体。此后，大批的创意青年聚集于此，他们也把旧的厂房、仓库改造成充满个性的创意车间，赋予它们新的生命力。如英国伦敦著名的泰德现代艺术馆，其前身就是一座原本要被拆除的火力发电厂。

当然，除了为创意产业园兴起提供载体和场域，英国政府也十分重视从产业政策和资金投入上加以引导鼓励。在国家层面，英国的文化传媒与体育部专

---

① 梁芳，赵瑞平 . 创意产业发展的实证分析与理论探究 [J]. 经济论坛，2006（15）：67-68.
② 刘奕，马胜杰 . 我国创意产业集群发展的现状与对策 [J]. 学习与探索，2007（3）：136.

设创意产业分部，以支持英国设计创意产业的发展。同时，由政府牵头成立英国创意产业输出顾问团（CIEPAG）组织，拉近创业企业与金融机构之间的联系，提升创意企业利用政府资金和吸引金融机构投资的能力。该组织还负责调查政府政策对创意产品出口的支撑状况，为整合资源及制定政策提供策略建议。此外，英国的文化传媒与体育部还在 2005 年 11 月 4 日发布了创意经济计划（The Creative Eeonomy Program），2006 年 2 月 7 日，正式任命 7 个专家领衔重点关注和支持 7 个创意产业领域。① 近年来，英国政府为了营造良好的创意产业发展外部环境还相继举办了伦敦设计节、世界创意产业论坛等盛会，从而激发创意产业发展的活力。

而在政府引导之外，一些专门的非政府机构也对设计创意产业的发展起到了不可估量的推动作用。如：曼彻斯特的创意产业发展服务局、默西塞德郡的艺术文化与媒体公司、西约克郡的创意产业发展局、南约克郡的 Inspiral 公司、伦敦哈姆雷特堡的文化产业发展推介中心，以及在康沃尔郡新近成立的创意 Kernow 公司等。其中，成立于 1946 年的英国艺术委员会就实行非官方运作的方式辅佐艺术领域创意产业的发展，该组织的主要经费来自英国文化传媒和体育部，2003 年 ~2006 年的经费预算超过 10 亿英镑，其中 8.35 亿英镑（78.6%）用于 1000 多个长期资助机构，1.455 亿英镑（13.7%）用于单个设计艺术项目，任何艺术机构或艺术家个人均可申请，0.82 亿英镑（7.7%）由该委员会自行控制，对某些处于发展关键时期的机构进行战略性指导，给予资助。②

为促进设计创意产业的发展，英国还形成了良好的产学研互动机制，例如：伦敦艺术大学特别设立了企业部，致力于向英国和海外企业推广伦敦所有师生的创意活动。通过向与创意产业和相关产业提供知识、专业技术及人才的源泉。伦敦艺术大学企业部在企业和师生间架设起沟通桥梁，以多种方式使创意付诸实践，并为校内外、英国以及海外企业提供服务，从而使教师和学生能够专注于他们最擅长的方面：高质量教学、世界级研究、发明、创新和咨询。目前，企业部支持的项目包括有：知识成果转化合作伙伴（KTP）项目、全英创意产业技术创新网络（CITIN）、创意连接项目（Creative connexions）等。③

作为国家引导政策制定最早的国家之一，英国的设计创意产业近年来颇为发达的行业主要集中在商业促销设计领域。得益于发达的零售业，英国的广告设计、企业形象设计、商业展示设计都具有较高的水准。在商业展示设计领域，就拥有诸如康兰设计集团（the Conran Design Group）等知名的设计企业，其设计风格以高档奢华而著称，因此，非常广泛的被伦敦高端零售中心——高街的客户们采纳，这种设计风格也被人们誉为"高街风格"（图 9-7）。

---

① 英国文化传媒与体育部 .2011 年创意产业报告 [R].London.DCMSPress，2001：5-10.DCMS.RePorts of Creative industry.London.DCMSPress，2001：5-10.

② 郑洪涛 . 基于区域视角的文化创意产业发展研究 [D]. 开封：河南大学，2008：165.

③ 俞鹰 . 艺术设计教育在创意产业中的角色——以英国伦敦艺术大学为例 [J]. 同济大学学报：社会科学版，2009（5）：63-66，85.

图 9-7 英国伦敦高街（左）

图 9-8 WPP 集团 CEO 马丁·索罗（Martin Sorrell）（右）

此外，英国伦敦还集中了一批世界顶尖广告传媒公司。全球最大的广告传媒集团 WPP 的总部就设于伦敦（图 9-8）。该集团拥有包括奥美（Ogilvy & Mather Worldwide）、智威汤逊（JWT）、传立等在内的 60 多家子公司，经验业务覆盖广告、公关、品牌管理、营销咨询、媒介购买等多个领域。而著名的萨奇萨奇广告公司（Saatchi & Saatchi，中国大陆和台湾译名为萨奇广告、上奇广告、盛世广告）总部也设于伦敦，该公司目前与中国长城航空航天工业局的合资公司盛世长城是中国大陆最大的广告企业之一。

9.3.2 美国设计创意产业

美国并没有提出过所谓的"创意产业"概念，而是使用"版权产业"一词，其所指范围和英国的创意产业基本等同。根据产业核心业务与版权的密切程度，美国版权产业被划分为核心版权产业、交叉版权产业、部分版权产业和边缘版权产业四类。核心版权产业是指那些主要目的是为了生产或发行版权产品的产业，包括图书出版、唱片、音乐、报纸和期刊、电影、广播和电视播放以及计算机软件（包括商业性软件和娱乐软件）。部分版权产业是指那些有部分产品为版权产品的产业，这些产品从纺织品到家具，再到建筑物。边缘版权产业包括将版权产品发行给商家和消费者的产业。这样的例子有为发行版权产品的运输服务，以及批发商和零售商。交叉版权产业是指那些生产、制造和销售其功能主要是为了促进有版权作品的创造、生产或使用的设备的产业（表 9-2，表 9-3）。[①]

美国版权产业增值及对美国 GDP 的贡献（单位：十亿美元）			表 9-2
名义增值 \ 年份	2007	2008	2009
整个版权产业	1583.64	1593.01	1562.67
美国 GDP	14061.80	14369.10	14119.00
比例	11.26%	11.09%	11.07%
实际增值（对比 2005 年）	2007	2008	2009
整个版权产业	1594.96	1633.09	1599.21
美国 GDP	13228.90	13228.80	12880.60

资料来源：《2011 年美国版权产业报告》Copyright Industries in the U.S.Economy-The 2011 Report http：//wenku.baidu.com/view/64f7bde94afe04a1b071dec4.html.

① 叶新．美国经济中的版权产业：2004 年报告 [J]．出版广角，2005（1）：71-73．

美国版权产业就业情况				表 9-3
	2007	2008	2009	2010
整个版权产业就业（单位：千人）	11557.2	11473.8	10814.8	10632.2
整个美国就业人数（单位：千人）	137598.0	136790.0	130807.0	129818.0
整个美国私营企业就业（单位：千人）	115380.0	114281.0	108252.0	107337.0
版权产业对全美比重	8.4%	8.39%	8.27%	8.19%
版权产业对全美私营企业比重	10.02%	10.04%	9.99%	9.91%

资料来源：《2011 年美国版权产业报告》Copyright Industries in the U.S.Economy-The 2011 Report
http：//wenku.baidu.com/view/64f7bde94afe04a1b071dec4.html.

　　美国设计创意企业成功的最大原因，主要在于其高度市场化的运营方式和高度规范的自由竞争机制。这使得美国拥有一批杰出优秀的设计创意企业和设计品牌，如：迪士尼（Disney）、兰德设计公司（LandDesign）、艾柯设计顾问公司、IDEO 设计与产品开发公司、奇芭设计公司、提格设计公司、Interpublic 广告集团、奥姆尼康广告集团等，这些设计产业中的佼佼者不少已成为美国版权产业的中坚力量。以迪士尼为例，迪士尼每年生产 50~60 小时动画片，约 120 集，常规每集投入 50 万美元。他们认为，做出片子只是成功了一半，片子成功与否，关键是要经得住市场的检验，要靠积极有效的市场营销，要十分注意发掘每一部片子的潜力并将其发挥到极限。因此，他们非常讲究市场营销技巧。[①] 实际上，整个美国的设计创意产业都具有鲜明的商业主义取向和实用主义取向，能否获得消费者认可，几乎是用来衡量设计成功与否的最核心标准，这种价值取向也使美国设计在商业设计领域获得了长足的发展。

　　而另一方面，美国还拥有一个庞大的、由重视设计的企业组成的设计市场。换句话说，美国所拥有的一大批世界知名的、文化经济影响力巨大的企业，它们构成了美国设计创意产业繁荣的基础。如：电脑巨头 IBM、微软、谷歌、星巴克、麦当劳、通用汽车、福特汽车、沃尔玛、惠普、苹果、可口可乐、宝洁、Intel 英特尔、好莱坞（Hollywood）等（图 9-9）。回顾设计史，美国企业历来就将设计作为激活市场创造利润的销售工具，从 20 世纪中叶厄尔为汽车销售创立有计划的商品废止制度，到今天的苹果公司、耐克公司的成功，设计的力量无疑不是帮助这些企业在市场中披荆斩棘的重要利器。据有关资料统计，仅就广告支出一项，2002 年美国各种媒体广告额总额就达到了 1209.489 亿美元，

图 9-9　WPP 集团 CEO 马丁·索罗（Martin Sorrell）（图片来源：www.socialbeta.comarticlessocialbeta-morning-49-2013.html-martin-sorrell1)

---

① 傅宏章.动画王国之谜——迪士尼动画产业考察札记 [J].视听纵横，2004 (4)：80-81.

2003 年更是增幅 6.1%，达到 1283.579 亿美元。[①] 设计市场有活力，设计企业自然有良好的发展环境，由此也更有实力、更容易获得长足的发展，美国设计在国内外市场上的商业竞争力是不言而喻的。

9.3.3 我国设计创意产业发展现状

我国设计文化创意产业的发展历程基本可以概括为三个阶段：

第一阶段：从改革开放到 2000 年，这一阶段，国内设计文化创意产业的发展基本处于自发状态。从 1982 年的"十二大"到 1997 年的"十五大"，中央一直强调建设社会主义物质文明和精神文明的重要性。而在改革开放的二十年间，我国经济取得了巨大的成就，但产业格局和经济发展的结构性问题也日趋变得凸显。在我国经济高速增值的背后，一个显著的问题是制造业的高能耗、高投入和高污染。而带动经济高速增长的支柱性产业多属于劳动密集型产业。在资金短缺和缺少自主知识产权的情况下，"中国制造"和"中国代工"仍然是用来描述中国经济最贴切的代名词。而高附加值产业在我国经济中始终处于边缘位置。随着国际经济环境的变化和竞争格局的调整，我国廉价劳动力优势也在逐渐消失，大力发展高技术产业和现代服务业也逐渐被提上议程。产业格局调整的必要性和迫切性为设计文化创意产业的勃兴做出了铺垫。

第二阶段：从 2000 年到 2006 年。这是我国设计文化创意产业从受到关注重视到正式确立的六年。2000 年 10 月，在《中共中央关于制定国民经济和社会发展第十个五年计划的建议》当中，中央提出了完善文化产业政策，加强文化市场建设和管理，推动有关文化产业发展的任务和要求，这是第一次在中央正式文件中使用了"文化产业"这一概念。2004 年，中国太平洋学会在国内首次提出了"从中国制造到中国创造"的"文化创意经济"命题。2004 年 12 月，人民日报、上海社会科学院、上海市经济贸易委员会联合举办了我国文化创意产业领域第一次国际学术论坛——"2004 年中国文化创意产业发展论坛"。2005 年 7 月，由澳大利亚昆士兰科技大学、教育部、中关村管理委员会和中国人民大学主办的"中国文化创意产业国际论坛"在北京召开，拉开了中国产学官商互动促进文化创意产业发展的序幕。2005 年的 8 月和 12 月，国务院连续颁发了两个对于中国文化产业的发展具有战略性指导和推动意义的文件：《关于非公资本进入文化产业的若干决定》和《关于深化文化体制改革的若干意见》。而在此之后，国内还举办了一系列与文化创意产业有关的盛会，包括：2005 年 12 月在上海举行的联合国全球文化创意产业研讨会；2006 年 9 月在北京石景山区数字娱乐产业示范基地举行的"京台文化创意产业交流会"；2006 年 10 月，由中国传媒大学、澳大利亚昆士兰科技大学、北京市朝阳区主办的"北京创意产业国际论坛"。2006 年初，《国民经济和社会发展第十一个五年规划》第四十四章第三节"深化文化体制改革"中提出：建立党委领导、政府管理、

---

① 叶新 .2003 年美国媒体广告经营概况 [J]. 传媒，2004（8）：53.

行业自律、企事业单位依法运营的文化管理体制和富有活力的文化产品生产经营机制。改进对公共文化单位的扶持方式，促进增强活力，改善服务。推进经营性文化事业单位转制，努力形成一批坚持社会主义先进文化方向，有较强自主创新能力、市场竞争能力的文化企业和企业集团。完善文化产业政策，促进民族文化产业发展，引导和规范非公有制经济进入文化产业，形成以公有制为主体、多种所有制共同发展的文化产业格局和以民族文化为主体、吸收外来有益文化的文化市场格局。① 2006 年 1 月，在北京市第十二届人民代表大会四次会议上，北京市市长王岐山还做了"关于北京市国民经济和社会发展第十一个五年规划纲要"的报告，明确提出文化创意产业将是北京未来的工作重点，同年即发布了《北京市文化创意产业分类标准》。2006 年因此也被称为中国文化创意产业发展的"创意元年"。

第三阶段，从 2006 年至今，我国设计文化创意产业迈入快速发展阶段。从空间上看，以我国经济发达的区域的中心城市为核心，我国形成了三大文化创意产业带：一是以北京、天津为中心的环渤海文化创意产业带。北京作为我国的文化政治中心集聚了大量的文化资源。北京市"十一五"规划纲要报告中提到，北京发展设计文化创意产业的目标，是把北京建成文艺演出、出版发行和版权贸易、影视节目制作和交易、动漫和互联网游戏、文化会展及古玩艺术品交易六大中心。② 同时，北京拥有北京数字娱乐示范基地、中关村创意产业先导基地、东城区文化产业园、朝阳大山子艺术中心（"798"艺术区）、德胜园工业设计创意产业基地、国家新媒体产业基地六个文化创意产业聚集区。二是以上海、杭州和宁波为中心，包括南京、无锡等城市为两翼的长三角文化创意产业带。该文化创意产业带的显著特点是以制造业为依托，推动文化创意产业升级；其核心在上海，目前正围绕研发设计、建筑设计、文化艺术、咨询策划和时尚消费等几大类产业推进文化创意产业发展，并形成了田子坊、八号桥、时尚产业园、创意仓库、天山软件园、M50、传媒文化园、卓维 700、工业设计园、张江文化科技创意产业基地、同乐坊、海上海、合金工厂、德邻公寓、车博汇、2577 创意大院等创意产业基地。三是以深圳、广州为中心的珠三角创意产业带。该区域是我国最早进行改革开放的地区，也是我国设计产业最早发端的地区。其中，深圳曾在全国率先提出了"文化立市"的战略，也是首个获得联合国教科文组织授予的"设计之都"称号的中国城市。该文化创意产业带的特点是重点发展工业设计产业，带动制造业升级。同时，该文化创意产业带在影视、动漫、游戏、广告等领域也处于全国领先地位。

总的来看，我国设计文化创意产业的勃兴顺应了产业结构调整、转变增长方式的基本方向。我国经济发展从粗放型、劳动密集型向集约型、创新型增长

---

① 中华人民共和国国民经济和社会发展第十一个五年规划纲要 [EB/OL].http：//www.gov.cn/gongbao/content/2006/content_268766.htm.

② 北京市政府.北京市国民经济和社会发展第十一个五年规划纲要 [R].北京市第十二届人民代表大会，2006：1.

的转变，也使得文化创意产业的发展变得势在必行。

就设计创意产业而言，在世界范围内，设计部门已经成为了文化创意产业中发展最快的部门之一。通过设计整合技术、文化和艺术结构，正成为全球企业竞争中的重要手段。而在技术趋同、功能趋同的产业背景下，通过设计不仅能为产品赋予符号价值和审美感受，同时也能与竞争对手拉开差异，并由此获取高额附加利润。也正因如此，设计正成为促使我国经济完成从"中国制造"、"中国代工"转型为"中国创造"、"中国创意"的关键所在。

当然，尽管设计创意产业在我国一些发达城市和地区已经得到了初步的发展，设计创意产业的重要性也得到了充分认识，但客观的说，我国的设计创意产业仍存在以下几点不足：

第一，我国设计创意产业的发展格局和发展速度还存在严重的不平衡性。在一些经济发达城市和文化活跃地区，如：广州、深圳、上海、北京、杭州等地，设计产业和创意产业发展速度较快，产业规模也较大，而在中部地区和西部偏远内陆，设计创意产业发展仍相对滞后。

第二，在设计创意产业内部，各行业的发展水平也存在严重的不平衡。一般来说，平面设计、环境艺术设计等发展时间较长的设计部门通常具有比较完备的产业链和规模。动漫、影视、工业设计等产业在近年国家的扶植和重视下发展较快，而影视艺术、休闲软件设计、时尚设计等行业则由于各种原因发展相对缓慢。

第三，知识产权保护力度远远不够。完善的知识产权制度不仅是对设计创意企业的有力保障，同时也使创意生成、生产力转换、创意产业价值实现的重要基础。目前，我国设计创意企业对于利用知识产权进行自我保护的意识较为薄弱，而知识产权法律法规也不尽完善，在一些设计作品同质性强、侵权较难定义的行业，如广告、建筑、服装设计、环艺设计等领域，"剽窃"、"抄袭"、"擅自复制"、"盗版"等侵权现象仍然十分普遍。

第四，宏观政策环境仍有待完善。设计创意产业的发展需要有利的政策环境加以引导扶植，包括建立跨部门的设计创意产业推动机构、完善创新管理体制、制定税收政策、制定企业发展相关政策、建立财政拨款补贴制度、完善知识产权保护体系、推动投融资体制等。而这些环节都是我国设计创意产业发展中仍有待完善的地方。

第五，设计创意人才供给明显不足。设计创意产业是集文化、知识、技能、创造力于一体的产业。没有好的人才储备，设计创意产业很难得到长足的发展。一般来说，设计创意产业的人才需求可分为设计管理人才、创意策划人才、创意设计人才。就目前的情况来看，我国尚没有形成一个庞大的创意阶层，而设计创意人才储备也是明显不能满足市场需求的，主要问题表现为：设计类高校人才培养定位不明确，教学理念和市场实践相脱节，缺乏完备的产学研互动机制，职业教育和企业员工培训机制不完善。应该说，目前作为设计创意人才最大供给来源的高校并没有很好的达成教育为产业、市场和社会服务的目的，这也成为了制约我国设计创意产业发展的一个关键问题。

此外，缺乏产业内部的交流互动平台，产业链不完整、缺乏集群性和资源共享性，基础设施建设不完善，缺乏权威的统计指标体系，没有形成明确的、适合我国国情和文化特色的发展路径等，都是我国设计创意产业发展所面临的问题。

当然，从有利的一面来看，如今我国从中央到地方，对于发展设计创意产业、推动经济转型的基本方针都已形成了共识。而依托国内庞大的需求市场和稳定发展的经济环境，设计产业发展的宏观环境也日趋良好。此外，中华民族悠久的历史，深厚的传统文脉，也为设计创意产业的勃兴提供了丰富的、珍贵的文化遗产。尤其在一些设计创意产业并不发达的西部地区，深厚的传统文化底蕴实际上已为设计创意产业的发展提供了良好的文化环境和较大的发展潜力，只不过由于经济发展水平、市场运作意识、人才资源储备等因素的限制暂时未加开发利用。笔者相信，如果我们能合理充分地挖掘这些非物质资源，将富有民族特色、饱含传统文化的设计元素与现代制造业技术、时尚创意结合在一起，加以产业化运用，势必能增进我国设计创意产业的软实力，更好的推动设计创意产业的发展。

第10章　设计创意产业链和绩效评估

10.1　创意的产业化路径及创意产业价值链形成

10.1.1　创意的产业化路径

　　1985年，哈佛商学院的波特教授在其所著的《竞争优势》一书中提出了价值链的概念，他认为：企业的每项生产经营活动都是其创造价值的经济活动，企业所有的互不相同但又相互关联的生产经营活动，构成了创造价值的一个动态过程，即价值链。从价值形成过程看，企业从创建到投产经营所经历的一系列环节和活动中，既有各项投入同时又显示价值的增加，从而从这一系列环节连成一条活动成本链。[①]实际上，波特所界定的价值链关系更侧重于单个企业内部的生产经营活动，他将企业对产品的每一次资本投入和产品的每一次价值增值视为价值链中的一个环节。由此，从企业最初的原材料投入到消费者购买产品实现价值还原，就实现了一个完整的价值链。

　　此后，Peter Maigers进一步拓展了价值链的内涵，他认为价值链应该被看作是一系列连续完成的活动，是原材料转换成一系列最终产品的过程。[②]如果抛开单个企业的视角而从产品生成的过程视角解读价值链，价值的创造就能被视为是一种企业集群之间的竞争合作关系。生产商、运营商、销售商也就被纳入到一个价值链中，并被予以等同地位的观照。

　　目前，对创意产业的认识主要特指设计创意，设计创意是创意产业最核心的生产原材料。一般来说，创意产业的生产运作，或者说创意产品的诞生主要有两个方向：一是把创意变成商品，文化变成产业；二是将传统的产品注入文化创意以赋予新的内涵，也就是为产品和服务注入文化要素，如观念、感情和品味等，从而为消费者带来与众不同的体验，提高产品与服务的附加价值。而不论企业采用两种方式中的哪种，其价值创造和实现都必须依托一系列的经济活动组群来完成，这一组群主要包括了内容创意、生产制造、营销推广、渠道分销、售后服务及信息反馈五个环节（图10-1）：

---

① （美）波特．竞争优势 [M]．北京：华夏出版社，2005：197-207.

② Peter Maigers.Multinational firms and technology transfer[J].Scandinavian Journal of Economies，1995，104：495-513.

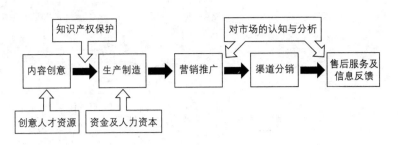

图 10-1 创意产业价值链基本构成

1）内容创意。即由软件工程师、艺术家、设计师、作家、导演等文化创意人构思出具有原创性、市场性的创意内核。内容创意环节位于创意产业价值链的顶端，是控制整个链条的关键，该环节也是衡量价值链生命力和价值空间的重要环节。

2）生产制造。借由知识产权保护手段，创意阶层依法享有对其创意成果的精神权利和经济权利。而生产商、制造商则通过版权购买、专利购买、形象使用等手段获得对文化创意的生产经营权，从而通过技术、工艺等生产流程批量生产创意产品。

3）营销推广。以广告人、设计师、经纪人、市场研究人员为代表的营销推广人员对消费市场进行分析把握和准确预知，通过广告、包装设计、品牌设计、公共关系等手段再一次为创意产品营造声势，或者运用各种营销模式将创意产品推向市场。

4）渠道分销。渠道分销分为两个层面：一方面是电视台、电影院、电台、杂志等媒体将无形的创意产品（商业资讯、电影、动画、文艺表演等）推向大众。另一方面是创意原型衍生产品通过多级渠道走向零售市场。

5）售后服务及信息反馈。及通过市场调研或是销售评估建立起反馈机制。创意产业由此进一步评估是否继续深度挖掘创意价值，或是取缔不成功的创意产品。

在这一系列的价值创造环节中，设计创意始终位于价值链的顶端，它在很大程度上引领和带动了后续产业链的经营投入。能否生成富有含金量的创意，是创意产业价值链能否成功搭建的关键。

那么，优质的创意从何而来？ Richard Luecke 认为，优良的创意主要来自六个方面[①]：

1）新知识：尽管从新知识发展为商品其间需要经过漫漫长路，但许多激进的创新都源自于此；

2）顾客的意见：顾客可以告知现有产品的缺陷，也能指出未被满足的需求；

3）领先使用者：需求远远领先市场趋势的消费者或企业，他们今天的需求就是明天市场的需求；

4）共鸣设计：创意者置身于使用者的生活环境中，以观察他们如何使用既有的产品和服务。试着走出去，观察顾客与潜在顾客的做事方式以及对解决

---

① （美）Richard Luecke. 如何做好创新管理 [M]. 杨幼兰译. 台北：天下远见出版社，2004：3.

图 10-2 创意漏斗

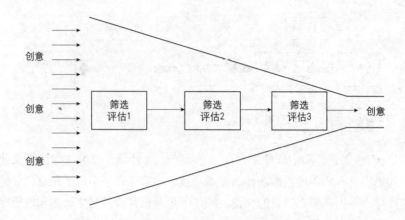

问题做出尝试；

5）创新工厂／秘密计划：享有专属区域以达成独特任务的研发实验室；

6）公开市场创新：不同个体之间透过授权、合资、策略联盟等，进行设计创意的自由交易。

而另一方面，对于一项具有前景的设计创意构想，创意企业必须迅速地加以识别和开发，而对于一项不具备发展潜力的创意，创意企业必须尽快地加以淘汰。企业越早淘汰无法商业化的创意，就越能节约成本，将有限的资源集中在少数具有发展潜力的创意身上。因此，许多创意产业的研究者也将创意筛选的过程比喻为创意漏斗（图 10-2）。

如上图所示，优秀的设计创意总是经过层层严格筛选才最终被创意企业所认可接受。而筛选评估的过程则通常是先有"质"性的评估开始，逐步具体化精细化走向"量"化的评估。一般情况下，质性的评估可以依赖于创意团队在专业领域的经验，考虑对创意加以深化的可能性、市场对创意可能的认可度等。而随着筛选修正的推进，设计创意企业需要对公司现有的技术能力、财务能力、行销计划、市场定位、价格定位、分销渠道等细节进行精细化的推敲，并尝试发展出创意产品原型和进行量化的市场调研。

专注于新产品开发研究的学者 Balachandra 和 Friar 曾提出过一种新产品开发与研发设计市场评估的模型框架。[①] 这一模型框架包含了创新、市场、技术三个构面，这三个构面被 Balachandra 和 Friar 认为是分析新产品营销的三个最重要维度，并以此形成了一个具有八个不同区域的三维模式。由于设计创意产品或多或少具有新产品的特质，该模式也尤为适用于对创意产品的开发研究。

在 Balachandra 和 Friar 的分析框架中，设计创新构面可以分为两个层次：激进式创新和渐进式创新。激进式创新是指产品在技术和构架层面有较大幅度的革新，如电视机的问世、空调的诞生、照相机的发明等。而渐进式设计创新是对原有产品进行技术和结构以外的小幅度调整，如外形、材料、颜色、包装等。

市场构面也可分为两种。一种是全新市场，一种是既有市场。在

① Balachandra, R.Friar, J.H.Factors For Success In R&D Projects And New Product Innovation：A Contextual Framework [J].Engineering Management, 1997, 44（3）：276-287.

Balachandra 和 Friar 看来，由于激进式创新产品市场信息往往不明朗，对其进行市场进入分析难度较大。而渐进式创新由于市场信息较为透明，可以参照原有产品的市场进行预测，或是依据市场需求对原有产品进行调整式的改进创新，因此其市场风险也相对较低。

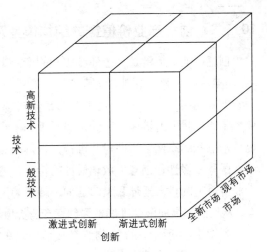

图 10-3 Balachandra 和 Friar 的新产品研发三维分析模型

Balachandra 和 Friar 还将技术划分为高新技术和一般技术两类。在高新技术领域，产品的市场应用前景并不明晰，在取代原有产品的过程中可能出现消费者由于惰性心理不愿轻易更改消费习惯的情况，由此可能造成市场障碍。为了消除这些障碍，企业又通常会加大广告等营销推广投入，这便会推高产品市场风险。因此，领先进入市场的营销者往往会付出较高的代价，扮演追随者的角色却显得十分有利。而在一般技术领域，市场进入门槛可能低很多，消费者在更容易接受新产品的同时，也可能迅速招来竞争者瓜分市场。这恰恰也是大多数以设计创意为主要的企业面临的难题（图 10-3）。

除此之外，Cooper & Kleinschmidt（1998）也都对新产品的问世做过研究。他们认为决定新创意成功走向市场的因素基本可以总结为以下八个[①]（表10-1）。

	新产品研发成功的八个因素	表 10-1
因素一	重视新产品开发的流程	注重执行计划的品质、完整而有弹性的流程、重视前期准备、有清楚定义的产品轮廓、计划具有继续和停止的决策机制
因素二	公司有明确的新产品开发策略	新产品开发的计划目标明确、让公司内部明了新产品开发对公司运营目标达成的重要性、将新产品开发作为一项长期性的工作
因素三	新产品开发具有充足的资源	资源充足、有专人负责
因素四	公司内部有创业的气息	自由交流的创意氛围、员工具有充裕的自由时间、公司安排有种子基金以备小型创意计划之需
因素五	高层主管有责任心	新产品开发往往是高层主管的绩效目标
因素六	专业精神和稳健的发展	公司不应被新产品牵入全新市场、运用现有技术发展新产品
因素七	高层主管的认同	高层主管能从资金、决策方面支援新产品开发工作
因素八	高素质的创意开发团队	经常聚会讨论、有效率的决策、指派成员参与计划、成员来自不同的部门并实现跨功能部门的交流沟通

① Cooper, R.G.Kleinschmidt, E.J. Resources Allocation In The New Product Development Process[J]. Industrial Marketing Management, 1998, 17 : 249-262.

10.1.2 创意产业价值链的结构模型及增值机理

创意产业价值链是一个环环相扣的产业集群链条。创意企业位于链条的起点，而随后串联着一系列的营销、推广、策划、制造、分销企业。但在现实世界中，创意产业链并不是一个固定不变的链条模型，而是一个随着创意环境、产业环境不断变化的有机体。因此，为了进一步阐明创意产业价值链的结构，有必要从动态和静态两个层面对其进行分析。而另一方面，由于创意产业本身具有创意载体多样性和创意扩散辐射性的特点，随着创意产品盈利点的增加，创意产业价值链的横向延伸和纵向延伸也就成为了创意经济收益增长的两个主要购面。从横向和纵向两个维度把握创意产业价值链的延展扩散也就显得至关重要。

如图 10-4 所示，设计创意产业价值链的纵向延伸可以概括为前期策划、设计衍生和制造营销三个阶段。

创意源是前期策划的产物，它诞生于创意企业内部，是市场研究、市场定位、竞争分析、创意环境分析等综合作用的结果，也是创意人辛勤劳动的结晶。这一阶段诞生的创意源主要具有两方面的特性：一是高度抽象化。这一阶段的创意源不依赖于任何形式的有形实体而存在，或者仅仅以样本、草图、策划案、构思的形式存在。它具有高度的发展延伸性和概念浓缩性，具有无限的发展可能。尽管只是作为抽象的符号而存在，但这一阶段的创意源在申请知识产权的保护之后，仍然受到法律的保护，也具有相应的法律效应。二是策略指导性。这一阶段的创意源在创意产业的整个价值链体系中起到了统领全局的作用。因

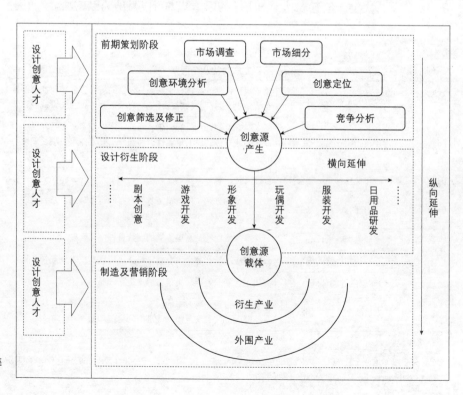

图 10-4 创意产业价值链延展

为它涉及到后期创意衍生中最为核心的部分。创意所承载的价值观念、艺术风格、文化理念等内容在这一阶段都被创意源所基本设定。可以说，创意源对后续的商业开发具有极大的普适性和统领性价值。它对整个创意产业下游的指导意义也是不言而喻的。

设计创意产业价值链纵向延伸的下一步是设计衍生阶段，这一阶段也伴随着创意源横向延伸的发生而走向具象化、丰富化。设计衍生阶段的创意源在这一阶段开始和具体的产业相结合，并通过专业化的商业运作形成具象化的载体，以商品、影视作品、卡通形象等形式呈现在人们的面前。由于创意源被赋予了具象化的形式载体，而不仅仅是一种抽象化的符号，创意源所代表的核心价值也更准确的、更具体的被人们所认知。当然，无论创意源进行怎样的横向延伸，其核心内容仍维持着相对的稳定性。其所承载的主题、价值和审美是始终不变的。设计衍生不过是将创意源与某种艺术载体、形式载体捆绑在了一起。因为抽象化的创意概念必须拥有一个载体的支撑来它完成其传播使命和商业价值。当然，即使在设计衍生阶段，创意源也起着对衍生产品进行统一规范的作用。或者可以说，是一种以创意源为核心向多个产业、多个领域的渗透扩张，其价值始终围绕着原初的创意品牌展开，价值链上横向延伸出的各个盈利增长点都是基于创意源形成的品牌进行的。

形象地说，各种中期阶段的各种设计衍生其实都是最初创意源的各种"同质异形"发展，这种同质异形的横向衍生对创意源也提出了较高的要求。首先，创意源必须具有较高的群众基础和市场生命力，对于不被大众认可的创意源，企业不应该盲目地追加衍生投入；其次，创意源必须具有极高的兼容性，以便在各个平台领域扩展创意空间；再次，创意源还必须具有一定的持久性，以为后续开发提供稳定的发展潜能。过于时尚化潮流化的创意并不具备长期衍生投入的资质。在设计衍生的过程中，创意企业还要尽可能实现多元化地互动和灵活化的发展。因为各种衍生平台都具有其不同的属性特征，电影是用镜头说话，动漫是用图形表达，服装衍生需要考虑材质和色彩等，不同的衍生领域之间具有差异性，他们需要创意人才在遵循创意源统一内核的基础上进行具有针对性的"改编和翻译"。

实际上，设计创意产业价值链的横向延伸不仅是对创意源的丰富化，也不仅是对创意源注入更多的活力。从企业经营的角度来说，它也是一种风险的防范机制。通过实行创意源的横向拓展，创意企业能为创意源找到新的价值生长点，从而扩展创意企业的利润来源，解决经营模式单一的问题。随着创意产业链横向推展的延伸，创意企业的抗风险能力也随之加强，从而形成创意经营的多元化、集群化优势。

这个过程当中，设计创意可以向关联产业不断延伸，且创意的商业潜力越大，辐射面也更广。这种横向延伸通过与其他产业相互融合，将带来巨大的经济效益；而另一方面，借助创意的设计对传统产业进行改造，也是关联产业乐于接受的。原因在于，社会经济越发达，文化创意的市场作用也越突出。初级阶段的企业竞争只在资源、技术和资本层面展开，中级阶段的竞争将转移向市场、管理和人力资源方面，而最高级阶段的竞争将被拔高到文化层面展开。设计创造力的注入有助于企业提高产品的附加价值，也有利于在同质化的市场环境中建立差异化的文化竞争力。因此，设计创意产业可对其他关联产业带来市场推动力，价值链延伸不论是变得更宽还是更长，都能为经济的发展注入活力，推动新一轮的腾飞。

在创意产业价值链横向延伸的过程中，创意企业所积累的信誉、品牌等无形资产具有不可忽视的作用。通过努力经营使其在信誉、品牌上不断增值已经成为创意企业经营的重要内容和努力目标。此外，在借助品牌化实现横向推展的经营活动中，资本也发挥着不可取代的作用。一方面，只有具备充足的资本和合理的资本运用，创意企业才能不断进入新的业务领域。另一方面，在当今信息资源日趋公开透明化的前提下，不具备专利技术优势的设计创意产品也很容易被竞争者模仿超越。一旦创意企业缺乏知识产权保护意识、品牌经营意识和资本运营意识，各种替代品、山寨品就会迅速占领市场。所以说，只有通过资本运营迅速扩张，才有机会在竞争激烈的消费市场获得垄断性的优势地位。

制造营销阶段是设计创意产业价值链纵向延伸的最后一环。这一阶段的创意已经成为了流水线上批量生产的产品，并且被赋予了高额的附加价值。创意产品除了满足消费者对产品的具体功能需求之外，还以其独特的象征性、概念性和文化性满足消费者的精神需求、符号需求，如：审美享受、文化体验、身份自我定位、品味与荣耀、文化归属感等。我们常常可以看到一支印有蜡笔小新的书包在售价上往往高出同类产品的几倍，一件印有米老鼠的童装也会比普通的童装昂贵许多，这些消费者额外支付的购买成本就是创意产品在前期策划和设计衍生阶段被注入的附加价值。它能够为消费者带来心理上的满足、自豪和荣耀，也因此成为商家竞相追逐的销售盈利点。因此，就整个设计创意产业而言，其为衍生产品所创造的附加价值、符号价值也是其经营利润的最大来源。

以动漫产业为例，从美国和日本的经验来看，一条完整的动漫创意产业价值链是由动漫原创内容制作、动漫制作、动漫销售、动漫放映、动漫衍生品开发、消费市场六个部分组成的。以动漫原创内容为起点，动漫设计的价值通过动漫加工企业进行漫画、动画片制作，再到漫画内容、动画播映，进而通过版权转让、形象授权进入日用品、玩具、服装、主题乐园等衍生领域，最终充分挖掘动漫原创内容的潜在价值，实现价值链的价值最大化。通常，动漫企业会免费将动画作品赠送电视台进行播放，最后通过利用版权转让、动漫肖像使用权等知识产权手段向衍生产品开发企业收取高额的授权费用，以此收回前期的投入成本。而衍生产品之所以受到市场青睐的奥秘，蕴藏在创意源的核心价值及其赋予产品的附加价值当中（图10-5）。

在很多情况下，创意产品的生产销售并不意味着整个创意活动的终结。最初的创意源和衍生产品通常会在传播和销售中不断被修正、提纯和赋予新的内涵。衍生产品经过市场的检验、消费者的筛选也会被不断的淘汰，最终只留下

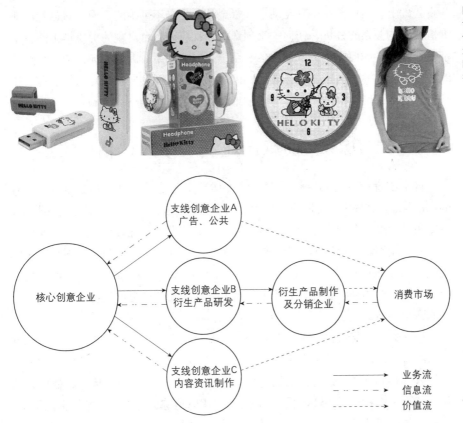

图10-5 富有商业潜力的设计创意原型往往会在价值链横向延伸中发展出多元化的衍生产品（上）
图10-6 创意产业价值结构关系模型（下）

越来越少的产品存留于市场。这时，创意阶层和创意企业就必须依据受众、消费者、市场所综合提炼出的新符号对创意源进行新的调整、新的修改，或者说，着手进行创意源的二次衍生和二次扩散，重新展开二次创意活动（图10-6）。

综上所述，设计创意产业是一个将价值创造和价值分销完全整合起来的产业结构。以核心创意企业为中心，价值链在各个环节不断进行解构，把一个链条上的供、产、销独立拆解下来。企业从中选择那些自身居于竞争优势的环节加以专注发展，然后再把分离出来的业务外包给上下游合作伙伴，与其形成一种战略联盟。这种分工协作机制也更利于企业形成比较优势，价值链上下游各关联企业竞争力的提高同时又反过来使得核心设计创意企业面向市场终端的产品竞争力得到提升，从而形成一种能提升整个价值链竞争力的良性循环。在这种网络状的价值链或战略联盟中，核心设计创意企业发挥着领导作用，对整个网络有很强的控制力。而上下游关联企业则体现出依赖关系。

整个设计创意产业价值链也就可以分为内容创意、关联产业延伸和分销渠道三个部分。除了对创意内容的构思创造，还要有制作、包装、设计创作的支线产业作为支撑。而对于创意产品的分销渠道也很重要，媒介、会展、电影院、文化会场乃至零售店铺都是创意产品最终实现价值的场所。在这些由创意产业和下游衍生产业组成的产业集群中，是信息流、业务流、价值流的交换。设计创意产业链的发展也就必须建立在各个节点企业中信息、价值、内容的传递和共享基础上。当然，在这种互动中，资金流也是必不可少的。通过对创意产业价值链结构关系的分析，任何一家创意企业都应该将自己视为价值链上的一个节点。因此，如何强化价值链内各子系统之间的联系，以及如何在创意企业群的各个创意企业之间建立起合作与协调的关系，从而发展出稳定的价值链合作联盟，是创意产业价值链管理的一个重要课题。

10.2　创意产业发展绩效评估

对于创意产业的发展绩效做出的评估，主要是通过创意指数（Creativity Index）测量来完成的。所谓创意指数是衡量创意产业竞争力的一种统计学指标，主要用以量度一个国家、地区或城市创意产业的发展状况和决定创意产业增长的各种影响因素，评估创意产业的竞争力水平，并用于比较与邻近国家、区域或城市的文化创意活力。和 GDP、GNP 等经济发展指数相比，创意指数主要针对创意产业的独特属性发展而来，并能从动态的角度提供量化的、具有操作性的科学评估。

最初的创意指数评估体系是理查德·佛罗里达于 2002 年在其《创意新贵》一书中首次提出的。[①] 在该书中，佛罗里达认为人才（Talent）、技术（Technology）和包容（Tolerance）是对创意经济起决定性作用的三个最重要因素，他由此围绕这三个因素构建了"3Ts"模型，并发展出用以追踪创意产业效能的指标体系。此后，佛罗里达的"3Ts"模型延伸至欧洲，并结合当地实际情况在 2004 年的《创意时代的欧洲》（Europe in the creative Age）报告中进一步提出了"欧洲创意指数体系"。该体系基本情况如下表 10-2 所示：

欧洲创意指数体系　　　　　　　　　　　　　　　　　　　表 10-2

一级指标	二级指标	细分变量
人才指数	创意阶层指数	创意产业从业人员占整个区域从业人员的比重
	人力资本指数	25~64 岁人群中拥有学士及学士以上学历的人口比重
	科技人才指数	每千名工人中拥有从事研究性工作的科学家及工程师的数量
技术指数	创新指数	每百万人中拥有的专利申请量
	高科技创新指数	每百万人中拥有的，在生物技术、信息技术、制药以及航空等高科技领域的专利数
	研发指数	研发投入占 GDP 的比重
包容指数	态度指数	对少数族群（少数民族及亚文化群体）持包容态度的人数占总人数的比例
	价值指数	一个国家将传统视为反现代或世俗价值观的程度（包括对上帝、宗教、民族、权威、家庭、妇女权利、离婚、堕胎等的态度）
	自我表达指数	一个民族对个人权利和自我表达的重视程度（包括对自我表达、生活质量、民主、科技、休闲、环境、信任、政治异议、移民、同性恋等的态度）

---

① （美）理查德·佛罗里达.创意新贵：启动新新经济的菁英势力 [M].邹应缓译.台北：宝鼎出版社，2003：343.

在上述指标体系中，每一指标的取值范围都是 0~15，调查结束之后，需要更加各一级指标的权重算出总平均值，总的创意指数也就居于 0~15 之间。总的来看，欧洲创意指数的衡量标准主要是以"人"为尺度来设计的。而指标背后所指涉的都是围绕教育、人权、知识建立起的人的因素。

在我国，2004 年，香港特区政府也委托香港大学文化政策研究中心为香港创意产业发展设计了指数框架。这一指数体系于 2005 年以"香港创意指数研究"为题发表，并主要用来评估香港、珠江三角洲和亚洲其他地区的创意产业竞争力。香港创意指数具体包括了创意成果、结构／制度资本、人力资本、社会资本和文化资本五个方面。因此又被称为"5C 模型"。其中，后四种资本被认为是创意增长的决定因素，它们相互作用的累积效应则表现为第一项：创意成果。同时，"5C 模型"共含有 88 个细分变量，其衡量范围则包括了经济贡献、经济部门中富有创造力的活动、非经济回报、接受多元化与包容的程度、对外地移民的态度、对现代价值的支持、公共部门与企业对支持文化艺术发展的承诺、劳动人口中申请工作签证的比例、社区文化参与程度、社会文化的基础建设、科研人员的多寡等各方面（表 10-3）。

香港创意指数体系　　　　　　　　　　　　　　　　表 10—3

一级指标	二级指标	变量阐释
创意的成果指数	创意的经济贡献	本地创意产业、文化交易和由电子商务带动的经济效益的相对比重
	经济层面的富有创意的活动	本地企业建立品牌的能力，本地公司广泛应用科技的程度以及以申请专利作为指标的知识制造能力
	创意活动其他成果	创新活动的数量，范围包括传媒产物、书籍及文本、音乐、电影、表演艺术和建筑
结构／制度资本指数	司法制度的独立性	社会法律环境和感知有序性
	对贪污的感觉	
	表达意见的自由	
	信息及通信科技的基础情况	基础设计为大众参与公众议题和互动带来的便利及可能
	社会及文化基础建设的动力	
	社区设施的可用性	
	金融基础	形成创意经济中经济环境的主要变量
	企业管理的动力	
人力资本指数	研究及发展的支出与教育的支出	区域内知识库形成的能力
	知识劳动人口	区域内知识人口的比重
	人力资本的移动／流动	不同社会状况对文化交流、技术与知识传播以及新知识普及的支持程度
社会资本指数	社会资本发展	反映社会资本发展可使用资源的程度，衡量公共部门、企业和个人对社会资本发展的支持度
	量度网络素质：从世界价值调查得出的习惯与价值	评估维持社会环境对创意人才培育、吸引和流动的潜质
	量度网络素质：从世界价值调查得出的社区事务的参与	
文化资本指数	文化支出	社会对艺术、文化、创意的投资水平
	量度网络素质：习惯与价值	评估香港在维持文化环境对创意人才培育、吸引和流动的潜质
	量度网络素质：文化事务的参与	

　　总的来看，和欧洲创意指数相比，香港创意指数更侧重于从经济制度角度对创意产业的宏观环境进行考虑，而不是从"人"和软实力层面加以分析。调查指出，一个国家或地区拥有的创意资本量以及资本之间的衔接配合状况直接决定了创意的活力和经济效果。因此，香港创意指数体系中设立了对司法、资本支出、教育支出、金融基础、企业管理等方面进行测评的一系列指标，反映了香港人"创意致远，资本制胜"的发展理念。而香港创意指数也为亚洲国家和地区的创意产业测评提供了另外一个角度的科学化的指标体系。

　　除了欧洲和香港之外，中国内地也于近年结合中国国情和上海特点推出了上海城市创意指数。该指标体系共涉及产业规模、科技研发、文化环境、人力资源、社会环境五个方面构成，每个方面也下分多个细分指标，共计 33 个二级指标。在具体计算过程中，一级指标按照 30%、20%、20%、15%、15% 的比例进行加权处理，二级指标则按平均分配权重的原则进行加权。该指标体系是内地首个具有综合性和可比性的创意产业指数。

上海创意指数体系　　　　　　　　　　　　　表 10-4

一级指标	二级指标	剂量单位	权重
产业规模指数	创意产业的增加值占全市增加值的百分比	%	30%
	人均 GDP（按常住人口）	万元	
科技研发指数	研究与发展经费支出占 GDP 比值	%	20%
	高技术产业拥有自主知识产权产品实现产值占 GDP 比值	%	
	高技术产业自主知识产权拥有率	%	
	每 10 万人发明专利申请数（按常住人口）	件	
	每 10 万人专利申请数（按常住人口）	件	
	市级以上企业技术中心数	个	
文化环境指数	家庭文化消费占全部消费的百分比	%	20%
	公共图书馆每百万人拥有数（按常住人口）	个	
	艺术表演场所每百万人拥有数（按常住人口）	个	
	博物馆、纪念馆每百万人拥有数（按常住人口）	个	
	人均报纸数量（按常住人口）	份	
	人均期刊数量（按常住人口）	册	
	人均借阅图书馆图书的数目（按常住人口）	册	
	人均参观博物馆的次数（按常住人口）	次	
	举办国际展览会项目（按常住人口）	项	

续表

一级指标	二级指标	剂量单位	权重
人力资源指数	新增劳动力人均受教育年限	年	15%
	高等教育毛入学率	%	
	每万人高等学校在校学生数（按常住人口）	人	
	户籍人口与常住人口比例	%	
	国际旅游入境人数	万人次	
	因私出境人数	万人	
	外省市来沪旅游人数	万人次	
社会环境指数	全社会劳动生产率（按常住人口）	元／人	15%
	社会安全指数		
	人均城市基础设施建设投资额（按常住人口）	元	
	每千人国际互联网用户数（按常住人口）	户	
	宽带接入用户数	万户	
	每千人移动电话用户数（按常住人口）	户	
	环保投入占 GDP 百分比	%	
	人均公共绿地面积	平方米	
	每百万人拥有的实行免费开放公园数（按常住人口）	个	

　　上海创意指数以香港创意指数为原型发展而来，它在总体系框架不变的情况下，对个别指标进行了调整，如将"结构／制度资本要素"纳入到"社会环境"要素中。另一方面，则结合上海市的本土化特色设置了能充分反映上海地域特点的具体指标，如增设市级以上企业技术中心数、举办国际展览会项目、每百万人拥有的实行免费开放公园数等。这种借鉴基础上的调适发展可为国内其他城市创意产业发展绩效的评估提供指导。

第 11 章 设计创意产业集群的
形成与运作机理

近年来，不少国家和地区，如：美国、英国、日本、新加坡等都已把创意产业、设计产业视为支柱产业，并不遗余力地通过政策、资金杠杆推动其产业集群的形成。而在国内，北京、上海、广州等大城市也已出现了一些设计创意产业集聚区。推动设计创意产业的发展不仅仅是提升个体创意素质或单个设计企业市场竞争力的问题，其核心是构筑产业链，并通过产业链的拓展延伸形成集群规模培育出一批具有竞争力的设计创意企业。实际上，如何发挥区域资源优势，通过完善和优化创意产业发展的内部与外部环境构建创新服务体系，打造完整的设计创意产业价值链来发挥集聚效应，形成新的产业群落，已成为目前国内外设计创意产业研究中的热点问题之一。这也就迫使我们必须从产业集群、产业价值链的宏观视角出发，来探讨设计创意产业的形成和运作机理。

11.1 设计创意产业集群研究

20 世纪末期以来，生产要素的快速流动与重新组合促成了新经济空间的形成，也带来了设计产业区、创意城市乃至设计创意产业集群的崛起。深入了解设计创意产业集群的演化规律，对于指导区域设计创意产业跃升式发展具有重要理论指导和实践意义。

11.1.1 设计创意产业集群的内涵

从世界范围来看，以中小型企业为主的设计创意企业大多倾向于以某些大中型城市或是城市中的特定区域为中心，在地理分布上集中发展成一些创意产业区。这些创意产业区往往也被称为"创意群落"（Creative Cluster）、"文化产业群落"（Cultural Industry Cluster）、"创意园区"（Creative Park）、"艺术中心"（Arts Park）、"文化区"（Cultural-Quarter）或"文化育成区"（Cultural Incubator）等。实际上，这种植根于特定地理区域、并以设计创意企业为主导、集合相关支撑机构和实体结成的社会化生产网络关系，我们可以统称为"设计创意产业集群"。

回顾历史，最早对产业集群现象展开的研究可以追溯到新古典主义经济学派学者马歇尔（Marshal）的产业区理论，他曾把这种地理分布上相邻企业的集中区域称为"产业区"（Industrial District），并认为促成产业集群自发形成的主导因素在于企业追求外部规模经济提供的益处。也就是说，产业集群内部的诸企业能够通过共享资源、密切分工、交流协作获得单个企业发展所不具备的优势。而近年来，随着创意产业的兴起，对于创意产业集群现象的研究也开始受到关注。英国国家科学基金（NESTA）（2003）曾提到"早期阶段的小型创意企业一个显著的特征是趋向于在特定区位集群（cluster）。如 Hoxton、SOHO、中央伦敦和北部剑桥等区域，这些区域都被看作是创意产业区（creative industrial district）。也即，相似的创意企业彼此相邻，通过融合商业化机会和柔性专业化的生产和销售而形成的创意产业群落（creative industrial cluster）"。[①]

实际上，从设计创意产业生产组织方式发展的层级性、渐进性来看，分散的个体生产是最初级的方式，这种方式通常以设计师个人为单位将其具有的才华、想象力、技能转化为创意产品。但各个分散的设计创意人员在空间、时间上处于孤立分隔的状态，彼此横向交流较少，资源利用率相对较低；相对集中的小规模企业协作生产是中级发展阶段的生产组织方式，设计创意团队及其上下游企业以简单分工、团队合作来提高工作效率，创造更多的产品。目前，大多数中小型的广告公司、服装设计公司、动漫工作室、室内设计公司等都是采用小规模集体协作来完成生产；而高度集中的集群化组织生产则是设计创意产业生产组织的高级形态。在集群化的组织生产当中，高密度的投资人、企业家、设计创意人、生产分销机构共同协作，不仅带来更为精细的专业分工，更为高效的创作效率，也更容易形成完整的产业生产价值链。同时，产业集群内部设计企业在空间上的接近也有利于形成系统化的创意共享平台、协作交流平台、风险抵御平台来形成规模经济效应，从而为中小型企业提供更多的发展支撑。而设计创意企业与相关行业企业、辅助支撑机构的联动，也能构成设计创意产业区多维化的社会生产网络，并最终带动区域创新和经济增长。因此，集群化的生产组织形式正成为目前设计创意产业发展的方向和主流。

对于产业集群的构成，学者波特（Porter）曾论述到："产业集群包括一系列对竞争起重要作用的、相互联系的产业和其他实体。例如，包括零部件、机器和服务等专业化投入的供应商和专业化基础设施的提供者。集群还常向下延伸至销售渠道和客户，并从侧面扩展到辅助性产品的制造商，以及与技能技术或投入相关的产业公司。最后，许多集群还包括提供专业化培训、教育、信息研究和技术支持的政府和其他机构——例如大学、标准制定机构、智囊团、职业培训提供者和贸易联盟等。"[②] 以此为依据，笔者认为设计创意产业集群实际上是一个自内而外网络体系，其基本层级概括为三个嵌套的圈层结构：核心圈层、辅助圈层、外围圈层（图11-1）。

核心圈层主要由设计创意企业及其上下游企业构成，这些企业以产业价值

---

① 肖雁飞. 创意产业区发展的经济空间动力机制和创新模式研究 [D]. 上海：华东师范大学，2007；33.
② Porter, M.E.Clusters and New Economics of Competition [J].Harvard Business Review, 1998, 98：77-90.

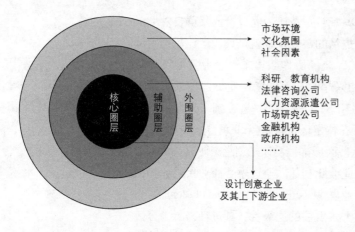

市场环境
文化氛围
社会因素

科研、教育机构
法律咨询公司
人力资源派遣公司
市场研究公司
金融机构
政府机构
……

设计创意企业
及其上下游企业

核心圈层
辅助圈层
外围圈层

图11-1 设计创意产业集群构成

链为纽带，在创意、设计、生产、分销等过程中形成设计创意产业集群发展的最核心动力。企业间密切联系结成错综复杂、彼此依赖的共生关系。以动漫设计产业集群为例，动漫设计工作室、影视制作公司、玩具研发企业、游戏开发公司等，彼此围绕动漫创意原形共享资源又分工协作，共同致力于动漫创意资源及其衍生产品的开发。

辅助圈层，这一圈层主要为产业集群核心圈层提供智力、人才、资金、政策、咨询服务等支撑，其构成主体一般包括与核心圈层中企业有关联的教育培训机构、科研机构、投资公司、法律咨询公司、人力资源派遣公司、市场研究公司、金融机构，以及为设计创意产业集群发展制定政策的政府机构等构成。这一圈层中的企业通常不直接参与创意产品的生产和分销，但构成了产业集群核心圈层得以正常运作发展的保障圈层。

外围圈层是产业集群赖以形成发展的外部因素，主要包括市场环境、文化氛围、社会因素三个方面。产业集群作为一个开放的系统不断和这些外部因素发生交互，并依据这些外部条件提供的机会和规约调整其发展路径。例如：市场环境往往决定了设计创意的消费量、消费偏好。文化氛围则影响大众对设计创意的包容和接纳程度等。

当然，设计创意产业集群作为一种新兴的产业集群形态，势必将具备一些与传统产业集群相区别的特点。

首先，就空间分布来看，传统产业集群，尤其是以制造业产业集群大多倾向于分布在包括城市郊区、城乡结合部在内的城市外围空间或小型城市。而设计创意产业集群则大多位于中心城市。这主要是由于传统的产业集群通常对占地面积的需求量较大，而且城市远郊的地租相对便宜，将厂房设备安置在远离城市中心的区位、也能更好的避免环境、噪音等污染。而设计创意产业则截然相反，设计创意企业大多依靠知识、智力和创意因素进行价值生产，属于新兴的绿色产业，不会对产业集群周边的环境带来破坏。同时，设计创意企业不需要大量的空间来堆放机器设备，一间写字楼、几张办公桌、几台电脑就能实现企业正常运营。而城市中心区域便利的生活、巨大的市场，尤其是相对密集的信息则成为吸引创意企业的因素，创意人才也乐于将城市中心区域作为工作定居的理想场所。例如：日本四百多家动漫企业，其中有三百多家位于东京，而这三百多家企业中又有将近一半集中在东京的练马区和杉并区两个行政区（图11-2）。

其次，传统产业集群聚集的主要因素是可降低生产成本，因此产业聚集区往往也由同行业的大量中小企业构成，或是围绕某些特定巨型集团形成包括供应商、分销商在内的纵向价值链上下游企业集群。而设计创意企业与之不同，

它在机构上的最大差异是融入了文化创意的元素，文化传播、知识渗透、创意共享是促成设计创意企业完成联结的纽带。这不仅是产业集群内部的企业更趋向一种合作共赢的关系，也使得设计创意产业集群的构成更具有开放性、包容性、辐射性。不同行业的企业基于创造力共同聚集在一起，更容易碰撞出创意的火花，也使设计创意产业集群的价值链关系更具有跨行业的横向延展性，其发展呈现出多维发展的复杂网络特征。例如：坐落于洛杉矶的美国迪士尼动漫产业集群，就以动漫影视产业为龙头带动了周边产品、游戏、主题乐园、玩具、影院、音像出版、小说、杂志、演艺在内的行业。并形成了包括影视业、主题公园、传媒网络、消费产品等四大产业板块。

图 11-2　练马区是东京动漫企业最集中的区域

　　最后，由于设计创意企业表现出以文化创意为纽带、以知识价值为导向的特点，因此，它的集群效应不仅表现为地理空间上的聚集，而且突出的形成跨空间的虚拟网络特征。尤其是现代发达的网络通信手段和多媒体技术，使原本就无形的创意产品能更多地突破时空的限制，让设计创意企业的价值链能在更宽广的时空中得以建立。这样一来，设计创意产业集群也相应具有更强的区域辐射性和发展扩散性。

11.1.2　设计创意产业集群的形成机理

　　从生成方式来看，设计创意产业集群的形成主要有两种模式：

　　一是市场主导型模式。这一模式也被称为自下而上型的发展模式。由于历史文化原因或是偶然机遇，设计创意企业和文化创意公司受到某些地区便利的交通、浓郁的文化氛围、低廉的地租或优质的人力资源储备吸引，开始在某些区域聚集。这些条件使区域创意产业集群发展形成"路径依赖"，继而形成锁定效应。随着区域内的企业慢慢增多，规模经济效应也会开始形成，而这种规模效应是区域之外的企业所无法享有的。之后进入区域的企业由于能够轻松免费获取这种外部优惠条件，会进一步向区域靠拢。而运营成本的节约和收益递增则让最初的路径依赖更为强烈，从而形成产业发展的向心力。政府作为外部力量是当产业集群形成雏形后才开始介入的，并只起到辅助性的引导规划作用。这一类型的设计创意产业多出现在市场经济起步较早、设计创意产业较为发达

图 11-3 好莱坞

的地区。其典型代表是美国的迪士尼动漫王国和好莱坞影视产业园区（图 11-3）。

第二种模式是政府主导型模式，又被称为自上而下模式。这种模式主要出现在设计产业和创意产业发展起步较晚的地区。其主要特点是政府作为主导因素重点扶植、推动设计创意产业的发展和产业集群的形成，如在特定地区给予税收优惠政策、财政补贴政策、基础设施投资政策等，并制定明确的产业政策指导其发展，以达到吸引企业入驻并最终形成产业集群的目的。例如，近年来我国上海市政府一直在发展创意产业的道路上积极探索，以"创意产业化，产业创意化"为宗旨，于 2004 年 11 月 6 日经上海市经济委员会、上海市社团局批准设立了上海创意产业中心。时至今日，上海市已经将成为"国际创意产业中心"确立为发展目标，并宣布启动 18 个创意产业集聚区，其中包括浦东张江开发区以盛大、第九城市为首的游戏、动漫创意产业园（图 11-4）；以八号桥为中心集聚的建筑设计、设计咨询和影业制作企业集群；号称"上海最大的视觉创意设计基地"的泰康路视觉创意设计基地等。

从组织生态来看，设计创意产业集群的优势不仅在于共享基础设施、节约交易成本和获取区域中相对具备优势资源，其形成还收到以下几种机制的支配：

首先是空间上积聚形成的范围经济效应。范围经济（Economies of scope）是指企业由于多元化经营而带来的成本节约现象，它是企业纵向扩张的主要动因之一。[①] 也即是当同时生产两种产品的费用低于分别生产每种产品时，所存在的状况就被称为范围经济。范围经济的形成主要有两方面的原因：一是投入要素具有多种价值。以设计创意产业中最核心的创意人才要素为例，从事动漫设计的人才同时也往往具有从事平面设计的能力，从事建筑设计的人才同时也能在环境艺术设计方面发挥才干。如果将这些人才和业务加以集中，通常更能有效提高人才要素的利用率。二是使管理者经验和能力得到充分发挥，具体说就是当产业内增加新业务时，可以充分利用既有的管理知识、管理经验和人员来进行管理，而不必增加新的成本投入。这一点在设计创意产业集群内部也表

图 11-4 以游戏、动漫产业为主导的上海浦东张江开发区第九城市

---

① 徐斌.规模经济、范围经济与企业一体化选择——基于新古典经济学的解释 [J].云南财经大学学报，2010（2）：73-79.

现得十分明显，即由于设计创意员工的同质性和设计业务的交叉覆盖性，管理者经验和能力得到充分发挥。

其次，是空间上聚集带来的知识溢出效应。以意大利学者 Bellandi 为代表的"新马歇尔主义学派"，对知识的理解与马歇尔的知识观点一脉相承（马歇尔认为，知识是"弥漫在空气中"的公共产品，它的扩散是由于技术的外部性，即知识的溢出），认为产业集群是一种中介水平的学习地区，是一种认知实验室（Cognitive Laboratory）。[①] 一般认为，知识溢出主要分为显性知识溢出和隐性知识溢出两个方面。前者主要通过语言、书籍、文字、影音等形式传播，较易于通过大众媒介进行远距离的传播。而隐性知识属于人们在长期实践中积累获得的经验和体会，既不便于表达也不便于学习。因此，隐性知识的溢出在空间上往往受到限制。如果集群内部企业之间、创意人才之间能经常进行近距离的接触和交流，并进而形成以产业聚集地为中心的"学习型"社区，自然能更好地促进隐性知识的溢出。

再次，是空间上聚集更利于形成具有弹性的专业化生产。专业化分工思想其实早在亨利·福特时代倡导"福特制"生产方式时就已提出。这种分工机制的主要优势在于有助于专业知识的积累，有利于提高特定操作环节的熟练程度，并能节省员工培训的时间。但这种适用于大批量、标准化生产的专业分工也容易造成过于僵化的弊端。尤其到了产品生命周期更短、市场变化更快的后工业时代，福特主义的缺陷便暴露无遗，这就需要倡导小批量、灵活化、多样化生产的弹性化专业分工。而设计创意产业集群的生产方式不仅能使企业间的联系更为紧密，交流更为频繁，同时，设计创意人才有通用性强、业务交叉处理能力高的特点，而设计创意活动的作业方式也有以自由职业导向和项目团队导向完成的特点，这就能更迅速地实现生产流程的调整和作业团队的拆分融合，从而为弹性化专业分工机制的建立提供了可能。

图 11-5　位于杭州京杭大运河畔的 LOFT49 是以广告、影像和雕塑为主导产业的创意产业区

最后，产业集群的形成还能形成一定的区域品牌，从而为产业集群内部的企业发展积累提供长期利用的隐性资本。实际上，产业集群区域品牌的形成是区域内众多品牌集合并放大的结果。随着集群内企业数量的增加，其势必在一定的地理范围内形成知名度和品牌效应，而这种品牌效应也会成为后加入集群企业的"福利"，成为吸引新企业不断加入的"向心力"所在。这一点，我们不难从北京的 798 工厂、杭州的 LOFT49 创意产业园区等知名品牌产业集群区发展中看出来（图 11-5）。

① 惠宁. 知识溢出的经济效应研究 [J]. 西北大学学报：哲学社会科学版，2007（1）：25-29.

11.1.3 设计创意产业集群发展要素分析

根据迈克尔·波特的钻石模型，从宏观经济的角度来看，对一国产业竞争优势起最大影响力的因素，主要包括四项：生产要素、需求状况、相关产业和企业战略。而除了这四项以外，机遇和政府作为外部要素也会对产业发展产生重要影响。[①] 在波特的理论中，生产要素主要包括人力资源、物质资源、知识（信息咨讯）资源、资金资源等；需求状况主要通过买方结构和买方性质对产业发展产生影响。例如：广告传媒产业的发达能帮助汽车、快速消费品等诸多行业企业获得市场开拓优势。而金融产业的繁荣也能促进土木建筑、机械制造、医疗卫生等产业运营状况的提升；而企业战略因素则是产业竞争力本体要素，包含了公司结构、公司内部网络、市场投资情况等诸多方面。

除此之外，对创意产业展开过专门研究的理查德·佛罗里达2002年在《创意新贵》（The Rise of the Creative Class）中提出：一个地区若想通过发展创意产业来促进其经济发展，需要在技术（Technology），人才（Talent）和宽容（Tolerance）三个方面具备竞争优势。这一原则也被称为3Ts原则。这三个要素中，佛罗里达尤为强调了宽容的重要性。根据他的观点，技术和人才是具有极强流动性的创新要素。而宽容能使一些地区在吸引、留驻这些流动要素时发挥作用。例如，消除不平等，提供大多数人能承受的房租，降低生活压力，在文化上保持开放、包容的心态，消除人际关系中的隔阂，建立信任、互相尊重与合作等等。[②]

根据以上学者的观点，本书从系统论的角度出发，结合设计创意产业的特点，归纳促进设计创意产业发展的基本要素如下：

1）市场需求

设计创意产品的价值实现必须建立在市场需求拉动的基础之上，市场因素对设计创意企业聚集的区位选择、行业分布、产业要素分配、产业结构构成起直接指导作用。失去了市场，设计创意企业也就失去了生存发展之源。因此，而某一种设计市场需求旺盛的区域也往往是设计创意产业发达，并形成产业集群的区域。

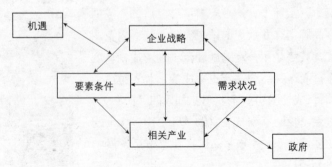

图11-6 波特钻石模型
转引自：（美）迈克尔·波特.国家竞争优势[M].北京：华夏出版社，2002：68.

---

① （美）迈克尔·波特.国家竞争优势 [M].北京：华夏出版社，2002：68-72.
② Florida，Richard.The Rise of the Creative Class[M].New York：Basic Books，2002：37.

一般来说，市场对设计创意的消费需求主要分为直接消费需求和间接消费需求两种：

直接消费需求指消费者作为设计创意产品的直接购买者、消费者对设计创意产品形成需求。例如：消费者消费动漫光碟、观看动漫电影、雇佣家装设计师进行家装设计等。这一类直接消费需求与消费者可支配收入、闲暇时间、消费者受教育程度呈正相关关系。只有在消费者可自由支配收入较高、可自由支配时间较多的情况下，消费结构才会向文化消费、艺术品消费、创意产品消费倾斜。同时，也只有受过良好教育的消费者才更懂得对鉴赏文化创意产品，更乐于将时间金钱投注到对文化艺术产品的消费当中。

间接消费需求产生于与设计创意密切相关的关联产业，消费者并不是直接购买设计创意，而是在购买其他产品时，间接消费到这些产品中包含的设计创意要素。例如：消费者购买手机、服装、汽车时往往容易被造型外观因素所吸引，消费者的购买日用品时也受到广告因素的诱导，消费者如何挑选餐厅也与餐厅的环境氛围有密切关联。这样一来，相关产业也就产生了对设计创意的消费需求。间接消费需求的产生主要与相关产业发达程度和竞争强度相关。通常情况下，相关产业的发展空间越大、盈利空间越大、竞争强度越高，也越倾向于利用设计创意因素来改善产品服务，避免同质化竞争。因此，在关联产业——如传媒、制造业、零售业、会展业、娱乐业等——发展水平较高的地区，也为设计创意企业的聚集提供了必要条件。

2）基础设施

设计创意产业集群的发展需要城市基础设施作为支撑。主要包括：高品质的生活环境、优秀的大学和科研机构、柔性劳动力市场机制、完善的产业链构成四个方面：

首先，设计创意企业不同于以往的制造业，趋向于在人力成本、地租成本较低的地区聚集。设计创意人才掌握了较多的文化资本，受过良好的教育，对生活品质有较高的追求。若想吸引设计创意人才聚集，城市最好具备便利的交通，良好的治安、清洁的空气和相对高标准的生活设施。同时，也只有在相对轻松、优美的环境中，才能激发出设计创意人才更多的灵感和想象力。

其次，优秀的大学和科研机构也是支持设计创意产业集群形成的重要因素。毗邻大学的设计创意企业能十分便捷地利用大学图书馆、资料室获取信息，还能更方便的与学界专家、教授进行频繁地交流互动，从而在设计创意产业集群中形成"学习区域"。而大学作为集教育、培训和科研为一体的综合性机构，不仅能直接为设计创意企业输送高质量的人才。同时，也能通过产学研互动机制为设计创意企业提供智力支持。例如，在上海杨浦区赤峰路的建筑装潢设计一条街（图11-7），就是以上海同济大学土木建筑系为依托形成的产业聚集区。而以上海长宁区天山路为中心地带，也形成了围绕上海市服装研究所、东华大学、上海工程技术大学服装学院三所大学的服装设计产业园。

再次，设计创意企业大多是中小型企业，设计创意产业集群的形成也不是

图 11-7 上海市杨浦区赤峰路 63 号设计创意工场

单个企业或某一类企业聚集的行为，它需要设计创意企业与产业外部相关产业、相关机构（包括科研机构、文化机构、非营利性机构等）进行广泛的互动和交流。与此同时，设计创意产品也有存在市场周期短、变化快的特点。这就要求设计创意产业集群所在地能具备完整的产业链脉络，能通过网络化的专业分工迅速获取市场信息，把握市场需求，满足市场需要。以最快的速度实现设计创意产品从构思、生产、分销、流通到最终消费的过程。可以说，是否能具备和形成完整的设计创意产业链，是促成设计创意产业集群形成的关键要素。

最后，设计创意产业集群的形成有赖于一个不断为其供给"新鲜血液"的柔性化劳动力市场。在这个市场当中，设计创意人才能相对自由的流动，实现灵活、快速、合理的人力资源配置。并能通过专业化的培训教育机制满足设计创意企业对人力资源的高标准需求。

3）健全的金融市场和完善的投资机制

资金是企业经营发展的先决条件。缺乏资金的企业是无法发展壮大的，在很多情况下，缺乏资金投入会造成企业无法顺利展开运营，导致经营业绩不良、抗风险性较低，甚至倒闭破产。企业的资金获取主要来自于两个方面：一是的通过自有资金启动运营，通过获取利润完成资本积累；二是通过外部引入资金，利用银行借贷、风险投资、上市融资等渠道实现企业增资。对于较为成熟的企业来说，自有资金通常只占企业资金的较少部分，而大部分的资金来自于外部引入。

设计创意企业通常以中小型企业和个人为主。因此，若想发展一定规模的设计创意产业集群，有必要建立起健全的金融市场和完善的投资机制。以广告产业为例，纵观全球，资本化运作在最杰出的广告公司和广告集团成长过程中都扮演举足轻重的作用。那些最富有创意、运营最为杰出的广告企业，如奥美、智威汤逊等（图 11-8，图 11-9），大多背靠国际广告传播集团，或是具备独立上市融资能力。正是有了充足的资金作为保障，才能帮助这些广告企业迅速完成跨国扩张，而拥有充裕的资本储备，即使在对我国市场渗透过程中遭遇短期挫折和市场风险，也能调整蓄势、转危为安，并始终保持强劲的可持续发展力。

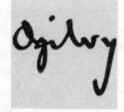

图 11-8 奥美（上）
图 11-9 智威汤逊（下）

　　总的来看，设计创意产业集群的形成离不开资本运作的推动。对于中小型设计创意企业来说，帮助它们扩大资金获取渠道，甚至帮助他们实现上市融资，是解决其资金短缺问题和推动其快速发展的重要途径。而通过健全的金融市场，搭建设计创意企业之间及上下游企业直接实现并购、控股、融资的平台，也是助推设计创意企业集群形成的重要因素。

　　4）区域文化资源与文化氛围

　　国内学者张京成认为：文化发展程度上的差别是造成不同地区创意产业发展水平产生差距的重要原因。[①] 社会学家布尔迪厄曾论述到："文化资本以三种形式存在：①具体的形式存在。即以精神或肉体的持久的'性情'的形式存在，通常指通过家庭环境及学校教育获得，并成为精神与身体一部分的知识、教养、技能、品味等文化产物；②客观的状态存在。文化产品的形式（图书、辞典、乐器、机器之类的东西），这是一种可以直接传递的物化形态文化资本。这些产品是理论的实现或客体化，也可以是某些理论、问题的批判等；③工具化的形式存在。以一种客观化的、必须加以区别对待的形式存在，之所以要区别对待，是因为这种形式使得文化资本披上了一层完全原始性的财富面纱。"[②]

　　而澳大利亚经济学家戴维·思罗斯比则更直接地论述文化资本的经济意义，他认为："文化资本是以财富的形式具体表现出来的文化价值的积累，这种积累紧接着可能会引起物品和服务的不断流动，与此同时，形成了本身具有文化价值和经济价值的商品。"[③] 实际上，设计创意产品是融入了文化理念的产品，在设计创意产品的生产过程中，需要设计师将文化资源、文化理念融入产品当中。一方面，区域文化资源将通过教育和社会化过程转化为设计创意人才的思想、技能、知识、价值、品味，并最终在设计创意活动中呈现出来；而另一方面，文化资源以历史、传统、人文、景观的形式沉淀下来（图11-10），也能成为供设计创意活动发掘、借鉴的隐形财富贮备。因此，区域文化资源较丰富的地区，自然更利于文化资源和文化理念的创造性开发利用，而这对于设计创意产业集群的发展也就形成了一种先天的优势。

　　另一方面，设计创意产业集群的形成有赖于一定的文化氛围来孕育和培养。其中，最重要的是形成对新生事物开放包容的文化氛围与心态。创意的本质就在于突破传统、打破常规。要激发设计创意人才的创造活力，就必须要有相对宽松的社会制度，允

图11-10　历史沉淀下的文化资源是今天设计创意活动取之不尽的宝库

① 张京成.中国创意产业发展报告[R].北京：中国经济出版社，2007：12.
② 李全生.布迪厄的文化资本理论[J].东方论坛，2003（1）：8-9.
③ （澳）戴维·思罗斯比.什么是文化资本[J].新华文摘，2004（10）：119.

许创意人才表达出特立独行的想法和行动。而设计创意产业聚集的区域也就有必要形成多样化的、尊重差异的文化氛围。对此，理查德·佛罗里达和他的学生艾伦尼·提纳格里（Irene Tinagli）曾在《创意时代的欧洲》这一研究中基于"3Ts 原则"将包容指数作为衡量区域文化创意产业发展状况的重要指标。

欧洲包容指数主要包括态度指数、价值指数和个性表达指数三个维度。其中，态度指数主要通过大多数人对少数人群的态度来作为一项间接反映一个区域的社会开放性和包容性的依据，如统计同性恋人口；个性表达指数则主要是人们对自我表达、生活品质、民主、信任、休闲、娱乐、文化的心理感受和行为表现。[①] 由此可知，区域文化氛围若能保持一种开放的心态和宽容的精神，便能在驻留创意人才，发挥创意人才的主观能动性方面能发挥巨大作用。

5）政府扶植与制度环境

从设计创意产业的外部制度环境来看，政府有着不可或缺的作用。政府往往是制度的供给者，其通过制定各种政策、法规来规范市场主体的运营机制。实践表明，制度的透明性、公正性、开放性、执法的严厉性是影响区域产业发展乃至经济发展的重要因素之一。[②]

就设计创意产业集群的形成与发展而言，政府主要通过三个方面的制度施加影响：

首先是在经济制度方面，国家所制定的财政政策、货币政策、汇率政策、贸易政策等直接影响到设计创意产业集群的发展路径和竞争力水平。而地方政府所制定的产业发展政策、优惠税收政策、财政补贴政策、专项拨款政策也直接影响到产业投资预期，从而对产业集群规模带来直接影响。

其次，政府从基础设施建设层面对创意产业集群的形成发展加以引导。如兴建研发中心、教育培训中心、会展中心、博物馆、美术馆、图书馆、大学、人才中心、剧场；规划产业园区；投资交通基础建设、通信网络；兴办文化艺术节、博览会等。而这些都是单个企业所无力承担的。

再次，政府通过立法规范市场行为促成产业集群健康发展。如完善知识产权保护法、版权法、经济法、市场法等，促成公平、高效的市场竞争环境。

总体来看，政府能成为设计创意产业集群勃兴的"催化剂"。尤其对于设计创意产业发展较滞后的国家地区来说，往往不可能遵循西方发达国家的模式缓慢发展，必须由政府牵头，加以有意识的引导。例如，韩国自前总统金大中1998 年提出文化立国以来，就先后颁布了文化产业振兴法、文化产业发展五年计划、设立文化地区特别法，并筹集五千亿韩元设立产业振兴基金，建立国家尖端文化产业。得益于这些政策，韩国的文化创意产业在十多年的时间里已经大大得到提升。而在我国，设计创意产业集群的发展也通常得力于政府的推动。例如：坐落于北京西城区的 DRC 工业设计创意产业基地就是由北京市科

---

① Richard Florida，Irene Tinagli.Europe in the Creative Age[M].New York Basic，2004：2.
② 王丽君.创意产业集群的形成因素研究 [D].北京：北京交通大学，2007：26.

图 11-11 由北京市科委和西城区政府共同创建的 DRC 工业设计创意产业基地

委和西城区政府共同建设的以发展工业设计产业为核心的产业园区。该产业园区 2007 年已被北京市认定为首批文化创意产业集聚区。截至 2010 年底，共吸纳了入驻企业 170 余家（图 11-11）。

6）知识产权保护

设计创意产业的核心是创意，而创意也是设计产品附加价值最主要的来源和生命力。换句话说，设计创意产品的核心价值在于创造和创新，而不在于生产制造。这一特性也就决定了其具有前期沉没成本较大，而后期复制模仿成本较低的特点。因此，设计创意产业的发展尤其需要知识产权的保护。特别是对于广告、建筑、时尚服装设计等行业来说，创意作品的同质性高，剽窃、抄袭较难定义，相关知识产权保护还留有很大的改进空间。国内学者邱静认为："从产权制度角度来看，作为根据一定目的对稀缺资源加以利用、处置并从中获取经济利益的权利，产权形成了产权主体围绕各种财产（资产）客体产生的经济利益关系，而产权制度则通过对产权关系予以规范，直接决定着创作者、生产者的投入与收益。因此就创意产业而言，由于其配置的资源——'创意和智力成果'具有无形性、一定的公共性、易复制、易逝性等特点，其产权问题就必然应由知识产权及知识产权制度来予以规范，权利人的合法权益也必须通过知识产权法律法规来进行保护。"[①]

国内学者王宇红也认为：知识产权是一种无形财产权，它的客体是创造性智力成果，是非物质的、创新的知识和技术。创意产业创新成果产权化的形式正是知识产权，知识产权是创意产业的核心无形资产。[②] 由此可见知识产权保护是促成设计创意人才不断创新，设计创意产业可持续发展不可或缺的因素。

---

① 邱静.谈创意产业发展中的知识产权保护问题 [J].吉林省经济管理干部学院学报，2007（4）：12-14.
② 王宇红，贺瑶.创意产业发展的知识产权保护体系研究——以西安创意产业为例 [J].中国科技论坛，2009（5）：44-48.

11.2 设计创意产业价值链研究

在设计创意产业内部，以追求市场利润和价值增值为动机导向的企业会在专业细分、作业协同的基础上结成具有一定的层次性、结构性关联网络，并由此生成一个大的相对独立的经济系统。在本节中，本书将从价值链的角度分析设计创意产业中各个组成要素的功能和相互之间的联系，由此总结设计创意产业价值系统的内部增值机制。

价值链与产业价值链

哈佛商学院教授迈克尔·波特于 1985 年在其所著的《竞争优势》一书中最早提出过价值链的概念。他认为：企业的每项生产经营活动都是其创造价值的经济活动，企业所有的互不相同但又相互关联的生产经营活动，构成了创造价值的一个动态过程，即价值链。从价值形成过程看，企业从创建到投产经营所经历的一系列环节和活动中，既有各项投入同时又显示价值的增加，从而从这一系列环节连成一条活动成本链。[1]

在波特的理论框架中，价值链主要分为两个部分：基本活动和辅助活动。其中，基本活动包括了从生产要素投入到产品生成的所有转化、交货和售后服务体系。是产品及服务在实质上的生产创造。具体来看，又可细分为运入物流、生产、运出物流、市场销售、服务五个环节。而辅助活动的主要职能是支撑基本活动的顺利完成，主要包括采购、技术研发、人力资源管理、企业基础设施建设等部分（图 11-12）。

从波特的理论模型不难看出，其理论框架主要侧重于对单个企业的生产经营分析。对此，不少国内学者还提出过产业链的概念。

学者张晖、张德生认为：产业链的思想起源于马歇尔的企业间分工协作理论，更早的源头可以追溯到亚当·斯密的分工理论。但是与产业链的实践应用相比，产业链的理论研究相对滞后，虽然研究文献繁多，但并没有获得多少具有共识性的理论成果，也没有形成成熟的研究范式，大多研究都是各抒己见，自成一家。究其原因，主要是由于产业链本身概念的模糊性、内涵的复杂性，

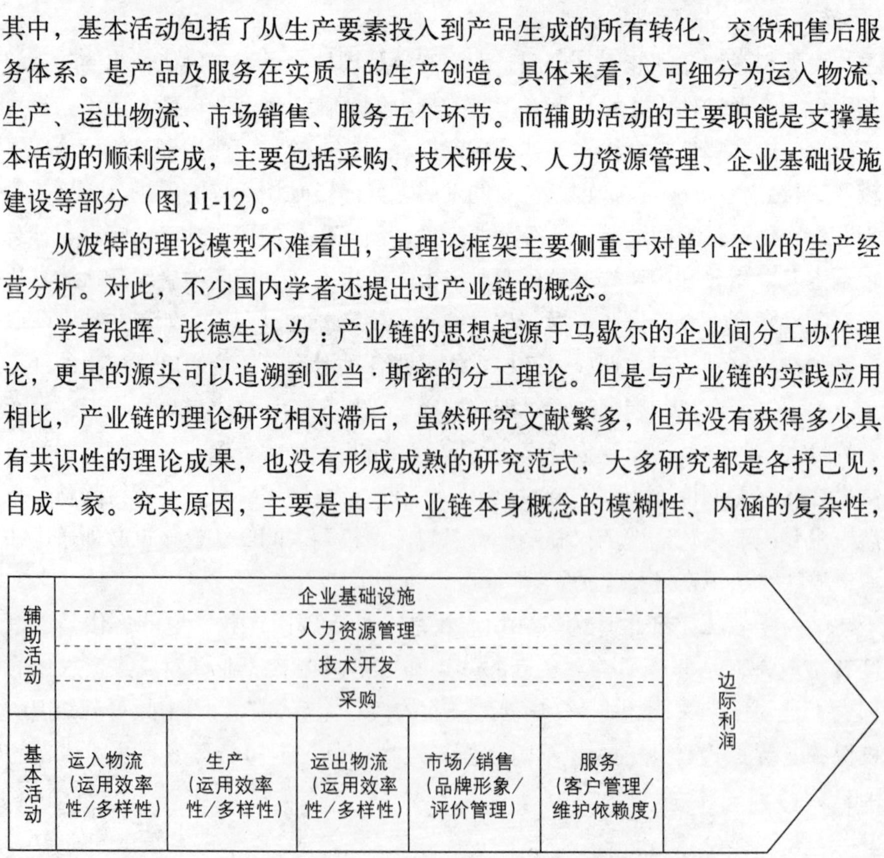

辅助活动	企业基础设施					边际利润
	人力资源管理					
	技术开发					
	采购					
基本活动	运入物流（运用效率性/多样性）	生产（运用效率性/多样性）	运出物流（运用效率性/多样性）	市场/销售（品牌形象/评价管理）	服务（客户管理/维护依赖度）	

图 11-12 迈克尔·波特的价值链模型

---

[1] （美）迈克尔·波特.竞争优势 [M].北京：华夏出版社，2005：197-207.

导致产业链的理论研究始终缺乏一个明晰的分析框架。

同时，产业链是一个中国化的名词，国外没有将其视为独立研究对象进行系统的理论研究，而在国内却是一个相当热门和前沿的问题。[①] 例如：从价值创造的角度定义产业链，芮明杰、刘明宇为代表的学者认为：产业链表达的是厂商内部和厂商之间为生产最终交易的产品或服务所经历的增加价值的活动过程，它涵盖了商品或服务在创造过程中所经历的从原材料到最终消费品的所有阶段。[②]

以供应链为基础来定义产业链。周路明认为："产业链是建立在产业内部分工和供需关系基础上的一种产业生态图谱，并将产业链分为垂直的供需链和横向的协作链。"[③]

从战略联盟的角度论证产业链。刘贵富、赵英才认为："产业链是在一定地域范围内，同一产业部门或不同产业部门某一行业中具有竞争力的企业及相关企业，以产品为纽带按照一定的逻辑关系和时空关系，联接成的具有价值增值功能的链网式企业战略联盟。"[④]

基于生产工艺流程的产业链。郁义鸿认为："产业链是在一种最终产品的生产加工过程中从最初的自然资源到最终产品到达消费者手中所包含的各个环节所构成的整个的生产链条。"[⑤]

基于产业前后技术经济关联角度的定义。简新华认为产业链是由经济活动中的各产业依据前、后向的关联关系组成的。[⑥]

基于组织视角的产业链。蔡宇认为产业链是建立在生产链、供应链和价值链基础上的综合，它不仅从产业（行业）的角度研究按照产品或服务生产过程链接起来的一系列企业之间的价值流、物流、信息流和资金流，而且还要分析它们的价值创造、相互关系和组织结构。[⑦]

实际上，我们不难看出，产业链和价值链相比，更侧重于从宏观上描述产业内各企业间的关系和定位。价值链则侧重于关注价值的创造、传递和增值过程。但如果我们将价值链的范围扩大到单个企业外部，结合企业上下游供应商、销售商来看待价值的增值和转移，或是从价值形式的角度来看待产业链，就形成了产业价值链的内涵。如：按照 Peter Maigers 的观点，价值链被看作是一系列连续完成的活动，是原材料转换成一系列最终产品的过程。[⑧] 那么，价值链也就应当包括产业链中上下游企业、以及诸多横向企业之间的价值交换。它

① 张晖，张德生.产业链的概念界定——产业链是链条、网络抑或组织？[J].西华大学学报：哲学社会科学版，2012（8）：85-89.
② 芮明杰，刘明宇.产业链整合理论评述 [J].产业经济研究，2006（3）：60-66.
③ 周路明.关注高科技"产业链"[J].深圳特区科技，2001（11）：10-11.
④ 刘贵富，赵英才.产业链：内涵、特性及其表现形式 [J].财经理论与实践，2006（3）：114-117.
⑤ 郁义鸿.产业链类型与产业链效率基准 [J].中国工业经济，2005（11）：35-42.
⑥ 简新华.产业经济学 [M].武汉：武汉大学出版社，2002：69-71.
⑦ 蔡宇.关于产业链理论架构与核心问题的思考 [J].财经论坛，2006（9）：114-116.
⑧ Peter Maigers. Multinational firms and technology transfer[J].Scandinavian Journal of Economics，1995，104：495-513.

是一种产品从原材料加工，到产品生产成型，再到制成品组装、销售、消费等多个环节的全过程中涉及的各种企业和组织机构的网络的总和。

对此，国内学者陈柳钦认为，按照迈克尔·波特的逻辑，每个企业都处在产业链中的某一环节，一个企业要赢得和维持竞争优势不仅取决于其内部价值链，而且还取决于在一个更大的价值系统（即产业价值链）中，一个企业的价值链同其供应商、销售商以及顾客价值链之间的联接。企业间的这种价值链关系，对应于波特的价值链定义，在产业链中、在企业竞争中所进行的一系列经济活动仅从价值的角度来分析研究，称之为产业价值链（Industrial value Chain）。[①]

一般来说，产业价值链具有以下两方面的特征：一方面是协同性。即产业价值链内部存在一定的分工协作关系，这种分工协作是提高效率的必要条件，同时也让价值链中的企业形成资源共享、优势互补、彼此制约的关系，让产业价值链的各个环节形成一个互相整合、互相依存、交流密切、深入合作的动态系统。另一方面是增值性。增值性是价值链的核心。也就是说产业价值链形成的前提和基础是价值的递增，后一环节的价值实现必须建立在前一环节价值供应作为基础的前提条件上，前一环节的企业往往扮演供应商的角色，而后一环节则是前一环节的客户。这些企业会形成一种互相衔接的关系。同时，如果价值链的某一环节发生断裂，则整个价值链的运作会遭到阻断。

---

① 陈柳钦．论产业价值链 [J]．兰州商学院学报，2007（8）：57-63．

参 考 文 献

中文文献：

[1] 陈柳钦.论产业价值链 [J].兰州商学院学报，2007（8）：57-63.

[2] 王受之.世界现代设计史 [M].北京：中国青年出版社，2002.

[3] 曾山，胡天璇，江建民等.浅谈设计管理 [J].江南大学学报：人文社会科学版，2002.

[4] 邓连成.论设计管理 [J].工业设计，1997.

[5] 王效杰，金海.设计管理 [M].北京：中国轻工业出版社，2008.

[6] 邓成连.设计管理：产品设计之组织、沟通与运作 [M].台北：亚太图书出版社，1999.

[7] 胡俊红.设计策划与管理 [M].合肥：合肥工业大学出版社，2005.

[8] 韩岫岚.MBA管理学方法与艺术（上）[M].北京：中共中央党校出版社，1998.

[9] 康文科，崔新.浅谈设计管理对企业的重要性 [J].西北工业大学学报，2001.

[10] 陈汗青，尹定邦，邵宏，等.设计的营销与管理 [M].长沙：湖南科学技术出版社，2003.

[11] 杨君顺，唐波等.设计管理理念的提出及应用 [J].机械，2003，1.

[12] 吴晓莉，刘子建.从飞利浦设计思想到企业战略 [J].轻工机械，2004.

[13] 刘国余.设计管理 [M].上海：上海交通大学出版社，2003.

[14] 设计管理协会，黄蔚等.设计管理欧美经典案例:通过设计管理实现商业成功 [M].北京：北京理工大学出版社，2004.

[15] 文放怀.六西格玛设计实战 [M].广州：广东经济出版社，2003.

[16] 李全生.布迪厄的文化资本理论 [J].东方论坛，2003（1）：8-9.

[17] 张显萍.谈广告创意的文化定位 [J].安徽职业技术学院学报，2005，4（1）：55-56.

[18] 于波涛.营销环境变迁下的广告创意策略分析 [J].学术交流，2005，134（5）：173-176.

[19] 张京成.2011中国创意产业发展报告 [M].北京：中国经济出版社，2011.

[20] 汪燕霞，马瑞，范林芳.整合营销传播探析 [J].经济与管理，2005，19（9）：45.

[21] 何明光，骆革新.企业品牌延伸的理论研究与应用策略 [J].茂名学院学报，2004，14（2）：50.

[22] 蔡宇.关于产业链理论架构与核心问题的思考 [J].财经论坛，2006（9）：114-116.

[23] 廖昌荫.人力资源管理研究视点分析 [J].广西师范大学学报，2004，40（2）：75-76.

[24] 张岱.浅谈欧美的企业识别（CI）设计 [J].湖南大学学报，1998，25（5）：177-179.

[25] 侯汉坡.北京市文化创意产业集聚区案例辑 [M].北京：知识产权出版社，2010.

[26] 金元浦.文化创意产业概论 [M].北京：高等教育出版社，2010.

[27] 蒋三庚.文化创意产业集群研究 [M].北京：首都经济贸易大学出版社，2010.

[28] 甘华鸣.哈佛商学院 MBA 课程：新产品开发 [M].北京：中国国际广播出版社，2002，6：56-57.

[29] 周志文.生产与运作管理 [M].北京：石油工业出版社，2002.

[30] 王永贵.产品开发与管理 [M].北京：清华大学出版社，2007.

[31] 蔡树堂.企业战略管理 [M].北京：石油工业出版社，2002.

[32] 杨君顺，沈浩，李雪静.设计管理模式的探讨——工业设计管理新模式的研究 [J].陕西科技大学学报，2003，21（2）：98-100.

[33] 何晓佑，谢云峰.人性化设计 [M].南京：江苏美术出版社，2001.

[34] 臧勇.论包装设计的个性化 [J].中国包装工业，2002，12：52-54.

[35] 蔡伟.包装设计的个性化风格 [J].中国包装工业，2004，12：57.

[36] 陈琏生，黄吉淳.广告艺术设计 [M].重庆：重庆大学出版社，2002：3.

[37] 胡大立.企业竞争力论 [M].北京：经济管理出版社，2001.

[38] 徐忠伟.文化创意产业案例研究 [M].天津：南开大学出版社，2010.

[39] 彭吉象.艺术学概论 [M].北京：北京大学出版社，1994.

[40] 杨善民，韩锋.文化哲学 [M].济南：山东大学出版社，2000.

[41] 何人可.工业设计史 [M].北京：北京理工大学出版社，2004.

[42] 柳冠中.设计文化论 [M].哈尔滨：黑龙江科学技术出版社，1999.

[43] 李砚祖.造物之美 [M].北京：中国人民大学出版社，2002.

[44] 杨君顺，胡志刚.设计管理在网络上的实现 [J].机械研究与应用，2003，16（4）：13-14.

[45] 杨君顺，唐波等.设计管理理念的提出及应用 [J].机械：增刊，2003，30：169.

[46] 杨君顺等.设计管理模式的探讨 [J].陕西科技大学学报，2003，（2）：100.

[47] （英）保罗·斯图伯特.品牌的力量 [M].北京：中信出版社，2000.

[48] （美）约翰·菲力普·琼斯.广告与品牌策划 [M].北京：机械工业出版社，1999.

[49] 何佳讯.品牌形象策划 [M].上海：复旦大学出版社，2000.

[50] （美）菲利普·科特勒.营销管理——分析、计划和控制 [M].上海：上海人民出版社，2004.

[51] 胡晓芸，李一峰.品牌归于运动——16 种国际品牌的运动模式 [M].杭州：浙江大学出版社，2003.

[52] 潘瑞芳.泛动漫创意与人才培养研究 [M].北京：中国广播电视出版社，2010.

[53] （美）彼得·杜拉克.新产品开发 [M].北京：中国国际广播出版社，2002.

[54] 于欢. 解析品牌背后的视觉效应 [D]. 长春：东北师范大学，2007.

[55] （英）贝思·罗杰斯. 产品创新战略 [M]. 王琳琳译. 大连：东北财经大学出版社，2003.

[56] 张世贤. 现代品牌战略 [M]. 北京：经济管理出版社，2007.

[57] （美）唐·舒尔茨. 论品牌 [M]. 北京：人民邮电出版社，2005.

[58] 金敏. 企业品牌延伸战略决策研究 [M]. 长沙：湖南大学出版社，2002.

[59] 岳文厚. 品牌魅力 [M]. 北京：中国财政经济出版社，2002.

[60] 易华. 创意人才和创意产业、创意城市的发展 [M]. 北京：中国物资出版社，2011.

[61] 杨维霞. 战略管理视角中的品牌延伸过程分析 [D]. 太原：山西财经大学，2004.

[62] 余明阳，陈先红. 广告策划创意学 [M]. 上海：复旦大学出版社，2008.

[63] （英）约翰·霍金斯. 创意经济：如何点石成金 [M]. 洪庆福译. 上海：上海三联书店，2006.

[64] 魏玉祺. 品牌的"文化行销" [EB/OL]. http：//www.emkt.com.cn.

[65] 尹春兰. 品牌传播的全球化与本土化策略 [J]. 经济问题，2004.

[66] （美）托马斯·彼得斯，罗伯特·沃特曼. 追求卓越：美国优秀企业的管理圣经 [M]. 戴春平译. 北京：中央编译出版社，2003.

[67] 陈放. 品牌学 [M]. 北京：时事出版社，2002.

[68] 韩光军. 品牌设计与发展 [M]. 北京：经济管理出版社，2002.

[69] 卢泰宏，邝丹妮. 整体品牌设计 [M]. 广州：广东人民出版社，1998.

[70] （美）丹尼斯·雷纳，米歇尔·雷纳. 信任决定成败 [M]. 程云琦译. 长春：吉林出版社，2007.

[71] 朱伟明，郭建南. 品牌延伸与多品牌战略 [J]. 浙江工程学院学报，2002，19（1）：3.

[72] 赵红. 广告设计 [M]. 北京：清华大学出版社，2010：5.

[73] 甘忠泽. 现代广告管理 [M]. 上海：复旦大学出版社，1999.

[74] 陈培爱. 广告策划原理与实务 [M]. 北京：中央广播电视大学出版社，2001.

[75] 丁俊杰，康瑾. 现代广告通论 [M]. 北京：中国传媒大学出版社，2007.

[76] （美）舒尔兹. 整合营销传播 [M]. 呼和浩特：内蒙古人民出版社，1998.

[77] 姜明明. 4P 与 4C 之比较研究 [J]. 国际商务研究，1999（1）：32.

[78] 钟传优. 整合营销传播应以品牌为中心 [J]. 经济论坛，2004，21（2）：79.

[79] 王天岚. 现代广告策略与设计研究 [J]. 巢湖学院学报，2004，6（4）：86-89.

[80] 程宇宁. 广告策划教程 [M]. 长沙：中南工业大学出版社，2000：24.

[81] （美）彼得·德鲁克. 后资本主义社会 [M]. 傅振焜译. 上海：上海译文出版社，2009.

[82] （美）劳伦斯·莱斯格. 免费文化：创意产业的未来 [M]. 王师译. 北京：中信出版社，2009.

[83] 陈能华，贺华光. 广告信息传播 [M]. 长沙：中南工业大学出版社，1999.

[84] 王昕宇，李红超. 论广告定位策略 [J]. 河北师范大学学报，2002，25（2）：101-103.

[85] 黄建平.平面广告设计 [M].上海：上海人民美术出版社，2007.

[86] 崔生国.图形设计 [M].上海；上海人民美术出版社，2003.

[87] 尚奎舜.广告设计 [M].济南：山东美术出版社，1999.

[88] （美）卢茨厄.创意产业中的知识产权 [M].王娟译.北京：人民邮电出版社，2009.

[89] （美）马斯洛.人本管理 [M].马良诚译.西安：陕西师范大学出版社，2010.

[90] （英）克里斯·比尔顿.打破常规·创意与管理：从创意产业到创意管理 [M].向勇译.北京：新世界出版社，2010.

[91] 朱琦.浅谈 CI 设计对企业文化的影响 [J].中国商界：下半月，2009，11.

[92] （日）野中郁次郎，竹内弘高.创造知识的企业 [M].李萌译.北京：知识产权出版社，2006.

[93] 周红惠.企业形象设计管理中的文化性 [J].株洲工学院学报，2004，18（1）：81.

[94] 杨君顺，王肖烨.在企业中充分发挥设计管理的作用 [J].包装工程，2005，26（2）：110-112.

[95] 刘贵富，赵英才.产业链：内涵、特性及其表现形式 [J].财经理论与实践，2006（3）：114-117.

[96] 兰海仁.以先进的企业文化促进思想政治工作创新 [J].广西电业，2004，5.

[97] 叶万春，万后芬，蔡嘉清.企业形象策划：CIS 导入 [M].大连：东北财经大学出版社，2001：54.

[98] 饶德江.CI 原理与实务 [M].武汉：武汉大学出版社，2002.

[99] 刘光明.企业文化 [M].北京：经济管理出版社，2002.

[100] 俞金龙.迈克尔·波特和古典战略理论的终结（上）[J].科技智囊，2007，E11：34-45.

[101] 魏杰.企业前沿问题——现代企业管理方案 [M].北京：中国发展出版社，2002：208-209.

[102] 李静.打造企业精神和形象——点化企业之魂 [J].中国商贸，2010，27.

[103] 王战.现代设计史 [M].长沙：湖南美术出版社，2001.

[104] 苏娟娟.浅谈传统企业形象再包装的重要性 [J].科技信息，2008，26.

[105] 胡雄飞.企业组织结构研究 [M].上海：立信会计出版社，1996.

[106] 赵克非.哈尔滨动力设备股份有限公司企业制度再造研究 [D].哈尔滨：哈尔滨工程大学，2006.

[107] 邓效慧.生态环境系统下企业组织形态模式选择研究 [D].青岛：中国海洋大学，2001.

[108] 彭巍.中铁 17 局电务工程有限公司企业文化的塑造 [D].成都：西南交通大学，2003.

[109] 吴为善，陈海燕，蔡三发.CI 的策划与设计 [M].上海：上海人民美术出版社，2001.

[110] 陈望衡.艺术设计美学 [M].武汉：武汉大学出版社，2000.

[111] 付慧清.企业 VI 设计惊 Power 手册 [M].北京：电子工业出版社，2003.

[112] （澳）戴维·思罗斯比.什么是文化资本 [J].新华文摘，2004（10）：119.

[113] 周路明.关注高科技"产业链" [J].深圳特区科技，2001（11）：10-11.

[114] 王丽君.创意产业集群的形成因素研究 [D].北京：北京交通大学，2007：26.

[115] （日）稻盛和夫.阿米巴经营 [M].陈忠译.北京：中国大百科全书出版社，2009.

[116] 高亮，职秀梅.设计管理 [M].长沙：湖南大学出版社，2011.

[117] 檀润华.创新设计——TRIZ：发明问题解决问题 [M].北京：机械工业出版社，2002.

[118] 郭辉勤.创意经济学 [M].重庆：重庆出版社，2007.

[119] 张京成.中国创意产业发展报告 [R].北京：中国经济出版社，2007：12.

[120] 胡君辰.郑绍濂.人力资源开发与管理 [M].上海：复旦大学出版社，1999.

[121] 柴邦衡.设计控制 [M].北京：机械工业出版社，2001.

[122] 尹定邦.设计学概论 [M].长沙：湖南科学技术出版社，2003.

[123] 邱静.谈创意产业发展中的知识产权保护问题 [J].吉林省经济管理干部学院学报，2007（4）：12-14.

[124] 郭小龙，李剑，谢舜.员工管理 [M].北京：企业管理出版社，2001.

[125] 杨蓉.人力资源管理 [M].大连：东北财经大学出版社，2005.

[126] 郁义鸿.产业链类型与产业链效率基准 [J].中国工业经济，2005（11）：35-42.

[127] 郄建业.设计师的风格与个性 [J].包装工程，2002，6：89-91.

[128] 袁金戈.艺术设计人才的基本素质与培养 [J].湖南包装，2004，2.

[129] 李龙生.艺术设计概论 [M].合肥：安徽美术出版社，1999.

[130] 朱彦.论基础图案的教学方向 [J].浙江工艺美术，2002，3.

[131] 陶万样.广告设计的灵魂——创意 [J].中国科学教育，2004，11.

[132] 简新华.产业经济学 [M].武汉：武汉大学出版社，2002：69-71.

[133] 董志强，黄晋东.3P 人力资源的关键 [M].北京：中国经济出版社，2005.

[134] 张寅.韩国文化创意产业的发展模式 [J].中国投资，2006（6）：44-45.

[135] 胡君辰，郑少濂.人力资源开发与管理 [M].上海：复旦大学出版社，1998.

[136] （美）理查德·佛罗里达.创意新贵：启动新新经济的著英势力 [M].邹应缓译.台北：宝鼎出版社，2003.

[137] （美）菲利普·科特勒，加里·阿姆斯特朗.市场营销教程 [M].俞利军译.北京：华夏出版社，2000.

[138] 张展，王虹.产品设计 [M].上海：上海人民美术出版社，2003.

[139] （美）菲利普·科特勒.营销管理 [M].上海：上海人民出版社，2002.

[140] 高适之.关于组建粮食批发市场问题初探 [J].商业经济论坛，1989.

[141] 简召全.工业设计方法学 [M].北京：北京理工大学出版社，1993.

[142] 肖雁飞.创意产业区发展的经济空间动力机制和创新模式研究 [D].上海：华东师范大学，2007.

[143] 刘燕灵.跨国公司的供应链管理 [J].物流工程与管理，2012，1.

[144] 叶东森.企业风险由外向内传导机制研究 [D].广州：华南理工大学，2005.

[145] 金安.试论市场整合营销 [J].宁波大学学报，2001，14（2）：111-114.

[146] （美）约瑟夫·H·博耶特，杰米·T·博耶特.经典营销思想 [M].杨悦译.北京：机械工业出版社，2004.

[147] 芮明杰，刘明宇.产业链整合理论评述 [J].产业经济研究，2006（3）：60-66.

[148] 郭雁.从 4P's 到 4C's 的转变 [J].浙江金融，2000（12）.

[149] 王怡.房地产项目全过程营销管理研究 [D].哈尔滨：哈尔滨工业大学，2003.

[150] 康小明，向勇.产业集群与文化产业竞争力的提升 [J].北京大学学报：哲学社会科学版，2005（2）：17-21.

[151] 刘蔚，郭萍.文化产业的集群政策分析 [J].江汉大学学报：社会科学版，2007（12）：60.

[152] 杨献平.企业特点营销 [M].北京：中国广播电视出版社，1999.

[153] 张德，吴剑平.企业文化与 CI 策划 [M].北京：清华大学出版社，2000.

[154] 程艳霞，马慧敏.市场营销学 [M].武汉：武汉理工大学出版社，2008.

[155] 惠碧仙，王军旗.市场营销：基本理论与案例分析 [M].北京：中国人民大学出版社，2002.

[156] 徐斌.规模经济、范围经济与企业一体化选择——基于新古典经济学的解释 [J].云南财经大学学报 2010（2）：73-79.

[157] （英）迈克尔·J·贝克.市场营销百科 [M].李垣译.沈阳：辽宁教育出版社，2001.

[158] 蔡燕农.市场营销案例分析 [M].北京：中国物资出版社，1993.

[159] （美）菲利普·科特勒，托马斯·海斯，保罗·N·布卢姆.专业服务营销 [M].俞利军译.北京：中信出版社，2010.

[160] 惠宁.知识溢出的经济效应研究 [J].西北大学学报：哲学社会科学版，2007（1）：25-29.

[161] 辞海编辑委员会.辞海（上册）[M].上海：上海辞书出版社，1999：1584.

[162] 钱磊.试论创意的基本命题及其逻辑关系 [D].武汉：武汉理工大学，2009：2.

[163] 王宇红，贺瑶.创意产业发展的知识产权保护体系研究——以西安创意产业为例 [J].中国科技论坛，2009（5）：44-48.

[164] （美）迈克尔·波特.竞争优势 [M].北京：华夏出版社，2005：197-207.

[165] 孟建，赵元珂.媒介融合：作为一种媒介社会发展理论的阐释 [J].新闻传播，2007（2）：14-17.

[166] 梁芳，赵瑞平.创意产业发展的实证分析与理论探究 [J].经济论坛，2006（15）：67-68.

[167] 英国文化传媒与体育部.2011 年创意产业报告 [R].London.DCMSPress，2001：5-10.

[168] 郑洪涛.基于区域视角的文化创意产业发展研究 [D].开封：河南大学，2008：165.

[169] 俞鹰.艺术设计教育在创意产业中的角色——以英国伦敦艺术大学为例 [J].同济

大学学报：社会科学版，2009（5）：63-66，85.

[170] 叶新.美国经济中的版权产业：2004 年报告 [J].出版广角，2005（1）：71-73.

[171] 傅宏章.动画王国之谜——迪士尼动画产业考察札记 [J].视听纵横，2004（4）：80-81.

[172] 叶新.2003 年美国媒体广告经营概况 [J].传媒，2004（8）：53.

[173] 张晖，张德生.产业链的概念界定——产业链是链条、网络抑或组织 ?[J].西华大学学报：哲学社会科学版，2012（8）：85-89.

[174] 北京市政府.北京市国民经济和社会发展第十一个五年规划纲要 [R].北京市第十二届人民代表大会，2006：1.

[175] 王德禄.知识管理：竞争力之源 [M].南京：江苏人民出版社，1999.

[176] （美）迈克尔·波特.国家竞争优势 [M].北京：华夏出版社，2002.

[177] （澳）哈特利.创意产业读本 [M].北京：清华大学出版社，2007.

[178] 赵世勇.创意思维 [M].天津：天津大学出版社，2008.

[179] 厉无畏.创意产业新论 [M].上海：东方出版中心，2009.

[180] 姜毅然.以市场为导向的日本文化创意产业 [M].北京：人民出版社，2009.

[181] 张京成.中国创意产业发展报告 [M].北京：中国经济出版社，2010.

[182] 朱莉莉.品牌传播之设计观 [D].武汉：武汉理工大学，2005.

[183] 魏群.商业广告策划与设计系统研究 [D].武汉：武汉理工大学，2005.

外文文献：

[1] Andrews，Kenneth R.The Concept of Corporate Strategy，Homewood，II1：Richard D.Irwin Inc，1987.

[2] Albrecht，Karl.Creating Leaders for Tomorrow.Portland，Ore：Productivity Press，1995.

[3] Ackoff，Russell L.A Concept of Corporate Planning.New York：John Wiley & Sons，1970.

[4] Andrews，Kenneth R.Ethics in Practice：Managing the Moral Corporation.Boston：Harvard Business School Press，1989.

[5] Bennis，Warren.Leaders on Leadership：Interviews with Top Executives.Boston：Harvard Business School Press，1992.

[6] Barnard，Chester I.The Functions of the Executive.Boston：Harvard University Press，1968.

[7] Augustine，Norman R.Managing Projects and Programs.Boston：Harvard Business School Press，1989.

[8] Blanchard，Kenneth and Johnson，Spencer.The One-Minute Manager.New York：William Morrow and Company，1982.

[9] Briner，Wendy and Geddes，Michael.Project Leadership.Worcester，Mass.：Gower Publishing Inc，1996.

[10] Cross, Nigel.Developments in Design Methodology.New York : John Wiley & Sons, 1984.

[11] Erickson, Steve M.Management Tools for Everyone : Twenty Techniques.New York : Petrocelli Books, 1981.

[12] Drucker, Peter F.The Effective Executive.New York : Harper & Row, 1966.

[13] Daniels, William R.Group Power II : A Manager Guide to Conducting Regular Meetings.San Diego, Calif. : University Associates Inc, 1990.

[14] Fisher, Roger, and Ury, William.Getting to Yes : Negotiating Agreement Without Giving.New York : Penguin Books Ltd, 1981.

[15] Gellerman, Saul W.Motivating Superior Performance.Portland, Ore. : Productivity Press, 1994.

[16] Germane, Gayton E.The Executive Course.Reading, Mass. : Addison-Wesley, 1986.

[17] Jones, Christopher, J.Design Methods : Seeds of Human Futures.New York : John Wiley & Sons, 1981.

[18] Holt, Knut.Product Innovation Management.London : Butterworths, 1983.

[19] Hollins, Bill, and Pugh, Stuart.Successful Product Design.London : Butterworth & Company Ltd., 1990.

[20] Kao, John, Jamming.New York : Harper Business, 1996.

[21] Keen, Peter G W.The Process Edge.Boston : Harvard Business School Press, 1997.

[22] Levinson, Harry.Designing and Managing Your Career.Boston : Harvard Business School Press, 1989.

[23] Kotter, John P.Power and Influence : Beyond Formal Authority.New York : The Free Press, 1985.

[24] Kotter, John P.Leading Change.Boston : Harvard Business School Press, 1996.

[25] Livingstone, John Leslie.The Portable MBA in Finance and Accounting.New York : John Wiley & Sons, 1992.

[26] McDonald, Malcolm and Leppard, John.The Marketing Audit.London : Butterworth-Heinemann Ltd., 1991.

[27] Porter, Michael E.Competitive Advantage : Creating and Sustaining Superior Performance.New York : The Free Press, 1985.

[28] Nadler, Gerald and Hibino, Shozo.Breakthrough Thinking.Rocklin, Calif. : Prima Publishing & Communication, 1990.

[29] Peters, Tom, The Circle of Innovation : You Can Shrink Your Way to Greatness. New York : Alfred A.Knopf Inc., 1997.

[30] Schein, Edgar H.Organizational Culture and Leadership.San Francisco : Jossey-Bass Inc., 1992.

[31] Richards, Max D.Setting Strategic Goals and Objectives.St.Paul, Minn. : West

Publishing Co.，1986.

[32] McGregor，Douglas，Leadership and Motivation.Cambridge，Mass.：The MIT Press，1966.

[33] Briner，Geddes，Hasting.Project Leadership，Gower Publishing lnc，1990.

[34] Yang，Kai.Design for Six Sigma：a roadmap for product development.McGraw-Hill，2003：9-21.

[35] Victor Papanek.Design for the Real Word，London，1974.

[36] Bryan Lawson.How Designers Think.The Architectural Press Ltd.London，1980，7.

[37] Simor Jervis.The Facts on File Dictionary of Design & esigners，1984.

[38] DCMS.RePorts of Creative industry：London.DCMSPress，2001.

[39] John Howkins.The Creative Economy [M].London：Penguin Group，2001.

[40] Polanyi.Personal Knowledge [M].London：Routledge，1958.

[41] Richard E.Caves.Creative Industries：Contracts between Art and Commerce [M]. Harvard University Press，2002.

[42] R，Florida.The Rise of the Creative Class：And How it's Transforming Work[M]. New York：Routledge，2002.

[43] Peter，Maigers.Multinational firms and technology transfer[J].Scandinavian Joumal of Economies，1995.

[44] Balachandra，R.Friar，J.H.Factors For Success In R&D Projects And New Product Innovation：A Contextual Framework [J].Engineering Management，1997，44（3）.

[45] Cooper，R.G.Kleinschmidt，E.J.Resources Allocation In The New Product Development Process[J]. Industrial Marketing Management，1998，17.

[46] Richard Florida, Irene Tinagli.Europe in the Creative Age[M]New York Basic，2004：2.

[47] Simor Jervis.The Facts on File Dictionary of Design & Designers，1984.

[48] Schelling Thomas.The Strategy of Conflict，Cambridge：Harvard University Press，1960.

[49] Porter，M.E.Clusters and New Economics of Competition [J].Harvard Business Review.1998，98.

网络文献：

[1] [EB/OL].[2013-6-15]. http：//www.merriam-webster.com/dictionary/design.

[2] [EB/OL].www.shcbi.com.

[3] [EB/OL].www.lenovo.com.

[4] [EB/OL].www.mcdonalds.com.cn.

[5] [EB/OL].www-31.ibm.com/ibm/cn/corporateresponsibility/index.shtml?lnk=fai-csre-cnzh.

[6] 廖建桥 .5P 模型—— 一种新的人力资源管理分类方法 [EB/OL].[2013-6-15]. http：//www.docin.com/p-365087339.html#documentinfo.

[7] 首都文化创意产业人才状况的实证分析 .[EB/OL].http：//www.china.com.cn/education/zhuanti/07rcfzbg/2007-06/05/contcnt_8346655.htm.

[8] ıResearch-2010 年视觉中国（中国设计创意产业人群调查报告简版）[EB/OL].http：//www.iresearch.cn/.

[9] 中华人民共和国国民经济和社会发展第十一个五年规划纲要 [EB/OL].http：//www.gov.cn/gongbao/content/2006/content_268766.htm.

[10] 雷华平 . 品牌战略中导入工业设计的必要性 [EB/OL].http：//www.dolcn.com.

后 记

《设计管理学》一书阐述了设计管理的基本概念、作用和方法，系统地向读者介绍了设计管理学的基本原理，阐明了设计管理学对企业经营的重要性和必要性，以及设计管理学的基本研究内容，探索了设计与管理之间的相互关系。本书结合大量的案例和图表分析，直观地介绍了设计战略制定、新产品开发流程、设计团队管理等方面的基本知识，使设计管理的实践具有较强的可操作性。该书通过对艺术设计的人力资源管理、产品设计流程管理、设计与市场营销管理、设计组织、设计与项目管理、设计创意产业等重点内容的阐述，对广大企业管理者和设计师如何正确地理解设计、正确地选择设计方向和设计策略，如何有效地利用设计资源并发挥出设计管理最大价值都具有一定的指导作用。

设计管理学是一个复杂而系统的学科，设计创意、设计过程和设计项目的管理在当今世界中扮演日趋重要的角色。本书的主要特色是从设计学、管理学、文化学等多学科相结合的角度出发，既追求知识的系统性、学术性，又讲求可读性，体现最新的学术研究成果。本书通过传授设计管理领域的关键性理论知识、实践和技巧来指导学生，它阐述的重点落在设计管理过程中的战略、流程和完成阶段。

本书是大学艺术设计类、管理类学生的必读教材，也可作为企业管理人员、新产品开发负责人、设计师在产品设计与管理实践方面的参考书，供教学人员参考使用。本书是一部具有时代特点的设计管理教材，注重学术性，它瞄准设计管理学的前沿，适应时代的要求和社会的需要，系统地整理、发掘和研究设计管理学的新理论，并将设计管理理论与具体实践案例相结合。

本书由武汉理工大学艺术与设计学院的杨先艺教授编著，编写这本"设计管理学"书籍，首先要感谢研究生王文萌同学参与了该书的编排、校稿、修改等工作。要感谢博士生张弘韬同学，他参与编写了第9章、第10章、第11章等章节的部分内容。要感谢武汉理工大学研究生朱莉莉、魏群、翟小东、付小兰等同学为这本"设计管理学"书稿部分内容提供了参考材料，这在书稿中已做了注释。要感谢刘传凯老师的《产品创意设计》一书为本书提供了设计流程案例的经典图片。在编写本书的过程中，还参阅了大量专家、学者的书籍和文献资料，在此，深表谢意。

图 1-1　设计的流程

图 2-7　Lifebook 2013 创新设计（下）

图 2-9　手表简约设计

图 2-23　iMac 电脑

图 3-1　品牌标志

图 3-5　iPod 及苹果实体店

图 3-11　三星平板电脑设计

图 3-18　TCL 的品牌整合设计

图 3-28　可口可乐延伸产品

图 4-20　造型定位

图4-27 剃须刀户外广告

图4-36 广告色彩的魅力

图5-1 中国建设银行 CI 设计实例

图 5-4　IBM 标志设计

图 5-20　可口可乐公司标志设计

图 5-27　联想集团的新旧标志

图 6-14　设计效果图

图 7-3 软边风格洗衣机
设计方案

图 7-25 产品宜人性的体验

图 8-13 婴儿抱袋设计

图 9-1 苹果手机

图 9-6　数字技术极大拓展了当今设计师的艺术表现力和创意空间

图 11-5　位于杭州京杭大运河畔的LOFT49是以广告、影像和雕塑为主导产业的创意产业区